ପୁନର୍ମୂଲ୍ୟାୟନ ପରିପ୍ରେକ୍ଷୀରେ ଓଡ଼ିଆ ସାହିତ୍ୟ

ପୁନର୍ମୂଲ୍ୟାୟନ ପରିପ୍ରେକ୍ଷୀରେ ଓଡ଼ିଆ ସାହିତ୍ୟ

ଡ. ସ୍ୱପ୍ନାରାଣୀ ସିଂ

ବ୍ଲାକ୍ ଇଗଲ୍ ବୁକ୍ସ
ଭୁବନେଶ୍ୱର, ଓଡ଼ିଶା

BLACK EAGLE BOOKS
Dublin, USA

ପୁନର୍ମୂଲ୍ୟାୟନ ପରିପ୍ରେକ୍ଷୀରେ ଓଡ଼ିଆ ସାହିତ୍ୟ / ଡ. ସ୍ୱପ୍ନାରାଣୀ ସିଂ

ବ୍ଲାକ୍ ଇଗଲ୍ ବୁକ୍ସ : ଭୁବନେଶ୍ୱର, ଓଡ଼ିଶା • ଡବ୍ଲିନ୍, ଯୁକ୍ତରାଷ୍ଟ୍ର ଆମେରିକା

BLACK EAGLE BOOKS

USA address:
7464 Wisdom Lane
Dublin, OH 43016

India address:
E/312, Trident Galaxy, Kalinga Nagar,
Bhubaneswar-751003, Odisha, India

E-mail: info@blackeaglebooks.org
Website: www.blackeaglebooks.org

First International Edition Published by
BLACK EAGLE BOOKS, 2025

PUNARMULYANA PARIPREKSHIRE ODIA SAHITYA
by **Dr Swapnarani Singh**

Copyright © **Dr Swapnarani Singh**

All rights reserved. No part of this publication may be reproduced, stored in a retrieval system, or transmitted, in any form or by any means, electronic, mechanical, photocopying, recording or otherwise without the prior permission of the publisher.

Cover & Interior Design: Ezy's Publication

ISBN- 978-1-64560-621-5 (Paperback)

Printed in the United States of America

ସୂଚିପତ୍ର

ଗାଳ୍ପିକ ଚନ୍ଦ୍ରଶେଖର ରଥ ଏବଂ ପାରାମନସ୍ତତ୍ତ୍ୱ (Para Psychology) ୦୭
ଯାଜ୍ଞସେନୀ ଏବଂ The palace of illusion ଏକ ତୁଳନାତ୍ମକ ଆଲୋଚନା ୧୬
ଭାରତୀୟ ମାନସିକତାରେ ମହାପ୍ରଭୁ ଶ୍ରୀ ଜଗନ୍ନାଥ ୨୩
ଶୂକର ମଣିଷକୁ ସକ୍ରେଟିସ୍‌ଙ୍କ ଶିକ୍ଷା ୪୨
ଓଡ଼ିଆ ସାହିତ୍ୟର ଏକ ବିସ୍ମୟ : ଦାର୍ଶନିକ ଭୀମ ଭୋଇ ୫୦
ଓଡ଼ିଆ ଗଳ୍ପରେ ନିମ୍ନବର୍ଗୀୟ ସିଦ୍ଧାନ୍ତ Subaltern Theory ର ପୂର୍ବା ପର ସ୍ଥିତି ୫୫
ସୌନ୍ଦର୍ଯ୍ୟ ଶାସ୍ତ୍ରୀୟ ସାହିତ୍ୟ ସମାଲୋଚକ ପ୍ରଫେସର ଆଦିକନ୍ଦ ସାହୁ ୭୫
ଓଡ଼ିଆ ସାହିତ୍ୟରେ ସାଟାୟାର ୯୫
ନୂତନ ସମାଲୋଚନା (New Criticism) ଏବଂ କବିସମ୍ରାଟ ଉପେନ୍ଦ୍ର ଭଞ୍ଜ ୧୦୧
ସଚ୍ଚିଦାନନ୍ଦ ରାଉତରାୟଙ୍କ କବିତାରେ ଆତ୍ମସ୍ୱୀକାରୋକ୍ତି ୧୦୭
ଶକୁନ୍ତଳା ପଣ୍ଡାଙ୍କ ଗଳ୍ପରେ ଶିଶୁ ଓ କିଶୋର ମନସ୍ତତ୍ତ୍ୱ ଏକ ଅନୁଶୀଳନ ୧୧୫
ଗାଳ୍ପିକ ରବି ପଟ୍ଟନାୟକଙ୍କର ମନସ୍ତାତ୍ତ୍ୱିକ ଦୃଷ୍ଟିଭଙ୍ଗୀ ଏକ ଆଲୋଚନା ୧୨୬
ମହାପାତ୍ର ନୀଳମଣି ସାହୁଙ୍କର ଗଳ୍ପରେ ଅସ୍ତିତ୍ୱବାଦ ୧୪୪

ଗାଳ୍ପିକ ଚନ୍ଦ୍ରଶେଖର ରଥ ଏବଂ ପାରାମନସ୍ତତ୍ତ୍ୱ (Para Psychology)

ଓଡ଼ିଆ କଥା ସାହିତ୍ୟର ଧୂରନ୍ଧର ବିନ୍ଧାଣୀମାନଙ୍କ ମଧ୍ୟରୁ ଚନ୍ଦ୍ରଶେଖର ରଥ ହେଉଛନ୍ତି ଅନ୍ୟତମ। ବିଶେଷତଃ ଶ୍ରୀଯୁକ୍ତ ରଥଙ୍କର ଗଳ୍ପର ଶୈଳୀ ଏବଂ ଭାବବସ୍ତୁ ହେଉଛି ନିଆରା। ଯାହା ତାଙ୍କୁ ଓଡ଼ିଆ ଗଳ୍ପ ସାହିତ୍ୟ ଜଗତରେ ପ୍ରଦାନ କରିଛି ଏକ ସ୍ୱତନ୍ତ୍ର ସ୍ଥାନ। ତାଙ୍କ ଦ୍ୱାରା ରଚିତ ଏହିଭଳି ଅନେକ ଗଳ୍ପ କେତେକ ସଂକଳନ 'ଅନେକ ବନ୍ୟାପରେ' (୧୯୭୮), 'ଅଶ୍ୱାରୋହୀର ଗଳ୍ପ' (୧୯୭୯), 'ସମ୍ରାଟ ଓ ଅନ୍ୟମାନେ' (୧୯୮୦), 'ଅନ୍ୟ ଏକ ସକାଳ' (୧୯୮୧), 'ସବୁଯାକ ସ୍ୱପ୍ନ' (୧୯୮୪), 'ଏତେପାଖରେ ସମୁଦ୍ର' (୧୯୮୮), 'ବିକ୍ରିପାଇଁ ଫୁଲମାଳ' (୧୯୯୦), 'ସ୍ୱପ୍ନବାହକ' (୧୯୯୨), 'ସବୁଠାରୁ ଦୀର୍ଘରାତି' (୧୯୯୪), 'ଅନ୍ତିମ' (୧୯୯୬), 'କ୍ରମଶଃ ଗଭୀର ନଈ' (୧୯୯୬), 'ଚନ୍ଦ୍ରଶେଖର କଥାସରିତ' (୨୦୦୦), 'ଶିଖର ଲଙ୍ଘନ' (୨୦୦୨), 'ନାଗାନ୍ତକ ବିଦ୍ୟା' (୨୦୦୫), 'ସନ୍ଧିକାଳ' (୨୦୦୭), 'ଗଳ୍ପ ସମଗ୍ର ପ୍ରଥମ ଓ ଦ୍ୱିତୀୟ ଭାଗ' (୨୦୧୪)ରେ ପ୍ରକାଶିତ। ଶ୍ରୀଯୁକ୍ତ ରଥଙ୍କର ଗଳ୍ପରେ ରାଜନୈତିକ ବ୍ୟଙ୍ଗ, ଭ୍ରଷ୍ଟାଚାର, ଦାରିଦ୍ର୍ୟ, ସାମାଜିକ ସ୍ତରରେ ଧନୀ ଓ ଦରିଦ୍ର ମଧ୍ୟରେ ରହିଥିବା ବିରାଟ ବ୍ୟବଧାନ, ମାଓ ଓ ନକ୍ସଲ ସମସ୍ୟା, ଜାତି ପ୍ରଥା, ସାମ୍ପ୍ରଦାୟିକ ସମସ୍ୟା, ସଭ୍ୟତା ଓ ସଂସ୍କୃତିର ବିଲୟ, ପରିସଂସ୍ଥୀୟ ସମସ୍ୟା, ବିଜ୍ଞାନ, ମନ୍ତ୍ର ତନ୍ତ୍ରର ସାମାଜିକ ପ୍ରଭାବ ଆଦି ସାମାଜିକ ସମସ୍ୟା ଗୁଡିକ ଗୁରୁତ୍ୱ ଲାଭକରିଥିଲେ ହେଁ, ବିଶେଷକରି ମଣିଷ ମନର ଅତଳ ଗଭୀରତାର କଥା କହିବାରେ ସେ ସିଦ୍ଧହସ୍ତ। ମଣିଷର ଅବଚେତନ ମନର ସ୍ୱର, ମାନବିକତାର ମୃତ୍ୟୁ, ଭାବାତୀତବାଦ, ଅସ୍ତିତ୍ୱବାଦୀ ଚେତନା, ଅଲୌକିକତା, ମିଥ୍,

ପ୍ରତୀକ, ମନସ୍ତତ୍ତ୍ୱ ବିଶେଷ କରି ପୁରୁଷ ମନସ୍ତତ୍ତ୍ୱ ଭଳି ଚେତନାରୁ ତାଙ୍କ ଗଳ୍ପଗୁଡିକର ଗଭୀରତାକୁ ଅନୁମାନ କରିହୁଏ। ଏହି ଦୃଷ୍ଟିକୋଣରୁ ଚନ୍ଦ୍ରଶେଖର ରଥ ତାଙ୍କ ଗଳ୍ପଗୁଡ଼ିକରେ ମଣିଷର ବାହ୍ୟ ସମସ୍ୟା ଅପେକ୍ଷା ଅଧିକ ଗୁରୁତ୍ୱ ଦେଇଛନ୍ତି ତା'ର ଅନ୍ତଃ ସମସ୍ୟା ଉପରେ। ମନସ୍ତାତ୍ତ୍ୱିକ ବିଶ୍ଳେଷଣ ନାମକ ସିଦ୍ଧାନ୍ତଟି ବିଶିଷ୍ଟ ମନସ୍ତତ୍ତ୍ୱବିତ୍ 'ସିଗମଣ୍ଡ ଫ୍ରଏଡ଼' (Sigmund Freud)ଙ୍କ ଦ୍ୱାରା ଊନବିଂଶ ଶତାବ୍ଦୀର ଶେଷ ଭାଗରେ ପ୍ରଦତ୍ତ ହୋଇଥିଲା । ମନୋବିଜ୍ଞାନର 'Psycho Analytical Theory' ଅଥବା 'Psychodynamic Theory'ରେ ଫ୍ରଏଡ Conscious (ସଚେତନ), Sub-Conscious/Pre-Concious (ଅଚେତନ) ଏବଂ Un-Conscious (ଅବଚେତନ) (୧) ମନ ସଂପର୍କରେ ସୂଚନା ଦେଇଛନ୍ତି । ଏହା ସହିତ 'Structure Of Personality (ବ୍ୟକ୍ତିତ୍ୱର ଗଠନ) ପର୍ଯ୍ୟାୟରେ ମଣିଷ ଭିତରର ତିନୋଟି ପ୍ରବୃତ୍ତି ଯଥା- 'ତତ୍କାଳିକ ଆନନ୍ଦ ଜନିତ ସିଦ୍ଧାନ୍ତ' (Id/Instant Pleasure Principle), 'ବାସ୍ତବତା ଜନିତ ସିଦ୍ଧାନ୍ତ ବା ନୀତି' (Ego/Reality Principle) ଏବଂ 'ନୈତିକତା ଜନିତ ସିଦ୍ଧାନ୍ତ' (Super Ego/Morality Principle) (୨) ଏହାସହିତ ମଣିଷ ଭିତରେ ଥିବା ଇଦ୍ ପ୍ରବୃତ୍ତିର ଦୁଇଟି ଉପାଦାନ ଯଥା 'ଜୀବନ ବୃତ୍ତି' (Life Instinct) ଏବଂ 'ମୃତବୃତ୍ତି'(Death Instinct)(୩) ଆଦି ସଂପର୍କରେ ମଧ୍ୟ ମତ ଦେଇଛନ୍ତି। ଏହି ତତ୍ତ୍ୱରେ ଆହୁରି ଅନେକ ପ୍ରବୃତ୍ତି ସଂପର୍କିତ ବିଶ୍ଳେଷଣ ଦେଖିବାକୁ ମିଳେ। ସଂପ୍ରତି ପୁଣି 'କାର୍ଲ ଜଙ୍ଗ' (Carl Jung) ଙ୍କ ଭଳି ମନସ୍ତତ୍ତ୍ୱବିତ୍ଙ୍କ ସିଦ୍ଧାନ୍ତ 'ଉତ୍ତର ଫ୍ରଏଡିୟ ଦୃଷ୍ଟିକୋଣ' (Post Freudian approch)(୪) କୁ ମଧ୍ୟ ବିବେଚନା କରାଯାଉଛି। ଏହିପରି ବିଜ୍ଞାନ ଏବଂ ମନସ୍ତତ୍ତ୍ୱର ଏକ ନୂତନ ଗବେଷଣା ସଂପର୍କିତ ବିଷୟ ହେଉଛି 'ପାରା ସାଇକୋଲୋଜି' (Parapsychology) କିମ୍ବା 'ପାରା ମନବିଜ୍ଞାନ' ଅଥବା 'Transpersonal Psychology' । ସଂପ୍ରତି ଏହା ମନସ୍ତତ୍ତ୍ୱର ଏକ ବିଭାଗ ଭାବେ ଗୃହୀତ। ସାଧାରଣତଃ ଏହି ଅଧ୍ୟୟନରେ ମନୁଷ୍ୟ ସହ ଘଟୁଥିବା ବହୁ ଆକସ୍ମିକ, ଅତିଭୌତିକ ଏବଂ ଅଲୌକିକ ଘଟଣାବଳୀର ଅଧ୍ୟୟନ ହୋଇଥାଏ। ଅବଶ୍ୟ ଏହି ପ୍ରସଙ୍ଗଟି ଲୋକସାହିତ୍ୟ ଭଳି ବହୁ ପ୍ରାଚୀନ ହେଲେ ମଧ୍ୟ ସାଂପ୍ରତିକ ସମୟରେ ବୈଜ୍ଞାନିକ ଦୃଷ୍ଟିକୋଣରୁ ଏହାର ସତ୍ୟତା ପରୀକ୍ଷା କରାଯାଉଛି। ଏହି 'Parapsychology' ରେ 'Telepathy' (ଦୂରାନୁଭୂତି), 'Clairvoyance' (ଅର୍ନ୍ତ ଇନ୍ଦ୍ରିୟ ପ୍ରତ୍ୟକ୍ଷାନୁଭୂତି ଅଥବା ସ୍ପଷ୍ଟ ଦୃଷ୍ଟି), 'Fore Boding' (ପୂର୍ବାଭାଷ), 'Telicynesis' (କୌଣସି ବସ୍ତୁକୁ ନ ଛୁଇଁ ତାହାକୁ ଗତିଶୀଳ କରାଇବା), 'Near Death Experience' (ମୃତ୍ୟୁ ନିକଟ ଅନୁଭୂତି), 'Out Of Body Experience' (ଆତ୍ମା ଶରୀର ତ୍ୟାଗକରିବା ଜନିତ ଅନୁଭୂତି), 'Re Birth' (ପୂର୍ନଜନ୍ମ) ଭଳି ବହୁଗୁଡିଏ ପ୍ରସଙ୍ଗର ଅଧ୍ୟୟନ ହୋଇଥାଏ।(୫,୬,୭) ଯାହା ବାସ୍ତବ ଜଗତରେ ଅସମ୍ଭବ ମନେହୁଏ। ସାଧାରଣତଃ ମନୁଷ୍ୟର ଚର୍ତୁପାର୍ଶ୍ୱରେ ଏକ ଅତିଭୌତିକ ଜଗତର ସ୍ଥିତି ଥିବା ମନୁଷ୍ୟ ବିଶ୍ୱାସ କରିପାରିନଥାଏ। ମାତ୍ର ଅତିଭୌତିକବାଦୀ ପୁସ୍ତକ 'ପରଲୋକବାଦ' ରେ ଲେଖାହୋଇଛି ଯେ, ଆତ୍ମା ଅଥବା ଅତିଭୌତିକ ଜଗତ ମନୁଷ୍ୟ ଜଗତ ପାଖରେ ହିଁ ଉପସ୍ଥିତ ରହିଥାଏ। ମାତ୍ର ବିଡମ୍ବନାର ବିଷୟ ହେଉଛି ଯେ , ଅତିଭୌତିକ ଜଗତର ଲୋକ କାଲ ଏବଂ ମୁକ ହୋଇଥିବା ବେଳେ ଭୌତିକ ଜଗତର ଲୋକ ଅନ୍ଧ ହୋଇଥାଆନ୍ତି। ତେଣୁ ଏହି ଦୁଇଟି ଜଗତ ମଧ୍ୟରେ ସଂପର୍କ ସ୍ଥାପିତ ହୋଇପାରିନଥାଏ। ଏହିସବୁ ଦୃଷ୍ଟିକୋଣରୁ ବିବେଚନା କଲେ ଶ୍ରୀଯୁକ୍ତ ରଥଙ୍କର ଗଳ୍ପଗୁଡିକରେ ପାରା ମନସ୍ତତ୍ତ୍ୱର ବ୍ୟବହାର ଅଧିକ ପରିଲକ୍ଷିତ।

ଭୌତିକ ଏବଂ ଅତିଭୌତିକ ଜଗତ ମଧ୍ୟରେ ସଂପର୍କକୁ କେନ୍ଦ୍ରକରି ମନସ୍ତତ୍ତ୍ୱ ବିଭାଗରେ ଆଜି Para Psychology ନାମକ ଯେଉଁ ଗବେଷଣା ହେଉଛି ତନ୍ମଧ୍ୟରୁ 'ପୂର୍ନଜନ୍ମ' (Re Birth) ପ୍ରସଙ୍ଗର ବର୍ଣ୍ଣନା ଶ୍ରୀଯୁକ୍ତ ରଥଙ୍କର 'ଯଦି ସେ ଈଶ୍ୱର ନୁହେଁ' ଗଳ୍ପରେ ଦେଖିବାକୁ ମିଳେ। ଏତଦ୍ ବ୍ୟତୀତ ଏହାର ଅନ୍ୟାନ୍ୟ ବିଭାଗ ଗୁଡିକର ସାମାନ୍ୟ ସଂକେତ ମଧ୍ୟ ଗଳ୍ପରେ ଦେଖିବାକୁ ମିଳେ। "ଅଥଚ ହଠାତ୍ ସେଇ ମୁହୂର୍ତ୍ତରେ ତାଙ୍କୁ ମନେହେଲା ଯେ ସେଇଟା ଆଉ କାହା ଘର। ସେ ନୂଆ ହୋଇ ଆସିଛନ୍ତି । ଜମା ଚିହ୍ନିପାରୁନାହାନ୍ତି। କିନ୍ତୁ ସେ ମେଘ ସେ ଲମ୍ବା ପାଣିଟାଙ୍କି, ସେ ଗଛ; ସେ ସମଗ୍ର ଦୃଶ୍ୟଟି ଅବିକଳ ସେମିତି ସେ ନିଶ୍ଚୟ ଆଉଥରେ କେବେ ଦେଖିଛନ୍ତି। ++++ ମାନୁବାବୁ ଦେବୁକୁ ଚାହିଁ କହିଲେ, "ଆଜକୁ ପଚାଶବର୍ଷ ତଳେ ସେଇ କେଉଟ ବୁଢା ମୋତେ 'ମାନା' ବୋଲି ଡାକୁଥିଲା! ଆମ ବାପାଙ୍କ ଠୁ ବଡ ବୟସରେ। ଖୁବ୍ ସ୍ନେହ କରୁଥିଲା ମୋତେ। ହୁଏତ ତୁ ଯାହା କହୁଚୁ ତା ଠିକ୍।"(ବାଘ ସବାର-ପୃ-୧୦-୨୪) ଏହିପରି ଗାଳ୍ପିକଙ୍କର 'ଘାଟ' ଗଳ୍ପରେ ମଧ୍ୟ ପୂର୍ବଜନ୍ମ ପ୍ରସଙ୍ଗ ବର୍ଣ୍ଣିତ। ଗାଳ୍ପିକଙ୍କର 'ଘାଟ ମହାସୁଲ' ଗଳ୍ପରେ ମଣିଷର ଅବଚେତନ ମନ ଭିତରେ ରହିଥିବା ପାପବୋଧ ଜନିତ ଜନ୍ତ୍ରଣା। ମୃତ୍ୟୁ ପରେ ମଧ୍ୟ ମୃତ ବ୍ୟକ୍ତିର ସ୍ଥିତି ସଂପର୍କିତ ଅଲୌକିକ ଘଟଣା। ଯାହା ଅବଶ୍ୟ Para Psychology ସଂପର୍କିତ ପରୀକ୍ଷଣର ଅନ୍ୟତମ ପ୍ରସଙ୍ଗ। ତାହାର ବର୍ଣ୍ଣନା ଉକ୍ତ ଗଳ୍ପରେ ଦେଖିବାକୁ ମିଳେ। "ଆଉ ଜମା ଦି ଟା ପାହାଚ। ମୁଣ୍ଡ ପଛରୁ ଗୋଇଠି ଯାଏ ରୁମ ଠିଆ ଠିଆ ହୋଇଗଲା ସୁରେନ୍ଦ୍ରର। ତା' ପଛରେ ଆଦୌ ପାଦଶବ୍ଦ ନାହିଁ। ++++ ଦେବେନ୍ଦ୍ର ଥଙ୍ଗେଇଲା ପରି କହିଲା, "ସେ ଶଳା ସୁଦର୍ଶନ ମହାପାତ୍ର ଆଜି ସଞ୍ଜ ବେଳୁ

ମଲାଣି। ମଲାବେଳେ ଶୀ ନିବାସ ବ୍ରହ୍ମାକୁ ଡାକୁଥିଲା....ହେ....ହେ....ଶାଲେ ଦୋନୋ ବେକୁବ୍ ବୁଢେ।" (ବାଘ ସବାର-ପୃ-୩୨-୩୫) ଗାଳ୍ପିକଙ୍କର ଏହି ଧାରାର ଅନ୍ୟତମ ଉଲ୍ଲେଖଯୋଗ୍ୟ ସୃଷ୍ଟି ହେଉଛି 'ପ୍ରାରବ୍ଧ' ଗଳ୍ପ। ତୁଳନା ଦିଗରୁ ବିବେଚନା କଲେ ଗାଳ୍ପିକ ଏଥିରେ ଆହୁରି ଗଭୀରତାକୁ ପ୍ରବେଶ କରିବାପାଇଁ ଉଦ୍ୟମ କରିଛନ୍ତି। ମଣିଷର ଅବଚେତନ ମନରେ ତାହାର ପୂର୍ବ ଜନ୍ମର ପ୍ରସଙ୍ଗ ମଧ୍ୟ ଚାପିହୋଇ ରହିପାରେ ଭଳି ଉକ୍ତିକୁ ଗାଳ୍ପିକ ପ୍ରତିଫଳିତ କରିଛନ୍ତି। ଏହା ବ୍ୟତୀତ ମଣିଷ ମନ ଭିତରେ ଅବଦମିତ ପୂର୍ବ ଜନ୍ମର ଅସଂପୂର୍ଣ୍ଣ ଇଚ୍ଛାକୁ ପୂରଣ କରିବାପାଇଁ ସେ ପରବର୍ତ୍ତୀ ଜନ୍ମରେ ମଧ୍ୟ କ୍ରିୟାଶୀଳ ହୋଇପାରେ ଭଳି ମନସ୍ତତ୍ତ୍ୱର ଗଭୀର ରହସ୍ୟ । ଯାହାକୁ ସାଂପ୍ରତିକ ମନସ୍ତତ୍ତ୍ୱବିତ୍ ମାନେ Para Psychology ନାମରେ ନାମିତ କରିଛନ୍ତି। ତାହାକୁ ମଧ୍ୟ ଚିତ୍ରଣ କରିଛନ୍ତି। "ଆପଣ ଠିକ୍ କହିଛନ୍ତି। ଆପଣ ଡକ୍ଟର ସ୍ଲୋନ, କଣ ଭାବୁଛନ୍ତି ଏ ଅଦ୍ଭୁତ ବିଷୟରେ ? ଏଇଟା କଣ ପୂର୍ବଜନ୍ମ କଥା। ଏମିତି କଣ ପ୍ରସ୍ତ ପ୍ରସ୍ତ ଜୀବନ ଆମେ ବଞ୍ଚୁଚେ ?"(ଗଳ୍ପ ସମାହାର-ଦ୍ୱିତୀୟ ଭାଗ-ପୃ-୫୫୯) ଗାଳ୍ପିକଙ୍କର 'ଅମୁକ୍ତ' ଗଳ୍ପରେ ମଣିଷ ଭିତରେ ଥିବା କାମ ପ୍ରବୃତ୍ତି (Libido) ର ସୂଚନା ମିଳିଥାଏ। Libido ର ଦୁଇଟି ଉପାଦାନ ଯଥା- Eros (ଜୀବନ ବୃତ୍ତି) ଏବଂ Thanatos (ମୃତ ବୃତ୍ତି) ମଧ୍ୟରୁ ଗାଳ୍ପିକ ଏଥିରେ ମୃତବୃତ୍ତିଟିର ସୂଚନା ଦେଇଥିବା ମନେହୁଏ। ଏତଦ୍ ବ୍ୟତୀତ ମୃତ୍ୟୁ ଜନିତ ଭୟ ମଧ୍ୟ ଦେଇ ମଣିଷ ଭିତରର ଅନେକ କାମନା ଏବଂ ଅସରନ୍ତି ଇଚ୍ଛାର ପ୍ରତିଫଳନ ମଧ୍ୟ ପରିଲକ୍ଷିତ। "ବାଘ ଯଦି ବୁଦା ଉହାଡରୁ ବାହାରିଆସେ, ତା ସାଙ୍ଗରେ ତ ଯିବାକୁ ହବ। ଛାଡିଯିବାକୁ ହବ ମନର ମଣିଷମାନଙ୍କୁ, ସ୍ୱପ୍ନକୁ, ସଂସାରକୁ। ଉପାୟ କଣ ? ଅଗତ୍ୟା ଯିବାକୁ ହିଁ ହେବ। ମୋର ଦୁଃଖ ତ ଅନେକ! ସବୁଠୁ ବଡ ଅବଶୋଷ ମୁଁ ଜାଣି ପାରିଲି ନାହିଁ କିଛି; ମଣିଷକୁ, ପଥରକୁ, ରଙ୍ଗକୁ,ହସକୁ, କାନ୍ଦକୁ- ସେ ଭିଡିନେଲେ ମୋର ଚାରା କଣ ? କିନ୍ତୁ ଈଶ୍ୱର ଜାଣନ୍ତି ମୋର ଜମା ଇଚ୍ଛା ।ନାହିଁ ଋଷିକେଶ ଯିବାକୁ।" (ଗଳ୍ପ ସମାହାର-ପ୍ରଥମ ଭାଗ-ପୃ-୧୬୧) Para Psychology ବିଭାଗର ଅନ୍ୟତମ ଗବେଷଣା ସାପେକ୍ଷ ବିଷୟ Precognition (ପୂର୍ବ ଜ୍ଞାନ ଅଥବା ଭବିଷ୍ୟତ ଦୃଷ୍ଟି- ଏହା ଭବିଷ୍ୟତର ଘଟଣା ଦେଖିବାପାଇଁ ଏକ ମାନସିକ ଦକ୍ଷତା। ପାରା ସାଇକୋଲୋଜି ବିଭାଗର ଅନ୍ୟାନ୍ୟ ବିଷୟ ଭଳି ଏହା ସଂପର୍କିତ ବୈଜ୍ଞାନିକ ପ୍ରମାଣର ଅଭାବ ଲକ୍ଷଣୀୟ। ଇତିହାସରେ ଏହାକୁ ବହୁଳ ଭାବରେ ବିଶ୍ୱାସ କରାଗଲେ ମଧ୍ୟ, ବୈଜ୍ଞାନିକ ପ୍ରମାଣ ଅଭାବରୁ ଏହାକୁ Pseudoscience (ଛଦ୍ମ ବିଜ୍ଞାନ) କୁହାଯାଏ। ଏହା ସତ୍ତ୍ୱେ ଅନେକ ଲୋକ ଏହାକୁ ବାସ୍ତବ ମନେକରନ୍ତି।

ଏବେ ମଧ୍ୟ ଏହା ପାରାସାଇକୋଲୋଜି ସମ୍ପ୍ରଦାୟ ମଧ୍ୟରେ ଅନୁସନ୍ଧାନ ଏବଂ ଆଲୋଚନାର ବିଷୟ ହୋଇ ରହିଛି) ଏହି ଭବିଷ୍ୟତ ଦୃଷ୍ଟିକୁ କେନ୍ଦ୍ରକରି ରଚିତ ହୋଇଛି ଗାଳ୍ପିକଙ୍କର 'କିଛି ପ୍ରମାଣ ନାହିଁ' ଗଳ୍ପ। ଭବିଷ୍ୟତ ଦୃଷ୍ଟିକୁ ନେଇ ବିଶ୍ୱାସ ଓ ଅବିଶ୍ୱାସ ମଧ୍ୟରେ ଗତିଶୀଳ ଏହି ଗଳ୍ପଟିରେ ଗାଳ୍ପିକ ମଣିଷର ଅବଚେତନ ମନ ସଂପର୍କରେ ମଧ୍ୟ ଧାରଣା ଦେଇଛନ୍ତି। ଏହି ଅବଚେତନ ମନ ଗତ ଇଚ୍ଛା ଓ ଆଶା କିପରି ଦୀର୍ଘକାଳ ପକ୍ଷବିସ୍ତାର କରି ରହିପାରେ ତାହା ମଧ୍ୟ ଗଳ୍ପଟିରେ ବେଶ୍ ଲକ୍ଷଣୀୟ। ଏତଦ୍ ବ୍ୟତୀତ ଏଥିରୁ ଭାଗ୍ୟବାଦ ସଂପର୍କିତ ସାମାନ୍ୟ ସୂଚନା ମଧ୍ୟ ମିଳିଥାଏ। ଅନ୍ୟ କୁ ନୀଚ କରି ନିଜେ ମହତ୍ ହେବା ଭଳି ପ୍ରବୃତ୍ତିର ପ୍ରତିଫଳନ ଘଟିଛି ଗାଳ୍ପିକଙ୍କର 'ମୃତ୍ୟୁଭେଦ' ଗଳ୍ପରେ। ଏଥିରେ ମଣିଷ ଭିତରେ ଥିବା ଇର୍ଷା, ଅହଂକାର ଏବଂ ଅସହିଷ୍ଣୁ ଭଳି ଇଦ୍ (Id) ପ୍ରବୃତ୍ତିର ପ୍ରତିଫଳନ ଦେଖିବାକୁ ମିଳେ। "ମୁଁ ଚାହେଁ ବଞ୍ଚିବାକୁ। ଅମର ହେବାକୁ ସଂସାର ସାରା ଚାରିଆଡୁ ଘେରି ଜୟ ଜୟକାର କରିବାକୁ। ସେଥିପାଇଁ ଦୁଲିଆକକା ବଞ୍ଚିଲେ ଚଳିବ ନାହିଁ। ଦୁଲିଆକକା, ମୁଁ ତତେ ହତ୍ୟା ନକଲେ ରହିପାରିବି ନାହିଁ। ତୁ ମୋ ବାଟ ଜଗି ଠିଆ ରହିଛୁ। ମୋ ପାଇଁ ତତେ ମରିବାକୁ ହବ। +++ ତୋ ମୁର୍ଦ୍ଦାର ଉପରେ କେମିତି ଠିଆହେଲେ ମୁଁ ବାଙ୍ଗରା ହେଲେ ବି ଉଞ୍ଚ ଦିଶିବି, ଉଞ୍ଚ ଆହୁରି ଉଞ୍ଚ!"(ସ୍ୱପ୍ନବାହକ-ପୃ-୬୧) ମଣିଷର ପ୍ରବୃତ୍ତି ତଥା ଆତ୍ମନୁଭୂତି ଆଦିକୁ ଆଧାର କରି ରଚିତ ଗାଳ୍ପିକଙ୍କର 'ସେଇଟା ମୋ ଦୋସ୍ତ' ଏକ ଉଲ୍ଲେଖ ଯୋଗ୍ୟ କୃତି। ଏଥିରେ ଗାଳ୍ପିକ ମଣିଷ ଭିତରେ ଥିବା ଇଦ୍(Id), ଇଗୋ(Ego) ଏବଂ ସୁପରଇଗୋ(Super Ego) ଭଳି ପ୍ରବୃତ୍ତି ସଂପର୍କରେ ସୂଚନା ଦେଇଛନ୍ତି। ଏହି ପ୍ରବୃତ୍ତି ଗୁଡିକ ପ୍ରତ୍ୟେକଟି ମଣିଷ ଭିତରେ ଉପସ୍ଥିତ ରହିଥାଏ ଏବଂ ଏହା ମଧ୍ୟରୁ କେଉଁଟି କେତେବେଳେ ବାହାରକୁ ପରିପ୍ରକାଶ ହୋଇଯିବ ତାହା କହିବା କଷ୍ଟକର। ଏକ ବିଧବା ନାରୀର ଅବଚେତନ ମନ ମଧ୍ୟରେ ଲୁଚି ରହିଥିବା ଅନେକ ଦୁଃଖ, ଯନ୍ତ୍ରଣା, ଅସହାୟତା, ଆଶା, ଆକାଂକ୍ଷା ଓ ସମର୍ପଣ ଭାବ ଆଦିକୁ ଗାଳ୍ପିକ ପ୍ରତିଫଳିତ କରିଛନ୍ତି 'ଯାତ୍ରୀ' ଗଳ୍ପରେ। ଏତଦ୍ ବ୍ୟତୀତ ଗାଳ୍ପିକ ଏଥିରେ ମୃତ୍ୟୁକୁ ନେଇ ପୂର୍ବାଭାଷ (Pre cognition) ସଂପର୍କରେ ସୂଚନା ଦେଇଛନ୍ତି। ଯାହାକୁ ମୃତ୍ୟୁ ନିକଟବର୍ତ୍ତୀ ଅନୁଭୂତି(Near Death Experiences) ବୋଲି ସଂପୂର୍ଣ୍ଣ ଭାବେ କୁହାଯାଇ ନପାରିଲେ ମଧ୍ୟ, ସେହିଭଳି ଏକ ଅନୁଭବର ପ୍ରତିଫଳନ ଭାବେ ଗ୍ରହଣ କରାଯାଇପାରେ। ଏତଦ୍ ବ୍ୟତୀତ ଏଥିରେ ଜୀବନରେ ଅନେକ ଯନ୍ତ୍ରଣା ଭୋଗିଥିବା ମଣିଷ ପକ୍ଷ୍ୟରେ ମୃତ୍ୟୁ ପ୍ରତି ତାଚ୍ଛଲ୍ୟ ଭାବ ସହ ଭଗବତ୍ ବିଶ୍ୱାସ ସଂପର୍କିତ ବର୍ଣ୍ଣନା ଦେଖିବାକୁ ମିଳେ। ଭାଇଚାରାରେ

ବିଶ୍ୱାସୀ ଏବଂ ଚିରକାଳ ଗୋଷ୍ଠୀରେ ରହିଆସୁଥିବା ମଣିଷର ସ୍ୱଭାବଗତ ପରିବର୍ତ୍ତନ ସ୍ୱରୂପ ଏକାକୀତ୍ୱ ଭାବ ପରିଲକ୍ଷିତ ହୋଇଥାଏ ଗାଳ୍ପିକଙ୍କର 'ସେ ପାଖ ଲୋକ' ଗଳ୍ପରେ। ଏଥିରେ ଗାଳ୍ପିକ ପାରାସାଇକୋଲୋଜି ବିଭାଗ ଅର୍ନ୍ତଭୁକ୍ତ ପୂର୍ନଜନ୍ମ (Re Birth) ସଂପର୍କିତ ପ୍ରସଙ୍ଗ ମଧ୍ୟ ଉତ୍‌ଥାପିତ କରିଛନ୍ତି। ମୋଟ୍ ଉପରେ ମଣିଷ ଭିତରେ ଥିବା ଅପରାଧବୋଧ, ଏକାକୀତ୍ୱ, ନିଃସଂଗତା ଆଦିକୁ ଗାଳ୍ପିକ ଗୁରୁତ୍ୱ ଦେବାସହ ଏହାକୁ କେନ୍ଦ୍ରକରି ଭବିଷ୍ୟତକୁ କଳନା କରିବାକୁ ଉଦ୍ୟମ କରିଛନ୍ତି। ନାରୀର ଅବଚେତନ ମନରେ ପୁରୁଷ ପ୍ରତି ଥିବା ଆକର୍ଷଣ ବା ଅନ୍ୟ ଭାବରେ କହିଲେ Libido (ଶୃଙ୍ଗାର/କାମ) ପ୍ରବୃତ୍ତି ମୃତ୍ୟୁପରେ ମଧ୍ୟ ବଳବତ୍ତର ରହିବା ଯାହାକୁ 'ପ୍ରେତ ସଙ୍ଗମ' କୁହାଯାଏ। ତାହାକୁ ଗାଳ୍ପିକ ପ୍ରତିଫଳିତ କରିଛନ୍ତି 'ନ ହନ୍ୟତେ' ଗଳ୍ପରେ। ମୃତ୍ୟୁପରେ ମୃତବ୍ୟକ୍ତି ନିଜକୁ ପରିପ୍ରକାଶ କରିବାପାଇଁ ଜୀବିତ ବ୍ୟକ୍ତିର ସହାୟତା ନେବା ଭଳି ଅତିଭୌତିକ ପ୍ରସଙ୍ଗ ଯାହା ଅବଶ୍ୟ ସାଂପ୍ରତିକ ସମୟରେ ପାରାସାଇକୋଲୋଜି(Para Psychology) ବିଭାଗର ଏକ ଗବେଷଣା ସାପେକ୍ଷ ବିଷୟ। ଏହାବ୍ୟତୀତ ମନ୍ତ୍ରତନ୍ତ୍ର, ଗୁଣିଗାରେଡ଼ି ଏବଂ ମୃତ୍ୟୁପରେ ମଧ୍ୟ ପ୍ରତିଶୋଧ ନେବାର ପ୍ରବଣତା ଆଦି ଅତିଭୌତିକ ପ୍ରସଙ୍ଗକୁ ଗାଳ୍ପିକ ପ୍ରତିଫଳିତ କରିଛନ୍ତି ଉକ୍ତ କୃତିରେ। "ମୁଁ ଦେଖିଲି, ଫୁଲଟା ହଠାତ୍ ଜିଇଁ ଉଠିଲା। ତା ପାଖୁଡ଼ା ଓସାରି ହୋଇଗଲା ଏବଂ ଫୁଲଟା ଘୁଞ୍ଚିଲା। ତା ପରେ ଖପ୍‌କିନା ଡେଇଁ ଯନ୍ତ୍ରରେ କଟା ହୋଇଥିବା ପାଖ ଘରା ଭିତରେ ପଡ଼ିଲା', 'ବାଆସ୍ ସେଇଠି ରହ। ଘୁଞ୍ଚିବୁ ନାହିଁ। କହିଲେ ନରହରି ନନ୍ଦା++++ ସେ ହାତ ବିସ୍ତାରି ମତେ ଜଡ଼େଇ ଧରିଲା। ଲାଖିଗଲା ମୋ ଦେହରେ। ଓଃ, ତା ଦେହ ସାରା କମ୍ପୁଥାଏ। ଗୋଟାଏ ବାଂଫ ବାହାରୁଥାଏ ଦେହରୁ। +++ ... ଏତିକିବେଳେ ସେ ପରଡାପତ୍ର ପରି ଥରି ଉଠିଲା ତାଳୁରୁ ତଳିପା ଯାଏ ବାରଂବାର ତା ଜାବ ହୁଗୁଳିଗଲା। ଓଦା ଲୁଗାଟି ପରି ସେ ଖସିପଡ଼ିଲା ମୋ ଦେହରୁ।"(ସନ୍ଧିକାଳ-ପୃ-୭୫) ମଣିଷ ଭିତରେ ଥିବା ମୃତବୃତ୍ତି 'Death Istinct' (Thanotos) ଯେଉଁଥିରେ ମଣିଷ ଭିତରର ଅଣାୟତ୍ତ ଏବଂ ଉନ୍ମାଦନା ଆଦି ପ୍ରବୃତ୍ତି ପରିଲକ୍ଷିତ ହୋଇଥାଏ। ତାହାକୁ ଗାଳ୍ପିକ ଚିତ୍ରିତ କରିଛନ୍ତି 'ପଞ୍ଚପୁତ୍ରର କାହାଣୀ' ଗଳ୍ପରେ। ଗାଳ୍ପିକଙ୍କର 'ପ୍ରଶ୍ନବାଚକ' ଏକ ଭିନ୍ନ ସ୍ୱାଦର ସୃଷ୍ଟି। ଉକ୍ତ ଗଳ୍ପଟି ରହସ୍ୟମୟ, ଅତିଭୌତିକ ଏବଂ କୌତୁହଳ ପ୍ରଦ ମନେହେବା ସହ। ମନ ଭିତରେ ଅନେକ ପ୍ରଶ୍ନବାଚୀ ସୃଷ୍ଟି କରିଥାଏ। ସ୍ନେହ ଓ ପ୍ରେମର ପ୍ରତିଦାନକୁ ଏକ ପ୍ରହରୀ ମାଧ୍ୟମରେ ଗାଳ୍ପିକ ପ୍ରତିଫଳିତ କରିଛନ୍ତି 'ପ୍ରହରୀ' ଗଳ୍ପରେ। ସଭ୍ୟତାର ପରିବର୍ତ୍ତନ ସହ ସାମାଜିକ ଜୀବନର ରୂପରେଖାରେ ପରିବର୍ତ୍ତନ

ମଧ୍ୟ ଏଥିରେ ଲକ୍ଷଣୀୟ। ଏହା ସହ ବିଶ୍ୱାସ ଅଥବା ଭାବନା ହେଉ ମୃତ୍ୟୁପରେ ମଧ୍ୟ ମୃତବ୍ୟକ୍ତିର ସତ୍ତାର ଉପସ୍ଥିତି ସଂପର୍କିତ ସୂଚନା ରହିଛି ଗଳ୍ପରେ। "ସେ କଳାଗାଡିଟା ହୋଇ ସେଇ ବାହାରିଲା- ତା ଆଲୁଅ ଲିଭିଯାଇଛି। ନିଃଶବ୍ଦରେ ଜହ୍ନ ଆଲୁଅରେ ହୋଇ ସେଇ ମେଘଡମ୍ବରୁ ଗାଡି କେମିତି ପହଁରି ଯାଉଛି ଦେଖନ୍ତୁ! ହେଇ; ସେ ମୋଡ ପାଖରେ ଜହ୍ନ ଆଲୁଅ ତା କାଚରେ ପଡିଲା, ଦେଖିଲେ; ସେଇଟା ଯାଇ ସେ କୋଠା ପାଖରେ ରହିଯିବ- ମୁଁ କହୁନି! ରହିଗଲା ସେଇଠି, ଦେଖନ୍ତୁ!- ରହନ୍ତୁ ଟିକେ— କବାଟ ଫିଟିବା ଶବ୍ଦ ଏଠିକି ଶୁଭିବ। +++ ଏଣିକି ରାତିସାରା ଜହ୍ନ ବୁଡିଲା ପର୍ଯ୍ୟନ୍ତ ସକ ସକ କାନ୍ଦ ଶୁଭିବ ସେଇ ଉପର ବଖରାଟାରୁ। ମୁଁ କେତେଦିନ ଶୁଣିଚି। ଭାବିଚି, ଉଠିଯିବି ଉପରକୁ, ହେଲେ ଦାଣ୍ଡ ଦୁଆରେ ସବୁବେଳେ ତାଲାଟାଏ ପଡିଥାଏ, ଦଶ କି ପନ୍ଦର ବର୍ଷ ନ ଫିଟି ସେମିତି ରହିଥାଏ।" (ଶ୍ରେଷ୍ଠ ଗଳ୍ପ-ପୃ-୯୭-୯୮) ଏହିପରି ଗାଳ୍ପିକ ନିଜ ଜୀବନର ଅନ୍ତରଙ୍ଗ ଅଭିଜ୍ଞତା ଓ ଅନୁଭୂତିକୁ ପ୍ରତିଫଳିତ କରିଛନ୍ତି 'ସ୍ୱପ୍ନ-ବାହକ' ଗଳ୍ପରେ। ଉକ୍ତ କୃତିରେ ମଧ୍ୟ ଗାଳ୍ପିକ ନିହାତି ପାଖରୁ ଅନୁଭବ କରିଛନ୍ତି ମୃତ ବ୍ୟକ୍ତିର ସତ୍ତାକୁ। ଯାହା ପ୍ରସଙ୍ଗ କ୍ରମେ ବ୍ୟକ୍ତି ସ୍ୱାଧୀନତା ଉପରେ ଆଲୋଚିତ ସ୍ଥିତିବାଦୀ ଚିନ୍ତନର ପରିଚୟ ଦେଇଥାଏ। "ସେଇ ତ ଦୁର୍ଭାଗ୍ୟ! ମଣିଷଟିଏ ସ୍ୱଚ୍ଛନ୍ଦରେ ବଞ୍ଚିବାକୁ ଜନ୍ମ ହୋଇଚି। କିନ୍ତୁ ନିଜେ ନିଜକୁ ବିଭିନ୍ନ ପ୍ରକାରେ ବାନ୍ଧି ରଖିବାରେ ତାର ସାର୍ଥକତା ବୋଲି ସେ ଭାବେ। ଶୋଷକଲେ, ଭୋକକଲେ ସହଜ ଢଙ୍ଗରେ ପିଇବା କିମ୍ବା ଖାଇବା ଆମ ଜାତକରେ ନାଇଁ। ଏମିତି ହୋଇ ହୋଇ ଏ ଶଳା ବେକୁବ ଜନ୍ତୁଟି ତାର ଚମତ୍କାର ସମ୍ଭାବନା ଗୁଡିକୁ ନିଜ ହାତରେ କବର ଦେଇଦିଏ।" (ଶ୍ରେଷ୍ଠ ଗଳ୍ପ-ପୃ-୧୧୦)। ଏହାସହ ଉକ୍ତ କୃତିରେ ଅନେକତ୍ର ପରମ୍ପରାକୁ କେନ୍ଦ୍ରକରି ଅତିବାସ୍ତବବାଦୀ ଚିନ୍ତନ ମଧ୍ୟ ଲକ୍ଷଣୀୟ। ମୃତ୍ୟୁପରେ ମଧ୍ୟ ରହିଥିବା କିଛି ଆଶା ସଂପର୍କିତ ସୂଚନା ଗଳ୍ପ 'ଅନ୍ତରାଳ'ରେ ଲକ୍ଷଣୀୟ। ଅଲୌକିକତା ସହିତ ମାନବବାଦୀ ଚିନ୍ତନର ପ୍ରତିଫଳନ ଘଟିଛି 'କୁର୍ବାନ୍ ଖାଁ' ଗଳ୍ପରେ। ଯାହା ଗାଳ୍ପିକଙ୍କର ଅନୁଭୂତିର ଅନ୍ୟ ଏକ ପ୍ରତିଫଳନ। ଚନ୍ଦ୍ରଶେଖର ରଥଙ୍କର 'ଛାୟା ପୁରୁଷ' ଗଳ୍ପଟି ଏକ ଅସାଧରଣ ସୃଷ୍ଟି। ବାସ୍ତବ ମନେହେଉଥିବା ଏହି ଗଳ୍ପଟି ମନୁଷ୍ୟର ବିଚିତ୍ର ସ୍ୱଭାବ ତଥା ମନର ରହସ୍ୟକୁ ଉଦ୍‌ଘାଟିତ କରିବାର ଏକ ପ୍ରୟାସ। "ଆପଣ ପ୍ରତ୍ୟେକ ଥର ସତ୍ୟର ଆବିଷ୍କାର କଲାବେଳେ ଆଶ୍ଚର୍ଯ୍ୟ ହେଉଥିବେ। ବୁଝିପାରୁଥିବେ ଯେ ଉପରେ ଯାହା ଦିଶେ, ଭିତରେ ସତ୍ୟ ସହିତ ତାର ଆଦୌ ସମ୍ପର୍କ ନାହିଁ।— ଏଇ ଧରନ୍ତୁ ମୋ ଚେହେରା! ମୋ ନାଁ ଏଥିରୁ ଆପଣ କଣ ଜାଣିପାରିବେ?" (ଶ୍ରେଷ୍ଠ ଗଳ୍ପ-ପୃ-୧୯୪)। ଏହା

ବ୍ୟତୀତ ଗଳ୍ପଟିରେ ମାନବବାଦୀ ଚିନ୍ତନର ସ୍ୱର ଓ ସ୍ୱାକ୍ଷର, ଅତିଭୌତିକତା, ଭୌତିକ ଏବଂ କୁହୁକ ବାସ୍ତବତାବାଦ ଭଳି ପରିବେଶର ଚିତ୍ରଣ ଆହୁରି ଅସାଧରଣ ମନେହୁଏ। ଗାଳ୍ପିକଙ୍କର 'ଏ ପାଖେ ଅସଂଖ୍ୟ ଲୋକ' ଗଳ୍ପଟି ଏକ ଭିନ୍ନ ସ୍ୱାଦର ସୃଷ୍ଟି। ଏଥିରେ ଗାଳ୍ପିକ ଗୋଟିଏ ଦିଗରେ ଅଲୌକିକତାର ସୂଚନା ଦେଇଥିବା ବେଳେ। ଅନ୍ୟ ଦିଗରେ ରଚନାତ୍ମକ ଦୃଶ୍ୟ (Creative Visualization) ଅଥବା Mind's eye (ମସ୍ତିଷ୍କର ଚକ୍ଷୁ- ଏହା ହେଉଛି ଏକ ମାନସିକ ଛବି ଅଥବା ମାନସିକ ଚିତ୍ର। ଏକ ଏପରି ଅନୁଭବ ଯାହା ପ୍ରାୟତଃ କୌଣସି ବସ୍ତୁ ଅଥବା ଘଟଣା ଅଥବା ଦୃଶ୍ୟକୁ ଗଭୀରତାର ସହ ଅନୁଧ୍ୟାନ କରିବା ଫଳରେ ହୋଇଥାଏ) ର ପ୍ରୟୋଗ କରିଥିବା ଭଳି ମନେହୁଏ। "ସେ ପାଖେ କେବଳ ସେ ପାହାଡଟା ! ମତେ ସେଇଟା ଦେଖାଯାଏ ମୁହଁପରି। କାହା ମୁହଁପରି କହିପାରିବି ନାହିଁ; କିନ୍ତୁ ସେ ଥୁଣ୍ଟା ପଳାଶ ଗଛ ଡାହାଣ ପାଖେ ଠିଆହୋଇ ଅନେଇଲେ ଅବିକଳ ମଣିଷ ମୁହଁଟାଏ ଦେଖାଯାଏ। ନାକ, ଭୂରୁ, ଓଠ, ଆଖି ସବୁ ବାରିହୋଇ ଦେଖାଯାଏ। ସେଇଠୁ ଘୁଞ୍ଚିଗଲେ, ଆସ୍ତେ ଆସ୍ତେ ସେଇଟା ତରଳିଯାଏ ଏବଂ ପୁଣି ପାହାଡ ପାହାଡ ହୋଇଯାଏ।" (ସ୍ୱପ୍ନ ବାହକ-ପୃ-୨୦) ମାତ୍ର ଏଥିରେ ବିଶେଷତଃ ସମୟ ସହ ଗତିଶୀଳ ମଣିଷର ବୟସ ତଥା ବଂଶ, ପରମ୍ପରା ଓ ପିଢି ସଂପର୍କିତ ସୂଚନା ଦେଖିବାକୁ ମିଳେ। ଚିତ୍ର ଜୀବିତ ହୋଇ ବ୍ୟକ୍ତିକୁ ଚିତ୍ର ଭିତରକୁ ଆକର୍ଷିନେବା ଭଳି ଅଦ୍‌ଭୂତ ଘଟଣା ବର୍ଣ୍ଣିତ ହୋଇଛି ଗାଳ୍ପିକଙ୍କର 'ଛାୟା ପ୍ରବେଶ' ଗଳ୍ପରେ। ଅବଶ୍ୟ ଏହିଭଳି ଏକ କାହାଣୀ ବହୁ ପୂର୍ବରୁ ପ୍ରଚଳିତ ଥିବା ଜଣାଯାଏ। ମାତ୍ର ଉକ୍ତ କୃତି ମାଧ୍ୟମରେ ଗାଳ୍ପିକ ଗଭୀର ଅର୍ନ୍ତଚେତନାକୁ ଗୁରୁତ୍ୱ ଦେବା ସହ ରଚନାତ୍ମକ ଦୃଶ୍ୟ (Creative Visualization) ପ୍ରୟୋଗ କରିଥିବା ମନେହୁଏ। ପୂର୍ବ ଓ ପରଜନ୍ମର ସଂକେତ ସହିତ ଅତିଭୌତିକତା ଏବଂ ଅଲୌକିକତା ଦେଖିବାକୁ ମିଳେ ଗାଳ୍ପିକ ଚନ୍ଦ୍ରଶେଖର ରଥଙ୍କର 'ଆଉ କାହାକୁ କହିବେ ନାହିଁ' ଗଳ୍ପରେ। "ମୁଁ ଆଖି ବୁଜି ପଡିଥାଏ। ପତା କମ୍ପୁଥାଏ। ଭିତରେ ଡୋଳା ବୁଲୁଥାଏ। ନିଶ୍ୱାସ ଦବି ଯାଇଥାଏ, ହାତଗୋଡ କେମିତି ଟାଣିଯାଉଥାଏ- କିନ୍ତୁ ମୁଁ ଆଖି ଖୋଲୁ ନଥାଏ। ମନେହେଲା ମୋର ଗୋଟିଏ ପାଖ ସାମାନ୍ୟ ଉଷୁମ୍ ଲାଗୁଛି। ପୁଷ୍ପଭାର ଦେହଲ୍ଲବୀଟିଏ ଶୋଇରହିଛି କି ଖୁବ୍ ସଂଯତ, ଖୁବ୍ ସନ୍ନିକଟ ? ମୋ ଦେହସାରା ପୁଣି ଶୀତେଇଗଲା। ଆଉ ଗୋଟିଏ କୋମଳ ହୃତ୍‌ପିଣ୍ଡ ସ୍ପନ୍ଦିତ ହେଉଥିଲା କି ମୋ ପାଖରେ ?"(କ୍ରମଶଃ ଗଭୀର ନଈ-ପୃ-୨୧୧-୨୧୨) ଏହି ପଂକ୍ତିଗୁଡିକ ଅତିଭୌତିକ ଓ ଅଲୌକିକ ମନେହେଲେ ମଧ୍ୟ, ଡୋଳା ବୁଲିବା ଭଳି ବର୍ଣ୍ଣନା ମଣିଷର ଶୟନର ପଞ୍ଚମ ଚରଣ The rapid eye movement stage (REM) କୁ ସୂଚିତ କରେ । ଯେଉଁ ଅବସ୍ଥାରେ ସାଧାରଣତଃ ମଣିଷ ସ୍ୱପ୍ନ ଦେଖିଥାଏ । ତେଣୁ ଏହାକୁ ଅଲୌକିକତା ଅପେକ୍ଷା ଅବଚେତନ ମନର କାର୍ଯ୍ୟକଳାପ କୁହାଯିବା ବିଶେଷ ଯଥାର୍ଥ ମନେହୁଏ । ଏହିପରି ବିଜ୍ଞାନର ଏକ ବିଭାଗ (ଯାହା ଅବଶ୍ୟ ଛଦ୍ମ ରୂପେ ଗ୍ରହଣୀୟ) କୁ ଗାଳ୍ପିକ ନିଜ ଗଳ୍ପଗୁଡିକରେ ବେଶ୍ ସଫଳ ରୂପେ ପ୍ରୟୋଗ କରିପାରିଛନ୍ତି ।

ସଙ୍କେତ ସୂଚୀ

1- Geraskou, Emil Asenov (November 1 , 1994) " The Internal Condition and the un Conscious Source of Activity" Journal of Psychology 128 (6): 625-634.

2- Geraskou, Emil Asenov (November 1 , 1994) " The Internal Condition and the un Conscious Source of Activity" Journal of Psychology 128 (6): 625-634.

3- Kendra Cherry, Freud's Theories of Life and Death Instincts, on April 04,2020.

4- Jung, C.G ([1959] 1969). The Archetypes and the Collective UnconScious, Collected Works, Volume 9, part 1, Princeton, N.J: Princeton University Press. ISBN 0-691-01833-2. Par.259.

5- Reber, Arthur; Alcock, James (2019). "Why Parapsychological Claims cannot be true". Skeptical Inquirer. 43(4):8-10.

6- Gross, Paul R ; Levitt, Norman; Lewis, Martin W. (1996). The Flight from Science and Reason.p.565. ISBN 978-0801856761.

7- Friedlander, Michael W. (1998). At the Fringes of Science. Boulder, Colorado: Westview Press. P.119. ISBN 978-0-8133-2200-1.

ଯାଜ୍ଞସେନୀ ଏବଂ The palace of illusion ଏକ ତୁଳନାତ୍ମକ ଆଲୋଚନା

ମହାଭାରତର ଆଲୋଚନା ଯେତେବେଳେ ଆସେ ସେତେବେଳେ ପାଣ୍ଡବ ଓ କୌରବମାନଙ୍କ ମଧ୍ୟରେ ହୋଇଥିବା କୁରୁକ୍ଷେତ୍ର ଯୁଦ୍ଧ ହିଁ ସମସ୍ତଙ୍କର ସ୍ମୃତିପଟ୍ଟରେ ଉଦ୍‌ଜିବିତ ହୋଇଉଠେ। କିପରି ଏହି ଯୁଦ୍ଧ ଅଧର୍ମକୁ ବିନାଶ କରି ଧର୍ମ ସ୍ଥାପନାରେ ସହାୟକ ହୋଇପାରିଥିଲା। କିପରି ବିଶିଷ୍ଟ ଯୋଦ୍ଧାମାନେ ଧର୍ମର ସ୍ଥାପନା ପାଇଁ ନିଜ ଜୀବନ ଦେବାକୁ ମଧ୍ୟ ପଛାଇନଥିଲେ। ମହାମୁନି ବ୍ୟାସଦେବଙ୍କର ଲେଖନୀ ମୁନରୁ ଉଦ୍ଧୃତ ମହାଭାରତ କଥା ଏହିଭଳି ଘଟଣାକୁ ନେଇ ଗତିଶୀଳ। ଯାହା ବିଶେଷତଃ ବୀରର ବୀରତ୍ୱରେ ମହିମାମଣ୍ଡିତ। ହେଲେ ମହାଭାରତରେ କଣ କୌଣସି ବୀରାଙ୍ଗାନା ନଥିଲେ ? କାରଣ ଯଦିଓ ମହାଭାରତରେ ବହୁ ନାରୀ ଚରିତ୍ରଙ୍କର ଭୂମିକା ଓ ବର୍ଣ୍ଣନା ରହିଛି। ହେଲେ ପ୍ରତ୍ୟକ୍ଷ୍ୟଭାବେ ଦେଖିଲେ ତାଙ୍କୁ ବିଶେଷ ଗୁରୁତ୍ୱପୂର୍ଣ୍ଣ ଭାବେ ଆଲୋଚନା କରାଯାଇନାହିଁ। ଯଦି ତୁଳନା କରାଯାଏ ତେବେ ମହାଭାରତର ଗୌଣ ପୁରୁଷ ଚରିତ୍ର ଉପରେ ଯେତିକି ଗୁରୁତ୍ୱ ଦିଆଯାଇଛି। ସେ କ୍ଷେତ୍ରରେ ଏକ ମୁଖ୍ୟ ନାରୀ ଚରିତ୍ରକୁ ମଧ୍ୟ ଦିଆଯାଇନାହିଁ। ଏହାବ୍ୟତୀତ ଯେଭଳି ଭାବେ ପୁରୁଷର ମନସ୍ତତ୍ତ୍ୱକୁ ମହାଭାରତରେ ଗୁରୁତ୍ୱ ଦିଆଯାଇଛି ସେହିଭଳି ନାରୀକୁ ବୋଧେ ବୁଝିବାକୁ ଉଦ୍ୟମ କରାଯାଇନାହିଁ। ତେଣୁ ପରବର୍ତ୍ତୀ ସମୟରେ ମହାଭାରତର ନାରୀ ଚରିତ୍ର ମାନଙ୍କର ମନସ୍ତତ୍ତ୍ୱ ବିଶେଷତଃ ଏହାର ମହାନାୟିକା 'ଦ୍ରୌପଦୀ'ଙ୍କୁ ନେଇ ବହୁ ସାହିତ୍ୟ ସୃଷ୍ଟି ହୋଇଛି। ଯେଉଁଥିରେ ଲେଖକମାନେ ଦ୍ରୌପଦୀଙ୍କର ସେହି ମନସ୍ତତ୍ତ୍ୱକୁ ପ୍ରତିଫଳିତ କରିଛନ୍ତି ଯାହା ମହାଭାରତର ମହାନାୟକଙ୍କର ମନସ୍ତତ୍ତ୍ୱ ତଳେ ଦବିଯାଇଥିଲା। ସାଧାରଣତଃ ଦେଖିବାକୁଗଲେ ମହାଭାରତର ପ୍ରତ୍ୟେକଟି ନାରୀ ଚରିତ୍ର ସିଏ ସତ୍ୟବତୀ

ହୁଅନ୍ତୁ କି ଗାନ୍ଧାରି ଅଥବା କୁନ୍ତି ହୁଅନ୍ତୁ କି ଦ୍ରୌପଦୀ ପ୍ରତ୍ୟେକ ଜଣେଜଣେ ବିସ୍ମୟ। ଏହି ନାରୀମାନେ ନିଜ ଜୀବନରେ ବହୁ ଦୁଃଖ, କଷ୍ଟ ସହିବା ସହିତ ସହିଛନ୍ତି ବହୁ ଲାଞ୍ଛନା। ହେଲେ ପ୍ରତ୍ୟେକ୍ଷ୍ୟଭାବେ କହିବାକୁ ଗଲେ ଦ୍ରୌପଦୀ ହେଉଛନ୍ତି ଏମାନଙ୍କ ମଧ୍ୟରୁ ଅନ୍ୟତ୍ତମ। ଏହି ନାରୀଟି ତା ଜୀବନରେ ଏପରି ଲାଞ୍ଛନା ସହିଛି ଯାହା ବୋଧହୁଏ କୌଣସି ନାରୀ ସ୍ୱପ୍ନରେ ବି କଳ୍ପନା କରିବା ଅସମ୍ଭବ। ଏକାଧିକ ପତି ଗ୍ରହଣ କରିବାର ଯନ୍ତ୍ରଣା। ଏହାଛଡା ରାଜଦରବାରର ସମସ୍ତ ଗୁରୁଜନ, ଲଘୁଜନ, ବିଦ୍ୱାନ, ପଣ୍ଡିତ, କ୍ଷତ୍ରିୟ, ଏପରିକି ନିଜ ସ୍ୱାମୀମାନଙ୍କ ସମ୍ମୁଖରେ ବିବସ୍ତ୍ରା ହେବାକୁ ଯାଉଥିବା ଏକ ନାରୀ ଆଜି କଳିଯୁଗରେ ମଧ୍ୟ ବିରଳ। ତେଣୁ ଏହିଭଳି ଏକ ନାରୀ ଚରିତ୍ରର ମନସ୍ତତ୍ତ୍ୱ ତଥା ଅନ୍ତରର ବେଦନାକୁ ନେଇ ଉଭୟ ଓଡ଼ିଆ ଓ ଇଂରାଜୀ ସାହିତ୍ୟରେ ରଚିତ ହୋଇଛି ଦୁଇଟି କାଳଜୟୀ ଉପନ୍ୟାସ। ୧୯୮୫ ମସିହାରେ ଓଡ଼ିଆ ସାହିତ୍ୟର ବିଶିଷ୍ଟ ଲେଖିକା 'ପ୍ରତିଭା ରାୟ'ଙ୍କ ଦ୍ୱାରା ରଚିତ 'ଯାଜ୍ଞସେନୀ' ଏବଂ ୨୦୦୮ ମସିହାରେ ଇଂରାଜୀ ସାହିତ୍ୟର ବିଶିଷ୍ଟ ଲେଖିକା 'ଚିତ୍ରା ବାନାର୍ଜି ଦିବାକରୁଣୀ'ଙ୍କ ଦ୍ୱାରା ରଚିତ 'The palace of illusion' (ମୋହମାୟାର ସାମ୍ରାଜ୍ୟ) ହେଉଛି ଏ କ୍ଷେତ୍ରରେ ଦୁଇଟି ଉଲ୍ଲେଖଯୋଗ୍ୟ କୃତି। ବାସ୍ତବିକ ଭାବେ ଏହି ଉପନ୍ୟାସ ଦୁଇଟିକୁ ଅନୁଧ୍ୟାନକଲେ ଏହାକୁ 'ଦ୍ରୌପଦୀର ମହାଭାରତ' କହିବା ଅସଙ୍ଗତ ହେବନାହିଁ। କାରଣ ଏହି ମହାଭାରତ ବା ଉପନ୍ୟାସ ଦ୍ୱୟ ଦ୍ରୌପଦୀଙ୍କ ଦୃଷ୍ଟିକୋଣରୁ ହିଁ ରଚିତ ହୋଇଛି। ବ୍ୟାସଦେବଙ୍କ ସ୍ଥାନରେ ଯଦି ଦ୍ରୌପଦୀ କେବେ ମହାଭାରତ ରଚନା କରିଥାଆନ୍ତେ ତେବେ ବୋଧହୁଏ ମହାଭାରତ ଏହି ଉପନ୍ୟାସ ଦୁଇଟିର ରୂପ ଗ୍ରହଣ କରିଥାଆନ୍ତା। ଏହି ଉପନ୍ୟାସ ଦ୍ୱୟ ସାମଗ୍ରିକ ଭାବେ ଦ୍ରୌପଦୀ ଓ ତାଙ୍କର ମନସ୍ତତ୍ତ୍ୱ ଉପରେ ହିଁ ପର୍ଯ୍ୟାବେଶିତ। ଦୁଇଟି ଭିନ୍ନ ଭାଷା ଓ ସମୟସୀମା ଏପରିକି ୨୩ ବର୍ଷର ବ୍ୟବଧାନରେ ରଚିତ ଏହି ଉପନ୍ୟାସ ଦ୍ୱୟରେ ବହୁ ସାମଞ୍ଜସ୍ୟ ସହ ବହୁ ଅସାମଞ୍ଜସ୍ୟ ମଧ୍ୟ ପରିଲକ୍ଷିତ।

ପ୍ରାଥମିକ ପର୍ଯ୍ୟାୟରେ ବିଷୟବସ୍ତୁ ଦୃଷ୍ଟିରୁ ଆଲୋଚନା କରାଯାଇପାରେ। ଯେହେତୁ ଉଭୟ ଭାଷାରେ ରଚିତ ଦୁଇଗୋଟି ଉପନ୍ୟାସ ଦ୍ରୌପଦୀଙ୍କୁ କେନ୍ଦ୍ରକରି ରଚିତ। ତେଣୁ ଉଭୟ ଉପନ୍ୟାସରେ ଦ୍ରୌପଦୀଙ୍କୁ ପ୍ରମୁଖ ଭାବେ ଚିତ୍ରଣ କରାଯାଇଛି। ଏତଦ୍ ବ୍ୟତୀତ ଏହି ଉଭୟ ଉପନ୍ୟାସ ବ୍ୟାସଦେବଙ୍କର ମହାଭାରତକୁ କେନ୍ଦ୍ରକରି ରଚିତ ହୋଇଥିଲେ ହେଁ, ଯେହେତୁ ଏହାକୁ ଦ୍ରୌପଦୀଙ୍କର ମନସ୍ତତ୍ତ୍ୱର ଭିତ୍ତିଭୂମି ଉପରେ ଗଢ଼ାଯାଇଛି। ତେଣୁ କିଛିମାତ୍ରାରେ ପ୍ରସଙ୍ଗ ବର୍ହିଭୂତ ବିଷୟ ମଧ୍ୟ ଦେଖିବାକୁ ମିଳେ। ଯାହା ଲେଖକଙ୍କର ଅଭୂତପୂର୍ବ କଳ୍ପନାଶକ୍ତିର ପରିଚୟ ଦେଇଥାଏ। ଉଭୟ

ଉପନ୍ୟାସର ଏହି ନାୟିକା ନିଜ ମନର ଅବଚେତନରେ ବହୁଗୁଡିଏ ପ୍ରଶ୍ନର ଗଣ୍ଠିଲି ଧରି ବସିଥିବା ପରି ମନେହୁଏ। ସେହି ପ୍ରଶ୍ନ କେତେବେଳେ ବିଧାତାଙ୍କର ଗଢା ନିତିନିୟମ ପାଇଁ ଉଦ୍ଦିଷ୍ଟ ଥାଏ। ପୁଣି କେତେବେଳେ ସମାଜ ପାଇଁ। ଯେଉଁଥିରେ ପ୍ରତ୍ୟେକଟି କ୍ଷେତ୍ରରେ ଏକ ନାରୀକୁ ହିଁ ଲାଞ୍ଛନା ଓ ପ୍ରତାରଣାର ଶିକାର ହେବାକୁ ପଡିଥାଏ। ଏହି ଉଭୟ ଉପନ୍ୟାସ ଆତ୍ମକଥନ ଶୈଳୀରେ ରଚିତ ହୋଇଛି। ଏଥିରେ ଦ୍ରୌପଦୀଙ୍କର ଜନ୍ମ ଠାରୁ ନେଇ ମୃତ୍ୟୁ ପର୍ଯ୍ୟନ୍ତ ବର୍ଣ୍ଣିତ ଘଟଣାରେ ସମାନତା ରହିଥିଲେ ହେଁ, ବର୍ଣ୍ଣନା ଶୈଳୀ ଓ କୌଶଳରେ ଭିନ୍ନତା ଦେଖିବାକୁ ମିଳେ। ପ୍ରତିଭା ରାୟଙ୍କର ଦ୍ରୌପଦୀ ହେଉଛି ଅତ୍ୟନ୍ତ ଲାବଣ୍ୟମୟୀ ଦୃଷ୍ଟାନ୍ତ ସ୍ୱରୂପ ଏଠାରେ ଲେଖିକାଙ୍କର ଲେଖନୀ ମୁନରେ ଦ୍ରୌପଦୀଙ୍କର ସୌନ୍ଦର୍ଯ୍ୟ ବର୍ଣ୍ଣନାର କେତେକ ପଂକ୍ତି ଉଦ୍ଧାର କରାଯାଇପାରେ- "ମୁଁ କୃଷ୍ଣା, ନୀଳପଦ୍ମର ପାଖୁଡା ପରି ମୋ ଦେହର କାନ୍ତି। ସମୁଦ୍ର ଲହଡି ଭଳି ଘନ ନୀଳ ଉର୍ମିଳ କେଶଦାମ, ନୀଳପଦ୍ମ ଭଳି ଢଳଢଳ ଉଜ୍ଜ୍ୱଳ ବୁଦ୍ଧିଦୀପ୍ତ ମନୋହାରିଣୀ ଦୁଇ ଆୟତ୍ତ ଆଖି। ବିଶ୍ୱର ଶ୍ରେଷ୍ଠ ଶିଳ୍ପୀର ହାତଗଢା ନିଖୁଣ ପ୍ରତିମା ଭଳି ଅନିନ୍ଦିତ ମୁଖଶୋଭା, ସୁଠାମ ସୁଗୋଲ ଅଙ୍ଗସୌଷ୍ଠବ, ଦୀର୍ଘଦେହ, ଉନ୍ନତ ସୁଠାମ ବକ୍ଷ ଯୁଗଳ, କ୍ଷୀଣକଟି, ରମ୍ଭାତରୁ ପରି ସୁଗୋଲ ଘନ ଉରୁ। ଚମ୍ପାକଳି ସଦୃଶ ହାତପାଦର ଅଙ୍ଗୁଳି, ରକ୍ତ ଶତଦଳ ପାଖୁଡା ଭଳି କରତାଳପାଦ। ମୁକ୍ତା ନିନ୍ଦି ଦନ୍ତପଂକ୍ତି, ବିଦ୍ୟୁତ୍ ନିନ୍ଦି ହାସ୍ୟରେଖା। ଚନ୍ଦ୍ର ଭଳି ମନୋରମ ହାତପାଦର ନଖ। ଦେହର ଭୁରୁଭୁରୁ ପଦ୍ମ ଗନ୍ଧରେ ଭ୍ରମରମାନେ ମତିହରାଇ ପୁଷ୍ପୋଦ୍ୟାନ ତ୍ୟାଗକରି ମୋ ଦେହର ଚତୁର୍ଦ୍ଦିଗରେ ଉଡିବୁଲନ୍ତି। ମୋ କେଶର କୁଟିଳ ସୌନ୍ଦର୍ଯ୍ୟରେ ବନ୍ଧା ପଡିଗଲେ ପବନ ସ୍ଥିର ହୋଇ ରହିଯାଏ। କବିମାନେ କହନ୍ତି ଯତିମତିହରା ମୋର ରୂପ ଶୋଭା।" (ପୃ-୭) ବିଦ୍ୱାନ, ସ୍ୱାଧୀନ ଓ ପିତାଙ୍କର ଅଲିଅଳି। ଅପର ପକ୍ଷ୍ୟରେ ଚିତ୍ରା ବାନାର୍ଜୀଙ୍କର ଦ୍ରୌପଦୀ ଶ୍ୟାମ ବର୍ଣ୍ଣ ହେବା ହେତୁ ପରିଚାରିକାଙ୍କ ଦ୍ୱାରା ନିଜ ରଙ୍ଗକୁ ଉଜ୍ଜ୍ୱଳ କରିବାପାଇଁ ବିଭିନ୍ନ ଉପକରଣ ଲଗାଇବାକୁ ବାଧ୍ୟହେବା। ଦୃଷ୍ଟାନ୍ତ ସ୍ୱରୂପ- " Perhaps the reason Krishna and I got along so well was that we were both severely dark- skinned. In a society that looked down its patrician nose on anything except milk-and-almond hues. This was considered most unfortunate, especially for a girl. I paid for it by spending hour upon excruciating hour being slathered in skin-whitening agents and scrubbed with numerous exfoliates by my industrious nurse." (page-8) ଶିକ୍ଷାପାଇଁ ଅଦମ୍ୟ ଆଗ୍ରହ ଥାଇ ମଧ୍ୟ ଶିକ୍ଷାରୁ ବଞ୍ଚିତହେବା। ବିବାହ ପର୍ଯ୍ୟନ୍ତ ପିତାଙ୍କ ରାଜଭବନରେ

ବନ୍ଦୀ ତୁଲ୍ୟ ଜୀବନ ଅତିବାହିତ କରିବା। ଏହାଛଡା ପିତାଙ୍କର ସ୍ନେହ ନିଜ ଭ୍ରାତା ଧୃଷ୍ଟଦ୍ୟୁମ୍ନ ଭଳି ଲାଭ ନକରିପାରିବା। ଯାହା ସାଧାରଣତଃ ଏକ ସାଧାରଣ ନାରୀ ପକ୍ଷ୍ୟରେ ଦେଖିବାକୁ ମିଳେ। ଏହା ଦ୍ରୌପଦୀଙ୍କ କ୍ଷେତ୍ରରେ ମଧ୍ୟ ଦେଖିବାକୁ ମିଳିଛି। ଯାଜ୍ଞସେନୀର ଦ୍ରୌପଦୀ ପାଞ୍ଚାଳ ନଗରୀର କମନୀୟ ପରିବେଶ ଓ ପ୍ରାକୃତିକ ଶୋଭାରେ ବିହ୍ୱଳିତ ହେବାସହ ନିତମ୍ବିନୀ ଭଳି ସଖିର ସହଚର୍ଯ୍ୟା, କୃଷ୍ଣଙ୍କ ପ୍ରତି ଅଗାଧ ଭକ୍ତି ଓ ତାଙ୍କ ସହ ଦେହାତୀତ ପ୍ରେମ, ଅର୍ଜୁନଙ୍କ ପ୍ରତି ନିବିଡ ପ୍ରେମ ଏବଂ ସରଳ କୁନ୍ତୀଙ୍କର ପ୍ରେମରେ ବିହ୍ୱଳିତ ହୋଇଛନ୍ତି। ମାତ୍ର The palace of illusion ରେ ପାଞ୍ଚାଳ ରାଜ୍ୟର ପରିବେଶ ଅତ୍ୟନ୍ତ କର୍କଷ ଓ ଆକର୍ଷଣହୀନ। ତେଣୁ ଦ୍ରୌପଦୀଙ୍କର ମନରେ ସବୁବେଳେ ନିଜର ଏକ ସୁନ୍ଦର ଘର ଓ ଉଦ୍ୟାନକୁ ନେଇ ସ୍ୱପ୍ନ ରହିଛି। ଯାହା ପରବର୍ତ୍ତୀ ସମୟରେ ଖଣ୍ଡପ୍ରସ୍ଥରେ ରାକ୍ଷାସ ମୟ ଦ୍ୱାରା ପୂରଣ ହୋଇଛି। ଏଥିରେ ଶ୍ରୀକୃଷ୍ଣଙ୍କ ପ୍ରତି ଦ୍ରୌପଦୀଙ୍କ ମନରେ ପ୍ରେମ ଓ ବିଶ୍ୱାସ ଥିଲେ ହେଁ ଯାଜ୍ଞସେନୀର ଦ୍ରୌପଦୀଙ୍କ ଭଳି ସେତେ ଗଭୀର ନୁହେଁ। ଏହାଛଡା ଏଥିରେ ଦ୍ରୌପଦୀ ଅର୍ଜୁନଙ୍କ ପ୍ରତି ପ୍ରାରମ୍ଭିକ ପର୍ଯ୍ୟାୟରେ ଆକର୍ଷିତ ହୋଇଥିଲେ ହେଁ। ସେହି ଆକର୍ଷଣ ପରବର୍ତ୍ତୀ ସମୟରେ କର୍ଣ୍ଣଙ୍କ ପ୍ରତି ପ୍ରେମରେ ପରିଣତ ହୋଇଛି। ଯାଜ୍ଞସେନୀରେ ଯେପରି ଦ୍ରୌପଦୀ ସମଗ୍ର ଜୀବନ ଅର୍ଜୁନଙ୍କର ସାନିଧ୍ୟ ଲାଭପାଇଁ ବ୍ୟାକୁଳ ହୋଇଛନ୍ତି। ସେହିପରି ଏହି ଉପନ୍ୟାସରେ ଦ୍ରୌପଦୀ କର୍ଣ୍ଣଙ୍କର ପ୍ରେମରେ ବିହ୍ୱଳିତ। ଏପରିକି ମୃତ୍ୟୁପରେ ମଧ୍ୟ ସ୍ୱର୍ଗରେ ସେ କର୍ଣ୍ଣଙ୍କ ସହିତ ମିଳିତ ହୋଇଛନ୍ତି। ମହାଭାରତକୁ ଦୃଷ୍ଟିରେ ରଖି ଆଲୋଚନା କଲେ ନିଶ୍ଚିତ ଭାବେ ଏହା ଏକ ଅବାନ୍ତର ପ୍ରସଙ୍ଗ। ମାତ୍ର ପାଞ୍ଚପତି ଥିବା ସତ୍ତ୍ୱେ ଜଣଙ୍କ ଠାରୁ ବି ପ୍ରେମ ନ ପାଇ ପାରିଥିବା ନାରୀ ମନରେ ଅନ୍ୟ ଏକ ପୁରୁଷ ପ୍ରତି ଆକର୍ଷଣ ଅବାନ୍ତର ପ୍ରସଙ୍ଗ ନୁହେଁ। ଏଥିରେ ଦ୍ରୌପଦୀ ପୁଣି ନିଜ ଶାଶୁ କୁନ୍ତିଙ୍କ ଦ୍ୱାରା ପ୍ରତାରିତା। ଯାହା ଉପନ୍ୟାସର ଶେଷରେ ଅବଶ୍ୟ ପ୍ରେମରେ ରୂପାନ୍ତରିତ ହୋଇଛି। ଯାଜ୍ଞସେନୀର ଦ୍ରୌପଦୀଙ୍କ ପ୍ରତି ଅର୍ଜୁନଙ୍କର ଗଭୀର ପ୍ରେମ ଅଭିମାନରେ ପରିଣତ ହୋଇଥିଲା। କାରଣ ଦ୍ରୌପଦୀ ଶାଶୁଙ୍କର ଧର୍ମରକ୍ଷା କରିବାପାଇଁ ପାଞ୍ଚପତି ବରଣ କରିବାର ନିଷ୍ପତ୍ତିକୁ ସ୍ୱିକୃତି ଜଣାଇଥିଲେ। ଯାହା ତାଙ୍କପାଇଁ ଯମଯନ୍ତ୍ରଣା ଥିଲେ ମଧ୍ୟ ଧର୍ମପାଇଁ ସେହି ଯନ୍ତ୍ରଣାକୁ ଗଳାର ହାର ସଦୃଶ ଗ୍ରହଣ କରିଥିଲେ। ଏଥିରେ ତାଙ୍କର କୌଣସି ଭୂମିକା ବା ଅବଦାନ ନଥିଲା। ଅଥଚ ସେ ସାରା ଜୀବନ ଅର୍ଜୁନଙ୍କର ଅଭିମାନ ପାଇଁ ବିରହ ଯନ୍ତ୍ରଣାରେ ଛଟପଟ ହୋଇଥିଲେ। ଏହିଭଳି ଚିତ୍ରା ବାନାର୍ଜୀଙ୍କର ଦ୍ରୌପଦୀ ନିଜ ଇଚ୍ଛା ବିରୁଦ୍ଧରେ ପାଞ୍ଚପତି ବରଣକରି ଅର୍ଜୁନଙ୍କର କ୍ରୋଧର ଶିକାର ହୋଇଛନ୍ତି। ଫଳରେ ଯେଉଁ ପ୍ରେମକୁ ସେ ନିଜର ସ୍ୱାମୀଙ୍କ ଚକ୍ଷୁରେ ଦେଖିବାର ସ୍ୱପ୍ନ ଦେଖିଥିଲେ।

ତାହା ସେ ଦେଖିବାକୁ ପାଇଛନ୍ତି କର୍ଣ୍ଣଙ୍କର ଚକ୍ଷୁରେ । ଯାହାଦ୍ୱାରା ସେ କର୍ଣ୍ଣଙ୍କର ପ୍ରେମରେ ବିହ୍ୱଳିତ ହୋଇପଡିଛନ୍ତି । ଯାଜ୍ଞସେନୀର ଦ୍ରୌପଦୀ ଯେତେବେଳେ ଅଗ୍ନିକୁଣ୍ଡ ମଧ୍ୟରୁ ଜନ୍ମଲାଭ କରିଛନ୍ତି । ସେତେବେଳେ ସେ ଜାଣିପାରିଛନ୍ତି ଯେ ତାଙ୍କର ଜନ୍ମ ଓ ଜୀବନ ସାଧାରଣ ନୁହେଁ । ଭବିଷ୍ୟତରେ ସେ କୌଣସି ମହତ୍ତର କାର୍ଯ୍ୟକୁ ରୂପ ଦେବାକୁ ଯାଉଛନ୍ତି । ଯାହା ସେ ଜାଣିପାରିଛନ୍ତି ଶାନ୍ତ, ସରଳ ବ୍ୟାସଦେବଙ୍କ ଠାରୁ । ଭବିଷ୍ୟତ ମଣିଷ ଆଖିରେ କଳ୍ପନା ସଦୃଶ ରହିଲେ ପ୍ରତି ମୁହୂର୍ତ୍ତକୁ ସେ ଅପେକ୍ଷାକରେ । ହେଲେ ସେହି ଭବିଷ୍ୟତ ଯଦି ମଣିଷ ସମ୍ମୁଖରେ ସ୍ପଷ୍ଟଭାବେ ଉଲ୍ଲେଖ କରିଦିଆଯାଏ । ତେବେ ତାର ଜୀବନ ଅତ୍ୟନ୍ତ ଯନ୍ତ୍ରଣାପ୍ରଦ ହୋଇଉଠେ । ପ୍ରତି ମୁହୂର୍ତ୍ତରେ ଭବିଷ୍ୟତର ସମ୍ଭାବନା ତାକୁ ବିଚଳିତ କରିଦିଏ । ଅବଶ୍ୟ ଯାଜ୍ଞସେନୀର ଦ୍ରୌପଦୀପାଇଁ ଭବିଷ୍ୟତ କଳ୍ପନା ଥିଲା । "ମହାମୁନି ବେଦବ୍ୟାସ ଭବିଷ୍ୟଦ୍ରଷ୍ଟା । ମୋ ଜୀବନ ସମ୍ବନ୍ଧରେ ତାଙ୍କର ଭବିଷ୍ୟବାଣୀ ଯେ ଅକାଟ୍ୟ, ଏଥିରେ ସନ୍ଦେହ ନାହିଁ । ଜୀବନ ସମ୍ବନ୍ଧରେ ମୁଁ ନାନା କଳ୍ପନା ଜଳ୍ପନା କରିବାକୁ ଲାଗିଲି । ସେ କଳ୍ପନାକୁ ମୁଁ କବିତାରେ ରୂପାୟିତ କରି ଆତ୍ମତୃପ୍ତି ଲାଭ କରୁଥିଲି ।" (ପୃ-୧୮) ହେଲେ The palace of illusion ର ଦ୍ରୌପଦୀ ତାଙ୍କର ଯନ୍ତ୍ରଣାମୟ ଭବିଷ୍ୟତକୁ ବ୍ୟାସଦେବଙ୍କ ଠାରୁ ପ୍ରତ୍ୟକ୍ଷ୍ୟଭାବେ ଶୁଣିବାକୁ ପାଇଛନ୍ତି । ଯାହା ତାଙ୍କ ଜୀବନକୁ ପ୍ରତି ମୁହୂର୍ତ୍ତରେ ଯନ୍ତ୍ରଣାରେ ଦଗ୍ଧ କରିଛି । " You will marry the five greatest heroes of your time. You will be queen of queens, envied even by goddesses. You will be a servant maid. You will be mistress of the most magical of palaces and then lose it. You will be remembered for causing the greatest war of your time. You will bring about the death of evil kings- and your children's and your brothers. A million women will become widows because of you. Yes indeed you will leave a mark on history. You will be loved, though you will not always husbands, you will die alone, abandoned at the end-and yet not so." (page-39) ଏତଦ୍ ବ୍ୟତୀତ ପ୍ରତିଭା ରାୟଙ୍କର ଦ୍ରୌପଦୀ କୁରୁକ୍ଷେତ୍ର ଯୁଦ୍ଧ ସମୟରେ ନିଜ ପ୍ରିୟଜନଙ୍କର ମୃତ୍ୟୁର ଭୟ ଓ ଅନିଶ୍ଚିତତାରେ ସମୟ କାଟୁଥିବା ବେଳେ । ଚିତ୍ରା ବାନାର୍ଜୀଙ୍କର ଦ୍ରୌପଦୀ ମହାଭାରତର ଅନ୍ୟତମ ଚରିତ୍ର ସଞ୍ଜୟଙ୍କ ଭଳି ବ୍ୟାସଦେବଙ୍କ ଠାରୁ ଲାଭ କରିଛନ୍ତି ଦିବ୍ୟଦୃଷ୍ଟି । ଯାହା ତାଙ୍କ ସ୍ଥିତିକୁ କରିଦେଇଛି ଅତ୍ୟନ୍ତ ଯନ୍ତ୍ରଣାମୟ । ଯୁଦ୍ଧ ସମାପ୍ତ ହେବା ପରର ପରିବେଶ ଉଭୟ ଉପନ୍ୟାସରେ ଅତ୍ୟନ୍ତ ବିଭତ୍ସ ଭାବେ ଚିତ୍ରଣ କରାଯାଇଛି । ଯାହାକୁ

ଅନୁଧ୍ୟାନକଲେ ଦେହର ଲୋମ ଟାଙ୍କୁରି ଉଠେ। ଏହାଛଡା ନିଜର ପ୍ରିୟଜନଙ୍କର ମୃତ୍ୟୁରେ ଦୁଃଖରେ ଭାଙ୍ଗିପଡି ଲୁହ ଝରାଉଥିବା ନାରୀ ମାନଙ୍କର ଯନ୍ତ୍ରଣା ଅତ୍ୟନ୍ତ ହୃଦୟସ୍ପର୍ଶୀ ହୋଇଛି। ଯୁଧିଷ୍ଠିର ଯେତେ ଦୟାଳୁ ଏବଂ ଧର୍ମ ପରାୟଣ ରାଜା ହେଲେ ମଧ୍ୟ ନାରୀମାନଙ୍କର ହୃଦୟର ଯନ୍ତ୍ରଣା ଯେ ସେ ବୁଝିବାକୁ ଅସମର୍ଥ ହେବେ । ସେଥିପାଇଁ ନାରୀମାନଙ୍କର ନ୍ୟାୟ ନିଶାବର ଦାୟିତ୍ୱ ନେଇଛନ୍ତି ଦ୍ରୌପଦୀ। ଏହାର ଚିତ୍ରଣ ଦେଖିବାକୁମିଳେ The palace of illusion ଉପନ୍ୟାସରେ। ଉଭୟ ଉପନ୍ୟାସରେ ମହାପ୍ରଭୁ ଶ୍ରୀକୃଷ୍ଣଙ୍କର ଏକ ଗୁରୁତ୍ୱପୂର୍ଣ୍ଣ ଭୂମିକା ରହିଛି। ହେଲେ ଏ କ୍ଷେତ୍ରରେ ଯାଜ୍ଞସେନୀର ସ୍ୱାଦ ହେଉଛି ନିଆରା। ସମଗ୍ର ଉପନ୍ୟାସରେ ଶ୍ରୀକୃଷ୍ଣ ଏବଂ ଦ୍ରୌପଦୀଙ୍କ ମଧ୍ୟରେ ଥିବା ସଖା ଓ ସଖୀ ଭାବ। ଏହା ସହିତ ଦେହାତୀତ ପ୍ରେମ ଅତ୍ୟନ୍ତ ହୃଦୟସ୍ପର୍ଶୀ ହୋଇଛି। ଶ୍ରୀକୃଷ୍ଣଙ୍କର ଈଶ୍ୱରତ୍ୱକୁ ଦ୍ରୌପଦୀ ବହୁ ପୂର୍ବରୁ ଅନୁଭବ କରିପାରିଛନ୍ତି। ତେଣୁ ସେ ନିଜକୁ ସଂପୂର୍ଣ୍ଣଭାବେ ଶ୍ରୀକୃଷ୍ଣଙ୍କ ପାଖରେ ସମର୍ପଣ କରିଦେଇଛନ୍ତି। ମୃତ୍ୟୁ ସମୟରେ ତାଙ୍କ ପାଞ୍ଚପତି ତାଙ୍କୁ ଛାଡି ଆଗକୁ ଆଗେଇ ଯାଇଥିଲେ ମଧ୍ୟ ଶ୍ରୀକୃଷ୍ଣଙ୍କର କୋମଳ ହାତର ସ୍ପର୍ଶ ଓ ତାଙ୍କର ସତ୍ତାକୁ ସେ ଅନୁଭବ କରିପାରିଛନ୍ତ। ଏହିପରି ଭାବେ The palace of illusion ଉପନ୍ୟାସରେ ମଧ୍ୟ ଦ୍ରୌପଦୀ ଓ ଶ୍ରୀକୃଷ୍ଣଙ୍କ ମଧ୍ୟରେ ପ୍ରେମଭାବ ଓ ସମର୍ପଣଭାବ ରହିଥିଲେ ହେଁ ତାହା ଏତେ ନିବିଡ ହୋଇପାରିନାହିଁ। ଏ କ୍ଷେତ୍ରରେ ଦେଖିବାକୁ ଗଲେ ଧୃଷ୍ଟଦ୍ୟୁମ୍ନ ସହିତ ଦ୍ରୌପଦୀଙ୍କର ବହୁ ଗଭୀର ସଂପର୍କ ଏଥିରେ ବର୍ଣ୍ଣିତ। ଏହା ବ୍ୟତୀତ ଶ୍ରୀକୃଷ୍ଣଙ୍କର ଈଶ୍ୱରତ୍ୱକୁ ସେ ସହଜରେ ଗ୍ରହଣ କରିପାରିନାହାନ୍ତି। ଅବଶ୍ୟ ଜୀବନର ଶେଷ ସମୟରେ ଯେତେବେଳେ ସେ ହିମାଳୟ ପାଦଦେଶରେ ପାଦ ଖସାଇ ପଡିଯାଇଛନ୍ତି। ତାଙ୍କ ସ୍ୱାମୀମାନେ ତାଙ୍କୁ ଛାଡି ଚାଲିଯିବାପରେ ମୃତ୍ୟୁର ପାଦଦେଶରେ ଛିଡାହୋଇ ସେ ଅନୁଭବ କରିଛନ୍ତି ଶ୍ରୀକୃଷ୍ଣଙ୍କର ସତ୍ତା। ଏହାସହ ଜାଣିପାରିଛନ୍ତି ଯେ ଜୀବନର ପ୍ରତ୍ୟେକ ମୁହୂର୍ତ୍ତରେ ପ୍ରତ୍ୟେକ କ୍ଷେତ୍ରରେ ଶ୍ରୀକୃଷ୍ଣଙ୍କର ସତ୍ତା ହିଁ ତାଙ୍କ ପାଖରେ ବିଦ୍ୟମାନ ଥିଲା। ଏଥିରୁ ଦ୍ରୌପଦୀ ଓ ଶ୍ରୀକୃଷ୍ଣଙ୍କ ମଧ୍ୟରେ ଥିବା ଦେହାତୀତ ପ୍ରେମର ପରିଚୟ ମିଳିଥାଏ।

ବାସ୍ତବିକ ଦ୍ରୌପଦୀ ଏକ ବିସ୍ମୟ ଚରିତ୍ର। ଏହି ଚରିତ୍ରଟି କେତେବେଳେ ସାଧାରଣ ନାରୀ ମାନଙ୍କ ଠାରୁ ଅଧିକ ସୁନ୍ଦର, ସୌଭାଗ୍ୟଶାଳୀ, ବିଦ୍ୱାନ, ସ୍ୱାଧୀନ, ପ୍ରେମମୟୀ ଓ ପ୍ରେମର ପାତ୍ରୀ ହେବା ମନରେ ଈର୍ଷା ସୃଷ୍ଟି କରାଏ। ଏହି ଭୂମିକାରେ ଅବତିର୍ଣ୍ଣ ହେବାପାଇଁ ମନରେ ଦୁର୍ବାର ଆକାଂକ୍ଷା ଉଦ୍ରେକ କରେ। ପୁଣି ପରମୁହୂର୍ତ୍ତରେ ଆକସ୍ମିକ ଭାବେ ଏହି ଚରିତ୍ରର ଜୀବନରେ ଘଟିଥିବା ଲାଞ୍ଛନା, ଯନ୍ତ୍ରଣା, ଅପମାନ, ଅସହାୟତା, ଦ୍ୱନ୍ଦ୍ୱ ଆଦି ହୃଦୟକୁ ଦ୍ରବୀଭୂତ କରିଦିଏ। କୌଣସି ନାରୀକୁ ଜୀବନରେ ଏଭଳି ଯନ୍ତ୍ରଣା

ନ ମିଳୁ ସେଥିପାଇଁ ସ୍ୱତଃ ମନଭିତରୁ ପ୍ରାର୍ଥନା ଆସେ । ଏହିଭଳି ଏକ ଅସାଧରଣ ନାରୀ ଚରିତ୍ରକୁ କେନ୍ଦ୍ରକରି ରଚିତ ଯାଜ୍ଞସେନୀ ଏବଂ The palace of illusion ଉଭୟ ଉପନ୍ୟାସ ହେଉଛି ଲେଖକଙ୍କ ଦୃଷ୍ଟିକୋଣରୁ ଦ୍ରୌପଦୀଙ୍କର ହୃଦୟକୁ ଦେଖିବାର ପ୍ରୟାସ । ପ୍ରତି କ୍ଷେତ୍ରରେ ନାରୀ ସମାଜ ପ୍ରତି ହେଉଥିବା ଅବହେଳା ଓ ଅବିଚାର ବିରୁଦ୍ଧରେ ସ୍ୱରଉତ୍ତୋଳନ ଏହି ଉପନ୍ୟାସକୁ ଏକ ନାରୀବାଦୀ ଉପନ୍ୟାସର ରୂପଦେଇଛି । ହେଲେ ଦ୍ରୌପଦୀଙ୍କର ହୃଦୟ ତଥା ତାଙ୍କ ଅବଚେତନ ମନକୁ କେନ୍ଦ୍ରକରି ରଚିତ ଏହି ଉପନ୍ୟାସ ଦ୍ୱୟକୁ ଚେତନା ପ୍ରବାହ ଧର୍ମୀ ଉପନ୍ୟାସ ରୂପେ ମଧ୍ୟ ଗ୍ରହଣ କରାଯାଇପାରେ । ତେଣୁ ଗୋଟିଏ ଚରିତ୍ର ତଥା ଗୋଟିଏ ବିଷୟବସ୍ତୁକୁ କେନ୍ଦ୍ରକରି ଉଭୟ ଓଡ଼ିଆ ଓ ଇଂରାଜୀ ସାହିତ୍ୟରେ ରଚିତ ଏହି ଉପନ୍ୟାସ ଦ୍ୱୟ ସମ ପୃଷ୍ଠଭୂମି ସତ୍ତ୍ୱେ ଚିନ୍ତା ଓ ଚେତନାରେ ଭିନ୍ନ ।

ଭାରତୀୟ ମାନସିକତାରେ ମହାପ୍ରଭୁ ଶ୍ରୀ ଜଗନ୍ନାଥ

ଓଡ଼ିଶା ଏବଂ ଓଡ଼ିଆ ଜାତିର ପ୍ରାଣପିଣ୍ଡ ମହାପ୍ରଭୁ ଶ୍ରୀ ଜଗନ୍ନାଥ ହେଉଛନ୍ତି ଏପରି ଏକ ସତ୍ତା ଯେ, ତାଙ୍କୁ ଶବ୍ଦରେ ବର୍ଣ୍ଣନାକରିବା ବାସ୍ତବିକ କଷ୍ଟସାଧ୍ୟ। କାରଣ ଓଡ଼ିଶାବାସୀଙ୍କର ପ୍ରାଣପିଣ୍ଡ ମହାପ୍ରଭୁ ଶ୍ରୀ ଜଗନ୍ନାଥ କେବଳ ଓଡ଼ିଶା ନୁହେଁ ସେ ହେଉଛନ୍ତି ସମଗ୍ର ବିଶ୍ୱର ଦେବତା । ତେଣୁ ଯିଏ ସମଗ୍ର ବିଶ୍ୱର ଦେବତା ତାଙ୍କୁ ସାଧାରଣ ଶବ୍ଦରେ କିପରି ବର୍ଣ୍ଣନା କରାଯାଇପାରିବ ? ଏହା ସତ୍ତ୍ୱେ ଯଦି ମହାପ୍ରଭୁ ଜଗନ୍ନାଥଙ୍କୁ ବର୍ଣ୍ଣନା କରାଯାଏ ତେବେ ଗୋଟିଏ ଶବ୍ଦ ହିଁ ଏ କ୍ଷେତ୍ରରେ ପ୍ରଯୁଜ୍ୟ ତାହା ହେଉଛି 'ଅନୁଭବ'। ମହାପ୍ରଭୁ ଶ୍ରୀ ଜଗନ୍ନାଥ ହେଉଛନ୍ତି ଏକ ଅନୁଭବ। ବାସ୍ତବିକ ତାଙ୍କୁ ଯେ ଯେପରି ଅନୁଭବ କରିଛି ସେ ତାକୁ ଠିକ୍ ସେହି ରୂପରେ ଦେଖା ଦେଇଛନ୍ତି। ଅବଶ୍ୟ ଧର୍ମ ଏବଂ ଈଶ୍ୱରଙ୍କ ମୂଳ ସଂଜ୍ଞା ଯଦି ଖୋଜାଯାଏ ତେବେ ଅନୁଭବ ହିଁ ହେବ ଏହାର ଶ୍ରେଷ୍ଠ ସଂଜ୍ଞା। ସୃଷ୍ଟି ଆରମ୍ଭ ହେବାର ବହୁ ଅବଧି ପରେ ଯେତେବେଳେ ବଣ ମଣିଷ ବିବର୍ତ୍ତନ ଦ୍ୱାରା Homosapienରେ ରୂପାନ୍ତରିତ ହେଲା। ଯେଉଁମାନଙ୍କ ଠାରୁ ଆଜିର ଆଧୁନିକ ମଣିଷର ସୃଷ୍ଟି। ସେତେବେଳେ ପ୍ରକୃତ ପକ୍ଷେ ଧର୍ମ ଏବଂ ଦେବତାର ସୃଷ୍ଟି ହୋଇନଥିଲା। ଧାର୍ମିକ ଦୃଷ୍ଟିକୋଣରୁ ଭଗବାନ ମଣୁଷକୁ ଗଢିଥିଲେ ହେଁ। ବୈଜ୍ଞାନିକ, ଐତିହାସିକ ଏବଂ ନୃତାତ୍ତ୍ୱିକ ଦୃଷ୍ଟିକୋଣରୁ ମଣିଷ ଭଗବାନଙ୍କୁ ଗଢିଛି। ତେବେ ଏହି ଦୃଷ୍ଟିକୋଣରୁ ଆଜି ଆମେ ଯେଉଁ ଧର୍ମ, ଭଗବାନ ଏବଂ ବିଶ୍ୱାସକୁ ଭେଟୁଛେ ତାହା ହେଉଛି ସମୟକ୍ରମେ ବିବର୍ତ୍ତିତ ଧର୍ମର ଭିନ୍ନ ସ୍ୱରୂପ। କେତେକ କ୍ଷେତ୍ରରେ ଯେ ଏହା ବିକୃତ ସ୍ୱରୂପ ଧାରଣ କରିଛି ବୋଲି କହିବା ଭ୍ରମାତ୍ମକ ହେବନାହିଁ। ମସ୍ତିଷ୍କର ବିକାଶ ପରେ ସମାଜ ଗଢିଥିବା ମଣିଷ ନିଜକୁ ଏବଂ ନିଜ

ଭିତରର ପଶୁତ୍ୱକୁ ନିୟନ୍ତ୍ରଣ କରିବାପାଇଁ ଯେଉଁ ଦେବତାଙ୍କୁ ଗଢିଥିଲା ଆଜିର ଦେବତା ସେ ଦେବତା ନୁହେଁ। ସେ ଦେବତା ଥିଲା ଏକ ଅନୁଭବ ଯାହାକୁ ସେ ଭକ୍ତି କରୁଥିଲା। ହେଲେ ଆଜିର ଦେବତା ହେଉଛି ଭିନ୍ନ। ପରିବର୍ତ୍ତିତ ସମାଜ ଆଜି ଭଗବାନଙ୍କୁ ଯେଉଁ ସ୍ୱରୂପ ଦେଇଛି ସେଥିରେ ମଣିଷ ଗୋଟିଏ ଦିଗରେ ଭଗବାନଙ୍କୁ ଭୟ କଲାବେଳେ ଗୋଟିଏ ଦିଗରେ ସ୍ୱାଧୀନତା ହରଣକାରୀ ଭାବେ ଘୃଣା କରୁଛି। ଯାହା ଭିତରେ ପ୍ରକୃତ ଦେବତା ଯାହାକୁ ମଣିଷ ସର୍ବଶକ୍ତିମାନ କରି ଗଢିଥିଲା ତାର ମୃତ୍ୟୁ ଘଟିଛି। ଅନେକ ଦାର୍ଶନିକ ଯେତେବେଳେ ଭଗବାନଙ୍କର ମୃତ୍ୟୁ ପ୍ରସଙ୍ଗ ଉତ୍‌ଥାପିତ କରନ୍ତି ସେମାନଙ୍କ ମଧ୍ୟରୁ କିଛି ଏହି ଆଦିମ ଭଗବାନଙ୍କ କଥା ହିଁ କହିଥାଆନ୍ତି। ଧର୍ମର ଏହିଭଳି ବିବର୍ତ୍ତନ ସତ୍ତ୍ୱେ ମହାପ୍ରଭୁ ଶ୍ରୀ ଜଗନ୍ନାଥଙ୍କୁ କିନ୍ତୁ ଏକ ବ୍ୟତିକ୍ରମ ଭାବେ ଗ୍ରହଣ କରାଯାଇପାରେ। କାରଣ ଜଗନ୍ନାଥଙ୍କ ନିକଟରେ ଭକ୍ତ ଏହି ଆଦିମ ରୂପ ଓ ସ୍ୱରୂପକୁ ହିଁ ଭେଟେ। ପ୍ରକୃତରେ 'ଜଗନ୍ନାଥ' ଶବ୍ଦଟି ଯେପରି ବ୍ୟାପକ, ଅର୍ଥ ଟି ଠିକ୍ ସେହିପରି ବ୍ୟାପକ। ଜାତି ଧର୍ମର ଉର୍ଦ୍ଧ୍ୱରେ ଜଗନ୍ନାଥ ଶବ୍ଦଟି ଯେପରି ସଂସ୍କୃତ ଅଥବା ପାଲିରୁ ନ ହୋଇ ଅଷ୍ଟ୍ରିକ୍ ଶବ୍ଦ ମଧ୍ୟରୁ ଆସିଥିବା ପ୍ରମାଣିତ ହୋଇଛି। ସେହିପରି ଅର୍ଥ ଦୃଷ୍ଟିକୋଣରୁ ଜଗନ୍ନାଥ ହେଉଛନ୍ତି ସମଗ୍ର ବିଶ୍ୱର ନାଥ। ତେଣୁ ପୂର୍ବେ ଧର୍ମକୁ କେନ୍ଦ୍ରକରି ଯେଉଁ ଅନୁଭବ ପ୍ରସଙ୍ଗ ଉତ୍‌ଥାପିତ ହୋଇଛି ତାହା ଜଗନ୍ନାଥଙ୍କ କ୍ଷେତ୍ରରେ ସଂପୂର୍ଣ୍ଣ ପ୍ରଜୁଜ୍ୟ। ଶଙ୍କରାଚାର୍ଯ୍ୟ ମହାପ୍ରଭୁଙ୍କର କଟାକ୍ଷ୍ୟରେ ଯେପରି ମୋହିତ ହୋଇଥିଲେ। ସେହିପରି ତୁଳସୀ ଦାସ ତାଙ୍କୁ ରାମଚନ୍ଦ୍ର ଭାବେ ଅନୁଭବ କରିଥିଲେ। ଏହି ପରିପ୍ରେକ୍ଷୀରେ ଆଉ ଏକ ପ୍ରସଙ୍ଗ ମଧ୍ୟ ଉଲ୍ଲେଖଯୋଗ୍ୟ। ଗୁରୁ ନାନକ ମୂର୍ତ୍ତି ପୂଜାରେ ବିଶ୍ୱାସୀ ନଥିଲେ ତେଣୁ ସେ ଜଗନ୍ନାଥଙ୍କର ରୀତିନୀତି ଏବଂ ପୂଜା ପଦ୍ଧତିକୁ ସମାଲୋଚନା କରିଥିଲେ। ହେଲେ ଆଶ୍ଚର୍ଯ୍ୟର ପ୍ରସଙ୍ଗ ଶୂନ୍ୟ ବ୍ରହ୍ମରେ ବିଶ୍ୱାସୀ ନାନକ ମଧ୍ୟ ଯେତେବେଳେ ପ୍ରଥମ ଥର ପାଇଁ ମହାପ୍ରଭୁ ଶ୍ରୀ ଜଗନ୍ନାଥଙ୍କୁ ଦର୍ଶନ କରିଥିଲେ ସେ ତାଙ୍କ ସ୍ୱରୂପ ଦେଖି ଅବିଭୂତ ହୋଇଯାଇଥିଲେ। କାରଣ ପ୍ରଭୁ ଜଗନ୍ନାଥଙ୍କର ସ୍ୱରୂପ ହେଉଛି ପ୍ରତିକାତ୍ମକ। ନା ତ ସେ ଆକାର ବିଶିଷ୍ଟ ନା ହିଁ ସେ ନିରାକାର। ଜଗନ୍ନାଥଙ୍କର ଏହି ସ୍ୱରୂପ ଦେଖି ନାନକ ଭକ୍ତି ଭାବରେ ଉଦ୍‌ବୃତ୍ତ ହୋଇଯାଇଥିଲେ। ଏହାପରେ ସେ ନିଜସ୍ୱ ପଦ୍ଧତିରେ ଜଗନ୍ନାଥଙ୍କର ନାମକିର୍ତ୍ତନ କରିଥିଲେ। ଏହିରୂପେ ନିରାକାର ବ୍ରହ୍ମରେ ବିଶ୍ୱାସୀ ନାନକ ଜଗନ୍ନାଥଙ୍କ ଦର୍ଶନପରେ ନିଜ ଆଦର୍ଶ ବିରୋଧ ସତ୍ତ୍ୱେ ଜଗନ୍ନାଥଙ୍କୁ ପ୍ରତ୍ୟାଖ୍ୟାନ କରିପାରିନଥିଲେ। ତାଙ୍କ ଆଖିରୁ କେବଳ ଝରଝର ହୋଇ ଲୁହ ଝରିପଡିଥିଲା। ନାନକ ପ୍ରଭୁଙ୍କର ପ୍ରକୃତ ସାମର୍ଥ୍ୟ ବୁଝିପାରିଥିଲେ। ସେ ପ୍ରଭୁ ଜଗନ୍ନାଥଙ୍କର ଚମତ୍କାର ଭାବମୂର୍ତ୍ତିରେ ସର୍ବଭାରତୀୟତା ଏବଂ ବୈଦିକ ପ୍ରତୀକର

ସ୍ପର୍ଶ ଦେଖିଥିଲେ। ସେ ଉଚ୍ଚାରଣ କରିଥିଲେ ପ୍ରଭୁ ତୁମ୍ଭେ ଅବର୍ଣ୍ଣନୀୟ। ନାନକଙ୍କ ପୁରୀ ଏବଂ କଟକ ରହଣୀ କାଳରେ ଉଦଭା ଏବଂ ରାମାନନ୍ଦ ତାଙ୍କ ସହିତ ବନ୍ଧୁ ଭାବରେ ରହି ନାନକଙ୍କ ନାମକିର୍ତ୍ତନରେ ଅଂଶ ଗ୍ରହଣ କରିଥିଲେ। ଜଗବନ୍ଧୁ ସିଂଙ୍କ ପ୍ରାଚୀନ ଉତ୍କଳ ଶୀର୍ଷକରେ ନାନକଙ୍କ ଜଗନ୍ନାଥ ମନ୍ଦିର ପ୍ରବେଶ ପ୍ରସଙ୍ଗ ଉଲ୍ଲେଖିତ। ଏହି ପରିପ୍ରେକ୍ଷୀରେ ଆଉ ଏକ ପ୍ରସଙ୍ଗ ମଧ୍ୟ ଗୁରୁତ୍ୱପୂର୍ଣ୍ଣ ଯେ ଏକଦା ନାନକଙ୍କ ମନ୍ଦିର ପ୍ରବେଶ ସମୟରେ ଜଗନ୍ନାଥଙ୍କ ସେବକ ତାଙ୍କୁ ମୁସଲମାନ ମନେକରି ମନ୍ଦିରରୁ ଘଉଡାଇ ଦେଇଥିଲେ। ନାନକ ଅପମାନିତ ହୋଇ ସମୁଦ୍ର କୂଳରେ ଯାଇଁ ଜଗନ୍ନାଥଙ୍କର ଆରାଧନା କରିଥିଲେ। ଏହି ସ୍ଥାନ ବାଉଳୀ ମଠ ନାମରେ ପରିଚିତ। ଏହାପରେ ଜଗନ୍ନାଥଙ୍କ ଠାରୁ ସ୍ୱପ୍ନାଦେଶ ପାଇ ରାଜା ପ୍ରତାପରୁଦ୍ର ଏବଂ ପଣ୍ଡିତଗଣ ନାନକଙ୍କୁ କ୍ଷମା ମାଗିଥିଲେ। ଜଣେ ମାନବ ହିଁ ନିଜ କର୍ମ ଦ୍ୱାରା ମହାମାନବରେ ପରିଣତ ହୁଏ । ଯାହାର ଦୃଷ୍ଟାନ୍ତ ଆମେ ପୁରାଣ ଏବଂ ଗ୍ରନ୍ଥରେ ଭଗବାନ ଶ୍ରୀକୃଷ୍ଣ, ରାମଚନ୍ଦ୍ର ଆଦିଙ୍କ ମାଧ୍ୟମରେ ପାଇଛନ୍ତି। ଯେଉଁ ପ୍ରସଙ୍ଗ ସକ୍ରେଟିସ୍, ଶ୍ରୀ ଅରବିନ୍ଦ ଏବଂ ଚିତ୍ତରଞ୍ଜନ ଦାସଙ୍କ ଭଳି ଦାର୍ଶନିକମାନେ ଉତ୍‌ଥାପିତ କରିଛନ୍ତି। ଆଧୁନିକ ମଣିଷ ନିକଟରେ ମହାପ୍ରଭୁ ଶ୍ରୀ ଜଗନ୍ନାଥଙ୍କର ନବକଳେବର ହେଉଛି ତାହାର ଜ୍ୱଳନ୍ତ ନିଦର୍ଶନ। ମାନବ ଏବଂ ବ୍ରହ୍ମ ଯେ ଏକ ତାହା ପ୍ରମାଣ କରିଦେଇଛନ୍ତି ମହାପ୍ରଭୁ। ଏହି ପ୍ରଭୁ ହିଁ ବ୍ୟକ୍ତିଙ୍କୁ ସ୍ୱ ଧର୍ମ ସହିତ ମାନବ ଭିତରେ ଲୁଚିବସିଥିବା ମହାମାନବ ସତ୍ତା ସଂପର୍କରେ ସଚେତନ କରିଦେଇ ଥାଆନ୍ତି। କାରଣ ପୁରାଣର ସ୍ୱର୍ଗ ଏବଂ ଛଦ୍ମ ବୈଜ୍ଞାନିକ ପରିଭାଷା 'ସାଙ୍ଗରିଲା' ପ୍ରକୃତରେ ଆଉ କେଉଁଠି ନୁହେଁ ଏହି ଧରାପୃଷ୍ଠରେ ହିଁ ବିଦ୍ୟମାନ। ନିଜ ଭିତରର ମହାମାନବ ସତ୍ତାକୁ ବୁଝିପାରୁଥିବା ବ୍ୟକ୍ତିହିଁ ସେହି ସ୍ୱର୍ଗର ସନ୍ଧାନ ପାଇଥାଏ। ଏହି ମହାପ୍ରଭୁଙ୍କ ଚେତନା ଯେ କେବଳ ସମଗ୍ର ବିଶ୍ୱକୁ ପ୍ରଭାବିତ କରିଛି ତାହା ନୁହେଁ। ଭକ୍ତ ପ୍ରଭୁଙ୍କୁ ନିଜ ମାନସରେ ଅନୁଭବ କରିବା ସହ ବିଶ୍ୱ ବିଶେଷକରି ଭାରତର ପ୍ରତ୍ୟେକ କ୍ଷେତ୍ରରେ ଜଗନ୍ନାଥଙ୍କୁ ନିଜ ଭୂଖଣ୍ଡ ସହିତ ଜୋଡିବାକୁ କେନ୍ଦ୍ରକରି ଐତିହାସିକ ଅଧ୍ୟୟନ ଏବଂ ଗବେଷଣାର ଅନ୍ତ ଘଟିନାହିଁ।

ମହାପ୍ରଭୁ ଜଗନ୍ନାଥଙ୍କର ଚେତନା ସମଗ୍ର ବିଶ୍ୱକୁ ଯେ କେବଳ ପ୍ରଭାବିତ କରିଛି ତାହା ନୁହେଁ। ମହାପ୍ରଭୁ ଜଗନ୍ନାଥଙ୍କୁ ନିଜର ବୋଲି ସାବ୍ୟସ୍ତ କରିବାପାଇଁ ଅନେକ ପୁରାଣ ଲେଖା ହେବା ସହ ଅନେକ ଗବେଷଣା ମଧ୍ୟ ହୋଇଛି। ଏଥିରୁ ଜନ ମାନସରେ ମହାପ୍ରଭୁଙ୍କୁ କେନ୍ଦ୍ରକରି ରହିଥିବା ଆକର୍ଷଣକୁ ଅନୁଭବ କରାଯାଇପାରେ। ସ୍କନ୍ଦ ପୁରାଣ, ବ୍ରହ୍ମ ପୁରାଣ ଆଦିରେ ମହାପ୍ରଭୁ ଜଗନ୍ନାଥଙ୍କର ଉତ୍ପତ୍ତି ପ୍ରସଙ୍ଗ ବର୍ଣ୍ଣିତ। ଏହି ପୁରାଣ ଅନୁସାରେ ମହାପ୍ରଭୁ ଶ୍ରୀ ଜଗନ୍ନାଥ ନୀଳମାଧବ ରୂପରେ ଶବରରାଜା ବିଶ୍ୱାବସୁ ଦ୍ୱାରା

ପୂଜିତ ହେଉଥିଲେ। ଏହି ନୀଳମାଧବ ପୂର୍ବରୁ କିତୁଙ୍ଗ ନାମରେ ପୂଜା ପାଉଥିଲେ। ମାଳଓ୍ୱାର ରାଜା ଇନ୍ଦ୍ରଦ୍ୟୁମ୍ନଙ୍କୁ ନୀଳମାଧବ ସ୍ୱପ୍ନରେ ଦେଖାଦେଇ ତାଙ୍କୁ ମାଳଓ୍ୱାରେ ଆଣି ପ୍ରତିଷ୍ଠା କରିବାପାଇଁ କହିଥିଲେ। ଏହି ସ୍ୱପ୍ନାଦେଶ ପରେ ରାଜା ବିଦ୍ୟାପତୀଙ୍କୁ ନୀଳମାଧବଙ୍କର ସନ୍ଧାନରେ ପଠାଇଥିଲେ। ବହୁ ଚେଷ୍ଟା ସତ୍ତ୍ୱେ ବିଦ୍ୟାପତୀ ଘଞ୍ଚ ଜଙ୍ଗଲ ମଧ୍ୟରେ ନୀଳମାଧବଙ୍କୁ ଠାବ କରିବାରେ ବିଫଳ ହୋଇଥିଲେ। ଶେଷରେ ସେ ବିଶ୍ୱାବସୁଙ୍କର କନ୍ୟା ଲଳିତାକୁ ବିବାହ କରିବାରେ ସଫଳ ହୋଇଥିଲେ। ବିଦ୍ୟାପତୀଙ୍କର ବାରମ୍ବାର ଅନୁରୋଧ ଫଳରେ ବିଶ୍ୱାବସୁ ତାଙ୍କ ଜ୍ୱାଇଁଙ୍କ ଆଖିରେ ଅନ୍ଧପୁଟୁଳି ବାନ୍ଧି ଏକ ଗୁମ୍ଫାକୁ ନେଇ ଯାଇଥିଲେ। ଯେଉଁଠାରେ ନୀଳମାଧବଙ୍କୁ ପୂଜା କରାଯାଉଥିଲା। ବିଦ୍ୟାପତି ଅତ୍ୟନ୍ତ ବୁଦ୍ଧିମାନ ଥିଲେ। ସେ ରାସ୍ତାରେ ଶୋରିଷ ବୁଣିଦେଇଥିଲେ। କିଛିଦିନପରେ ମଞ୍ଜି ଅଙ୍କୁରିତ ହୋଇଯିବା ଫଳରେ ସେ ଗୁମ୍ଫା ଠାବ କରିବାରେ ସକ୍ଷମ ହୋଇଥିଲେ। ତାଙ୍କ ଠାରୁ ଶୁଣି ରାଜା ଇନ୍ଦ୍ରଦ୍ୟୁମ୍ନ ତୁରନ୍ତ ଓଡ୍ର ଦେଶକୁ ଯାଇ ମହାପ୍ରଭୁଙ୍କର ଦର୍ଶନ ଓ ଆରାଧନା କରନ୍ତେ ଭଗବାନ ଅଦୃଶ୍ୟ ହୋଇଗଲେ। ଏହାପରେ ରାଜାଙ୍କର ଅନ୍ନଜଳ ତ୍ୟାଗ, ଆକାଶବାଣୀ, ଭବ୍ୟ ମନ୍ଦିର ନିର୍ମାଣର ନିର୍ଦ୍ଦେଶ, କ୍ରମେ ଦାରୁରୁ ମୂର୍ତ୍ତି ନିର୍ମାଣ ପ୍ରସଙ୍ଗ ଆଦି ପୁରାଣରେ ବର୍ଣ୍ଣିତ। ପୁରାଣ ଏବଂ କିମ୍ବଦନ୍ତୀରେ ମହାପ୍ରଭୁ ଜଗନ୍ନାଥଙ୍କର ଉତ୍ପତ୍ତିକୁ କେନ୍ଦ୍ରକରି ଭିନ୍ନ ଭିନ୍ନ ମତ ଦେଖିବାକୁ ମିଳୁଥିଲେ ହେଁ ପ୍ରାୟତଃ ଗବେଷକ କିମ୍ବଦନ୍ତୀ ଏବଂ ଐତିହାସିକ ପ୍ରମାଣକୁ କେନ୍ଦ୍ରକରି ଏହି କଥାରେ ଏକମତ ଯେ, ଶ୍ରୀ ଜଗନ୍ନାଥଙ୍କ ଆବିର୍ଭାବ ଆଦିବାସୀ ଦେବତା ରୂପରେ ହୋଇଥିଲା। କିମ୍ବଦନ୍ତୀ ଦୃଷ୍ଟିକୋଣରୁ ଏହା ସ୍ପଷ୍ଟ ଭାବେ କୁହାଯାଇପାରେ ଯେ ବିଶ୍ୱାବସୁ ଶବର ଥିଲେ। ଯେଉଁମାନେ ମହାପ୍ରଭୁ ଜଗନ୍ନାଥଙ୍କୁ ପୂଜା କରୁଥିଲେ। ଐତିହାସିକ ଦୃଷ୍ଟିକୋଣରୁ ମଧ୍ୟ ଏହା ପ୍ରମାଣ କରାଯାଇଛି ଯେ ପଶ୍ଚିମରେ ବିନ୍ଧ୍ୟ ଅଞ୍ଚଳ ଶବରମାନଙ୍କର ବାସସ୍ଥାନ ଥିଲା। ଶବରମାନେ ମୁଣ୍ଡାରୀ ଭାଷାରେ କଥାବାର୍ତ୍ତା କରିଥାଆନ୍ତି। ମୁଣ୍ଡାରୀ ଉପଭାଷା ହେଉଛି ଆଧୁନିକ ଓଡ଼ିଆ ଓ ପୂର୍ବମାଗଧୀ ଭାଷାର ଆଦିମ ରୂପ। ମୁଣ୍ଡାରୀ ଭାଷା କହୁଥିବା ଆଦିବାସୀମାନେ ଶବର, କନ୍ଧ, ମୁଣ୍ଡା ଆଦି ବିଭିନ୍ନ ଜନଜାତିରେ ବିଭକ୍ତ ହୋଇଥିଲେ ମଧ୍ୟ ସେମାନେ ମୂଳତଃ ଏକ ବିଶାଳ ସମ୍ପ୍ରଦାୟର ଅର୍ନ୍ତଭୁକ୍ତ ଥିଲେ। ଏହି ଆଦିମ ଜନଜାତିଙ୍କର ବଂଶଧର ଏବେ ମଧ୍ୟ ରାଜ୍ୟର ପାହାଡିଆ ଅଞ୍ଚଳ ଏବଂ ସମତଳ ଭୂମିରେ ବାସ କରନ୍ତି। ସେମାନଙ୍କ ମଧ୍ୟରୁ କେତେକ ମୁଣ୍ଡାରୀ ଭାଷାକୁ ଯୋଗାଯୋଗର ମାଧ୍ୟମ ଭାବରେ ବ୍ୟବହାର କରନ୍ତି। ମୁଣ୍ଡାରୀ ଭାଷା କହୁଥିବା ଏହି ଆଦିବାସୀ ମାନଙ୍କ ମଧ୍ୟରେ ବୃକ୍ଷ ଅଥବା ଦାରୁ ଉପାସନା ପ୍ରଚଳିତ ଥିଲା। ବୃକ୍ଷ ଅଥବା ଦାରୁକୁ ମନୁଷ୍ୟ ଆକୃତି ଦେବାକୁ

ଚେଷ୍ଟାକରିବା ସମୟରେ ସେମାନେ ବୋଧହୁଏ ଏହାକୁ ଏକ ଅଦ୍‌ଭୁତ ଆକୃତି ଦେଇଦେଇଥିବେ। ଏହି ଆକୃତିରୁ ହିଁ ମହାପ୍ରଭୁ ଶ୍ରୀ ଜଗନ୍ନାଥଙ୍କର ଉତ୍ପତ୍ତି ହୋଇଥିବା ପ୍ରସଙ୍ଗକୁ କେତେକ ମାତ୍ରାରେ ବିଶ୍ୱାସ କରାଯାଇପାରେ। ବୃକ୍ଷ ବା ଦାରୁ ଉପାସନା ଜନିତ ପରମ୍ପରା ବୈଦିକ ଧର୍ମ ମାଧ୍ୟମରେ ଓଡ଼ିଶାକୁ ଆସିଥିଲା ନା ଆଦିବାସୀ ପୂଜା ମାଧ୍ୟମରେ ତାହା ଏବେ ପର୍ଯ୍ୟନ୍ତ ସ୍ପଷ୍ଟ ହୋଇନାହିଁ। ଓଡ଼ିଶାର ମୂଳ ବାସିନ୍ଦା ଏହି ଶବରମାନଙ୍କ ମଧ୍ୟରେ କିନ୍ତୁ ପୂର୍ବରୁ ହିଁ ବୃକ୍ଷ ଉପାସନାର ପରମ୍ପରା ପ୍ରଚଳିତ ଥିଲା। ସେମାନଙ୍କର ସମସ୍ତ ରୀତିନୀତି ପୂର୍ବ କିତୁଙ୍ଗ ଅଥବା ପରବର୍ତ୍ତୀ ଜଗନ୍ନାଥଙ୍କୁ କେନ୍ଦ୍ରକରି ପ୍ରଚଳିତ ଥିଲା। ଯେପରି ସେମାନେ ଜଗନ୍ନାଥଙ୍କ ସମ୍ମୁଖରେ ନୃତ୍ୟ ଓ ଗୀତର ପରିବେଷଣ କରୁଥିଲେ। ବିଶ୍ୱାସ କରାଯାଏ ଯେ ଯେତେବେଳେ ବୈଦିକ ସଂସ୍କୃତିର ପୃଷ୍ଟପୋଷକ ଆର୍ଯ୍ୟମାନେ ଓଡ଼ିଶାକୁ ଅଧିକାର କେରିଥିଲେ, ସେତେବେଳେ ସେମାନେ ସ୍ଥାନୀୟ ଆଦିବାସୀ ପରମ୍ପରା ଦ୍ୱାରା ବହୁମାତ୍ରାରେ ପ୍ରଭାବିତ ହୋଇଥିଲେ। କ୍ରମେ ଜୟଦେବଙ୍କର ଗୀତଗୋବିନ୍ଦ ଗାନ ସହିତ ମହାରୀ ନୃତ୍ୟ ଏହାର ବିବର୍ତ୍ତିତ ରୂପ ହୋଇପାରେ। କେତେକ ଗବେଷକଙ୍କ ମତରେ ନବକଳେବରର ରୀତିନୀତି ମଧ୍ୟ ଏକ ଆଦିବାସୀ ପରମ୍ପରା। ଦାରୁର ନବୀକରଣ ଭଳି ପ୍ରଥା ସଉରା ଓ ଗଣ୍ଡ ଭଳି ଜନଜାତିଙ୍କ ମଧ୍ୟରେ ଦେଖିବାକୁ ମିଳେ। ଏହା ବ୍ୟତୀତ ଷୋଡଶ ଶତାବ୍ଦୀର ଜଗନ୍ନାଥ ଦାସଙ୍କ ଦ୍ୱାରା ରଚିତ ଦାରୁବ୍ରହ୍ମ ଗୀତା ଏବଂ ସପ୍ତଦଶ ଶତାବ୍ଦୀରେ ନୀଳାମ୍ବର ଦାସଙ୍କ ଦ୍ୱାରା ରଚିତ ଦେଉଳ ତୋଳାରେ ଶବରଙ୍କ ଦ୍ୱାରା ମହାପ୍ରଭୁ ଜଗନ୍ନାଥଙ୍କ ଉପାସନା ପ୍ରସଙ୍ଗ ବର୍ଣ୍ଣିତ। ମହାପ୍ରଭୁ ଜଗନ୍ନାଥଙ୍କ ଉତ୍ପତ୍ତି ସଂପର୍କରେ ଐତିହାସିକ ଉଇଲିୟମ ହଣ୍ଟର ମନ୍ତବ୍ୟ ଦେଇଥିଲେ ଯେ ଆଦିବାସୀମାନେ ଘଞ୍ଚ ଜଙ୍ଗଲ ମଧ୍ୟରେ ନୀଳମାଧବଙ୍କୁ ଦ୍ରାବିଡ ଦେବତା ରୂପରେ ପୂଜା କରୁଥିଲେ। ଜନଜାତିମାନେ ପ୍ରଭୁଙ୍କୁ ଅରନ୍ଧା ଖାଦ୍ୟ ଅର୍ପଣ କରୁଥିଲେ ଯାହା ସମୟକ୍ରମେ ଆର୍ଯ୍ୟଙ୍କ ଦ୍ୱାରା ପକ୍ୱ ଖାଦ୍ୟରେ ପରିଣତ ହୋଇଛି। ଆଜି ମଧ୍ୟ ଶବରମାନେ ବୃକ୍ଷକୁ ପୂଜା କରୁଥିବା ଜଣାଯାଏ। ଯାହାକୁ କିତୁଙ୍ଗ କୁହାଯାଏ। ଯାହାର ଅର୍ଥ ହେଉଛି ଭଗବାନ। ସେମାନଙ୍କର ବିଶ୍ୱାସ ଯେ ବୃକ୍ଷରେ ଭଗବାନ ବାସ କରନ୍ତି ସେଥିପାଇଁ ସେମାନେ ବୃକ୍ଷ କାଟିନଥାଆନ୍ତି।

ମହାପ୍ରଭୁ ଜଗନ୍ନାଥଙ୍କର ଚେତନା ସମଗ୍ର ବିଶ୍ୱକୁ ପ୍ରଭାବିତ କରିଥିଲେ ହେଁ ଭାରତର ପୂର୍ବ ଭାଗ ଉତ୍କଳ ଭୂଖଣ୍ଡରେ ଏହାର ଉତ୍ପତ୍ତିକୁ କେନ୍ଦ୍ରକରି ଏହି ଚେତନାର ପ୍ରଭାବ ବିଶେଷକରି ପୂର୍ବ ଏବଂ ଉତ୍ତର ପୂର୍ବ ଭାରତରେ ଦେଖିବାକୁ ମିଳେ। ଏହି ପରିପ୍ରେକ୍ଷୀରେ ସର୍ବପ୍ରଥମେ ପଡୋଶୀ ରାଜ୍ୟ ବଙ୍ଗଳାରେ ଜଗନ୍ନାଥ ଚେତନାର ଉତ୍ପତ୍ତି ଏବଂ କ୍ରମବିକାଶ ସଂପର୍କରେ ଆଲୋଚନା କରାଯାଇପାରେ। ବଙ୍ଗରେ ଜଗନ୍ନାଥ

ଚେତନା ଯେପରି ପ୍ରାଚୀନ ଠିକ୍ ସେହିପରି ନିବିଡ଼। ବଙ୍ଗଳାରେ ପ୍ରଥମ ଜଗନ୍ନାଥ ମନ୍ଦିର ୧୩୫୮ ଖ୍ରୀଷ୍ଟାବ୍ଦରେ ସ୍ଥାପିତ ହୋଇଥିଲା। ଏହାକୁ ଓଡ଼ିଶାର ନାକୁର ତୁଙ୍ଗା ପ୍ରତିଷ୍ଠା କରୁଥିଲେ। ବିଶ୍ୱାସ କରାଯାଏ ଯେ ମହାପ୍ରଭୁ ଜଗନ୍ନାଥଙ୍କ କୃପାରୁ ନାକୁର ତୁଙ୍ଗା ବାଙ୍କୁଡା ଜିଲ୍ଲାର ତୁଙ୍ଗଭୂମ ଅଞ୍ଚଳ ଦଖଲ କରିବାରେ ସକ୍ଷମ ହୋଇଥିଲେ। ସେ ଏହି ସ୍ଥାନର ନାମ ପରିବର୍ତ୍ତନ କରି ଜଗନ୍ନାଥ ପୁର ରଖିଥିଲେ ଏବଂ ସେଠାରେ ଏକ ଜଗନ୍ନାଥ ମନ୍ଦିର ପ୍ରତିଷ୍ଠା କରିଥିଲେ। ସେ ଓଡ଼ିଶାରୁ ୨୫୨ ଜଣ ବ୍ରାହ୍ମଣଙ୍କୁ ଆଣି ଏହି ବାଙ୍କୁରା ଅଞ୍ଚଳରେ ଥଇଥାନ କରିବା ପ୍ରସଙ୍ଗ ବିଭିନ୍ନ ତଥ୍ୟରୁ ମିଳିଥାଏ। ଏହି ତଥ୍ୟରୁ ଜଣାଯାଇଥାଏ ଯେ ଶ୍ରୀ ଜଗନ୍ନାଥ ମନ୍ଦିର ଶ୍ରୀ ଚୈତନ୍ୟ ଦେବଙ୍କର ଜନ୍ମର ପ୍ରାୟ ୧୨୮ ବର୍ଷ ପୂର୍ବରୁ ବଙ୍ଗରେ ସ୍ଥାପିତ ହୋଇଥିଲା। ଏହି ମନ୍ଦିର ଆଜି ନଥିଲେ ହେଁ ଏହି ମନ୍ଦିର ସଂପର୍କରେ ସାହିତ୍ୟିକ ତଥ୍ୟ ଆଜି ମଧ୍ୟ ଉପଲବ୍ଧ ଥିବା ଜଣାଯାଏ। ଶ୍ରୀକୃଷ୍ଣ କୀର୍ତ୍ତନ ପ୍ରାକ୍ ଚୈତନ୍ୟ କାଳର ଅନ୍ୟତମ ଉଲ୍ଲେଖନୀୟ ସାହିତ୍ୟ କୃତି। ଏଥିରେ ଜଗନ୍ନାଥ ଶବ୍ଦ ୧୪ ଥରରୁ ଅଧିକ ବ୍ୟବହାର ହୋଇଥିବା ଜଣାଯାଏ। ଦୃଷ୍ଟାନ୍ତ ସ୍ୱରୂପ-

"ହେନା ଶୁଭ କୃଷ୍ଣ ଦେବ ଜଗନ୍ନାଥ ହରି ଶଙ୍ଖ- ଚକ୍ର- ଗଦା- ପଦ୍ମର ସରଙ୍ଗ ଧାରୀ।" (ଶ୍ରୀକୃଷ୍ଣ କୀର୍ତ୍ତନ, ଯମୁନା ଖଣ୍ଡ- ପୃ- ୭୦) ଉକ୍ତ ପଂକ୍ତିରେ ଜଗନ୍ନାଥଙ୍କୁ ହରି ଓ ନାରାୟଣଙ୍କ ସହିତ ତୁଳନା କରାଯାଇଛି।

ଶ୍ରୀ ଜଗନ୍ନାଥ ଚେତନାକୁ ବଙ୍ଗଳାରେ ବିଶେଷକରି ଗୌଡ଼ୀୟ ବୈଷ୍ଣବ ଓ ଅନ୍ୟମାନଙ୍କ ମଧ୍ୟରେ ବିସ୍ତାର କରିବାରେ ଶ୍ରୀ ଚୈତନ୍ୟ ଦେବ ନିଜେ ଅଗ୍ରଣୀ ବ୍ୟକ୍ତିତ୍ୱ ଥିଲେ। ଯାହାକି ସେ ନିଜ ପରିବାରରୁ ବଂଶଗତ ସୂତ୍ରରେ ପ୍ରାପ୍ତ କରିଥିଲେ। ସୂଚନା ଯୋଗ୍ୟ ଯେ ତାଙ୍କ ପିତାଙ୍କ ନାମ ଜଗନ୍ନାଥ ମିଶ୍ର ମହାପ୍ରଭୁଙ୍କ ନାମରେ ନାମିତ। ଶ୍ରୀ ଚୈତନ୍ୟ ଦେବଙ୍କର ପୂର୍ବ ପୁରୁଷ ଯାଜପୁରର ମୂଳ ନିବାସୀ ଥିଲେ। ଏହି ସୂତ୍ରରେ ମହାପ୍ରଭୁ ଶ୍ରୀ ଜଗନ୍ନାଥଙ୍କର ପ୍ରଭାବ କିଛି ଆକସ୍ମିକ ପ୍ରସଙ୍ଗ ନୁହେଁ। ଚୈତନ୍ୟ ଦେବ ଦୀକ୍ଷା ଗ୍ରହଣ କରିବାପରେ ତାଙ୍କ ମାତା ସଚି ଚୈତନ୍ୟ ଦେବଙ୍କୁ ନୀଳାଚଳ ଧାମରେ ରହିବାପାଇଁ ନିର୍ଦ୍ଦେଶ ଦେଇଥିଲେ। ଏହା ମଧ୍ୟରେ ଅବଶ୍ୟ ସୋଟିଏ ମାର କିଛି ସ୍ୱାର୍ଥ ଲୁଚି ରହିଥିଲା। ତାହା ହେଉଛି ସେ ନୀଳାଚଳ ଧାମକୁ ଯାଉଥିବା ଅନ୍ୟମାନଙ୍କ ଠାରୁ ଚୈତନ୍ୟଙ୍କର ସମ୍ବାଦ ସଂଗ୍ରହ କରିପାରିବେ। ଏହିଭଳି ପ୍ରସଙ୍ଗରୁ ବଙ୍ଗ ମାନସିକତାରେ ଶ୍ରୀ ଜଗନ୍ନାଥଙ୍କର ପ୍ରଭାବକୁ ଅନୁମାନ କରାଯାଇପାରେ। ବଙ୍ଗଳାର ଶ୍ରୀକୃଷ୍ଣ ଦାସ କବିରାଜ ଚୈତନ୍ୟ ଦେବଙ୍କ ମହାପ୍ରଭୁ ଶ୍ରୀ ଜଗନ୍ନାଥଙ୍କର ପ୍ରଥମ ଦର୍ଶନ ଜନିତ ଅନୁଭୂତିକୁ ପ୍ରକାଶ କରିବାକୁ ଯାଇଁ କହିଛନ୍ତି-

"ଗରୁଡର ପଛେ ରହି କରେନ୍ ଦରଶନ
ଦେଖେନ୍ ଜଗନ୍ନାଥ ହେ ମୂରଲିବାଦନ।"

ଏହିରୂପେ ଶ୍ରୀ ଚୈତନ୍ୟ ଜଗନ୍ନାଥଙ୍କ ମଧ୍ୟରେ ଶ୍ରୀକୃଷ୍ଣଙ୍କର ସତ୍ତାକୁ ଅନୁଭବ କରିଥିଲେ। ଏହା ବ୍ୟତୀତ ସେ ରଥଯାତ୍ରାରେ ସକ୍ରିୟ ଅଂଶ ମଧ୍ୟ ଗ୍ରହଣ କରିଥିଲେ। ଏହି ଘଟଣା ଜନସାଧାରଣଙ୍କୁ ପ୍ରବାବିତ କରିବା ସହ ପ୍ରେରଣା ମଧ୍ୟ ଦେଇଥିଲା। ଫଳରେ ବଙ୍ଗଳାବାସୀ ମଧ୍ୟ ମହାପ୍ରଭୁ ଶ୍ରୀ ଜଗନ୍ନାଥଙ୍କୁ ଆରାଧନା କରିବା ଆରମ୍ଭ କରିବା ସହ ଧନୀ, ଦରିଦ୍ର ନିର୍ବିଶେଷରେ ଅନେକ ଲୋକ ରଥଯାତ୍ରା ପାଳନ କରିବା ଆରମ୍ଭ କରିଥିଲେ। ଏହିପରି ଶ୍ରୀ ଚୈତନ୍ୟ ଦେବ ସ୍ୱୟଂ ଜଗନ୍ନାଥ ଚେତନାରେ ଅନୁପ୍ରାଣିତ ହେବାସହ ବଙ୍ଗବାସୀଙ୍କ ମଧ୍ୟରେ ଏହି ଚେତନାକୁ ବିସ୍ତାରିତ କରିଥିଲେ। ଫଳସ୍ୱରୂପ ଚୈତନ୍ୟଙ୍କ ପରେ ବଙ୍ଗରେ ଶହ ଶହ ଜଗନ୍ନାଥ ଆରାଧନା କେନ୍ଦ୍ର ବିକଶିତ ହୋଇଥିଲା। ଏହିପରି ପଶ୍ଚିମବଙ୍ଗରେ ଜଗନ୍ନାଥ ଚେତନାକୁ ବିକଶିତ କରିବାରେ ଚୈତନ୍ୟଙ୍କର ଏକ ଗୁରୁତ୍ୱପୂର୍ଣ୍ଣ ଭୂମିକା ରହିଥିଲା। ଶ୍ରୀ ରାମକୃଷ୍ଣ ପରମହଂସ କେବେ ପୁରୀ ଆସିନଥିଲେ ମଧ୍ୟ ସେ ନିଜେ ଜଗନ୍ନାଥ ଚେତନାରେ ଉଦ୍‌ବୃତ୍ତ ହେବା ସହ ଅନ୍ୟମାନଙ୍କୁ ମଧ୍ୟ ଅନୁପ୍ରେରିତ କରିଥିଲେ। ଏକଦା ପରମହଂସ କଲିକତାର ବାଗ୍ ବଜାରରେ ଥିବା ବଳରାମ ବସୁଙ୍କ ଘରକୁ ଜଗନ୍ନାଥଙ୍କ ରଥକୁ ଟାଣିନେଇଥିଲେ। ସେହି ଘରେ ରମକୃଷ୍ଣ ମିଶନ ପକ୍ଷରୁ ଆଜି ମଧ୍ୟ ସେହି ରଥ ସଂରକ୍ଷିତ ରହିଛି। ଏହା ବ୍ୟତୀତ ଥରେ ସେ ଶ୍ରୀ ମହେନ୍ଦ୍ର ଗୁପ୍ତାଙ୍କୁ ପୁରୀ ଯାଇ ଜଗନ୍ନାଥଙ୍କୁ ଦର୍ଶନ କରିବାକୁ କହିଥିଲେ ଏବଂ ସେ ତାହା କରୁଥିଲେ। ସେ ପୁରୀରୁ ଫେରିବା ପରେ ରାମକୃଷ୍ଣ ତାଙ୍କ ହାତ ଧରି କହିଥିଲେ- ତୁମେ ପବିତ୍ର। ଏହା ବ୍ୟତୀତ ସେ ଅନ୍ୟ ଜଣେ ବ୍ୟକ୍ତିଙ୍କୁ ଦେଖି କହିଥିଲେ ଜଣାପଡୁଛି ତୁମ ଉପରେ ଏକ ମାରାତ୍ମକ ଛାୟା ପଡିଛି। ତୁମେ ଜଗନ୍ନାଥଙ୍କ ପ୍ରସାଦ ନେବା ଉଚିତ୍। ଶ୍ରୀ ରାମକୃଷ୍ଣଙ୍କର ଦେହାନ୍ତ ପରେ ମା – ସାରଦା ପୁରୀ ଶ୍ରୀ ଜଗନ୍ନାଥଙ୍କର ଦର୍ଶନ କରିଥିଲେ। ଏହି ସମୟରେ ସେ ସାଥିରେ ରାମକୃଷ୍ଣଙ୍କର ଏକ 'ଟୋ ନେଇଯାଇ ଜଗନ୍ନାଥ ଦର୍ଶନ କରାଇଥିଲେ। ଏହି ପ୍ରସଙ୍ଗରେ କବିଗୁରୁ ରବୀନ୍ଦ୍ରନାଥ ଠାକୁରଙ୍କୁ ମଧ୍ୟ ଆଲୋଚନା କରାଯାଇପାରେ। ଗୋଟିଏ ପ୍ରସଙ୍ଗ ଏଠି ଉଲ୍ଲେଖଯୋଗ୍ୟ ଯେ ଓଡ଼ିଶା ସହିତ ଗୁରୁଦେବଙ୍କ ସମେତ ଠାକୁର ପରିବାରର ଦୀର୍ଘକାଳ ଧରି ଆତ୍ମିକ ସଂପର୍କ ରହିଥିଲା। ୧୮୯୧ ମସିହାର ଶେଷ ଭାଗରେ ଗୁରୁଦେବ ପ୍ରଥମ ଥର ପାଇଁ ନିଜ ପୂର୍ବଜଙ୍କ ଦ୍ୱାରା କିଣାଯାଇଥିବା ଜମିଦାରୀର ତଦାରଖ କରିବାପାଇଁ ଓଡ଼ିଶା ଆସିଥିଲେ। କ୍ରମେ ୧୯୩୯ ମଧ୍ୟରେ ସେ ସମୁଦାୟ ଚାରିଥର ଓଡ଼ିଶା ଆସିଥିଲେ। ଏହି କ୍ରମରେ ବ୍ରହ୍ମଧର୍ମର ପ୍ରବର୍ତ୍ତକ ହେବା ସତ୍ତ୍ୱେ ରବୀନ୍ଦ୍ର ନାଥଙ୍କ

ଉପରେ ଜଗନ୍ନାଥ ଚେତନାର ସାମାନ୍ୟ ପ୍ରଭାବର ପ୍ରମାଣ ତାଙ୍କର କେତେକ କୃତିରୁ ମିଳିଥାଏ। ଏହି ପରିପ୍ରେକ୍ଷୀରେ 'ରଥେର ରସି' ନାଟକକୁ ବିଚାର କରାଯାଇପାରେ। ଯାହା ଅବଶ୍ୟ ଏକ ପ୍ରତିକାତ୍ମକ କୃତି। ଏହି ନାଟକ ଲେଖିବାପାଇଁ ଜଗନ୍ନାଥଙ୍କର ରଥଯାତ୍ରା କବିଗୁରୁଙ୍କୁ ପ୍ରେରଣା ଦେଇଛି। କିନ୍ତୁ ଏହି ରଥଯାତ୍ରା ଯେ ପୁରୀର ରଥଯାତ୍ରା ସେ ସଂପର୍କରେ ସେଭଳି କୌଣସି ତଥ୍ୟ ନାହିଁ। ମାତ୍ର ଏହି ପରିପ୍ରେକ୍ଷୀରେ ରଥକୁ କେନ୍ଦ୍ରକରି କବିଗୁରୁଙ୍କ ଦ୍ୱାରା ଲିଖିତ 'ପଥ ଭାବେ ଆମି ଦେବ', ଗୀତିକା ବେଶ୍ ଉଲ୍ଲେଖଯୋଗ୍ୟ।

"ରଥଯାତ୍ରା, ଲୋକାରଣ୍ୟ, ମହା ଧୂମ୍ ଧାମ୍
ଭକ୍ତେରା ଲୁଟିଏ ପଥେ କରିଛେ ପ୍ରଣାମ
ପଥ ଭାବେ ଆମି ଦେବ, ରଥ ଭାବେ ଆମି
ମୂର୍ତ୍ତି ଭାବେ ଆମି ଦେବ- ହସେ ଅର୍ନ୍ତଯାମି।"

କବିଗୁରୁଙ୍କର ଏହି କବିତାର ଅର୍ନ୍ତନିହିତ ଆବେଦନ ଶୂନ୍ୟ ବ୍ରହ୍ମର ଗୁରୁତ୍ୱକୁ ବାଦ୍ ଦେଇ ଏହାର ବାହ୍ୟ ଅର୍ଥକୁ ଗୁରୁତ୍ୱ ଦେଲେ ଏହାକୁ ରଥଯାତ୍ରା ପ୍ରସଙ୍ଗ ଦୃଷ୍ଟିରୁ ଆଲୋଚନା କରାଯାଇପାରେ। ଏହା ବ୍ୟତୀତ ଗୀତାଞ୍ଜଳି କାବ୍ୟ ଗ୍ରନ୍ଥର ୧୧୮ ସଂଖ୍ୟକ ଗୀତିକା-

"ଉଡିଯେ ଧ୍ୱଜା ଅଭ୍ରଭେଦୀ ରଥେ
ଓଇ ଯେ ତିନି, ଓଇ- ଯେ ବାହିର ପଥେ
ଆୟରେ ଛୁଟି, ଟାନିତେ ହବେ ରଶି
ଘରେର କୋନେ ରଇଲି କୋଥାଏ ବସି

ଟାନ୍‌ରେ ଦିୟେ ସକଲ ଚିତ୍ତ କାୟା
ଟାନ୍‌ରେ ଛେଡେ ତୁଚ୍ଛ ପ୍ରାଣେର ମାୟା
ଚଲ୍‌ରେ ଟେନେ ଆଲୋୟ ଅନ୍ଧକାରେ
ନଗର ଗ୍ରାମେ ଅରଣ୍ୟେ ପର୍ବତେ।"

(ଗୀତାଞ୍ଜଳି- ୨୬ ଆଷାଢ- ୧୩୧୭ (୧୯୧୦)- ପୃ- ୧୩୭)

ବାହ୍ୟ ସ୍ୱରୂପ ଦୃଷ୍ଟିକୋଣରୁ କିଛି ମାତ୍ରାରେ ଗ୍ରହଣୀୟ। ମାତ୍ର ଏହି ପରିପ୍ରେକ୍ଷୀରେ ଗୁରୁଦେବଙ୍କ ଦ୍ୱାରା ରଚିତ ସ୍ତ୍ରୀର ପତ୍ର (୧୯୧୪) ଯାହା ହିନ୍ଦୀ ଭାଷାରେ ମ୍ରିଣାଲ କି ଚିଠି ଏବଂ ଇଂରାଜୀ ଭାଷାରେ Wife's Letter ନାମରେ ଅନୁବାଦିତ ବେଶ୍ ଉଲ୍ଲେଖଯୋଗ୍ୟ। ଏହି ଗଳ୍ପଟିର ମୁଖ୍ୟ ଚରିତ୍ର ମ୍ରିଣାଲ କୁ କେନ୍ଦ୍ରକରି ନାରୀର ଅସ୍ତିତ୍ୱ

ଏବଂ ସ୍ୱାଭିମାନର ପ୍ରସଙ୍ଗ ଉତ୍‌ଥାପିତ ହୋଇଛି । ଯାହାକୁ ପ୍ରତିଷ୍ଠିତ କରିବାପାଇଁ କବିଗୁରୁ ପୁରୀ ଶ୍ରୀ କ୍ଷେତ୍ର ବିଶେଷ କରି ବେଳାଭୂମିର ସାହାଯ୍ୟ ନେଇଛନ୍ତି । ଯାହା ମଧ୍ୟରେ ଜଗନ୍ନାଥ ଚେତନାର ପ୍ରତିଫଳନ ବେଶ୍ ସ୍ପଷ୍ଟ । ଏହି ଦିଗରେ ଶ୍ରୀ ଲା ପ୍ରଭୁପଦ ମଧ୍ୟ ବେଶ୍ ଗୁରୁତ୍ୱପୂର୍ଣ୍ଣ । ଯିଏ 'ଶ୍ରୀ ଜଗନ୍ନାଥ ଦେବର ପ୍ରକାଶ' ନାମକ ପୁସ୍ତକ ରଚନା କରିଥିଲେ । ଏହି ପୁସ୍ତକରେ ପୁରୀର ମହାପ୍ରଭୁ ଶ୍ରୀ ଜଗନ୍ନାଥଙ୍କ ମହିମା ବିଷୟରେ ବର୍ଣ୍ଣନା କରାଯାଇଛି । ଏତଦ୍ ବ୍ୟତୀତ ଏଥିରେ ରଥଯାତ୍ରା ପ୍ରସଙ୍ଗ ମଧ୍ୟ ବର୍ଣ୍ଣିତ । ମହାପ୍ରଭୁ ଶ୍ରୀ ଜଗନ୍ନାଥଙ୍କୁ ଏକ ନୂତନ ଅର୍ଥରେ ପ୍ରତିଷ୍ଠିତ କରିବାରେ ବାଉଲ ସଂପ୍ରଦାୟର ଅବଦାନ ଉଲ୍ଲେଖଯୋଗ୍ୟ । ବାଉଲ ସଂପ୍ରଦାୟର ଚେତନାରେ ଜଗନ୍ନାଥ ବୈଷ୍ଣବ ଅଥବା ଶାକ୍ତ ଅଥବା ଶୈବ ନୁହଁନ୍ତି । ସେମାନେ ମହାପଭୁ ଜଗନ୍ନାଥଙ୍କୁ କେନ୍ଦ୍ରକରି ଏକ ନୂତନ ସାମାଜିକ ଅର୍ଥ ଯୋଡିଛନ୍ତି । ଏହି ସଂପ୍ରଦାୟ ମହାପ୍ରଭୁଙ୍କୁ ସାମାଜିକ ଭେଦଭାବ ଓ ଅସ୍ପୃଶ୍ୟତା ବିରୋଧରେ ଲଢିବାପାଇଁ ପ୍ରେରଣାର ଉତ୍ସ ଭାବେ ବିବେଚନା କରିଛନ୍ତି । ଏହି ସଂପ୍ରଦାୟ ଅର୍ଥନୈତିକ ବୈଷମ୍ୟ ସହିତ ଜାତିପ୍ରଥା ବିରୋଧରେ ସର୍ବଦା ସ୍ୱର ଉତ୍ତୋଳନ କରିଥାଆନ୍ତି । ଏକ ଜାତିପ୍ରଥା ହୀନ ସମାଜ ହେଉଛି ସେମାନଙ୍କର ସ୍ୱପ୍ନ । ତେଣୁ ଏହିଭଳି ଏକ ସ୍ୱପ୍ନର ସଫଳୀକୃତ ଦୃଷ୍ଟାନ୍ତ ରୂପେ ସେମାନେ ସର୍ବଦା ପୁରୀ ଶ୍ରୀ କ୍ଷେତ୍ର ଏବଂ ମହାପ୍ରଭୁ ଜଗନ୍ନାଥଙ୍କର ସହାୟତା ଲୋଡିଥାଆନ୍ତି । ସେମାନଙ୍କ ମତରେ ଜଗନ୍ନାଥ ଆଉ କେହି ନୁହଁନ୍ତି ସେ ହେଉଛନ୍ତି ଧର୍ମ ପ୍ରଭୁ ବା ମାନବ ଧର୍ମର ଦେବତା । ଲଲନ ଶାହ ଫକୀର, ଖୋଦା ବକ୍ସ ଶାହ, ଫୁଲବାସୁଦ୍ଦିନ, କବିପିର, ଏକରାମ- ସମସ୍ତେ ମହାପ୍ରଭୁ ଜଗନ୍ନାଥଙ୍କୁ ଅନନ୍ତ ମାନବଧର୍ମର ପ୍ରତୀକ ଭାବେ ଗ୍ରହଣ କରିଛନ୍ତି । ତେଣୁ ମହାପ୍ରଭୁ ଜଗନ୍ନାଥଙ୍କୁ ବାଉଲମାନେ କେବଳ ଧାର୍ମିକ ଦୃଷ୍ଟିକୋଣରୁ ନୁହେଁ ମାନବିକତା ଦୃଷ୍ଟିକୋଣରୁ ଗ୍ରହଣ କରିବା ଏହି ପ୍ରେକ୍ଷାପଟ୍ଟରେ ଗୁରୁତ୍ୱପୂର୍ଣ୍ଣ । ଏହି ପରିପ୍ରେକ୍ଷୀରେ ଲଲନଶାହ ଫକୀରଙ୍କ ଜଗନ୍ନାଥ ମହାତ୍ମ୍ୟର ଓଡ଼ିଆ ଅନୁବାଦକୁ ଏଠାରେ ପ୍ରକାଶ କରାଯାଇପାରେ-

"ଦୟାକରି ଜଗନ୍ନାଥଙ୍କ ଦର୍ଶନ କରିବାକୁ ଯାଆନ୍ତୁ ଏବଂ ଦେଖନ୍ତୁ
କିପରି ଆପଣ ନିଜ ଜାତିକୁ ରକ୍ଷା କରିପାରିବେ ।
ଜଗନ୍ନାଥଙ୍କ ଧାମରେ ବ୍ରାହ୍ମଣ ଏବଂ ଚଣ୍ଡାଳ ଗୋଟିଏ ପାତ୍ରରୁ ଖାଦ୍ୟ ଗ୍ରହଣ କରନ୍ତି
କବୀର ଦରିଦ୍ର ଥିଲେ କିନ୍ତୁ ତାଙ୍କ ଦ୍ୱାରା ସ୍ପର୍ଶ କରାଯାଇଥିବା ଖାଦ୍ୟ ଧନୀମାନେ ଖାଉଥିଲେ ।
ଜଗନ୍ନାଥ ହେଉଛନ୍ତି ଧର୍ମର ପ୍ରଭୁ, ଜାତି, ଧର୍ମ ନିର୍ବିଶେଷରେ ସେ ଭକ୍ତକୁ ଭଲପାଆନ୍ତି ।"

ଏହିକ୍ରମରେ ଓଡ଼ିଶାର ଅନ୍ୟତମ ଭଗିନୀ ଏବଂ ପଡୋଶୀ ରାଜ୍ୟ ଆସାମ

ସଂପର୍କରେ ଆଲୋଚନା କରାଯାଇପାରେ। ଆସାମରେ ଜଗନ୍ନାଥଙ୍କର ଉପାସନା ପ୍ରାରମ୍ଭ ସଂପର୍କିତ ସେଭଳି କୌଣସି ନିର୍ଦ୍ଦିଷ୍ଟ ତଥ୍ୟ ମିଳିନଥିଲେ ହେଁ, କଳିକା ପୁରାଣ ଅନୁସାରେ ଏହା ଏକାଦଶ ଶତାବ୍ଦୀ ଠାରୁ ମଧ୍ୟ ଆହୁରି ପ୍ରାଚୀନ। କାମରୂପରେ ଷୋଡଶ ଶତାବ୍ଦୀରେ ରଚିତ ତନ୍ତ୍ର ପୁସ୍ତକ ଯୋଗିନୀ ତନ୍ତ୍ର ରେ ଜଗନ୍ନାଥଙ୍କ ମହିମା ପ୍ରତିପାଦିତ କରାଯିବା ସହ କାମରୂପର ପ୍ରସିଦ୍ଧ ହୟଗ୍ରୀବ ପ୍ରତିମୂର୍ତ୍ତିକୁ ପୁରୀର ଜଗନ୍ନାଥଙ୍କ ପ୍ରତିମୂର୍ତ୍ତି ସହିତ ଯୋଡିବାକୁ ପ୍ରୟାସ କରାଯାଇଛି। ବ୍ରହ୍ମପୁରାଣ ରେ ବର୍ଣ୍ଣିତ ଜଗନ୍ନାଥଙ୍କର ଆବିର୍ଭାବର କିମ୍ବଦନ୍ତୀ ଏବଂ ଇତିହାସକୁ ଆସାମର ପ୍ରସିଦ୍ଧ ବୈଷ୍ଣବ ପୀଠ ହୟଗ୍ରୀବ ମାଧବଙ୍କ ମୂର୍ତ୍ତିର ଉତ୍ପତ୍ତି ସହିତ ଯୋଡିଦିଆ ଯାଇଛି। ଏହି ଯୋଗିନୀ ତନ୍ତ୍ର ଅନୁସାରେ ଓଡ଼ିଶାର ରାଜା ଇନ୍ଦ୍ରଦ୍ୟୁମ୍ନ ରାତିରେ ସମୁଦ୍ର କୂଳରେ ଭାସୁଥିବା ଏକ ବିରାଟ ନାମହୀନ ଦାରୁ ସଂପର୍କରେ ସ୍ୱପ୍ନ ଦେଖିଥିଲେ। ଏହାପରେ ସେ ଏକ କୁରାଢୀ ନେଇ ସେହି ବୃକ୍ଷର ଦାରୁକୁ ହାଣି ସାତଖଣ୍ଡ କରିଦେଇଥିଲେ। ଯେଉଁଥିରୁ ପାଞ୍ଚଖଣ୍ଡ ପୁରୀ ଯାଇଥିଲା ଏବଂ ଅବଶିଷ୍ଟ ଦୁଇଖଣ୍ଡ କାଠ କାମରୂପକୁ ନିଆଯାଇଥିଲା। ଯେଉଁଥିରେ ଗୋଟିଏ ଖଣ୍ଡ କାଠରେ ବିଷ୍ଣୁଙ୍କର ପ୍ରତିମୂର୍ତ୍ତି ଏବଂ ଅନ୍ୟ ଖଣ୍ଡରେ ମାଣିକୁଟାଙ୍କର ପ୍ରତିମୂର୍ତ୍ତି ନିର୍ମିତ ହୋଇଥିଲା। ଯାହାକୁ ପରବର୍ତ୍ତୀ ସମୟରେ ହୟଗ୍ରୀବ ମାଧବ ରୂପରେ ରୂପାନ୍ତରିତ କରିଦିଆଯାଇଥିଲା। ୧୮୮୬ ମସିହାରେ ରଚିତ ମଣିକୁଟା ନାମକ ପୁସ୍ତକରେ ମଧ୍ୟ ଏହି ପ୍ରସଙ୍ଗର ପୁନରାବୃତ୍ତି ଦେଖିବାକୁ ମିଳେ। ଏହିରୂପେ ଜଗନ୍ନାଥଙ୍କର ସୃଷ୍ଟିକୁ କେନ୍ଦ୍ରକରି ରଚିତ ବ୍ରହ୍ମପୁରାଣ ଦ୍ୱାରା ଯୋଗିନୀତନ୍ତ୍ର ଗଭୀର ଭାବେ ପ୍ରଭାବିତ ହେବାର ପ୍ରମାଣ ମିଳିଥାଏ। ଏହି ଯୋଗିନୀ ତନ୍ତ୍ରର ଅନ୍ତିମ ଅଧ୍ୟାୟରେ ହୟଗ୍ରୀବ ପୂଜାର ବିଭିନ୍ନ ମନ୍ତ୍ର ତଥା ପୂଜା ପଦ୍ଧତି ବ୍ରହ୍ମ ପୁରାଣରେ ଦିଆଯାଇଥିବା ଜଗନ୍ନାଥଙ୍କର ବିଭିନ୍ନ ବିଧି ସହିତ ସମନ୍ୱୟ ରକ୍ଷା କରିଥାଏ। ଏତଦ୍ ବ୍ୟତୀତ ହୟଗ୍ରୀବ ମନ୍ଦିରର ସେବକ ଏବଂ ଜଗନ୍ନାଥଙ୍କର ସେବକ ମାନଙ୍କ ମଧ୍ୟରେ ବି ଅନେକ ସାମଞ୍ଜସ୍ୟ ଦେଖିବାକୁ ମିଳେ। ଏଠାରେ ଉଲ୍ଲେଖଯୋଗ୍ୟ ଯେ ଓଡ଼ିଶା ଏବଂ କାମରୂପ ଉଭୟ ବଜ୍ରଯାନର ପ୍ରାରମ୍ଭିକ ପୀଠ ଥିଲା। ଏହି କ୍ରମରେ ଉଭୟ ପୁରୀ ଏବଂ କାମାକ୍ଷାର ମନ୍ଦିର ନୀଳାଚଳ ନାମରେ ପ୍ରତିଷ୍ଠିତ ହୋଇଥିଲା। ଯେଉଁ ନାମ ଆଜି ମଧ୍ୟ ଉଭୟ ପୀଠ ସହିତ ଜଡିତ। ବୁରୁଞ୍ଜି ଯାହାକି ଆସାମର ମଧ୍ୟକାଳୀନ ଐତିହାସିକ ସାହିତ୍ୟ ଅଥବା ମାଦଳାପାଞ୍ଜୀ। ଏଥିରୁ ପୁରୀ ଏବଂ ଆସାମର ସଂପର୍କ ସହିତ ମଧ୍ୟକାଳୀନ ଆସାମରେ ଜଗନ୍ନାଥଙ୍କ ଉପାସନା ଉପରେ କିଛି ତଥ୍ୟ ମିଳିଥାଏ। ଏହା ବ୍ୟତୀତ ଅନ୍ୟ କେତେକ ଇତିହାସରେ କାଞ୍ଚିକାବେରୀ ପ୍ରସଙ୍ଗ ମଧ୍ୟ ଦେଖିବାକୁ ମିଳେ। ସପ୍ତାଦଶ ଶତାବ୍ଦୀର ଶେଷ ଭାଗରେ ସଂଗୃହୀତ ଏକ ବୁରୁଞ୍ଜିରେ କାମରୂପ ମିଶନ ଦ୍ୱାରା ପୁରୀରେ ଏକ ପୋଖରୀ ଖୋଳିବାର

ପ୍ରମାଣ ମିଳିଥାଏ। ମଧ୍ୟଯୁଗୀୟ ଆସାମର ମହାନ ସଂସ୍କାରକ ଶଙ୍କରଦେବଙ୍କ ସାହିତ୍ୟରେ ମହାପ୍ରଭୁ ଶ୍ରୀ ଜଗନ୍ନାଥଙ୍କ ବିଷୟରେ ଉଲ୍ଲେଖ କରାଯାଇଛି। ଶଙ୍କର ଦେବ ପ୍ରଥମେ ୧୪୯୦ ଏବଂ ପରେ ୧୫୫୦ ଖ୍ରୀଷ୍ଟାବ୍ଦରେ ଦୁଇଥର ପୁରୀ ଜଗନ୍ନାଥ ଧାମ ପରିଦର୍ଶନ କରିଥିଲେ। ପୁରୀରେ ସେ ବ୍ରହ୍ମପୁରାଣ ପାଠ କରିବା ସହ ଅନେକ ଉତ୍କଳିୟଙ୍କ ସମ୍ମୁଖରେ ତାହାର ତତ୍ତ୍ୱକୁ ବ୍ୟାଖ୍ୟା ମଧ୍ୟ କରୁଥିଲେ। ସପ୍ତଦଶ ସତାବ୍ଦୀର ବୈଷ୍ଣବ ଲେଖକ କୈଷ୍ଣଙ୍କ ମତରେ ଶଙ୍କରଦେବ ପୁରୀରେ ରହି ଦୀର୍ଘକାଳ ଜଗନ୍ନାଥଙ୍କ ପାଦସେବା କରିଥିଲେ। ପରେ ଜଗନ୍ନାଥଙ୍କ ଆଜ୍ଞା ପାଇ ଜିନ ଜନ୍ମଭୂମିକୁ ଫେରି ଯାଇଥିଲେ। ଏପରିକି ଅନ୍ୟ କେତେକ ମତ ଅନୁସାରେ ଜଗନ୍ନାଥଙ୍କର ଦର୍ଶନପରେ ଶଙ୍କରଦେବ ଅନ୍ୟ କୌଣସି ଦେବତାଙ୍କ ନିକଟରେ ମଥା ନତ କରିବେ ନାହିଁ ବୋଲି ପ୍ରଣ ନେଇଥିଲେ। ଉନବିଂଶ ଶତାବ୍ଦୀର ବ୍ରିଟିଶ୍ ରେକର୍ଡ ଅନୁଯାୟୀ କାଳୀ, ଜଗନ୍ନାଥ ଏବଂ ବଶିଦେବ ଆସାମର ସ୍ଥାନୀୟ ଲୋକମାନଙ୍କ ଦ୍ୱାରା ପୂଜା ପାଉଥିବା ପ୍ରମୁଖ ଦେବତା ଥିଲେ। ଆସାମରେ ଜଗନ୍ନାଥ ସଂସ୍କୃତିର ଲୋକପ୍ରିୟତା ଆସାମୀ ମହିଳାମାନଙ୍କର ଜଗନ୍ନାଥଙ୍କୁ କେନ୍ଦ୍ରକରି ସର୍ଜନା କରିଥିବା ଗୀତରୁ ଅନୁମାନ କରାଯାଏ। ବର୍ଷ ଆରମ୍ଭ ଅର୍ଥାତ୍ ବୈଶାଖ ମାସରେ ମହାପ୍ରଭୁ ଗ୍ରାମ ଗ୍ରାମ ଯାଇ ମହାମାରୀ ହରଣ କରିବା ସହ ଲୋକମାନଙ୍କୁ ସୁଖ ଓ ସୌଭାଗ୍ୟ ପ୍ରଦାନ କରିବା ମଧ୍ୟ ଏହି ଅଞ୍ଚଳର ଏକ ଲୋକ ବିଶ୍ୱାସ। ଏହି କ୍ରମରେ କାମରୂପର ବିଭିନ୍ନ ଗ୍ରାମରେ ମହାପ୍ରଭୁ ଜଗନ୍ନାଥଙ୍କ ସମ୍ମାନରେ ହେଉଥିବା ଏକ ନିଆରା ରୀତିନୀତି ହେଉଛି ଛଦ୍ମ ବିବାହ। କାମରୂପ ଜିଲ୍ଲାର ଚାମାର୍କୁଚି ଗ୍ରାମରେ ଏହି ସମାରୋହ ଅତ୍ୟନ୍ତ ଆଡମ୍ବର ସହକାରେ ପାଳନ କରାଯାଏ। ଏହି ଗ୍ରାମରେ ଥିବା ଦୁଇଟି ନାମଘର ଏହି ଛଦ୍ମ ବିବାହରେ ଗୁରୁତ୍ୱପୂର୍ଣ୍ଣ ଭୂମିକା ପ୍ରତିପାଦନ କରିଥାଆନ୍ତି। ବୈଶାଖ ସଂକ୍ରାନ୍ତିରେ ଏହି ବିବାହ ଅନୁଷ୍ଠିତ ହୋଇଥାଏ। ବିବାହର ପୂର୍ବଦିନ ଗୋଟିଏ ନାମଘରେ ଦୁଇଟି କଦଳୀ ଗଛ ଲଗାଯାଇଥାଏ। ଏହି ଦୁଇ ଗଛ ମଧ୍ୟରୁ ଗୋଟିଏକୁ ବର ଅର୍ଥାତ୍ ମହାପ୍ରଭୁ ଜଗନ୍ନାଥ ଏବଂ ଅନ୍ୟଟିକୁ ଗୁରୁତ୍ୱପୂର୍ଣ୍ଣ ବ୍ୟକ୍ତି ଭାବେ ବିବେଚନା କରାଯାଏ। ସେହିପରି ଅନ୍ୟତମ ନାମ ଗୃହରେ କନ୍ୟା ଘୁନୁଚାଙ୍କ ସହିତ ତାଙ୍କ ମା ଓ ବାନ୍ଧବୀର ପ୍ରତୀକ ରୂପେ ତିନୋଟି କଦଳୀ ଗଛ ରଖାଯାଏ। ସମସ୍ତ କଦଳୀ ଗଛକୁ ସିନ୍ଦୁର, ଫୁଲ ଓ ମାଳାରେ ସଜ୍ଜିତ କରାଯାଏ। ଏହାର ପରଦିନ ଶାସ୍ତ୍ର ଏବଂ ସାମାଜିକ ରୀତିନୀତି ଅନୁସାରେ ଏହି ଛଦ୍ମ ବିବାହ ଅନୁଷ୍ଠିତ ହୋଇଥାଏ। ଏହି ଛଦ୍ମ ବିବାହ ସମୟରେ ବର କନ୍ୟାଙ୍କର ପୂର୍ବ ପୁରୁଷଙ୍କୁ ଶ୍ରଦ୍ଧାଞ୍ଜଳି ମଧ୍ୟ ଅର୍ପଣ କରାଯାଏ। ଏହାପରେ ଆଉ ଏକ ସମାରୋହ ଅନୁଷ୍ଠିତ ହୋଇଥାଏ ଯାହାକୁ ଡୁନି- ଭାନାସମ୍ କୁହାଯାଏ। କେତେକ ସ୍ଥାନରେ

ବିଶେଷକରି ନଳବାରୀ ଉପଖଣ୍ଡରେ ସାନ୍ଧେଲି ଓ ବରପେଟାର ସୁନ୍ଦଣ୍ଡିଆ ଗ୍ରାମରେ ଜଗନ୍ନାଥ ସଭା ନାମରେ ଏକ ଧାର୍ମିକ ମେଳା ମଧ୍ୟ ଅନୁଷ୍ଠିତ ହୋଇଥାଏ। ଏହା ବ୍ୟତୀତ ଆସାମର ବିଭିନ୍ନ ସ୍ଥାନରେ ମୂଳ ପୁରୀ ଜଗନ୍ନାଥ ମନ୍ଦିରର ଅନୁସରଣରେ ନିର୍ମିତ ଅବିକଳ ମନ୍ଦିର ଦେଖିବାକୁ ମିଳେ। ଅସାମର ପୂର୍ବ, କେନ୍ଦ୍ରିୟ ଏବଂ ପଶ୍ଚିମ ଭାଗରେ ଅନେକ ଜଗନ୍ନାଥ ମନ୍ଦିର ରହିଛି। ଯେଉଁଠି ପୂଜା ପାଉଥିବା ଦାରୁ ବିଗ୍ରହ ମୂଳ ମନ୍ଦିରର ନକଲରେ ପ୍ରସ୍ତୁତ। ପୁରୀ ମନ୍ଦିର ଭଳି ଏଠି ମଧ୍ୟ ସମସ୍ତ ରୀତିନୀତି , ପର୍ବପର୍ବାଣୀ ପାଳନ କରାଯାଏ। ଅକ୍ଷୟ ତୃତୀୟା, ସ୍ନାନ ଯାତ୍ରା, ଝୁଲଣ ଯାତ୍ରା ଏପରିକି ନବକଳେବର ମଧ୍ୟ ହୋଇଥାଏ। ଏଠାରେ ଉଲ୍ଲେଖଯୋଗ୍ୟ ଯେ ପୁରୀର ମୂଳ ମନ୍ଦିର ପରି ଏଠି କେତେକ ମନ୍ଦିରର ପୂର୍ବ ଦିଗରେ ମନ୍ଦିରର ମୁଖ୍ୟ ପ୍ରବେଶ ଦ୍ୱାର ନିର୍ମିତ। ମନ୍ଦିର ଭିତରେ ପ୍ରବେଶ କରି ପ୍ରସାଦ ଗ୍ରହଣ କରିବାରେ ଏଠି ଜାତିଗତ କୌଣସି ପ୍ରତିବନ୍ଧକ ନାହିଁ। ଏପରିକି ଗୋଟିଏ ଜଗନ୍ନାଥ ମନ୍ଦିରରେ 'କାର୍ବି' ଜନଜାତି ମାନଙ୍କର ଭୂମିକା ପୁରୀ ଜଗନ୍ନାଥ ମନ୍ଦିରର ଶବର ଜନଜାତି ଭଳି ଉଲ୍ଲେଖନୀୟ।

ପୂର୍ବ ଭାରତର ହିନ୍ଦି ଭାଷା ଭାଷୀ ଅଞ୍ଚଳ ବିହାର, ଛତିଶଗଡ, ଝାରଖଣ୍ଡ ଆଦି ଓଡ଼ିଶାର ପଡୋଶୀ ରାଜ୍ୟ ହୋଇଥିବାରୁ ଜଗନ୍ନାଥ ପ୍ରେମ ଓ ଚେତନା ଦ୍ୱାରା ବହୁଳ ମାତ୍ରାରେ ପ୍ରଭାବିତ ହେବା ସ୍ୱାଭାବିକ। ବୋଧଗୟା ସ୍ଥିତ ଜଗନ୍ନାଥ ମନ୍ଦିର ବିହାରର ଏକ ପ୍ରସିଦ୍ଧ ଧାର୍ମିକ ସ୍ଥାନ। ମୁଖ୍ୟ ମନ୍ଦିରରେ ଭଗବାନ କୃଷ୍ଣ, ବଳରାମ ଏବଂ ଦେବୀ ସୁଭଦ୍ରାଙ୍କର ମହାନ ପ୍ରତିମା ସ୍ଥାପିତ। ମନ୍ଦିରର ମୁଖ୍ୟ 'ାଟକଦକ୍ଷିଣ ଦିଗରେ ଅବସ୍ଥିତ। ପ୍ରାଚୀନ ପରମ୍ପରା ଅନୁଯାୟୀ ମହାପ୍ରସାଦ ପ୍ରତ୍ୟେକ ଦିନ ମଧ୍ୟାନ ୧୨ଟା ରୁ ୨ଟା ମଧ୍ୟରେ ଭଗବାନଙ୍କୁ ଅର୍ପଣ କରାଯିବା ସହ ଭକ୍ତଙ୍କ ମଧ୍ୟରେ ବିତରଣ କରାଯାଏ। କେବଳ ଶନିବାର ଏଠି ଖେଚିଡି ଭୋଗ ହୁଏ ନଚେତ୍ ଅନ୍ୟଦିନ ଅନ୍ନ ଏବଂ ଅନ୍ୟାନ୍ୟ ବ୍ୟଞ୍ଜନ ପ୍ରସ୍ତୁତ ହୋଇଥାଏ। ବୋଧଗୟା ସ୍ଥିତ ଏହି ଜଗନ୍ନାଥ ମନ୍ଦିରରୁ ଏକ ଭବ୍ୟ ରଥଯାତ୍ରାର ଆୟୋଜନ ହୋଇଥାଏ।

ଏହିରୂପେ ଜଗନ୍ନାଥ ଚେତନା ସମଗ୍ର ପୂର୍ବ ଭାରତକୁ ପ୍ରଭାବିତ କରିଥିଲେ ହେଁ ଉତ୍ତର- ପୂର୍ବରେ ଏହାର ପ୍ରଭାବ କିଛି ସୀମିତ ନୁହେଁ। ମଣିପୁରରେ ବୈଷ୍ଣବ ଧର୍ମର ପ୍ରଭାବ ଏବଂ ଏହାର ଇତିହାସ ଅତ୍ୟନ୍ତ ପ୍ରାଚୀନ। ଅଷ୍ଟମ ଶତାବ୍ଦୀରୁ ହିଁ ଏହି ରାଜ୍ୟରେ ବୈଷ୍ଣବ ଧର୍ମର କିଛି ବିକଶିତ ରୂପ ଦେଖିବାକୁ ମିଳିଥିଲେ ହେଁ, ପଞ୍ଚଦଶ ଶତାବ୍ଦୀରେ କିୟମ୍ବାଙ୍କ ଶାସନ କାଳରେ ଏହା ଦୃଢ ଭାବରେ ପ୍ରତିଷ୍ଠିତ ହୋଇଥିଲା। ରାଜା ଚରାଇ ରଙ୍ଗବା (୧୬୯୭- ୧୭୦୯)ଙ୍କ ସମୟରେ ମଣିପୁର ମାଟିରେ ବୈଷ୍ଣବ ଧର୍ମର ସୁଦୃଢ ସ୍ଥିତି ରହିଥିବା ପ୍ରମାଣ ମିଳିଥାଏ। Bamon Khunthoklon ରୁ ଜଣାଯାଏ

୧୭୦୩ ଅକ୍ଟୋବର ମାସରେ କୃଷ୍ଣଚର୍ଯ୍ୟ ଓରଫ୍ ରାୟ ବନମାଳୀ ନାମକ ଜଣେ ବ୍ରାହ୍ମଣ ତାଙ୍କର କିଛି ସମର୍ଥକଙ୍କ ସହିତ ମଣିପୁର ଆସିଥିଲେ। ତାଙ୍କ ପତ୍ନୀ କୃଷ୍ଣମୟୀ, ଦୁଇଜଣ ଶୁଦ୍ର ଏବଂ ବଳଭଦ୍ର ବ୍ରହ୍ମଚାରୀ ନାମକ ଜଣେ ବ୍ରାହ୍ମଣ ଏହି ଦଳର ଅନ୍ତର୍ଭୁକ୍ତ ଥିଲେ। ଏହି ତୀର୍ଥ ଯାତ୍ରୀଙ୍କୁ ରାଜା ଚରାଇରଙ୍ଗବା ସ୍ୱାଗତ ଜଣାଇଥିଲେ। ଏହାସହ ବନମାଳୀଙ୍କର ପ୍ରରୋଚନାରେ ରାଜା ବୈଷ୍ଣବ ଧର୍ମ ଗ୍ରହଣ କରିବା ସହ ଏହାକୁ ପ୍ରଚାର କରିବାରେ ସାହାଯ୍ୟ କରିଥିଲେ। ଅବଶ୍ୟ ଏହି ପରିପ୍ରେକ୍ଷୀରେ ସୂଚନାଯୋଗ୍ୟ ଯେ, ଓଡ଼ିଶା ସହ ମଣିପୁର ସମେତ ଉତ୍ତର- ପୂର୍ବର ବିଭିନ୍ନ ରାଜ୍ୟର ସାଂସ୍କୃତିକ ସଂପର୍କ ବ୍ରାହ୍ମଣ ଏବଂ ବୌଦ୍ଧ ପଣ୍ଡିତ ମାନଙ୍କ ପାଇଁ ସମ୍ଭବ ହୋଇପାରିଥିଲା। ଯେତେବେଳେ ମଣିପୁର ଉପତ୍ୟାକାରେ ବୈଷ୍ଣବ ଧର୍ମ ଲୋକପ୍ରିୟ ହେଉଥିଲା ସେତେବେଳେ ଜଗନ୍ନାଥ ସଂପ୍ରଦାୟ ଆକାରରେ ଓଡ଼ିଶାର ବୈଷ୍ଣବ ସଂପ୍ରଦାୟ ମଣିପୁରର ଦୁଇଟି ପଡୋଶୀ ରାଜ୍ୟ ଆସାମ ଓ ତ୍ରିପୁରର କିଛି ଅଞ୍ଚଳରେ ଲୋକପ୍ରିୟ ହୋଇସାରିଥିଲା। ଆସାମର ଦୁଇଟି ପ୍ରମୁଖ ଗ୍ରନ୍ଥ କଳିକା ପୁରାଣ (ନବମ ଶତାବ୍ଦୀ) ଏବଂ ଯୋଗିନୀ ତନ୍ତ୍ର (ଷୋଡଶ ଶତାବ୍ଦୀ) ରେ ଜଗନ୍ନାଥଙ୍କୁ ବୈଷ୍ଣବ ଧର୍ମ ସହ ସମନ୍ୱିତ କରିବା ସହ କାମରୂପର ହୟଗ୍ରୀବ ପୀଠକୁ ପୁରୀ ଜଗନ୍ନାଥ ପୀଠ ସହ ସମନ୍ୱିତ କରିବା ପ୍ରସଙ୍ଗ ୧୬୮୦ ରେ ରଚିତ 'ମାଣିକୁଦା' ଗ୍ରନ୍ଥରୁ ମିଳିଥାଏ। ଆଶ୍ଚର୍ଯ୍ୟର ପ୍ରସଙ୍ଗ ହେଉଛି, ମଧ୍ୟଯୁଗୀୟ ଆସାମର ଅହୋମ ଶାସକ ଜଗନ୍ନାଥଙ୍କ ପୂଜାପାଇଁ ପୁରୀକୁ ଏକ ପ୍ରତିନିଧି ଦଳ ପଠାଇଥିଲେ। ଏହି ରୂପେ ୧୮ ଶ ଶତାବ୍ଦୀରେ ପୁରୀର ବୈଷ୍ଣବ ସଂପ୍ରଦାୟ ମଣିପୁରରେ ପ୍ରାଧାନ୍ୟ ଲାଭ କରିଥିଲେ ମଧ୍ୟ ୧୮୩୨ ଖ୍ରୀଷ୍ଟାବ୍ଦରେ ମଣିପୁରରେ ଜଗନ୍ନାଥଙ୍କର ରଥଯାତ୍ରା ଆରମ୍ଭ ହୋଇଥିଲା। ଏହାର ଶ୍ରେୟ ମୁଖ୍ୟତଃ ମିଳିଥାଏ ମଣିପୁରର ରାଜା ଗମ୍ଭୀର ସିଂହଙ୍କୁ। ଆଞ୍ଚଳିକ ସାହିତ୍ୟରେ ରାଜ୍ୟରେ ରଥଯାତ୍ରା ଆରମ୍ଭ ସଂପର୍କରେ ଗୋଟିଏ ବିବରଣୀ ବର୍ଣ୍ଣନା କରାଯାଇଛି। କୁହାଯାଏ ଯେ ଏକଦା ମଣିପୁରର ରାଜା ଗମ୍ଭୀର ସିଂହଙ୍କୁ ବ୍ରିଟିଶ ସରକାର ଖାସିମାନଙ୍କ ବିରୋଧରେ ଅଭିଯାନରେ ଭାଗ ନେବାପାଇଁ ନିମନ୍ତ୍ରଣ କରିଥିଲେ। Khaki Ngamba ନାମକ ମଣିପୁରୀ ଭାଷାରେ ରଚିତ ଏକ କୃତି ଏହି ପ୍ରସଙ୍ଗର ସାକ୍ଷ୍ୟ ବହନ କରିଥାଏ। ୧୮୨୯ ମସିହା ଏପ୍ରିଲ- ମେ ମାସ ସୋମବାର ଗମ୍ଭୀର ସିଂହ ମଣିପୁର ଛାଡି ସିଲେଟ ଯାଇଥିଲେ ଏବଂ ଖାସିମାନଙ୍କୁ ପରାସ୍ତ କରିପାରିଥିଲେ। ସେତେବେଳେ ସେ ସିଲେଟରେ ମୁସଲମାନ ଏବଂ ହିନ୍ଦୁମାନଙ୍କ ମଧ୍ୟରେ ଉପୁଜିଥିବା ସାମ୍ପ୍ରଦାୟିକ ଦଙ୍ଗାକୁ ମଧ୍ୟ ଦମନ କରିଥିଲେ। ସେହି ବର୍ଷ ମହରମ ଓ ରଥଯାତ୍ରା ଗୋଟିଏ ଦିନରେ ପଡିଥିଲା। ରଥଯାତ୍ରା ଗୋଟିଏ ଦିନ ପରେ ପାଳନ କରାଯାଉ ବୋଲି ସିଲେଟ୍‌ର ନବାବ ଗୋନାରଖାନ୍

ହିନ୍ଦୁମାନଙ୍କୁ ନିର୍ଦ୍ଦେଶ ଦେଇଥିଲେ। ଏହି ସମୟରେ ମୁସଲମାନ ପ୍ରଜାମାନେ ଆଇନକୁ ହାତକୁ ନେଇ ହିନ୍ଦୁମାନଙ୍କୁ ଏହି ପର୍ବ ପାଳନରୁ ନିବୃତ୍ତ କରିବାପାଇଁ ଆକ୍ରମଣ କରିଥିଲେ। ଏହି ସମୟରେ ଗମ୍ଭୀର ସିଂହ ହିନ୍ଦୁମାନଙ୍କୁ ସାହାଯ୍ୟ କରିବା ସହ ସୈନ୍ୟ ସହାୟତାରେ ମୁସଲମାନ ପ୍ରଜାମାନଙ୍କୁ ପରାସ୍ତ କରିଥିଲେ। ଏହା ସହ ସେ ରଥଯାତ୍ରାରେ ନିଜେ ଅଂଶ ଗ୍ରହଣ କରିବା ସହ ନିର୍ଦ୍ଧାରିତ ସମୟରେ ଏହାକୁ ଅନୁଷ୍ଠିତ କରାଇଥିଲେ। ତେଣୁ ଗମ୍ଭୀର ସିଂହଙ୍କୁ ସିଲେଟବାସୀ ହିନ୍ଦୁ ଧର୍ମର ରକ୍ଷକ ଭାବେ ପ୍ରଶଂସା କରିଥିଲେ। ମଣିପୁର ଫେରିବାପାରେ ସେ ସେଠାରେ ଜଗନ୍ନାଥଙ୍କର ରଥଯାତ୍ରା ପର୍ବ ପାଳନ ଆରମ୍ଭ କରିଥିଲେ। ଏକ ବାରଚକିଆ ରଥ ନିର୍ମାଣ କରାଯାଇ ଜଗନ୍ନାଥଙ୍କ ରଥଯାତ୍ରା ସମାରୋହ ଭବ୍ୟ ସ୍ତରରେ ସମ୍ପନ୍ନ ହୋଇଥିଲା। ଏଥି ସହ ମା ସୁଭଦ୍ରା ଏବଂ ବଳଭଦ୍ରଙ୍କର ପ୍ରତିମୂର୍ତ୍ତି ମଧ୍ୟ ନିର୍ମାଣ କରାଯାଇଥିଲା। ଏହିରୂପେ ଗମ୍ଭୀର ସିଂହଙ୍କର ଉଦ୍ୟମରେ କୋରସ୍ ଗୀତ ଓ ନୃତ୍ୟ ସହିତ ରଥ ଟଣା ହୋଇଥିଲା। ମାତ୍ର ସ୍ଥାନୀୟ ସ୍ତରରେ ଏହି ରଥଯାତ୍ରା ପର୍ବ ୧୮୩୨ କାଙ୍ଗଚିଙ୍ଗବା ଙ୍କ ଦ୍ୱାରା ପ୍ରଚଳିତ ହୋଇଥିଲା। ମଣିପୁରୀ ବୈଷ୍ଣବମାନେ ପୁରୀ ଜଗନ୍ନାଥ ମନ୍ଦିରର ଆଦର୍ଶରେ ଜଗନ୍ନାଥଙ୍କର ରଥଯାତ୍ରା ପାଳନ କରିଥାଆନ୍ତି। ଯାହା ମେଇତି ପୁସ୍ତକ କୁମ୍ଭାବାରୁ ଜଣାଯାଇଥାଏ। ଏପରିକି ଜଗନ୍ନାଥଙ୍କର ସ୍ନାନ ଯାତ୍ରା ମଧ୍ୟ ଏଠି ଭବ୍ୟ ରୂପେ ପାଳନ କରାଯାଇଥାଏ। ଏହି ରଥଯାତ୍ରା ସମୟରେ ଦୁଇପ୍ରକାର ନୃତ୍ୟର ପରିବେଷଣ କରାଯାଇଥାଏ ଯଥା- ଜୟଦେବ ଓ ଖୁବକ ଇସେଇ (ହାତ ତାଳି ଦ୍ୱାରା ପ୍ରସ୍ତୁତ ସଙ୍ଗୀତ ଶବ୍ଦ ସହିତ ପରିବେଷିତ ନୃତ୍ୟ) ଏହି ନୃତ୍ୟର ଦୁଇଟି ରୂପ ଯଥା- ତାଣ୍ଡବ ଏବଂ ଲାସ୍ୟ ଦେଖିବାକୁ ମିଳେ। ଜଗନ୍ନାଥଙ୍କୁ କେନ୍ଦ୍ରକରି ହରିସ୍ନାନ ଏବଂ ହରିଉଠାଣ ମଧ୍ୟ ପାଳିତ ହୋଇଥାଏ। ଏହିଦିନ ପ୍ରଭୁଙ୍କର ନିଦ୍ରା ଭଙ୍ଗ କରିବାପାଇଁ କୀର୍ତ୍ତନ ପରିବେଷିତ ହେବା ସହ ଯୁବକ ଏବଂ ରଜସ୍ୱାଳା ହୋଇନଥିବା ଯୁବତୀ ଫଳ ଏବଂ ଆଖୁ ଚୋରି କରିଥାଆନ୍ତି। ପ୍ରାଚୀନ ତଥ୍ୟରୁ ଏହା ମଧ୍ୟ ପ୍ରମାଣିତ ହୋଇଛି ଯେ ମଣିପୁରୀ ରାଜାମାନେ ପୁରୀ, ସିଲେଟ ଏବଂ ନବଦ୍ୱୀପରୁ ଆସୁଥିବା ବ୍ୟକ୍ତିମାନଙ୍କ ପ୍ରତି ବଡ ଉଦାର ଥିଲେ। ତ୍ରିପୁରାରେ ମଧ୍ୟ ଜଗନ୍ନାଥ ଚେତନାର ଗଭୀର ପ୍ରଭାବ ଲକ୍ଷଣୀୟ। ତ୍ରିପୁରାର ମାଣିକ୍ୟ ଶାସକ ମହାରାଜା କୃଷ୍ଣ ମାଣିକ୍ୟ ୧୧୮୬ (୧୭୬୬ ଖ୍ରୀଷ୍ଟାବ୍ଦ) ରେ ତ୍ରିପୁରାରେ ମହାପ୍ରଭୁ ଜଗନ୍ନାଥଙ୍କ ଦୈନିକ ପୂଜାପାଇଁ ବ୍ରାହ୍ମଣମାନଙ୍କୁ ଜମିଦାନ କରିଥିଲେ। ଏହା ବୋଧହୁଏ ତ୍ରିପୁରାରେ ଜଗନ୍ନାଥ ଉପାସନା ଜନିତ ପ୍ରଥମ ଐତିହାସିକ ପ୍ରମାଣ।

ଭାରତର ପୂର୍ବାଞ୍ଚଳରେ ମହାପ୍ରଭୁ ଜଗନ୍ନାଥଙ୍କ ପ୍ରଭାବ ସ୍ୱାଭାବିକ ହେଲେହେଁ, ଭାରତର ପଶ୍ଚିମ ଏବଂ ମଧ୍ୟ ଭାଗରେ ଏହି ପ୍ରଭାବ ମହାପ୍ରଭୁଙ୍କର ଶ୍ରେଷ୍ଠତ୍ୱ ଏବଂ

ଜଗନ୍ନାଥ ଚେତନାର ବଳିଷ୍ଠତାକୁ ପ୍ରମାଣିତ କରିଥାଏ। ଏହି ପରିପ୍ରେକ୍ଷୀରେ ମଧ୍ୟପ୍ରଦେଶରେ ଅବସ୍ଥିତ ଜଗନ୍ନାଥ ଧାମ ପୁରୀର ଏକ କ୍ଷୁଦ୍ର ରୂପ ଭାବେ ପରିଚିତ 'ମନୋରା' ଗ୍ରାମ ମହାପ୍ରଭୁ ଜଗନ୍ନାଥଙ୍କ ଉପାସନା ପାଇଁ ବହୁ ପ୍ରସିଦ୍ଧ। ଏଠାରେ ମହାପ୍ରଭୁ ଜଗନ୍ନାଥଙ୍କୁ କେନ୍ଦ୍ରକରି ଏକ କିମ୍ବଦନ୍ତୀ ବେଶ୍ ପରିଚିତ। ତାହା ହେଉଛି ବିଦିଶା ନଗରର ଗ୍ରାମ ମନୋରାର ନିବାସୀ 'ମାନକ ଚନ୍ଦ୍ର ରଘୁବଂଶୀ'ଙ୍କର ପ୍ରେମ ସୁତ୍ରରେ ବନ୍ଧିହୋଇ ଆଜି ମଧ୍ୟ ମନୋରା ଗ୍ରାମକୁ ମହାପ୍ରଭୁ ଜଗନ୍ନାଥଙ୍କର ଆଗମନ। ଅଠରଶ ଶତାବ୍ଦୀର ମଧ୍ୟଭାଗରେ ଗ୍ରାମ ମନୋରାରେ ପଦ୍ମାଦେବୀ ଏବଂ ମାନକଚନ୍ଦ୍ର ନାମକ ଦମ୍ପତ୍ତି ବାସ କରୁଥିଲେ। ମାନକ ଚନ୍ଦ୍ରଙ୍କୁ ଗ୍ୱାଲିୟରର ମହାରାଜାଙ୍କ ଦ୍ୱାରା ମନୋରା ସହିତ ୪୨ ଗ୍ରାମର ପ୍ରମୁଖ ଭାବେ ନିଯୁକ୍ତି ଦେଇଥିଲେ। ତାଙ୍କର ଏହି ଅଧିକାର ଥିଲେ ଯେ ସେ ଏହି ଗ୍ରାମ ଗୁଡିକରେ ଯେକୌଣସି ପ୍ରକାର ନିଷ୍ପତ୍ତି ନେଇପାରିବେ। ଯେତେବେଳେ କୌଣସି ସମସ୍ୟା ମାନକଙ୍କ ପାଖକୁ ଆସୁଥିଲା ସେ ବଡ ଗଭୀରତାର ସହ ନିଜ ସଭସଦ ବର୍ଗଙ୍କ ସହାୟତାରେ ତାକୁ ଆଲୋଚନା କରିବା ପରେ ନିଷ୍ପତ୍ତି ନେଉଥିଲେ। ଏହିରୂପେ ସାଂସାରିକ କାର୍ଯ୍ୟରେ ବ୍ୟସ୍ତ ରହିବା ସତ୍ତ୍ୱେ ସେ ସର୍ବଦା ପ୍ରଭୁଙ୍କର ନାମ ଜପ କରୁଥିଲେ। ଦିନକର ଘଟଣା ଜଣେ କୁଷ୍ଠରୋଗୀ ମାନକଙ୍କୁ ଆସି କହିଲେ ବାବୁ ଦୟାକରି ମତେ ଆପଣଙ୍କର ଅଇଁଠା ଖାଦ୍ୟ ପ୍ରଦାନ କରନ୍ତୁ। ଏହା ଶୁଣି ମାନକ ଆଶ୍ଚର୍ଯ୍ୟ ହେଲେ ଏବଂ ନିଜ ସ୍ୱାଭାବର ଅନୁବର୍ତ୍ତୀ ଏହି ପ୍ରସଙ୍ଗକୁ ନିଜ ସଭାଜନଙ୍କ ପାଖରେ ଆଲୋଚନା କଲେ। ଏହାପରେ ସେହି କୁଷ୍ଠ ରୋଗୀକୁ ଡାକି ଭିକ୍ଷାରେ ଅଇଁଠା ଖାଦ୍ୟ ମାଗିବାର କାରଣ ପଚରାଗଲା। ରୋଗୀ ଜଣଙ୍କ କହିଲେ କିଛି ଦିନ ପୂର୍ବରୁ ଯେତେବେଳେ ମୁଁ ରୋଗାଗ୍ରସ୍ଥ ହେବା ଆରମ୍ଭକଲି। ମୁଁ ବହୁ ଉପଚାର କଲି। ହେଲେ ମୋର ସବୁ ଉପଚାର ବ୍ୟର୍ଥ ଗଲା। ଶେଷରେ ମୁଁ ପରାସ୍ତ ହୋଇ ଭାବିଲି ଯେ ବର୍ତ୍ତମାନ ମୋର ମୃତ୍ୟୁ ସମୟ ନିକଟ। ତେଣୁ ମୁଁ କଲା କର୍ମର ପ୍ରାୟଶ୍ଚିତ କରିବା ଉଚିତ୍। ଏହା ମନେକରି ମୁଁ ଜଗନ୍ନାଥ ଧାମ ପୁରୀ ଯାଇ ମହାପ୍ରଭୁ ଶ୍ରୀ ଜଗନ୍ନାଥଙ୍କ ଶରଣାପନ୍ନ ହେଲି। ଥରେ ରାତ୍ରିରେ ମୁଁ ସ୍ୱପ୍ନ ଦେଖିଲି ମହାପ୍ରଭୁ କହୁଛନ୍ତି ତୁ ମନୋରା ଗ୍ରାମର ମାନକ ଚନ୍ଦ୍ରଙ୍କ ପାଖକୁ ଯାଇ ୨୧ ଦିନ ଧରି ତାଙ୍କର ଉଚ୍ଛିଷ୍ଟ ଭକ୍ଷଣକଲେ ସଂପୂର୍ଣ୍ଣ ଭାବେ ରୋଗମୁକ୍ତ ହୋଇଯିବୁ। ଏହା ଶୁଣି ମାନକଙ୍କ ସମେତ ସଭାବର୍ଗ ଆଶ୍ଚର୍ଯ୍ୟ ହେବା ସହ ଭକ୍ତି ଭାବରେ ବିଲୀନ ହୋଇଗଲେ। ସଭାସଦଙ୍କର ଆଗ୍ରହ ଏବଂ ପ୍ରଭୁଙ୍କ ଆଜ୍ଞା ପାଇ ମାନକ ୨୧ ଦିନ ପର୍ଯ୍ୟନ୍ତ ସେହି କୁଷ୍ଠରୋଗୀକୁ ନିଜର ଉଚ୍ଛିଷ୍ଟ ଦେଇଥିଲେ। ମାନକ ଆଶ୍ଚର୍ଯ୍ୟ ହୋଇଯାଇଥିଲେ କାରଣ ଯେଉଁଦିନ ୨୧ ଦିନ ପୂର୍ଣ୍ଣ ହେଲା ସଂପୃକ୍ତ ବ୍ୟକ୍ତି ସଂପୂର୍ଣ୍ଣ

ଭାବେ ସୁସ୍ଥ ହୋଇଯାଇଥିଲା। ଏହାପରେ ମାନକ ଭକ୍ତି ଭାବରେ ଉଦ୍‌ବେଳିତ ହୋଇ କହିଥିଲେ ମହାପ୍ରଭୁ ମୋତେ ଏତେ ପ୍ରେମ କରୁଛନ୍ତି ମୁଁ ନିଶ୍ଚିତ ଭାବରେ ପୁରୀ ଯାଇ ମହାପ୍ରଭୁଙ୍କୁ ଦର୍ଶନ କରିବା ସହ ତାଙ୍କୁ ମାନୋରାକୁ ଡାକିଆଣିବି। ମନରେ ଏହିଭଳି ନିଷ୍ପତ୍ତି ନେଇ ସେ ନିଜ ପତ୍ନୀ ଏବଂ ପ୍ରିୟଜନଙ୍କ ସହିତ ନୀଳାଚଳ ଧାମ ପୁରୀ ଉଦ୍ଦେଶ୍ୟରେ ଯାତ୍ରା ଆରମ୍ଭ କରିଥିଲେ। ଏଥିମଧ୍ୟରେ ଛ ମାସ ଅତିକ୍ରମ ହୋଇଯାଇଥିଲା। ତାଙ୍କର ଅବସ୍ଥା ଏତେ ଶୋଚନୀୟ ହୋଇଯାଇଥିଲା ଯେ ପ୍ରିୟଜନ ତାଙ୍କୁ ମନୋରା ଫେରିଯିବାପାଇଁ ଅନୁରୋଧ କରିଥିଲେ। ହେଲେ ମାନକ ନିଜ ନିଷ୍ପତ୍ତିରେ ଅଟଳ ଥିଲେ। ଶେଷରେ ମହାପ୍ରଭୁ ମାନକଙ୍କର ଦୁଃଖକୁ ସହିନପାରି ନିଜ ରତ୍ନ ସିଂହାସନରୁ ଓହ୍ଲାଇ ଆସି ପଥ ମଧ୍ୟରେ ମାନକଙ୍କୁ ଦର୍ଶନ ଦେଇଥିଲେ। ଭଗବାନଙ୍କ ଦର୍ଶନ ପାଇ ଭକ୍ତ ବିହ୍ୱଳିତ ହୋଇଯାଇଥିଲେ। ଜଗନ୍ନାଥ ତାଙ୍କୁ ମନୋରା ଫେରି ଯିବା ସହିତ ସେଠି ତାଙ୍କର ଏକ ମନ୍ଦିର ପ୍ରତିଷ୍ଠା କରିବାପାଇଁ କହିଥିଲେ। ଏହାପରେ ମାନକ ଫେରିଆସିଥିଲେ ଏବଂ ନିଜର ରାଜଗୁରୁଙ୍କୁ ପୁରୀ ପଠାଇ ଥିଲେ। ତାଙ୍କ ରାଜଗୁରୁ ପୁରୀ ଦଇତାପତିଙ୍କ ପାଖରେ ସମସ୍ତ ପ୍ରସଙ୍ଗ କହିଥିଲେ। ଏହାପରେ ତାଙ୍କର ନିର୍ଦ୍ଦେଶରେ ତିନୋଟି ମୂର୍ତ୍ତି ନିର୍ମାଣକରି ସେ ମନୋରା ଫେରିଆସିଥିଲେ। ଏହାପରେ ମନୋରାରେ ମହାପ୍ରଭୁଙ୍କୁ ପ୍ରତିଷ୍ଠିତ କରାଯାଇଥିଲା। ସେହିଦିନ ଠାରୁ ଆଜି ପର୍ଯ୍ୟନ୍ତ ଏକ ବିଶ୍ୱାସ ରହିଆସିଛି ଯେ, ପ୍ରତିବର୍ଷ ରଥଯାତ୍ରା ଦିନ ମହାପ୍ରଭୁ ଗୋଟିଏ ମୁହୂର୍ତ୍ତ ପାଇଁ ହେଲେ ମଧ୍ୟ ସଂପୂର୍ଣ୍ଣ ରୂପେ ମନୋରାରେ ଆବିର୍ଭାବ ହୁଅନ୍ତି। ରାଜସ୍ଥାନର ଉଦୟପୁରରେ ଜଗନ୍ନାଥ ରାୟ ସଂପ୍ରତି ଜଗଦୀଶ-ଜୀ ନାମକ ଏକ ବିରାଟ ଜଗନ୍ନାଥ ମନ୍ଦିର ରହିଛି। ଯାହା ୧୬୫୧ ଖ୍ରୀଷ୍ଟାବ୍ଦରେ ମହାରାଜା ଜଗତ ସିଂଙ୍କ ଦ୍ୱାରା ନିର୍ମିତ ହୋଇଥିଲା। ଏଥିରେ ବିଷ୍ଣୁରୂପୀ ଜଗନ୍ନାଥଙ୍କର ଏକ ଶସସ୍ତ୍ର ସୁନ୍ଦର ମୂର୍ତ୍ତି ବିଦ୍ୟମାନ। ଗୁଜୁରାଟର ଅହମଦାବାଦରେ ନିର୍ମିତ ଜଗନ୍ନାଥ ମନ୍ଦିର ଏହିଭଳି ଚେତନାର ଏକ ପରିସ୍ଫୁରଣ। ଏହି ମନ୍ଦିର ବିଶେଷକରି ରଥଯାତ୍ରାପାଇଁ ପ୍ରସିଦ୍ଧ। ଏଠିକାର ରଥଯାତ୍ରା ପୁରୀ ମନ୍ଦିର ପରେ ଆକାର ଏବଂ ଆୟୋଜନ ଦୃଷ୍ଟିରୁ ତୃତୀୟ ସ୍ଥାନ ଅଧିକୃତ କରିଛି। ଉକ୍ତ ମନ୍ଦିର ନିର୍ମାଣ ପଛରେ ମଧ୍ୟ ରହିଛି ଭକ୍ତ ଓ ଭଗବାନଙ୍କ ମଧ୍ୟର ନିବିଡ ସଂପର୍କ। ସାଧୁ ସାରଙ୍ଗ ଦାସଙ୍କ ଦ୍ୱାରା ଉକ୍ତ ମନ୍ଦିର ନିର୍ମିତ। ଦିନେ ସାଧୁ ସାରଙ୍ଗ ତାଙ୍କର ସ୍ଥାନୀୟ ସହଯୋଗୀ ମାନଙ୍କ ସହିତ ପୁରୀ ଶ୍ରୀ ଜଗନ୍ନାଥଙ୍କ ଦର୍ଶନପାଇଁ ଯାଇଥିଲେ। ଭ୍ରମଣସାରି ସେ ମନ୍ଦିର ପରିସରରେ ଶୋଇଥିବା ବେଳେ ପ୍ରଭୁଙ୍କୁ ସ୍ୱପ୍ନରେ ଦେଖି ପରବର୍ତ୍ତୀ ସମୟରେ ଅହମଦାବାଦରେ ପ୍ରଭୁଙ୍କର ମନ୍ଦିର ନିର୍ମାଣ କରିଥିଲେ।

ଏହି କ୍ରମରେ ଭାରତର ଉତ୍ତର ଭାଗ ମଧ୍ୟ ଜଗନ୍ନାଥଙ୍କ ପ୍ରେମରେ ଅନୁପ୍ରାଣିତ।

ହିମାଚଳ ପ୍ରଦେଶ ବିଶେଷକରି ପଶ୍ଚିମ ହିମାଚଳ ପ୍ରଦେଶରେ ଜଗନ୍ନାଥ ଉପାସନାର ଇତିହାସ ବହୁ ପ୍ରାଚୀନ। ରାଜା କରାମ ପାର୍କଙ୍କ ଦ୍ୱାରା ଏହାର ପ୍ରଚଳନ ହୋଇଥିବା ଜଣାଯାଏ। ରାଜା ପୁରୀକୁ ଯାଇ କାଠମୂର୍ତ୍ତି ସଂଗ୍ରହକରି ତାକୁ ରାଜଧାନୀ ସିର୍ମାରୀତାଲକୁ ଆଣି ଏକ ଛୋଟ ମନ୍ଦିର ସ୍ଥାପନ କରିଥିଲେ। ଯାହା ପରବର୍ତ୍ତୀ ସମୟରେ ନାହାନାରକୁ ସ୍ଥାନାନ୍ତରିତ ହୋଇଥିଲା। ଏହିଠାରେ ମନ୍ଦିର ନିର୍ମାଣ କରିଥିଲେ ରାଜା ମାହିପର୍କଶ। ଉକ୍ତ ମନ୍ଦିରରେ ମଧ୍ୟ ଜଗନ୍ନାଥଙ୍କୁ କେନ୍ଦ୍ରକରି ଅନେକ ପର୍ବପର୍ବାଣୀ ଏବଂ ରଥଯାତ୍ରା ପାଳନ କରାଯାଏ। ଜାମୁ ସହରର ତାୱି ନଦୀ କୂଳରେ ମହାପ୍ରଭୁ ଶ୍ରୀ ଜଗନ୍ନାଥଙ୍କୁ ସମର୍ପିତ ଏକ ପ୍ରାଚୀନ ମନ୍ଦିର ଅବସ୍ଥିତ। ଏହା ଚତୁର୍ଦ୍ଦଶ ଶତାବ୍ଦୀରେ ନିର୍ମିତ। ଉକ୍ତ ମନ୍ଦିରକୁ କେନ୍ଦ୍ରକରି ଅନେକ କିମ୍ବଦନ୍ତୀ ମଧ୍ୟ ମିଳିଥାଏ। ଉକ୍ତ ମନ୍ଦିରରେ ମହାପ୍ରଭୁ ଶ୍ରୀ ଜଗନ୍ନାଥଙ୍କର ଏକ ସୁନ୍ଦର ପ୍ରତିମା ସହ ବଳଭଦ୍ର ଏବଂ ସୁଭଦ୍ରାଙ୍କର ପ୍ରତିମା ମଧ୍ୟ ଅବସ୍ଥିତ। ଏହା ବ୍ୟତୀତ ବିଜ ବେହାରର ଜଗନ୍ନାଥ ମନ୍ଦିର ମହାପ୍ରଭୁଙ୍କୁ ସମର୍ପିତ ଏକ ଭବ୍ୟ ମନ୍ଦିର। ଉକ୍ତ ମନ୍ଦିର ୯୦୦ ବର୍ଷରୁ ମଧ୍ୟ ଅଧିକ ପ୍ରାଚୀନ ବୋଲି ବିଶ୍ୱାସ କରାଯାଏ। ଏହି ମନ୍ଦିରରେ ବର୍ଷକୁ ଦୁଇଥର ନବରାତ୍ରି ଏବଂ ଦୀପାବଳୀରେ ଏକ ମେଳା ଆୟୋଜିତ ହୋଇଥାଏ। ଦୁଇ ମହଲା ଯୁକ୍ତ ଉକ୍ତ ମନ୍ଦିରଟି ପ୍ରଥମ ମହଲାରେ ମହାପ୍ରଭୁ ଜଗନ୍ନାଥ ଏବଂ ଦ୍ୱିତୀୟ ମହଲାରେ ଦେବୀ ଦୁର୍ଗା ବିରାଜିତ। ଉଧାମପୁରର ଜଗନ୍ନାଥ ମନ୍ଦିରରେ ଅନୁଷ୍ଠିତ ଗୋଲି ମେଳା ବହୁ ପ୍ରସିଦ୍ଧ ଏକ ଉତ୍ସବ।

ଏହି ପରିପ୍ରେକ୍ଷିରେ ଦକ୍ଷିଣ ଭାରତ ଭଗବାନ ବିଷ୍ଣୁଙ୍କର ଉପାସନାର ଏକ କେନ୍ଦ୍ର ପୀଠ ହୋଇଥିଲେ ହେଁ ଜଗନ୍ନାଥ ଚେତନାର ପ୍ରତିଫଳନ ଏଠାରେ ସୀମିତ ନୁହେଁ। ଏହାର ପ୍ରମାଣ ମିଳିଥାଏ କେରଳର ଥାଲାସେରିରେ ଥିବା ପ୍ରାଚୀନ ଜଗନ୍ନାଥ ମନ୍ଦିରରୁ। ଭଗବାନ ବିଷ୍ଣୁଙ୍କର ଅବତାର ଭାବେ ଏହି ମନ୍ଦିରଟି ମହାପ୍ରଭୁ ଜଗନ୍ନାଥଙ୍କୁ ସମର୍ପିତ। ଉକ୍ତ ମନ୍ଦିରକୁ କେରଳର ଥାଲାସେରି ଚଟମ୍ବାଲମ୍ଭ ସମିତି ଦ୍ୱାରା ରକ୍ଷଣା ବେକ୍ଷଣ କରାଯାଏ। ଉତ୍ତର କେରଳର ଏହା ଏକ ଗୁରୁତ୍ୱପୂର୍ଣ୍ଣ ସ୍ଥାନ ଭାବେ ପରିଚିତ। ଉକ୍ତ ମନ୍ଦିରରେ ଭଗବାନ ଶିବଙ୍କର ମଧ୍ୟ ଏକ ଗୁରୁତ୍ୱପୂର୍ଣ୍ଣ ମନ୍ଦିର ରହିଛି। ଥାଲାସେରିର ଏହି ଜଗନ୍ନାଥ ମନ୍ଦିର ୪୦୦ ବର୍ଷରୁ ମଧ୍ୟ ଅଧିକ ପ୍ରାଚୀନ। ଏହି ମନ୍ଦିରଟି ଜଗନନ୍ଦନ ନାମକ ଏକ ସାଧୁଙ୍କ ଦ୍ୱାରା ନିର୍ମିତ ହୋଇଥିବା ବିଶ୍ୱାସ କରାଯାଏ। ଏହି ମନ୍ଦିରରେ ମଧ୍ୟ ରଥଯାତ୍ରାର ପାଳନ ମହା ଆଡମ୍ବର ସହକାରେ ହୋଇଥାଏ। ଉକ୍ତ ମନ୍ଦିରର ସ୍ୱତନ୍ତ୍ର ଉପାସନା ପ୍ରଣାଳୀ ରହିଛି। କୁମାରୀ ପୂଜା- ଏହି ପୂଜା ସମୟରେ ଜଣେ କୁମାରୀ କନ୍ୟାକୁ ଈଶ୍ୱରୀୟ ମାତା ରୂପେ ପୂଜା କରାଯାଏ, ଗୀତା ଜପ- ଶ୍ରୀମଦ୍ ଭାଗବତ ଗୀତାକୁ ଜପ କରାଯାଏ, ଅର୍ଚ୍ଚନା- ଶ୍ରାବଣ ମାସର ପ୍ରଥମ ସପ୍ତାହରେ

ପାଳନ କରାଯାଏ, ଆରତୀ, ଅନ୍ନକୂଟ ପୂଜା, ମହାଳୟା, ମଙ୍ଗଳ ଆରତୀ, ତୁଳସୀ ପୂଜା ଆଦି ହେଉଛି ଜଗନ୍ନାଥଙ୍କୁ କେନ୍ଦ୍ରକରି ପାଳିତ କେତେକ ପ୍ରମୁଖ ପର୍ବପର୍ବାଣୀ। ଏହି ରୂପେ ସମଗ୍ର ଭାରତ ବର୍ଷରେ ମହାପ୍ରଭୁ ଜଗନ୍ନାଥଙ୍କୁ କେନ୍ଦ୍ରକରି ଇତିହାସ, ବିଶ୍ୱାସ ଏବଂ କିମ୍ବଦନ୍ତୀର ଭଣ୍ଡାର ରହିଛି। ଉକ୍ତ ଆଲୋଚନା ଏହାର କେବଳ ଏକ ସଂକ୍ଷିପ୍ତ ସ୍ୱରୂପ।

ସଂକେତ ସୂଚୀ-

1. Dash. Aniruddha. Saint Nanak. Bhubaneswar. 1971.

୨- ପାଢୀ, ବେଣୀମାଧବ. ଦାରୁଦେବତା. କଟକ ଷ୍ଟୁଡେଣ୍ଟ ଷ୍ଟୋର. କଟକ. ୧୯୬୪

2. G.N. Mahapatra, 1982 Jagannath in History and Religious Tradition, Calcutta,

3. H.S. Patnaik, 1994 Lord Jagannath, His Temple, Cult and Festivals, New Delhi.

4. K.C. Mishra, 1971 The Cult of Jagannath, Calcutta.

5- Josh,Dina Krishna. Lord Jagannath- TheTribal Deity. Orissa Review. June-July-2007

6. Islam. Dr. SK. Makbul. The Prachi Valley Civilization: Its Influence on Bengal- A Study on Jagannath Consciousness. Folklore and Folkloristics. Vol-2. No.2 (December 2009)

7. Kedarmnath Mahapatra, Jagannath Temples in Eastern India (Book), Sarada Press, Bhubaneaswar, 1977.

8. Dr. Sk. Makbul Islam, Sri Jagannath, Bangali Manas O Lokayata Jiban (Book), Bangiya SahityaSamsad, Kolkata, 2009

9. Tripathy, B. Orissa and North East India – A Study in Cultural Interaction, Utkal University,Journal of History, vol.xvii, Bhubaneswar, 2004

10. Tripathy, B. A Note on Jagannath Worship in Manipur. Orissa Review- July 2008.

11. Sinha . A.P .Religious Life in tribal India (A case study of

DudhKharia) New Delhu, 1989
12. Tripathy. B. Ancient contact between Orissa andAssam, in Orissa Review,November, 1995, pp. 8-11.
13. Tripathy. B. Jagannath Worship in North- Eastern India. Srimandira Journal.
14. Dr. M. Neog, Early History of the Vaishnava Faith and Movement in Assam, Matilal Banarsi Das, Delhi, 1985.
15. Dr. S. N. Goswami, Religious Traditions of Assam and Lord Jagannath (Research Paper) Published at Religious Tradition in Eastern and Lord Jagannath.
16. Pratap Chandra Choudhury, Dimaruwa Rajar Garima, Prakashak Dr. UmeshPhangcho, Guwahati, 1995.
17. Verma. Anjali. The trail of an eastern deity in the western Himalaya: a study of Lord Jagannaths temple in the Sirmaur region of Himachal Pradesh. Ebhr. 57. 2021.

ଶୂକର ମଣିଷକୁ ସକ୍ରେଟିସ୍‌ଙ୍କ ଶିକ୍ଷା

ଓଡ଼ିଶାର ସକ୍ରେଟିସ୍ ଭାବେ ପରିଚିତ ବିଶିଷ୍ଟ ଗବେଷକ, ସାହିତ୍ୟିକ ଏବଂ ଶିକ୍ଷାବିତ୍ ଚିତ୍ତରଞ୍ଜନ ଦାସ ବାସ୍ତବିକ ଚିନ୍ତା, ଚେତନା ଦୃଷ୍ଟିରୁ ଯେ, ଏହି ଦାର୍ଶନିକଙ୍କ ସମକକ୍ଷ କହିବା ଅତ୍ୟୁକ୍ତି ହେବନାହିଁ। ଶ୍ରୀଯୁକ୍ତ ଦାସ ଏହି ଜାତିର ମଣିଷ ମାନଙ୍କର ସୂକ୍ଷ୍ମ ଦୃଷ୍ଟିକୁ ଉନ୍ମୋଚନ କରିବା ସହ, କୌଣସି ବି ପ୍ରସଙ୍ଗକୁ ଏକ ସାମଗ୍ରିକ ଦୃଷ୍ଟିଭଙ୍ଗୀ ଦେଇ ଦେଖିବାର ପ୍ରତ୍ୟୟ ସୃଷ୍ଟି କରିଯାଇଛନ୍ତି। ଏତଦ୍ ଭିନ୍ନ ଶ୍ରୀ ଅରବିନ୍ଦଙ୍କ ଜୀବନ ଓ ଦର୍ଶନ ଚିତ୍ତରଞ୍ଜନଙ୍କ ମଧ୍ୟରେ ଏକ ନୂତନ ଦୃଷ୍ଟିଭଙ୍ଗୀକୁ ଉନ୍ମୋଚନ କରିଥିଲା। ମଣିଷ ଭିତରେ ସୁପ୍ତ ମାନବିକତା ଏବଂ ମାନବରୁ ମହାମାନବ ମଧ୍ୟର ଯାତ୍ରା ଜନିତ ଦର୍ଶନକୁ ସେ ନିଜ ଜୀବନର ଆଦର୍ଶ ଭାବେ ଗ୍ରହଣ କରି, ସମଗ୍ର ମାନବ ସମାଜର କଲ୍ୟାଣ ନିମନ୍ତେ ଏହାର ପ୍ରଚାର ଦିଗରେ ବ୍ରତୀ ହୋଇଉଠିଥିଲେ। ମାତ୍ର ଉକ୍ତ ଆଲୋଚନା ଏକ ସାଧାରଣ ସ୍ତରରେ ବଞ୍ଚୁଥିବା ଶୂକର ତୁଲ୍ୟ ମଣିଷ ମାନଙ୍କୁ ସକ୍ରେଟିସ୍ ତୁଲ୍ୟ ଚିତ୍ତରଞ୍ଜନଙ୍କର ଶିକ୍ଷା ସଂପର୍କିତ ଆଲୋଚନା। ସଂପ୍ରତି ମଣିଷର ଜୀବନ କିପରି ଅଛି ଏବଂ ତାହା ପ୍ରକୃତରେ କିପରି ହେବା ଉଚିତ୍ ଯାହାକୁ କେନ୍ଦ୍ରକରି ଦାର୍ଶନିକ ସକ୍ରେଟିସ୍ କେତେକ ମତ ଦେଇଥିଲେ। ତାହା ଅତ୍ୟନ୍ତ ସରଳ ଓ ସୁନ୍ଦର ଭାବେ ଶ୍ରୀଯୁକ୍ତ ଦାସ ଏହି ଜାତିର ପ୍ରତ୍ୟେକଟି ମଣିଷଙ୍କ ପାଖରେ ଉପଲବ୍ଧ କରିଯାଇଛନ୍ତି।

ଦେବା, ଦେବୀ, ଗନ୍ଧର୍ବ, ପରୀ ଓ ଅପ୍‌ସରୀଙ୍କ ସାମ୍ରାଜ୍ୟରେ ଦାସ ଭାବେ ପ୍ରତୀତ ହେଉଥିବା ମଣିଷଙ୍କ ମଧ୍ୟରେ ଏକ ସମୟରେ ଏକ ଚେତନାର ଜାଗରଣ କରିବାକୁ ଯାଇ, ନିଜର ଜୀବନକୁ ବଳି ଦେଇ ଦେଇଥିଲେ ସକ୍ରେଟିସ୍। ମଣିଷ କାହାର ଦାସ ନୁହେଁ ସେ ନିଜେ ହେଉଛି ସମ୍ରାଟ। ସେ ଏକ ସାଧାରଣ ଜୀବ ନୁହେଁ, ତା ଭିତରେ ଲୁଚି ରହିଛି ଅନନ୍ତ ସମ୍ଭାବନା। ବୈଜ୍ଞାନିକ ଦୃଷ୍ଟିକୋଣରୁ ଅଥବା

ଡାରଉଇନ୍‌ଙ୍କର Natural Selection (୧)ଦୃଷ୍ଟିରୁ ବିଚାରକଲେ ଏହି ମଣିଷ ସମାଜର ଉତ୍ପତ୍ତି ଏକ ବିବର୍ତ୍ତନ କ୍ରମରେ ହୋଇଛି । ତେଣୁ ଏହି ଯାତ୍ରାର ପ୍ରାରମ୍ଭରେ ଥିବା ପଶୁ ଅନେକ ସଂଘର୍ଷ ଏବଂ ଜେନେଟିକ୍‌ସ୍‌ର ପରିବର୍ତ୍ତନ ଫଳରେ ଆଜି ମଣିଷରେ ରୂପାନ୍ତରିତ ହୋଇଛି । ମାତ୍ର ଏହି ପ୍ରାରମ୍ଭର ପଶୁ ଏବଂ ଆଜିର ମଣିଷ ଭିତରେ ଅନେକ ବିବର୍ତ୍ତନ ସତ୍ତ୍ୱେ, କିଛି ଗୁଣାବଳୀଗତ ସାମଞ୍ଜସ୍ୟ ତାହା ଅବଶ୍ୟ ପୂର୍ବପିଢୀ ଠାରୁ ରକ୍ତଗତ ସୂତ୍ରରେ ହେଉପଛେ, ଅବ୍ୟାହତ ରହିଅଛି । ଯାହାଦ୍ୱାରା ମଣିଷ ବାହ୍ୟ ପରିବର୍ତ୍ତନ ସତ୍ତ୍ୱେ ଅର୍ନ୍ତନିହିତ ଦୃଷ୍ଟିରୁ ବିଚାରକଲେ ତାର ନାଡଟି କିନ୍ତୁ ଲାଗିରହିଛି ତାର ସେହି ପୂର୍ବପିଢୀର ପଶୁ ମଧ୍ୟରେ । ଆଉ ଯେଉଁ ନାଡଟିକୁ କାଟିବାର ଆବଶ୍ୟକତା ରହିଛି । କାରଣ ହଜାର ହଜାର ବର୍ଷର ବିବର୍ତ୍ତନ ପରେ ମଣିଷ ଯେଉଁ ସ୍ତରରେ ପହଁଚିଛି ସେଠି ଆଉ ସେ ସାଧାରଣ ଜୀବ ହୋଇ ରହିନାହିଁ । ତେଣୁ ଏହି ଅସାଧରଣ ଜୀବ ମଧ୍ୟରେ ଲୁଚିରହିଥିବା ଅସାଧରଣ ଶକ୍ତି ଓ ଜ୍ଞାନକୁ ଚିହ୍ନିବାର ଆବଶ୍ୟକତା ରହିଛି । ସକ୍ରେଟିସ୍‌ଙ୍କ ତୁଲ୍ୟ ଶ୍ରୀଯୁକ୍ତ ଦାସ ମଧ୍ୟ ମଣିଷ ଭିତରେ ଲୁଚି ରହିଥିବା ଏହି ଅର୍ନ୍ତନିହିତ ଜ୍ଞାନ ଓ ତାହାର ଗାରିମାକୁ ବୁଝିପାରିଛନ୍ତି । ତେଣୁ ସକ୍ରେଟିସ୍‌ଙ୍କ ତୁଲ୍ୟ ସେ ମଧ୍ୟ ଏହି ବାର୍ତ୍ତା ପ୍ରଚାର କରିଛନ୍ତି ଯେ, ଜ୍ଞାନ ଆମକୁ ବାହାରୁ ନୁହେଁ, ଜ୍ଞାନ ଆମ ଭିତରେ ହିଁ ରହିଛି । 'Knowledge is with us' (୨) ତେଣୁ ଯେ ପ୍ରକୃତ ଶିକ୍ଷକ ସେ ଛାତ୍ରକୁ ଜ୍ଞାନ ଦେଇନଥାଏ । ଛାତ୍ର ଭିତରେ ଲୁଚି ରହିଥିବା ଜ୍ଞାନକୁ ବାହାରକୁ ଆଣିବାକୁ ଉଦ୍ୟମ କରିଥାଏ । ଚିତ୍ତରଞ୍ଜନ ଦାସ ମଧ୍ୟ ଥିଲେ ଏହିଭଳି ଜଣେ ଶିକ୍ଷକ ଯିଏ କହୁଥିଲେ ପ୍ରତିଟି ଶିଶୁ ସ୍ୱତନ୍ତ୍ର, ପ୍ରତିଟି ଶିଶୁ ସର୍ଜନଶୀଳ ତାକୁ କେବଳ ଏକ ମୁକ୍ତ ପରିବେଶ ମିଳିବା ଦରକାର । ତେଣୁ କିଶୋର ମାନଙ୍କ ମଧ୍ୟରେ ଲୁଚି ରହିଥିବା ସର୍ଜନାତ୍ମକ ଚିନ୍ତାଧାରାକୁ ବାହାରକୁ ଆଣିବାପାଇଁ ସେ ଆରମ୍ଭ କରିଥିଲେ 'ନବପଲ୍ଲବ' ଶିବିର । ସକ୍ରେଟିସ୍‌ଙ୍କ ଭଳି ତାଙ୍କ ଦୃଷ୍ଟିରେ ମଧ୍ୟ, ଶିକ୍ଷକ ଏବଂ ଦାଇମା ଏକ ଓ ଅଭିନ୍ନ । ଦାଇମା ଯେପରି ଶିଶୁ ଜନ୍ମରେ ସହାୟକ ହୋଇଥାଏ । ସେହିପରି ଶିକ୍ଷକ ମଧ୍ୟ ବ୍ୟକ୍ତି ଭିତରେ ଲୁଚିଥିବା ଜ୍ଞାନକୁ ବାହାରକୁ ଆଣିବାରେ ସହାୟକ ହୋଇଥାଏ । ଅବଶ୍ୟ ଏ ଦୃଷ୍ଟିକୋଣରୁ ଚିତ୍ତରଞ୍ଜନ କେବଳ ଶିଶୁ କିମ୍ବା କିଶୋର ମାନଙ୍କର ଗୁରୁ ନଥିଲେ । ସେ ସବୁ ବୟସର ମଣିଷ ମାନଙ୍କ ଭିତରେ ଜ୍ଞାନକୁ ଉପଲବ୍ଧ କରିବା ସହ, ତାକୁ ବାହାରକୁ ଆଣିବାକୁ ଉଦ୍ୟମ କରିଥିଲେ । ମନସ୍ତତ୍ତ୍ୱରେ ଗଭୀର ପ୍ରବେଶ ଥିବା ହେତୁ ମନସ୍ତତ୍ତ୍ୱବିତ୍ Jean Piagets ଙ୍କର 'Cognitive Development' ଭଳି ତତ୍ତ୍ୱରେ ଏହି ମନସ୍ତତ୍ତ୍ୱବିତ୍ –" Children's are little scientist" (୩,୪) ଭଳି ଚେତନାକୁ ଯେପରି ଭାବେ ପ୍ରଚାରିତ କରିଛନ୍ତି, ତାହାକୁ ଆହୁରି ବୃହତ୍ତ ଦୃଷ୍ଟିକୋଣରୁ ଉପଲବ୍ଧି କରିଛନ୍ତି ଶ୍ରୀଯୁକ୍ତ ଦାସ ।

ବ୍ୟକ୍ତିକୁ ତାର ଅର୍ନ୍ତନିହିତ ବ୍ୟକ୍ତିତ୍ୱ ଓ ଚେତନା ସହିତ ପରିଚିତ କରାଇବା ସହ। ପ୍ରତ୍ୟେକ ପ୍ରସଙ୍ଗକୁ ଏକ ସାମଗ୍ରୀକ ଦୃଷ୍ଟିଭଙ୍ଗୀ ଦେଇ ଦେଖିବାର ପ୍ରତ୍ୟୟ ସୃଷ୍ଟି କରିଥିବା ବିଶିଷ୍ଟ ପ୍ରାବନ୍ଧିକ ଚିତ୍ତରଞ୍ଜନ ଦାସଙ୍କୁ ଗ୍ରୀକ୍ ଦାର୍ଶନିକ ସକ୍ରେଟିସ୍‌ଙ୍କ ସହ ତୁଳନା କରାଗଲେ ମଧ୍ୟ, ଅନେକ କ୍ଷେତ୍ରରେ ଚିତ୍ତରଞ୍ଜନ ଦାସ କିନ୍ତୁ ସକ୍ରେଟିସ୍‌ଙ୍କୁ ମଧ୍ୟ ଅତିକ୍ରମ କରିଯାଇଥିବା ମନେହୁଏ। ସାଧାରଣତଃ ସକ୍ରେଟିସ୍‌ଙ୍କ ଭଳି ଗ୍ରୀକ୍ ଦାର୍ଶନିକ ମାନେ ଯେପରି ପ୍ଲାଟୋ ଏବଂ ଆରିଷ୍ଟୋଟଲ ମଧ୍ୟ ନିଜ ଜ୍ଞାନକୁ ବିଦ୍ୱାନ ମାନଙ୍କର ସହାୟତାରେ ଆଦାନ ପ୍ରଦାନ କରୁଥିଲେ। ମାତ୍ର ଚିତ୍ତରଞ୍ଜନ ଦାସଙ୍କ ଜ୍ଞାନ ଓ ଶିକ୍ଷା କୌଣସି ନିର୍ଦ୍ଦିଷ୍ଟ ସ୍ତରକୁ କେନ୍ଦ୍ରକରି ଗତିଶୀଳ ନଥିଲା। ଏହି ସମାଜର ପ୍ରତ୍ୟେକଟି ମଣିଷ ଭିତରେ ଯେ କିଛି ସମ୍ଭାବନା ଲୁଚିରହିଛି ଏବଂ ଯାହାକୁ ବାହାରକୁ ଆଣିବାର ଆବଶ୍ୟକତା ରହିଛି ତାହାକୁ ଉପଲବ୍ଧ କରିଥିଲେ ଶ୍ରୀଯୁକ୍ତ ଦାସ। ତେଣୁ ଅତ୍ୟନ୍ତ ସଂକ୍ଷିପ୍ତ ପରିଧି ମଧ୍ୟରେ ବଞ୍ଚୁଥିବା ମଣିଷ ମାନଙ୍କୁ ଏହି ସଂକ୍ଷିପ୍ତତା ମଧ୍ୟରୁ ବାହାର କରିବାପାଇଁ ବା ଶୂକର ମଣିଷ କିପରି ସକ୍ରେଟିସ୍‌ରେ ପରିଣତ ହୋଇପାରିବ ସେ ସଂପର୍କରେ କେତେକ ସୂଚନା ଦେଇଛନ୍ତି ଶ୍ରୀଯୁକ୍ତ ଦାସ। ତେଣୁ ସେ ମଧ୍ୟ ସକ୍ରେଟିସ୍‌ଙ୍କର ବାଣୀ- "A dissatisfied Socrates is much honoured by the society than a satisfied pig" (୫) ତୁଲ୍ୟ କହିଛନ୍ତି- "ଆପଣାର ତତ୍କାଳିକକ ସନ୍ତୋଷ ଓ ପ୍ରାପ୍ତି ଗୁଡିକ ଭିତରେ ଆପଣାକୁ ଜାକି ଜୁକି ରଖିଥିବା ମଣିଷ- ଶୁକରଟି ଜୀବନକୁ କେଡେ ଅଳ୍ପ ଭିତରେ ନ ବଞ୍ଚୁଥାଏ ! ଜୀବନର ବ୍ୟାସ ଏବଂ ପ୍ରସ୍ଥ ଗୁଡିକ ବିଷୟରେ ସିଏ ପ୍ରକୃତରେ କେତେ ଅଳ୍ପ ନ ଜାଣେ ! ସେହି ମଣିଷ ହେଉଛି ସତକୁ ସତ ନିର୍ବୋଧ ମଣିଷ। ଯିଏ ନିର୍ବୋଧ , ଯିଏ ଘୁଷୁରି ପରି ଏହି କାଦୁଅ ଗୁଡାକ ଭିତରେ ସନ୍ତୁଷ୍ଟ ହୋଇ ରହିଛି ଓ କାଦୁଅ ଗୁଡାକୁ କେତେ ନା କେତେ ଭଲ ପାଉଛି, ସିଏ ଅସଲ ମଣିଷଟିଏ ହୋଇପାରିବା ବିଷୟରେ ହୁଏତ କୌଣସି ଖବର ରଖିବାକୁ ଇଚ୍ଛା କରୁନାହିଁ। ଏହି ଗାର ଗୁଡିକ ଭିତରୁ ଅଧିକକୁ ମନ କରିବାକୁ ସିଏ ନ୍ୟାୟତଃ ଏକ ମିଛଚାଷ ବୋଲି ବିଚାର କରୁଛି। ସିଏ ନିଜ ପାଖଟିରେ ଏପରି ନିବୁଜ ହୋଇ ରହିଛି ଯେ ଆର ସମ୍ଭାବନାଟି ବିଷୟରେ ମୋଟେ କିଛିହେଲେ ଦେଖିପାରୁନାହିଁ। ସମ୍ଭବତଃ ସିଏ ସକ୍ରେଟିସ୍‌ର ଅସନ୍ତୋଷଟାକୁ ହିଁ ଦେଖୁଛି, ସକ୍ରେଟିସ୍‌କୁ ଆଦୌ ଦେଖି ପାରୁନାହିଁ। ଅପର ପକ୍ଷରେ , ଅନ୍ୟ କିସମର ମଣିଷଟିଏ ତା ଆଡକୁ ଅନାଇ ଘୁଷୁରିଟାକୁ ଅବଶ୍ୟ ଦେଖୁଛି- ଘୁଷୁରିଟା ଭିତରେ ଅସଲ ମଣିଷଟିକୁ ମଧ୍ୟ ଦେଖି ପାରୁଛି। ମଣିଷଟିଏ ସବା ଆଗ ସୁଖ ଏବଂ ସନ୍ତୋଷ ଇଚ୍ଛା କରିଛି ବୋଲି ଏକ ଅନୁରୂପ ମାର୍ଗକୁ ଆଦରି ନେଇ ଘୁଷୁରି ହୋଇ ରହିଛି। ମାତ୍ର ସିଏ ମନ କରିଥିଲେ ମଣିଷବି ହୋଇ ପାରିଥାନ୍ତା। ଅସଲ

ଅସନ୍ତୋଷ ଗୁଡିକର ଐଶ୍ୱର୍ଯ୍ୟକୁ ଚିହ୍ନିଥିଲେ ସିନା ମଣିଷ ହୋଇ ପାରିଥାନ୍ତା! ଘୁଷୁରି ହେବାକୁ କେବେହେଲେ ମନ କରିନଥାନ୍ତା।! ସିଏ ଏହି ଅନ୍ଧ ଭିତରେ କଦାପି ବାନ୍ଧିହୋଇ ରହିଯାଇ ନଥାନ୍ତା!।" (ଶୂକର ଓ ସକ୍ରେଟିସ୍- ପୃ- ୧୫୪) ଏହିଭଳି ପଂକ୍ତିକୁ ଦୃଷ୍ଟିରେ ରଖି ବିବେଚନା କଲେ ଜଣାଯାଏ ଯେ, ସଂସାରରେ ମଣିଷ ମାନଙ୍କୁ କେନ୍ଦ୍ରକରି ଆଜି ଏତେ ବିଭାଗୀକରଣ ରହିଛି ଯେ ପ୍ରକୃତରେ ମଣିଷବୋଲି କହିଲେ କାହାକୁ ବୁଝାଯିବ ତାହା ଏକ ପ୍ରଶ୍ନବାଚୀ। ଯାହାକୁ ଗାଳ୍ପିକ ଗୋଦାବରୀଶ ମହାପାତ୍ର ତାଙ୍କର ଏକ ଗଳ୍ପ 'ପୃଥିବୀରେ ମଣିଷ ଅଛନ୍ତି?' ରେ ସ୍ୱର୍ଗ ମର୍ତ୍ତ୍ୟର ମିଥ୍ ମାଧ୍ୟମରେ ବ୍ୟଙ୍ଗ କରିଛନ୍ତି। ଗାଳ୍ପିକ ବିଂଶ ଶତାବ୍ଦୀରେ ମଣିଷର ସ୍ଥିତି ତଥା ସାମାଜିକ ପରିବେଶ ଓ ପରିସ୍ଥିତିକୁ ଅତ୍ୟନ୍ତ ଜୀବନ୍ତ ଭାବେ ପ୍ରତିଫଳିତ କରିଛନ୍ତି। ପ୍ରକୃତପକ୍ଷେ ଆଜି ପୃଥିବୀରେ ମଣିଷ ନାହାନ୍ତି। କାରଣ ପ୍ରତ୍ୟେକ ମଣିଷ ଆଜି ଆଉ ମଣିଷ ହୋଇ ନ ରହି ନିଜ ସ୍ୱାର୍ଥପାଇଁ କୌଣସି ନା କୌଣସି ଜାତି ଓ ଦଳର ଅର୍ନ୍ତଭୁକ୍ତ ହୋଇଛନ୍ତି- "ଯାହାକୁ ଦେଖିଲି ତାଙ୍କୁ ପଚାରିଲି- ମହାଶୟ, ଆପଣ କିଏ?"

ଉତ୍ତର ମିଳିଲା- "ମୁଁ ବାମପନ୍ଥୀ",
ଏ ଭଳି ପ୍ରତ୍ୟେକଙ୍କୁ ପଚାରିଲି-
"ଆପଣ" ?
"ମୁଁ ଦକ୍ଷିଣ ପନ୍ଥୀ",
"ଆପଣ" ?
"ଉଗ୍ରପନ୍ଥୀ"।
"ଆପଣ" ?
"ଅନୁଗ୍ରହ ପନ୍ଥୀ"।
"ଆପଣ" ?
"ତଟସ୍ଥ ପନ୍ଥୀ"
"ଆପଣ" ?
"ସାମ୍ୟବାଦୀ"
"ଆପଣ" ?
"ଅରାଜକ ବାଦୀ"
"ଆପଣ" ?
"ପ୍ରଲେଟେରିଆନ"
"ଆପଣ" ?

"ବଳସେବୀ"

"ଆପଣ" ?

"ହରିଜନ ସେବକ" (ଈଶ୍ୱରଙ୍କ ପାଖକୁ ଚିଠି - ପୃ- ୭-୮)

ମାତ୍ର ଚିତ୍ତରଞ୍ଜନ ଦାସଙ୍କ ମତରେ ବୃହତ୍ତ ଦୃଷ୍ଟିକୋଣରୁ ଏହି ମଣିଷ ଜାତିଟିକୁ ଦୁଇ ଦଳରେ ବିଭକ୍ତ କରାଯାଇପାରେ। ଗୋଟିଏ ଦଳର ମଣିଷ ଯେଉଁମାନେ ହେଉଛନ୍ତି ପଶୁ ମାନଙ୍କର ଏକ ପରିବର୍ତ୍ତିତ ସଂସ୍କରଣ । ପଶୁମାନେ ଯେପରି ପେଟପୁରା ଖାଇବା ଏବଂ ସୁଖନିଦ୍ରା ଖୋଜିଥାଆନ୍ତି। ସେହିପରି ଏହି ଶ୍ରେଣୀର ମଣିଷମାନେ ମଧ୍ୟ ସୁଖ କହିଲେ କ୍ଷଣସନ୍ତୋଷ ବା କ୍ଷଣୋପଭୋଗକୁ ବୁଝିଥାଆନ୍ତି। ଏମାନଙ୍କର ପରିଧି ଯେପରି ସଂକ୍ଷିପ୍ତ ଚିନ୍ତାଧାରା ମଧ୍ୟ ସଂକ୍ଷିପ୍ତ। ପ୍ରକୃତରେ ଏହି ଶ୍ରେଣୀର ମଣିଷମାନେ ବଡ ସଂକ୍ଷିପ୍ତତା ମଧ୍ୟରେ ବଞ୍ଚିଥାଆନ୍ତି। ଅଳ୍ପରେ ହିଁ ଏମାନେ ସନ୍ତୁଷ୍ଟ ହୋଇ ଯାଆନ୍ତି। ଏହି ଅଳ୍ପ ଅବଶ୍ୟ ଜ୍ଞାନ ଦୃଷ୍ଟିରୁ ହିଁ ଉପଯୋଗୀ। ନଚେତ୍ ଅର୍ଥ ଏବଂ ସାମୟିକ ସୁଖକୁ କେନ୍ଦ୍ରକରି ଏମାନେ ଅଳ୍ପରେ ସନ୍ତୁଷ୍ଟ ହେବା ସମ୍ଭବନୁହେଁ। ଘୁଷୁରି ଯେପରି ବିଷ୍ଠା ଓ କାଦୁଅରେ ନଷର ପସର ହେବାକୁ ପରମ ଆତ୍ମୋପଲବ୍ଧି ବୋଲି ମନେ କରିଥାଏ। ସେହିପରି ଏହି ପର୍ଯ୍ୟାୟର ମଣିଷ ମଧ୍ୟ ନାନା ପ୍ରଲୋଭନ ଏବଂ ପ୍ରୟୋଜନ ପାଇଁ ନିଜର ବିବେକକୁ ବଳିଦେଇ ଏକ ପ୍ରକାର ଗୁଳାରେ ଚାଲିବାକୁ ଆତ୍ମୋପଲବ୍ଧି ମନେ କରିଥାଆନ୍ତି। କାରଣ ଏହି ଗୁଳାରୁ ବାହାରି ଧରାବନ୍ଧା ରକ୍ଷଣଶୀଳବାଦୀ ନୀତିନିୟମକୁ ଅତିକ୍ରମ କରି ଏକା ଚାଲିବାର ସତ୍‌ସାହାସ ଏମାନଙ୍କ ପାଖରେ ନଥାଏ। ମାତ୍ର ଯିଏ ଗୁଳାରୁ ବାହାରି ଏକା ଚାଲିବାକୁ ଆରମ୍ଭକରେ ସେମାନଙ୍କୁ କିନ୍ତୁ ଏହି ଘୁଷୁରି ପର୍ଯ୍ୟାୟର ମଣିଷମାନେ ସମାଲୋଚନା କରିବାକୁ ଭୁଲିନଥାଆନ୍ତି। "ଆମେ ସାଧାରଣ ମଣିଷମାନେ, ଯେଉଁମାନେ ଗୁଳାରେ ଚାଲୁଛୁ, ଆମେ ଏହି ଅନ୍ୟ କାଟର ମଣିଷମାନଙ୍କୁ ସତେ ଅବା ବାଇଆ ବୋଲି ବିଚାର କରୁ, ବୋକା ବୋଲି ଭାବୁ। ଆମେ ସର୍ବଦା କେଡେ ସୁଖରେ ଥାଉ, ବିଚରା ସେମାନେ ମିଛଟାରେ ଦୁଃଖ ପାଉଛନ୍ତି ବୋଲି ସତେ ଅବା ଭାରି ଦୟାର୍ଦ୍ର ହେଲାଭଳି ଦେଖାଇହେଉ। ତଥାପି, ସେହି ଅବାଗିଆ ଓ ଦୁଃସାହସୀମାନଙ୍କ ବିଷୟରେ ଆଉ କିଛି କରି ହେବନାହିଁ ଏବଂ ତେଣୁ ସେମାନଙ୍କୁ ସେମାନଙ୍କର ଦୁଃଖ ଭିତରେ ହିଁ ଛାଡିଦେଇ ଆଗକୁ ଆମ ନିଜ ସୁଖର ପ୍ରଚୋଦନା ଗୁଡିକ ଅନୁସାରେ ବାହାରିଯିବା ବ୍ୟତୀତ ଆମଦ୍ୱାରା ଆଉ କିଛିହେଲେ କରି ହେବନାହିଁ ବୋଲି ନିଷ୍ପତ୍ତି କରିନେଉ। ମାତ୍ର ସୁଖ ଓ ସନ୍ତୋଷ ବିଷୟରେ ଯେ ସଂସାରରେ ଭିନ୍ନ ଭିନ୍ନ ପ୍ରକାରର ଧାରଣା ଥାଇପାରେ ଏବଂ ସେହି ଅନୁସାରେ ପୃଥିବୀରେ ଯେ ଭିନ୍ନ ଭିନ୍ନ କିସମର ମଣିଷ ମଧ୍ୟ ଅବଶ୍ୟ ରହିପାରନ୍ତି, ଆମେ ସେ କଥା ଆଦୌ ଚିନ୍ତା କରି

ପାରୁନାହିଁ। (ଶୂକର ଓ ସକ୍ରେଟିସ୍- ପୃ- ୧୫୨) ଏହି ଶ୍ରେଣୀର ମଣିଷମାନଙ୍କୁ ସକ୍ରେଟିସ୍ ସମାଲୋଚନା କରି କହିଛନ୍ତି- " You only know how to feed the belly and how to have deep sleep, you can' not understand the problem of philosophy." (୬)। ଏହି ଦଳକୁ ବାଦ୍ ଦେଲେ ସୀମିତ ହେଲେ ମଧ୍ୟ, ପୃଥିବୀରେ ଆଉ ଗୋଟିଏ ଦଳର ମଣିଷମାନେ ଦେଖାଯାଆନ୍ତି। ଯେଉଁମାନେ ଏକ ପ୍ରକାରର ଅସନ୍ତୋଷ ଗୋଷ୍ଠୀ। ଅବଶ୍ୟ ଏହି ଅସନ୍ତୋଷ କେବଳ ଜ୍ଞାନକୁ ହିଁ କେନ୍ଦ୍ରକରି ଗତିଶୀଳ। ଏମାନେ ଏକ ସୀମିତ ପରିଧି ମଧ୍ୟରେ ବାସକରିପାରି ନଥାଆନ୍ତି କି ଅଳ୍ପରେ ସନ୍ତୁଷ୍ଟ ହୋଇପାରିନଥାଆନ୍ତି। ସେମାନଙ୍କ ଭିତରେ ଆହୁରି କଣ ସାମର୍ଥ୍ୟ ଅନ୍ତର୍ଗୁପ୍ତ ହୋଇ ରହିଥାଏ କି କଣ କେଜାଣି ସତକୁ ସତ ସୁଖୀ ହୋଇପାରିବାକୁ ଅର୍ଥାତ୍ ନିଜ ଜୀବନରେ ଏକ ଯଥାର୍ଥ ପରିପୂର୍ଣ୍ଣତା ବୋଧ ସମ୍ଭବ କରିବାକୁ ସେମାନେ ସାଧାରଣ ପର୍ଯ୍ୟାୟର ମଣିଷଠାରୁ ଅନେକ ଅଧିକ ଲୋଡିବାରେ ଲାଗିଥାଆନ୍ତି। ତେଣୁ ଏହି ପର୍ଯ୍ୟାୟର ମଣିଷ କୌଣସି ଧାଡି ଅଥବା ଗୁଳା ଭିତରେ ନିଜର ଅସ୍ତିତ୍ୱକୁ ଅଥବା ବିବେକ ହରାଇ ଦେବାକୁ ଅପରାଧ ମଣିଥାଆନ୍ତି। ସେମାନେ ନିଜକୁ ସମ୍ମାନର ଦୃଷ୍ଟିରେ ଦେଖନ୍ତି ଓ ସେଥିପାଇଁ ଅନ୍ୟ ମଣିଷମାନଙ୍କ ଭଳି ଗୋଟିଏ ଚିରାଚରିତ ସହଜ ବାଟଟିକୁ ଆଦରି ପାରନ୍ତିନାହିଁ। ଏହି ପର୍ଯ୍ୟାୟର ମଣିଷ ହୁଏତ ଦିନେ ବିଷ ସହିତ ସାଲିସ୍ କରିପାରନ୍ତି ହେଲେ ନିଜ ବିବେକର ଗଳାଚିପି ପଙ୍କ ଓ ବିଷ୍ଠା ସହିତ ସାଲିସ୍ କରିପାରିନଥାଆନ୍ତି। ତେଣୁ ସ୍ଥୂଳ ଦୃଷ୍ଟିରୁ ଏକା ଚାଲିଥିବା ଏହି ଶ୍ରେଣୀର ମଣିଷ ମାନଙ୍କୁ ସୂକ୍ଷ୍ମ ଦୃଷ୍ଟିରୁ ଦେଖିଲେ ଏମାନେ ସମଗ୍ର ସଂସାରକୁ ନିଜ ସାଥିରେ ଧରି ଚାଲିଥାଆନ୍ତି। "ବିଚରା ସକ୍ରେଟିସ୍ ତା ଭାଗ୍ୟରେ ସନ୍ତୋଷ ବୋଲି ମୋଟେ କିଛି ଲେଖା ହୋଇନାହିଁ। ଭାଗ୍ୟବାନ ସକ୍ରେଟିସ୍, ସମଗ୍ର ଜଗତକୁ ସତେ ଅବା ଆପଣାର କାନ୍ଧ ଉପରେ ରଖି ସିଏ ବାଟ ଚାଲି ବାହାରିଛି। କେବଳ ଆପଣା ନିମନ୍ତେ ସୁଖ ଲୋଡୁଥିବା ଘୁଷୁରିମାନେ ଏହି ସଂସାରରେ ତଥାପି ନିଃସଂଗ ହୋଇ ରହିଛନ୍ତି। ସେମାନେ ନିଃସଙ୍ଗତା ସହିତ ରମଣ କରୁଛନ୍ତି। XXXX ସକ୍ରେଟିସ୍ କଦାପି ନିଃସଂଗ ଅନୁଭବ କରେନାହିଁ ଏବଂ ତେଣୁ ନିଃସଂଗତାକୁ ଆଳକରି ତାକୁ କେବେହେଲେ କୌଣସି ଗେହ୍ଲା ଦର୍ଶନ ଭିତରେ ଭୁଲି ରହିବାକୁ ପଡେନାହିଁ। ସଂସାରକୁ ସାଙ୍ଗରେ ଧରି ବାଟ ଚାଲୁଥିବାରୁ ସକ୍ରେଟିସ୍‌କୁ ଆଦୌ କୌଣସି ନିଃସଂଗତା ଗ୍ରାସ କରିପାରେ ନାହିଁ। ତା ଆଗରେ ସର୍ବଦା କେତେ ନା କେତେ ବାଟ ବାକୀ ରହିଥାଏ, ବାଟର ଆକର୍ଷଣ, ସଙ୍ଗର ଆକର୍ଷଣ ତାକୁ ନିଃସଂଗତାରୁ ବଞ୍ଚାଇ ରଖିଥାଏ। ଘୁଷୁରିମାନେ ହିଁ ସନ୍ତୋଷପରେ ସନ୍ତୋଷ ଭୁଞ୍ଜିବେ ବୋଲି ସଂସାରରେ ସତେ ଅବା ସବୁଥାନରୁ ଡୋର ଛିଣ୍ଡାଇ ନିଃସଂଗହୋଇ ରହିଥାନ୍ତି,

ଆପଣା ପାଖରେ ଭାରି ଅରକ୍ଷିତ ହୋଇ ଦିଶୁ ଥାଆନ୍ତି। ଡୋର ଛିଣ୍ଡାଇଥିବା ମଣିଷ ନିଃସ୍ୱ ଓ ନିଃସଙ୍ଗ ହେବନାହିଁ ତ ଆଉ କିଏ ହେବ? ମାତ୍ର ଅପର ପକ୍ଷରେ, ଏକ ସକ୍ରେଟିସ୍‌ର ଅସନ୍ତୋଷ ହେଉଛି ଅଧିକରୁ ଅଧିକ ଡୋର ବାନ୍ଧିବାର ଏକ ବ୍ୟାକୁଳତା ଏବଂ ସେହି ବ୍ୟାକୁଳତା ଜନିତ ଅସନ୍ତୋଷ। ସେହି ଅସନ୍ତୋଷରେ ହିଁ ଆମ ସଂସାରର ଯାବତୀୟ ସୁସ୍ଥତାର ବୀଜ ନିହିତ ହୋଇ ରହିଛି। ସେହି ଅସନ୍ତୋଷ ହିଁ ବାହାର ସହିତ ଭିତରକୁ ଯୋଡିରଖିବାରେ ଏବଂ ଭିତର ସହିତ ବାହାରକୁ ଯୋଡି ରଖିବାରେ ଜନନୀ ପରି କାର୍ଯ୍ୟ କରୁଛି।" (ଶୂକର ଓ ସକ୍ରେଟିସ୍ - ପୃ- ୧୫୯)

ସଂପ୍ରତି ବିଶ୍ୱରେ ପ୍ରଥମ ପର୍ଯ୍ୟାୟର ମଣିଷ ମାନଙ୍କର ସଂଖ୍ୟା ଦୃତ ଗତିରେ ବଢୁଥିଲେ ମଧ୍ୟ, ଏହି ଦ୍ୱିତୀୟ ପର୍ଯ୍ୟାୟର ମଣିଷମାନେ କେବେହେଲେ ଲୁପ୍ତ ହୋଇଯିବେ ନାହିଁ। ପ୍ରତିଟି ମଣିଷ ଭିତରେ ଯେପରି ଶୂକର ରହିଛି ସେହିପରି ରହିଛି ସକ୍ରେଟିସ୍। ଆଜି ନିଜ ସ୍ୱାର୍ଥପାଇଁ ଯେପରି କିଛି ମଣିଷ ନିଜ ଭିତରେ ଲୁଚି ବସିଥିବା ସକ୍ରେଟିସ୍‌ଙ୍କୁ ବିଷ ପାନ କରାଇ ଶୂକରର ଆଶ୍ରୟ ଲୋଡୁଛନ୍ତି। ସେହିପରି ଆଉ କିଛି ଶୂକର ଭିତରୁ ସକ୍ରେଟିସ୍‌ର ଆହ୍ୱାନକୁ ଶୁଣିବା ସହ ତାକୁ ବାହାରକୁ ଆଣୁଛନ୍ତି। ତେଣୁ ଏହିରୂପେ ଗୋଟିଏ ପଟରେ ରହିଛି ଶୂକର ଓ ଅନ୍ୟ ପଟେ ରହିଛି ସକ୍ରେଟିସ୍। ଗୋଟିଏ ପଟରେ ରହିଛି ସନ୍ତୋଷ ଓ ଅନ୍ୟ ପଟରେ ଅସନ୍ତୋଷ। ଏହା ମଣିଷ ଉପରେ ନିର୍ଭରକରେ ସେ ସନ୍ତୋଷ ବାଟରେ ରହିବ ନା ଅସନ୍ତୋଷ। ସେ ନିଜ ଭିତରେ ଲୁଚି ବସିଥିବା ଶୂକରର ଆହ୍ୱାନକୁ ଶୁଣିବ ନା ସକ୍ରେଟିସ୍‌ଙ୍କର। ସେ ଶୂକର ହେବ ନା ସକ୍ରେଟିସ୍।

ସଂକେତ ସୂଚୀ

- Henry, Devin (September 2006). "Aristotle on the Mechanism of Inheritance". Journal of the History of Biology. 39 (3): 425–455. doi:10.1007/s10739-005-3058-y. S2CID 85671523.
  https://www.thecollector.com/all-i-know-is-that-i-know-nothing-socrates/
- Sellers, P. Douglas; Machluf, Karin; Bjorklund, David F. (2018), "The Development of Evolutionarily Adaptive Individual Differences: Children as Active Participants in Their Current and Future Survival", The SAGE Handbook of Personality and

Individual Differences: Volume II: Origins of Personality and Individual Differences, London: SAGE Publications Ltd, pp. 203–217, doi:10.4135/9781526451200.n12, ISBN 978-1-5264-4518-6, retrieved 2020-10-14

- Schacter, Daniel L (2009). Psychology. Catherine Woods. pp. 430. ISBN 978-1-4292-3719-2.
  https://academic.oup.com/book/4489/chapter/146543164
  https://yourstory.com/2017/03/29-quotes-by-plato

ଓଡ଼ିଆ ସାହିତ୍ୟର ଏକ ବିସ୍ମୟ: ଦାର୍ଶନିକ ଭୀମ ଭୋଇ

ବିଶ୍ୱରେ ଗ୍ରୀକ୍ ଓ ଜର୍ମାନ୍ ଆଦି ଦେଶ ଶ୍ରେଷ୍ଠ ଦାର୍ଶନିକ ମାନଙ୍କର ଜନ୍ମଭୂମି ରୂପେ ପରିଚିତ। ସେଠି ଭାରତର ଏକ ରାଜ୍ୟ ଓଡ଼ିଶାର ଏକ କ୍ଷୁଦ୍ର ଜିଲ୍ଲା ରେଢାଖୋଲରେ ଏକ ଶ୍ରେଷ୍ଠ ଦାର୍ଶନିକ ଓ ସମାଜ ସଂସ୍କାରକ ଭାବେ ଅବତିର୍ଣ୍ଣ କନ୍ଧ କବି ଭୀମଭୋଇଙ୍କ ଦାର୍ଶନିକ ଚିନ୍ତନ ସଂପୃକ୍ତ ଆଲୋଚନାର ଏକ ପ୍ରମୁଖ ପ୍ରସଙ୍ଗ। ବିଶ୍ୱ ଦରବାରରେ ଆଧୁନିକତା ମୂଳତଃ ଯେଉଁ ଚିନ୍ତନ ଗୁଡିକୁ କେନ୍ଦ୍ରକରି ଗଢିଉଠିଥିଲା ଓଡ଼ିଆ ସାହିତ୍ୟରେ ତାର ଭିତ୍ତିଭୂମି ପଡିଥିଲା ଭୀମ ଭୋଇଙ୍କର ଲେଖନୀ ମୁନରୁ। ମାତ୍ର ଏହା ଭିନ୍ନ ପ୍ରସଙ୍ଗ ଯେ, ପ୍ରକୃତରେ ଓଡ଼ିଆ ସାହିତ୍ୟରେ ଆଧୁନିକ ଯୁଗର ସ୍ରଷ୍ଟା ଭାବେ ରାଧାନାଥ ରାୟଙ୍କୁ ଗ୍ରହଣ କରାଯାଇଛି। ଯାହାଙ୍କୁ ଅବଶ୍ୟ ଅନେକ ସମାଲୋଚକ ପୂରାତନର ନୂତନ ସଂସ୍କରଣ ନଚେତ୍ ବିଜାତୀୟ ଆଖ୍ୟା ମଧ୍ୟ ଦେଇଛନ୍ତି। ବାସ୍ତବିକ ବିବେଚନା କରିବାକୁ ଗଲେ ଭୀମ ଭୋଇଙ୍କୁ କେବଳ ଆଧୁନିକ ନୁହେଁ ଜଣେ ଉତ୍ତର ଆଧୁନିକ କବି ଭାବେ ମଧ୍ୟ ପ୍ରତିଷ୍ଠା କରାଯାଇପାରେ। ଏପରିକି ବହୁ ଦାର୍ଶନିକ ଚିନ୍ତନକୁ ପରିପ୍ରକାଶ କରିବାରେ ତାଙ୍କର ଭୂମିକା ଯେ ବିଶ୍ୱରେ ଗୁରୁତ୍ୱପୂର୍ଣ୍ଣ କହିବା ଭୁଲ୍ ହେବନାହିଁ। ସର୍ବ ପ୍ରଥମେ ଅସ୍ତିତ୍ୱବାଦ ବା Existentialism ପ୍ରସଙ୍ଗ ଆଲୋଚନା କରାଯାଇପାରେ। ୧୮ଶ ଶତାବ୍ଦୀର ପ୍ରାରମ୍ଭରେ ଏହି ଦର୍ଶନର ପ୍ରାରମ୍ଭ ଘଟିଥିଲା ଡେନିସ୍ ଫିଲୋସ'ର ସୋରେନ୍ କିର୍କେଗାର୍ଡଙ୍କର ଚିନ୍ତନରୁ। ମାତ୍ର ଏହାକୁ ପ୍ରକୃତ ରୂପ ମିଳିଥିଲା ଜର୍ମାନ୍‌ର ଦାର୍ଶନିକ ଫ୍ରେଡରିକ୍ ନିତ୍‌ସେଙ୍କ ଦ୍ୱାରା । ସେ ୧୮୭୨ ମସିହାରେ The Birth of Tragedy ପୁସ୍ତକରେ ଖ୍ରୀଷ୍ଟଧର୍ମକୁ କେନ୍ଦ୍ରକରି ପ୍ରଦାନ କରିଥିବା ସଂଜ୍ଞା ଯାହାକୁ Transvaluation of Values କୁହାଯାଏ। ଏହିଭଳି

ଚିନ୍ତନର ପ୍ରାରମ୍ଭିକ ରୂପ ଭାବେ ସନ୍ଥକବି ଭୀମଭୋଇଙ୍କର 'ସ୍ତୁତିଚିନ୍ତାମଣି' ଗ୍ରନ୍ଥକୁ ଗ୍ରହଣ କରାଯାଇପାରେ। ସେହି ଧର୍ମ ପ୍ରକୃତ ଧର୍ମ ଯାହା ବ୍ୟକ୍ତିକୁ ଦୁର୍ବଳ ନୁହେଁ ସବଳ କରେ। ବ୍ୟକ୍ତିକୁ ଦାସ ନୁହେଁ ଶାସକରେ ପରିଣତ କରେ। ପ୍ରକୃତ ଧର୍ମ ବ୍ୟକ୍ତିର କଲ୍ୟାଣ ସାଧନକରେ। ତେଣୁ ହିନ୍ଦୁ ଧର୍ମ ମଧ୍ୟରେ ସଂସ୍କାର ଆଣିବାର ପ୍ରୟାସ କରିଥିଲେ ଭୀମ ଭୋଇ। ଯାହା ପରବର୍ତ୍ତୀ ସମୟରେ Transvaluation of Values ନାମରେ ଖ୍ରୀଷ୍ଟଧର୍ମ କ୍ଷେତ୍ରରେ ଦେଖିବାକୁ ମିଳିଥିଲା। ଧର୍ମର ଶକ୍ତ ପଞ୍ଝା ଭିତରେ ଅଣନିଶ୍ୱାସୀ ମଣିଷକୁ ମୁକ୍ତ କରିବାର ପ୍ରୟାସ ଅସ୍ତିତ୍ୱବାଦୀ ଦର୍ଶନରେ ବହୁପରେ ଦେଖିବାକୁ ମିଳିଲେ ହେଁ , ତାର ପ୍ରାରମ୍ଭିକ ପ୍ରୟାସ ସନ୍ଥକବିଙ୍କର ରଚନାବଳୀରେ ଲକ୍ଷଣୀୟ। ତେଣୁ ନିତ୍‌ସେଙ୍କ ଦ୍ୱାରା ପ୍ରଦତ୍ତ "The god is dead and we are living in a godless world" ଭଳି ଉକ୍ତି ବା ଭଗବାନଙ୍କର ପୁତ୍ତଳିକା ଦାହର ବହୁ ପୂର୍ବରୁ ଭୀମ ଭୋଇଙ୍କର କାଳଜୟୀ ଲେଖନୀ ମୁନରୁ ଝରିଆସିଥିଲା –

"ଦେବା ଦେବୀ ଗଣ- ମୃତ୍ତିକା ପାଷାଣ କାହାକୁ ନଭଜି ଚିତ୍ତେ।
ମୁକତି କାଷ୍ଠାରେ ଏକାନ୍ତ ନିଷ୍ଠାରେ ଏକା ଧ୍ୟାୟି ଅଛି ତୋତେ।"

(ସ୍ତୁତି ଚିନ୍ତାମଣି- ପ୍ରଥମ ବୋଲି- ପଦ- ୧୨)

ଉକ୍ତ ପଂକ୍ତିରେ ନିଜେ ନିଜକୁ ବା ନିଜ ଆତ୍ମାକୁ ପୂଜା କରିବାର ମାନସିକତାକୁ ବେଶ୍ ହୃଦୟଙ୍ଗମ କରିହୁଏ। ତେବେ ଧର୍ମ ଓ ଭଗବାନ ଅପେକ୍ଷା ବ୍ୟକ୍ତିକୁ ଗୁରିତ୍ୱ ଦେବା କ୍ଷେତ୍ରରେ ଭୀମ ଭୋଇଙ୍କ ଅବଦାନ ଉଲ୍ଲେଖଯୋଗ୍ୟ। କେବଳ ବ୍ୟକ୍ତି କାହିଁକି ଏ ସଂସାରର ପ୍ରତ୍ୟେକଟି ଜୀବ ଏପରିକି କୀଟପତଙ୍ଗଙ୍କ କଲ୍ୟାଣ ପାଇଁ ମଧ୍ୟ ନିଜେ ନିଜର ଜୀବନକୁ ଜଳାଞ୍ଜଳି ଦେବା ପାଇଁ ପ୍ରସ୍ତୁତ ଏହି ଅମର ଆତ୍ମାଙ୍କୁ ବିଶ୍ୱର ଯେକୌଣସି ଦାର୍ଶନିକଙ୍କ ଠାରୁ ଶ୍ରେଷ୍ଠ ଆସନରେ ଆସିନ୍ନ କରାଯାଇପାରେ। କେଉଁ ଦାର୍ଶନିକ ଆଜି ମଣିଷର ଗୁରୁତ୍ୱ ପ୍ରସଙ୍ଗ ଉତ୍‌ଥାପିତ କଲାବେଳେ କେହି କହିଛନ୍ତି ଜୀବଜଗତ ଓ ପ୍ରକୃତି କଥା ଯାହା ଆଜି ପରିସଂସ୍ଥୀୟ ସମୀକ୍ଷାତ୍ତ୍ୱ ନାମରେ ପରିଚିତ। ମାତ୍ର ଏହି ଅମର ଆତ୍ମାଙ୍କର ସ୍ତୁତି ଚିନ୍ତାମଣୀ ଗ୍ରନ୍ଥର ତୃତୀୟ ବୋଲିର ପ୍ରଥମ ଓ ଦ୍ୱିତୀୟ ପଦ-

"ବିପତ୍ତ ଖଣ୍ଡନ ଦୁଃଖୀରଙ୍କ ଧନ ଅଖିଳ ବ୍ରହ୍ମାଣ୍ଡ ନାଥ
ଆଜ୍ଞା ଅନୁସରି କୃପା ହେବ ବୋଲି ପ୍ରସାରିଛି ବେନି ହସ୍ତ।(୧)
ଛପନ କୋଟି ଜୀବଜନ୍ତୁ ଈଶ୍ୱର ତ୍ରିଭୁବନ ଗତିପତି।
ଦୟା ହେବ ବୋଲି ମନେ ମନେ ଭାଳି ଉଲ୍ଲାସ କରିଛି ଛାତି।"(୨)

ବା

ନବମ ବୋଲିରେ ଥିବା ପଦ

"ପ୍ରାଣୀଙ୍କ ଆରତ ଦୁଃଖ ଅପ୍ରମିତ
ଦେଖୁ ଦେଖୁ କେବା ସହୁ
ମୋ ଜୀବନ ପଛେ ନର୍କେ ପଡିଥାଉ
ଜଗତ ଉଦ୍ଧାର ହେଉ।"

ଭିତରେ ଯେ ସମଗ୍ର ସଂସାରର କଲ୍ୟାଣର କାମନା ରହିଛି ଏବଂ ଦର୍ଶନ ଦୃଷ୍ଟିରୁ ଏହିଭଳି ଚିନ୍ତନର ଦୁର୍ଲଭତାକୁ ମଧ୍ୟ ଅସ୍ୱିକାର କରାଯାଇନପାରେ।

ଦ୍ୱିତୀୟତଃ ଯେଉଁ ମାର୍କସବାଦର ଚାରାକୁ ଆମେ ବାହାରୁ ଆଣି ଆମ ଭୂମିରେ ରୋପଣ କରିବାର ଉଦ୍ୟମ କରିଥିଲେ। ତାର ଯେ ସୃଷ୍ଟି ଏହି ଭୂଖଣ୍ଡରେ ସନ୍ଥକବିଙ୍କର ଲେଖନୀରେ ହୋଇଥିବା ପ୍ରସଙ୍ଗ ଉଲ୍ଲେଖଯୋଗ୍ୟ। ଦୁର୍ବଳ ଉପରେ ସବଳର ଅତ୍ୟାଚାରକୁ ଲକ୍ଷକରି କବି ଅତ୍ୟନ୍ତ ବିପ୍ଲବୀ ହୋଇଉଠିଛନ୍ତି। ଯାହା ତାଙ୍କର ପଂକ୍ତିରୁ ସ୍ପଷ୍ଟ ଅନୁମାନ କରାଯାଇପାରେ।

"ଭୁଲାଉଛ କେତେ କହି ନାନା ମତେ
ବୁଝାମଣା ନାହିଁ ବେଗ
ଛାଡିଦିଅ ମୋତେ ଗୁରୁଦେବ ସ୍ୱାମୀ
ଭରଣା କରିବି ଯୁଗ।

ପାଇକ ବିଦ୍ରୋହ ସମୟରେ ରାଜା ମାନଙ୍କର ଭଣ୍ଡାମି ଏବଂ ଇଂରେଜ ସରକାରଙ୍କ ପ୍ରତି ଆନୁଗତ୍ୟ ଲକ୍ଷକରି କବି ଲେଖିଛନ୍ତି-

"ରାଜାମାନେ ତହିଁ ଯୁଦ୍ଧେ ପିଠିଦେଇ
ଥୋକାଏ ଆରମ୍ଭି ଭେକ
ପାଇକମାନଙ୍କୁ ଆପେ ଡାକୁଥିବେ
ବୋଲୁଥିବେ ଛେକ ଛେକ।"

ଏହା ବ୍ୟତୀତ ୧୮୬୬ ମସିହାର ନ ଅଙ୍କ ଦୁର୍ଭିକ୍ଷ ପ୍ରଶାସନର ଅବହେଳାର କାରଣ ସ୍ୱରୂପ ଓ କଙ୍କାଳସାର ଓଡ଼ିଶା ପ୍ରକୃତରେ ଏହି ସନ୍ଥ ମହାତ୍ମାଙ୍କୁ ବିପ୍ଲବୀ ସଜାଇ ଦେଇଥିଲା। ଫଳରେ ତାଙ୍କର କବିତାରେ ରଣ ହୁଙ୍କାର ତାଙ୍କ ପୂର୍ବ ସୁରୀ କମ୍ୟୁନିଷ୍ଟ ମେନିଫେଷ୍ଟୋର ରଚୟିତା କାର୍ଲମାର୍କସଙ୍କ ଠାରୁ ଯେ କାହିଁ ଗୁଣରେ ଅଧିକ ଥିବା ପ୍ରସଙ୍ଗ ନିଶ୍ଚିତ ଭାବେ ଗ୍ରହଣୀୟ-

"ଏକା ଦିବସରେ କ୍ଷଣକ ମଧ୍ୟରେ
ଦ୍ୱନ୍ଦି ପୃଥି ଲେଉଟାଇ
ଦାନ୍ତ କାମୁଡି କିସ ବୁଦ୍ଧି କରିବି

ଶ୍ରୀ ଗୁରୁଙ୍କ ଆଜ୍ଞା ନାହିଁ।"

ଆଜିର ଉତ୍ତର ଆଧୁନିକ ଯୁଗରେ ପ୍ରଶାସନର ଭ୍ରଷ୍ଟାଚାର ପ୍ରତି ଅଙ୍ଗୁଳି ନିର୍ଦ୍ଦେଶ କରିଥିବା କବି ରବି ସିଂଙ୍କର ପଦାବଳୀ-

"ଆସୁଛି ଶୋରିଷ ତେଲ, କିଣିଥାଅ ଆଳୁ
ହେବ ଯେ ଚମତ୍କାର ଭର୍ତ୍ତା ନାଗରିକ ଢାଳିବ ବିତ୍ପାରୁ
ତା ସହିତ କଞ୍ଚାଲଙ୍କା ରଖ ଭାଇ ବଜାରରୁ କିଣି
ଆସୁଛି ଶୋରିଷ ତେଲ ଶୁଣାଯାଏ ତାର ପଦଧ୍ୱନି।"

ପଛରେ ବାସ୍ତବରେ ରହିଛି ସନ୍ଥକବିଙ୍କର କେତେକ ପଦାବଳୀର ପ୍ରେରଣା।

ତେଣୁ ଏହିଭଳି ଏକ ଦାର୍ଶନିକ ବହୁ କାଳ ଧରି ଲୋକ ଲୋଚନକୁ ଆସି ନ ପାରିବା କେବଳ ଓଡ଼ିଆ ସାହିତ୍ୟ ନୁହେଁ ସମଗ୍ର ଭାରତୀୟ ସାହିତ୍ୟ ପାଇଁ ଯେ ଏକ ବିରାଟ କ୍ଷତି କହିବା ଭୁଲ୍ ହେବନାହିଁ। ଯଦି ମଧ୍ୟଯୁଗୀୟ ଅନ୍ୟାନ୍ୟ କବି ମାନଙ୍କ ତୁଲ୍ୟ ଏହି ମାନବବାଦୀ କବି ଲୋକ ଲୋଚନକୁ ଆସିପାରି ଥାଆନ୍ତେ ଓଡ଼ିଆ ସାହିତ୍ୟର ସ୍ୱରୂପ ଆଜି ଭିନ୍ନ ହୋଇପାରିଥାଆନ୍ତା। ହେଲେ ଏହା ପଛରେ କାରଣ କଣ ଥାଇପାରେ? ଏହା ପଛରେ ସନ୍ଥକବିଙ୍କର ବଂଶ ପରିଚୟ ହିଁ ମୂଳ କାରଣ ଥିବା ମନେହୁଏ। ଯେଉଁ ସମୟରେ ଗୋଟିଏ ସାଧାରଣ ଲୋକର ସାହିତ୍ୟରେ ସ୍ଥାନ ନଥିଲା। ସେତେବେଳେ ଜଣେ ଆଦିବାସୀ ପୁଣି ସାହିତ୍ୟ ସାଧକ ତାକୁ ଏହି ସମାଜ କିପରି ଗ୍ରହଣ କରିନେଇ ଥାଆନ୍ତା? ତେଣୁ ରକ୍ଷୀବାଦୀ ସମାଜ ଦ୍ୱାରା ଏହି ସନ୍ଥକବିଙ୍କ ଉପରେ ହୋଇଥିବା ଅକଥନୀୟ ଅତ୍ୟାଚାର ଗୁଡ଼ିକ ମଧ୍ୟ ସ୍ୱରହୋଇ ଝରିପଡ଼ିଛି ତାଙ୍କ ଗୀତିକା ମାଧ୍ୟମରେ। ସମାଜର ନିମ୍ନ ବର୍ଗର ସ୍ୱର ହୋଇଥିବା ଦୃଷ୍ଟିରୁ ଭୀମ ଭୋଇଙ୍କୁ ନିମ୍ନବର୍ଗୀୟ ସିଦ୍ଧାନ୍ତର ପ୍ରଥମ ସ୍ୱର ଭାବେ ଗ୍ରହଣ କରାଯାଇପାରେ-

"କାହାରି ଶତେ ପୁରୁଷର ସମ୍ପତ୍ତି
ଉଡାଇ ମୁଁ ଦେଇନାହିଁ
ଅକାରଣେ ସର୍ବେ ଭୁକି ମରୁଛନ୍ତି
ମୋ ଠାରେ ଶତ୍ରୁତା ହୋଇ।"

ଅବଶ୍ୟ ବିଶ୍ୱ ସାହିତ୍ୟରେ ରଣଜିତ ଗୋହାଙ୍କୁ ଏହି ସିଦ୍ଧାନ୍ତର ପିତା ଭାବେ ଗ୍ରହଣ କରାଯାଇଛି। ୧୯୮୨ ମସିହାରେ Oxford ବିଶ୍ୱବିଦ୍ୟାଳୟର ପ୍ରେସ୍‌ରୁ ବାହାରିଥିବା ନିବନ୍ଧ ଗୁଡ଼ିକରେ ପ୍ରଥମେ ଏହି ତତ୍ତ୍ୱର ଆବିଷ୍କାର ଘଟିଥିବା ପ୍ରସଙ୍ଗ ଉତ୍‌ଥାପିତ କରାଯାଏ। ମାତ୍ର ପ୍ରକୃତରେ ଦେଖିବାକୁ ଗଲେ ନିମ୍ନବର୍ଗର ସ୍ୱର ଯାହାକୁ ଇତିହାସ କାରଙ୍କ ଦ୍ୱାରା ଦବାଇ ଦିଆଯାଇଥିବାର ଦାବା କରାଯାଏ। ତାହାର ପ୍ରାରମ୍ଭିକ

ସ୍ୱର ଭାବେ ଭୀମ ଭୋଇ ବାସ୍ତବିକ ଉଲ୍ଲେଖଯୋଗ୍ୟ । ମାତ୍ର ଏଠି ଏକ ପ୍ରସଙ୍ଗ ଉପରେ ବିଚାର କରାଯାଇପାରେ ଯେ, ଭୀମ ଭୋଇଙ୍କ ଦୃଷ୍ଟିରେ ନିମ୍ନବର୍ଗ କହିଲେ କେବଳ ନିମ୍ନ ଜାତିର ପୁରୁଷଙ୍କୁ ବୁଝାଉଥିଲା। କାରଣ ନାରୀଙ୍କୁ କେନ୍ଦ୍ରକରି ଭୀମ ଭୋଇଙ୍କ ବିଚାର ଜୈନ ଧର୍ମର ଗୋରକ୍ଷ ନାଥଙ୍କ ସହିତ ସାମ୍ୟ ରକ୍ଷା କରିଥିବା ମନେହୁଏ।

"ଏମନ୍ତ ପ୍ରକାର ସଂସାର ଆଚାର ସୁଗ୍ୟାନୀ ପଣ୍ଡିତେ ବୁଝ।
ସ୍ତିରୀ ହୋଇ ଯେତେ ଅବିଶ୍ୱାସୀ ଜାତି ମନେ ହେତୁ କରି ହେଜ।
ଏ କଳି ଯୁଗରେ ଗୃହ କରିବାକୁ ଲେଖୁ ନାହିଁ ଚାରି ବେଦ।
କଳିଯୁଗ ସ୍ତିରୀମାନଙ୍କୁ ଛୁଇଁଲେ ଆୟୁ ଥାଉଁ ଥାଉଁ ବଧ।
ସ୍ତିରୀ ନୁହଁନ୍ତି ସେ ଦେବୀଗଣ ସବୁ କାଳ ମାୟାରେ ପ୍ରକାଶ।
ମାୟା ବଳରେ ଭାରିଯା ରୂପ ହୋଇ ପ୍ରାଣକୁ କରନ୍ତି ନାଶ।"

ଏହି ସବୁ ଦୃଷ୍ଟିରୁ ସନ୍ଥ କବି କେତେକ ମାତ୍ରାରେ ବୌଦ୍ଧ ଓ ଜୈନ୍ୟ ଧର୍ମ ଦ୍ୱାରା ପ୍ରଭାବିତ ହେବା ସହ, ବ୍ରହ୍ମ ସମାଜର କେତେକ ପ୍ରଭାବ ତାଙ୍କ ଉପରେ ପଡିଥିବା ସମାଲୋଚକଙ୍କ ଧାରଣା। ମାତ୍ର ଉପରୋକ୍ତ ଅନେକ ଆଲୋଚନା ଭୀମ ଭୋଇଙ୍କ ନୂତନତାକୁ ପ୍ରମାଣିତ କରିଥାଏ। ଏତଦ୍ ଭିନ୍ନ ସ୍ତୁତି ଚିନ୍ତାମଣିର କେତେକ ପଦାବଳୀ ମଧ୍ୟରୁ ଉତ୍ତର- ଉପନିବେଶବାଦୀ (Struggle and Opposition) ଦୃଷ୍ଟିଭଙ୍ଗୀକୁ ଅନୁଭବ କରିହୁଏ।

" ଫିରିଙ୍ଗି ଆସିବ ଭାଙ୍ଗି ନ ପାରିବ
ରହିବ ତା ନିଜ ସ୍ଥାନେ
ସାକ୍ଷୀ ରୂପେ ଦେବତାୟ ଦେଖୁଥିବେ
ରହି ଅଧା ସ୍ୱର୍ଗେ ଶୂନ୍ୟେ।"

ତେଣୁ ଓଡ଼ିଆ ସାହିତ୍ୟରେ ସନ୍ଥ ରୂପେ ଗ୍ରହଣୀୟ ଓ ପୂଜ୍ୟ ଭୀମ ଭୋଇଙ୍କ ଦାର୍ଶନିକ ପରିଚୟ ପ୍ରତି ସଚେତନତା ଆବଶ୍ୟକ।

ଓଡ଼ିଆ ଗଳ୍ପରେ ନିମ୍ନବର୍ଗୀୟ ସିଦ୍ଧାନ୍ତ Subaltern Theory ର ପୂର୍ବା ପର ସ୍ଥିତି

ଉତ୍ତର ଆଧୁନିକ ଯୁଗରେ ଦେଖାଦେଇଥିବା ଅନେକ ଗୁଡିଏ ନୂତନ ଚିନ୍ତା ଚେତନା ମଧ୍ୟରୁ ଉତ୍ତର ଉପନିବେଶ ବାଦ ହେଉଛି ଏକ ପ୍ରମୁଖ ଚିନ୍ତନ । ଯେଉଁଥିରୁ କାଳକ୍ରମେ ସୃଷ୍ଟି ହୋଇଥିଲା ଏକ ପ୍ରମୁଖ ଚିନ୍ତାଧାରା ଯାହାକୁ କୁହାଗଲା ନିମ୍ନବର୍ଗୀୟ ସିଦ୍ଧାନ୍ତ (Subaltern Theory) । ଭାରତର ଇତିହାସରେ ଯାହାର ଭୂମିକା ଅତ୍ୟନ୍ତ ଗୁରୁତ୍ୱପୂର୍ଣ୍ଣ । କାରଣ ବହୁ ଉତ୍ତର ଆଧୁନିକ ଚିନ୍ତାଧାରା ପାଶ୍ଚାତ୍ୟ ଭୂଖଣ୍ଡରୁ ଭାରତକୁ ଆସିଥିବା ସ୍ଥଳେ ନିମ୍ନବର୍ଗୀୟ ସିଦ୍ଧାନ୍ତ ହେଉଛି ଏକ ଏପରି ଚିନ୍ତନ ଯାହା ଭାରତର ଭୂଖଣ୍ଡରୁ ପାଶ୍ଚାତ୍ୟ ଭୂମିକୁ ଅଗ୍ରସର ହୋଇଛି । ତେଣୁ ଭାରତୀୟ ପୃଷ୍ଠଭୂମିରେ ଶାଖା ମେଲାଇ ଥିବା ଏହିଭଳି ଏକ ସିଦ୍ଧାନ୍ତର ପିତା ଭାବେ ରଣଜିତ୍ ଗୋହାଙ୍କୁ ଗ୍ରହଣ କରାଯାଇଥାଏ । ତେବେ ଏଠି ଏକ ପ୍ରଶ୍ନ ଆସିପାରେ ଯେ, ନିମ୍ନବର୍ଗୀୟ ସିଦ୍ଧାନ୍ତ କହିଲେ ଆମେ କଣ ବୁଝିବା ? ତେଣୁ ସର୍ବପ୍ରଥମେ ଏହି ଶବ୍ଦର ଆବିର୍ଭାବ ପ୍ରସଙ୍ଗ ଆଲୋଚନା କରାଯାଇପାରେ । ଏହି ଶବ୍ଦର ସୃଷ୍ଟିକର୍ତ୍ତା ଥିଲେ ଇଟାଲୀର ବାସିନ୍ଦା ଏବଂ ମାର୍କସବାଦର ଜଣେ ପ୍ରମୁଖ ଗବେଷକ ଏବଂ ଚିନ୍ତାନାୟକ ଆଣ୍ଟୋନିଓ ଗ୍ରାମ୍‌ସି (Antonio Gramsci) ।(୧) ଇଟାଲୀରେ 'ାସୀବାଦ ଆସିବାପରେ ଏହି ଗ୍ରାମ୍‌ସିଙ୍କୁ ବନ୍ଦୀ କରାଯାଇଥିଲା । ଜଣେ ଲେଖକ ହୋଇଥିବାରୁ ଗ୍ରାମ୍‌ସି ଯେତେବେଳେ ବନ୍ଦୀଶାଳାରେ ଥିଲେ ସେ ଲେଖିବାପାଇଁ ଜେଲ୍ ଅଧିକାରୀଙ୍କୁ ଅନୁରୋଧ କରିଥିଲେ । ଅନୁମତି ମିଳିବା ପରେ ସେ ଜେଲ୍‌ରେ Prison Notebooks ନାମକ ଏକ ପୁସ୍ତକ ରଚନା କରିଥିଲେ । ଯାହାକି ପରବର୍ତ୍ତୀ ସମୟରେ ମାର୍କସବାଦୀ ମାନଙ୍କ ପାଇଁ ଏକ ବିରାଟ ଉପାଦାନରେ

ପରିଣତ ହୋଇଥିଲା । ଏହି ପୁସ୍ତକରେ ମାର୍କସବାଦକୁ କେନ୍ଦ୍ରକରି ପ୍ରକାଶିତ ତାଙ୍କର ନୂତନ ଦୃଷ୍ଟିଭଙ୍ଗୀକୁ ଲକ୍ଷରେ ରଖି ଗ୍ରାମ୍‌ସିଙ୍କୁ ନୂତନ ସାମ୍ୟବାଦ ବା Neo- Marxism (୨)ର ପିତା ଭାବେ ମାନ୍ୟତା ମିଳିଥିଲା । ମାର୍କସବାଦୀ ମାନଙ୍କ ଦ୍ୱାରା ବହୁ ବ୍ୟବହୃତ ବା ଅନ୍ୟ ଭାବେ କହିଲେ ସେମାନଙ୍କର ଏକ ପ୍ରିୟ ଶବ୍ଦ ହେଉଛି 'ଶ୍ରେଣୀ' ଅଥବା Class । ଏଣ୍ଟୋନିଓ ଯେତେବେଳେ ଜେଲ୍‌ରେ ଲେଖିବା ଆରମ୍ଭ କଲେ ସେତେବେଳେ ସେ ମଧ୍ୟ ସ୍ୱାଭାବିକ ଭାବେ ଏହି ଶ୍ରେଣୀ/ Class ଶବ୍ଦ ବ୍ୟବହାର କଲେ । ମାତ୍ର ଜେଲ୍ କର୍ତ୍ତୃପକ୍ଷ ତାଙ୍କର ପ୍ରତ୍ୟେକଟି ଲେଖାକୁ ନିରିକ୍ଷଣ କରିବା ପରେ ବାହାରକୁ ଛାଡୁଥିଲେ । ତେଣୁ କତ୍ତୃପକ୍ଷଙ୍କ ଦୃଷ୍ଟିରୁ ବଞ୍ଚିବାପାଇଁ ଗ୍ରାମ୍‌ସି ସେତେବେଳେ ଶ୍ରେଣୀ ସ୍ଥାନରେ Subaltern ଶବ୍ଦର ବ୍ୟବହାର କରିଥିଲେ । ଏହି ଗ୍ରାମ୍‌ସି ଇଟାଲୀର ଏକତ୍ରିକରଣ ସମୟରେ ମଧ୍ୟ Hegemony ଶବ୍ଦର ବ୍ୟବହାର କରିଥିଲେ । ଯାହାକୁ ବିପିନ ଚନ୍ଦ୍ର ଗାନ୍ଧୀଜୀଙ୍କର ଆନ୍ଦୋଳନ ଅଧ୍ୟୟନ କ୍ଷେତ୍ରରେ ବ୍ୟବହାର କରିଥିଲେ । ଏହି କ୍ରମରେ ଗୁଢ ଅର୍ଥ ବହନ କରୁଥିବା Risorgimento (୩)ମଧ୍ୟ ଗ୍ରାମ୍‌ସିଙ୍କର ଏକ ଅବଦାନ । ଏହିରୂପେ Subaltern ଶବ୍ଦର ଆବିର୍ଭାବ ହୋଇଥିଲା । ମାତ୍ର ଏହି ଶବ୍ଦକୁ ପ୍ରକୃତ ପରିଚୟ ବା ବୃହତ୍ତ ଅର୍ଥରେ ବ୍ୟବହାର କରିଥିବା ବିଦ୍ୱାନଙ୍କର ନାମ ଥିଲା ରଣଜିତ୍ ଗୋହା । ତେବେ ରଞ୍ଜୀତ୍ ଗୁହାଙ୍କ ଦ୍ୱାରା ଏହି ଶବ୍ଦର ବ୍ୟବହାର ଏବଂ ଏହାକୁ କେନ୍ଦ୍ରକରି ପ୍ରଦାନ କରିଥିବା ସିଦ୍ଧାନ୍ତ ପଛରେ ଥିବା ଇତହାସ ସଂପର୍କରେ ସାମାନ୍ୟ ଆଲୋଚନା କରାଯାଇପାରେ ।

ଏହାର ଆରମ୍ଭ ହୋଇଥିଲା ଇଂରେଜ ସରକାରଙ୍କ ଦ୍ୱାରା ଭାରତୀୟ ସ୍ୱାଧୀନତା ସଂଗ୍ରାମ ଜନିତ ଇତିହାସକୁ ବିକୃତି କରିବା ପ୍ରସଙ୍ଗରୁ । ଇଂରେଜ ମାନଙ୍କ ଭାଷାରେ ଭାରତୀୟ ସ୍ୱାଧୀନତା ସଂଗ୍ରାମ ଥିଲା ଇଂରେଜ ସରକାରଙ୍କ ଦ୍ୱାରା ଭାରତୀୟ ମାନଙ୍କୁ ପ୍ରଦାନ କରାଯାଇଥିବା କେତେକ ସୁବିଧାକୁ ପରସ୍ପର ମଧ୍ୟରେ ବାଣ୍ଟିବାପାଇଁ କୁଳୀନ ବର୍ଗଙ୍କ ମଧ୍ୟରେ ଲାଗିଥିବା ବିବାଦ । ଇଂରେଜମାନେ ଏହିପରି ଭାରତର ଇତିହାସ ଏବଂ ସ୍ୱାଧୀନତା ସଂଗ୍ରାମକୁ ଅପମାନ କରିବା ଫଳରେ ଭାରତର କେତେକ ଜାତୀୟତାବାଦୀଙ୍କ ମନରେ ଏକ ଆନ୍ଦୋଳନ ଜାତ ହୋଇଥିଲା । ଏତଦ୍ ବ୍ୟତୀତ ଏହି ସମୟରେ କାର୍ଲମାର୍କସଙ୍କ ଦ୍ୱାରା ପ୍ରଭାବିତ ହୋଇ ଇତିହାସ ଲେଖନର ଧାରା ବିଶ୍ୱବ୍ୟାପୀ ହୋଇଥିଲା । ଏହିକ୍ରମରେ ଭାରତୀୟ ପୃଷ୍ଠଭୂମିରେ ରଞ୍ଜୀତ୍ ଗୁହାଙ୍କର ଅବଦାନ ଥିଲା ଉଲ୍ଲେଖନୀୟ । ପ୍ରାରମ୍ଭିକ ପର୍ଯ୍ୟାୟରେ ଗୁହା ମାର୍କସବାଦୀ ଦର୍ଶନ ଦ୍ୱାରା ବହୁମାତ୍ରାରେ ପ୍ରଭାବିତ ଥିଲେ । କାରଣ ମାର୍କସବାଦୀମାନେ ଜନତାର ଇତିହାସ ବା Popular History ଅଥବା Peoples History ଲେଖୁଥିବାର ଦାବା କରୁଥିଲେ ।

ମାତ୍ର ଅନ୍ୟ ଦିଗରେ ବିଚାରକଲେ ମାର୍କସ ବା ମାର୍କସବାଦୀଙ୍କର ଜନ କହିଲେ କେବଳ ଶ୍ରମିକମାନଙ୍କୁ ବୁଝାଉଥିଲା । ଅବଶ୍ୟ ମାଓ- ସେ- ତୁଂଙ୍କ ବା ମାଓବାଦର ଆବିର୍ଭାବ ପରେ କିଛି ମାତ୍ରାରେ ଏଥିରେ କୃଷକ ମାନଙ୍କୁ ମଧ୍ୟ ସମ୍ମିଳିତ କରାଗଲା । ଏଇଠି ମାର୍କସବାଦରେ ବିଶ୍ୱାସ କରୁଥିବା ରଞ୍ଜୀତ୍ ଗୁହାଙ୍କ ମନରେ ଦ୍ୱନ୍ଦ୍ୱ ସୃଷ୍ଟି ହୋଇଥିଲା । କ୍ରମେ ମାର୍କସବାଦକୁ କେନ୍ଦ୍ରକରି ତାଙ୍କର ମୋହଭଙ୍ଗ ମଧ୍ୟ ହୋଇଥିଲା । କାରଣ ସେ ଅନୁଭବ କରିଥିଲେ ଯେ, ମାର୍କସବାଦୀ ଯେପରି ଦାବା କରିଛନ୍ତି ସେପରି କାର୍ଯ୍ୟ କରୁନାହାନ୍ତି । ଆଦର୍ଶ ନାମରେ ଦଳରେ ନେତାମାନେ ସାଧାରଣ ଲୋକଙ୍କୁ ଶୋଷଣ କରୁଛନ୍ତି । ଗୁହା ଅନୁଭବ କଲେ ଯେ ସର୍ବତ୍ର କେବଳ ସାମ୍ରାଜ୍ୟବାଦର କଥା କୁହାଯାଉଥିବା ସ୍ଥଳେ ସାଧାରଣ ମଣିଷକୁ ଅବହେଳା କରାଯାଉଛି । ତେଣୁ ଏଇଠି ଗୁହା ସାଧାରଣ ମଣିଷର ଇତିହାସ ଲେଖନୀର ଆବଶ୍ୟକତାକୁ ଅନୁଭବ କଲେ । ଏହି କ୍ରମରେ ୧୯୮୦ ଦଶକରେ ରଞ୍ଜୀତ୍ ଗୁହାଙ୍କ ଦ୍ୱାରା ସାଧାରଣ ମଣିଷର ଇତିହାସ ଲେଖନୀର ଧାରା ଆରମ୍ଭ ହେଲା । ଯାହାକୁ ସେ ନାମ ଦେଲେ Subaltern Historiography ବା Subaltern Theory ଅଥବା ନିମ୍ନବର୍ଗୀୟ ସିଦ୍ଧାନ୍ତ । (୪) ମୋଟ୍ ଉପରେ କହିଲେ ଏହି ସିଦ୍ଧାନ୍ତ ହେଉଛି ସାଧାରଣ ମଣିଷ ଏବଂ ସାଧାରଣ ମଣିଷଙ୍କ ପାଇଁ ଲିଖିତ ଇତିହାସ । କାରଣ ଗୁହା ଅନୁଭବ କରିଥିଲେ ଯେ, ଯେଉଁମାନେ ଆମେ ଜନତାର ଇତିହାସ ଲେଖୁଛୁ ବୋଲି କହୁଥିଲେ । ସେମାନେ ପ୍ରକୃତରେ ଜନକୁ କେବେ ଗୁରୁତ୍ୱ ଦେଉ ନଥିଲେ । କାରଣ ସେମାନେ ଜନକୁ ଏକ ତଥ୍ୟ ଭାବେ ଗ୍ରହଣ କରୁଥିଲେ । ଜନତା ସେମାନଙ୍କ ପାଇଁ ଥିଲେ ଏକ ବସ୍ତୁ (Object) ଏକ ବିଷୟ (Subject) ନୁହେଁ । ଅର୍ଥାତ୍ ମେମାନେ ଜନକୁ ସଂଖ୍ୟା ଦୃଷ୍ଟିରୁ ବିଚାର କରୁଥିଲେ । ସେମାନଙ୍କ ମତରେ ଦଳ ମୁଖ୍ୟ ହିଁ ଜନସାଧାରଣଙ୍କ ଭିତରେ ଚେତନାର ସୃଷ୍ଟି କରିଥାଆନ୍ତି । ହେଲେ ଗୁହା ଏସବୁର ଭିନ୍ନ ବିବେଚନା କଲେ ଯେ, ଲୋକମାନେ ବସ୍ତୁ କିମ୍ବା ଅନ୍ଧ କିମ୍ବା ମୂକ ନୁହଁନ୍ତି । ସେମାନଙ୍କ ଭିତରେ ବି ଚେତନା ରହିଛି । ନଚେତ୍ ଜଣେ ଆସି ସେମାନଙ୍କୁ ଉଦ୍‌ବୋଧନ ଦେବ ଆଉ ସମସ୍ତେ ଜାଗ୍ରତ ହୋଇଯିବେ ଏହା ସମ୍ଭବ ନୁହେଁ । ଏତଦ୍ ବ୍ୟତୀତ ଗୁହା ଯେଉଁମାନେ ଜନତାକୁ ଅନୁସରଣକାରୀ ଏବଂ ନେତାମାନଙ୍କୁ ମୁଖ୍ୟ କହୁଥିଲେ ସେମାନଙ୍କୁ ମଧ୍ୟ ପ୍ରବଳ ଭାବେ ବିରୋଧ କରିଥିଲେ । ଗୁହାଙ୍କ ମତରେ ଜନତା ଅନୁସରଣକାରୀ ନୁହେଁ । ସେମାନଙ୍କ ମଧ୍ୟରେ ବି ନିଜସ୍ୱ ଚେତନା ରହିଛି । ଏହି ଜନ ହିଁ ନିଜର ସାମର୍ଥ୍ୟ ଦ୍ୱାରା ଆନ୍ଦୋଳନ ଲଢ଼ିଥାଆନ୍ତି । ନେତାମାନେ ହିଁ ପରେ ଆସି ସେମାନଙ୍କ ଉପରେ ଆଧିପତ୍ୟ ବିସ୍ତାର କରିବା ସହ ସେମାନଙ୍କୁ ପଥଭ୍ରଷ୍ଟ କରିଥାଆନ୍ତି । ଜନ ପାଖରେ ସେହି କ୍ଷମତା ଅଛି ଯାହା ଏକ

ନେତା ପାଖରେ ନଥାଏ। ଜନ ଚାହିଁଲେ ନିଜସ୍ୱ ରୀତିରେ ଆନ୍ଦୋଳନର ଦିଗକୁ ପରିବର୍ତ୍ତନ କରିଦେଇପାରେ। ଯେପରି ଭାରତର ଇତିହାସରେ ଚୌରୀଚୌରା ଆନ୍ଦୋଳନକୁ ବିବେଚନା କରାଯାଇପାରେ। ଏଠି ସାହିଦ୍ ଅମିନ୍‌ଙ୍କର ଚୌରୀ ଚୌରା ଆନ୍ଦୋଳନକୁ ନୂତନ ଦୃଷ୍ଟିଭଙ୍ଗୀ ଦେଇ ଦେଖିବାର ପ୍ରୟାସ ଜନିତ ଫଳ Reconstruction of Chauri Chaura (୪)କୁ ଆଲୋଚନା କରାଯାଇପାରେ। ଯେଉଁଠି ଅମିନ୍‌ଙ୍କ ମତରେ ଚୌରୀ ଚୌରା ଆନ୍ଦୋଳନକୁ କେବଳ ମହାତ୍ମା ଗାନ୍ଧୀଙ୍କ ଚକ୍ଷମାରୁ ନ ଦେଖି ଅନ୍ୟ ଦୃଷ୍ଟିକୋଣରୁ ମଧ୍ୟ ଦେଖିବାର ଆବଶ୍ୟକତା ରହିଛି। ଏହି ପୁସ୍ତକରେ ଅମିନ୍ ବ୍ୟକ୍ତିର ଦୃଷ୍ଟିକୋଣରୁ ଚୌରୀ ଚୌରା ଆନ୍ଦୋଳନକୁ ବିବେଚନା କରିବା ସହ ଗାନ୍ଧୀଜୀଙ୍କୁ କେନ୍ଦ୍ରକରି Hegemony ଏବଂ Risorgimento ଶବ୍ଦର ବ୍ୟବହାର କରିଛନ୍ତି। ଗୁହାଙ୍କ ମତରେ ପ୍ରକୃତ ନେତୃତ୍ୱ ବା ନେତା ଜନର ସାହାଯ୍ୟରେ ଆନ୍ଦୋଳନର ଦିଗ ନିର୍ଣ୍ଣୟ କରିଥାଏ। ଏଇଠି ଗୋଟିଏ ଚେତନାର ଜନ୍ମ ହେଲା ଯାହାକୁ କୁହାଗଲା Pressure from below ଅର୍ଥାତ୍ ନିମ୍ନର ଚାପରୁ ଉର୍ଦ୍ଧ୍ୱକୁ ଉତ୍ତୋଳିତ ହେବା। ବୃହତ୍ତ ଅର୍ଥରେ କହିଲେ ଜନନେତା ଅପେକ୍ଷା ଜନ ଗୁରୁତ୍ୱପୂର୍ଣ୍ଣ ବିବେଚିତ ହେବା ଅର୍ଥାତ୍ It was not the leadership which control the masses whether it is the masses witch give a direction to leadership (୬,୭)। ତେଣୁ ଏହି ନିମ୍ନ ବର୍ଗୀୟ ସିଦ୍ଧାନ୍ତରେ ଗୁହା ତିନୋଟି ପ୍ରସଙ୍ଗ ଉତ୍ଥାପିତ କରିଥିଲେ ଯଥା- Elite vs People (ସାମ୍ଭ୍ରାନ୍ତ ବନାମ ଲୋକ) , Centre vs Margin (କେନ୍ଦ୍ର ବନାମ ପ୍ରାନ୍ତ) , ଏବଂ Interdisciplinary Approach in History Writing (ଇତିହାସ ଲେଖନୀର ଆନ୍ତଃବିଭାଗୀୟ ଧାରା) (୮)। ଏହା ଦ୍ୱାରା ଇତିହାସକୁ ଦେଖିବା ଓ ଲେଖିବାରେ ପରିବର୍ତ୍ତନ ଆସିଲା। ରଞ୍ଜୀତ୍ ଗୁହାଙ୍କ ମତରେ ସମ୍ଭ୍ରାନ୍ତ (Elite) ବା ବୁର୍ଜୁଆ କହିଲେ ମାର୍କସଙ୍କର ଚିହ୍ନିତ କେବଳ ପୁଞ୍ଜିପତି ନୁହଁନ୍ତି ଯେଉଁମାନଙ୍କ ପାଖରେ ନେତୃତ୍ୱ ରହିଛି ସେ ସମସ୍ତେ ହେଉଛନ୍ତି ସାମ୍ଭ୍ରାନ୍ତ। ଏଥି ମଧ୍ୟରୁ ଗୋହାଙ୍କର ସବୁଠାରୁ ଉଲ୍ଲେଖଯୋଗ୍ୟ ଚିନ୍ତନ ହେଉଛି କେନ୍ଦ୍ର ବନାମ ପ୍ରାନ୍ତ ବା Centre vs Margin । ଗୋହାଙ୍କ ମତରେ ପୃଷ୍ଠାର କେନ୍ଦ୍ର ହେଉଛି ବୁର୍ଜୁଆ ଅଥବା ସାମ୍ଭ୍ରାନ୍ତ ବ୍ୟକ୍ତି ଏବଂ ପ୍ରାନ୍ତ ହେଉଛି ସର୍ବହରା। ଏହି ସର୍ବହରା କେବଳ ମାର୍କସଙ୍କର ଶ୍ରମିକ ଏବଂ ମାଓଙ୍କର କୃଷକ ନୁହଁନ୍ତି। ଏମାନେ ହେଉଛନ୍ତି ସମାଜର ସେହି ପ୍ରତ୍ୟେକଟି ବ୍ୟକ୍ତି ଯାହାର ଇତିହାସକୁ ଦମନ କରିଦିଆଯାଇଛି ବା ଅନ୍ୟ ଭାବେ କହିଲେ ସ୍ୱରକୁ ଦମନ କରିଦିଆ ଯାଇଛି। ଗୁହା ଏଠି ସମାଜର ସେହି ପ୍ରତ୍ୟେକଟି ବ୍ୟକ୍ତି ସେ ନାରୀ ହେଉ ଅଥବା ଦଳିତ କିମ୍ବା ଶିଶୁ ଅଥବା ଦରିଦ୍ର ମଣିଷ। ଯାହାକୁ ବି ସମାଜ ପ୍ରାନ୍ତ

ଭଳି ବ୍ୟବହାର କରି ଆସିଛି ସେ ସମସ୍ତଙ୍କୁ ଗ୍ରହଣ କରିଛନ୍ତି। କ୍ଷୁଦ୍ରର ସ୍ୱର (Voices of the Small) ଅଥବା ସମସ୍ତଙ୍କ ସ୍ୱର (Many Voices) କୁ ଗୁରୁତ୍ୱ ଦେଇଛନ୍ତି ଗୁହା। ଏହିଭଳି ଚିନ୍ତାଧାରାର ଆବିର୍ଭାବ ପରେ ଏହା ସମଗ୍ର ମାନବ ଜାତିକୁ ପ୍ରଭାବିତ କଲା। ଏଇଠି ଇତିହାସ ହେଲା Interdisciplinary approach in history writ- ing ଅର୍ଥାତ୍ ଏଇଠି ଇତିହାସ ସହିତ ସାହିତ୍ୟ ଓ ମାନବଶାସ୍ତ୍ରକୁ ସମ୍ମିଳିତ କରାଗଲା। କାରଣ ଇତିହାସ କେବେ ବ୍ୟକ୍ତି କଥା କହିନଥାଏ ଯାହା କହିଥାଏ ସାହିତ୍ୟ ଏବଂ ମାନବଶାସ୍ତ୍ର। ରଞ୍ଜୀତ୍ ଗୁହାଙ୍କର ଏହି ଚିନ୍ତାଧାରାକୁ ଆଗକୁ ନେବା ସହ ଏଥିରେ ଆହୁରି ଅନେକ ଦୃଷ୍ଟିଭଙ୍ଗୀ ପ୍ରଦାନ କରିଛନ୍ତି ପାର୍ଥ ଚାଟାର୍ଜୀ, ସୁମିତ୍ ସରକାର, ସୁଦିପ୍ ଚକ୍ରବର୍ତ୍ତୀ, ଗାୟତ୍ରୀ ଚକ୍ରବର୍ତ୍ତୀ ସ୍ପୀଭାକ (୯) ଆଦି ବିଦ୍ୱାନଗଣ।

ତେବେ ଏହିଭଳି ଏକ ଚେତନାକୁ ଓଡ଼ିଆ ସାହିତ୍ୟର ଭିତ୍ତିଭୂମୀ ଉପରେ ଆରୋପ କଲେ ଜଣାଯିବ ଯେ ନିମ୍ନବର୍ଗୀୟ ସିଦ୍ଧାନ୍ତରେ ଯେଉଁଠି ବ୍ୟକ୍ତି ପ୍ରତି ହେଉଥିବା ଅବିଚାରକୁ ଗୁରୁତ୍ୱ ଦିଆଯାଉଛି ବା ବ୍ୟକ୍ତି ଦଳିତ ହେଉଛି। ସେଇଠି ଏହି ଚେତନାକୁ ଆମ ଓଡ଼ିଶା ଭୂଖଣ୍ଡ ଉପରେ ପ୍ରତିଷ୍ଠିତ କଲେ ଜଣାଯିବ ଯେ, ଭାରତୀୟ ପ୍ରେକ୍ଷାପଟରେ ଓଡ଼ିଶା ରାଜ୍ୟ ପ୍ରତି କାଳ କାଳରୁ ଅବିଚାର ହୋଇଆସିଛି। ତେଣୁ ଏହାକୁ କେନ୍ଦ୍ରକରି ଓଡ଼ିଶା ଭୂଖଣ୍ଡକୁ ପ୍ରାନ୍ତ ବା Margin କହିବା ବୋଧେ ଭ୍ରମାତ୍ମକ ହେବନାହିଁ। ବ୍ୟାସଦେବଙ୍କ ମହାଭାରତରେ ଭାରତର ଅନ୍ୟ ପ୍ରାନ୍ତରେ ଥିବା ଗୋରୁର ଖୁରା ଆକାରର ନଦୀ ସ୍ଥାନ ପାଇଥିବା ସ୍ଥଳେ, ଓଡ଼ିଶାର ବିରୂପ ଓ ଅଂଶୁପା ଭଳି ନଦୀ ସ୍ଥାନ ପାଇନଥିବା ଓଡ଼ିଶା ପ୍ରତି ଯେ, ଏକ ଦଳିତ ମନୋଭାବ କହିଲେ ଅତ୍ୟୁକ୍ତି ହେବନାହିଁ। ତେଣୁ ଏହି କ୍ଷୋଭରେ ଏହି ଅବହେଳିତ ଭୂଖଣ୍ଡର ଶୂଦ୍ରମୁନି ସାରଳା ଦାସ ପାଣ୍ଡବ ମାନଙ୍କୁ ଓଡ଼ିଶା ଭ୍ରମଣ କରାଇ ଯେଉଁ ନୂତନ ପୁରାଣ ଗଢିଥିଲେ । ତାକୁ ଆଜି ଆମେ ଇତିହାସରେ ବ୍ୟକ୍ତିକୁ କେନ୍ଦ୍ରକରି ନିମ୍ନବର୍ଗୀୟ ସିଦ୍ଧାନ୍ତର ନାମ ଦେଇଛେ। ମାତ୍ର ନିମ୍ନବର୍ଗୀୟ ସିଦ୍ଧାନ୍ତରେ ବିଶ୍ୱାସୀ ଅନେକ ଆଲୋଚକଙ୍କ ଧାରଣା ନିମ୍ନବର୍ଗ କହିଲେ କେବଳ ସେହିମାନଙ୍କୁ ବୁଝାଏ ଯାହାର ସ୍ୱର ବା Voice ନଥାଏ। ତେବେ ସାରଳା ଦାସ ଓଡ଼ିଶା ପ୍ରତି ହୋଇଥିବା ଅବିଚାର ବିରୁଦ୍ଧରେ ସ୍ୱର ଉତ୍ତୋଳନ କରିଥିବା ଦୃଷ୍ଟିରୁ ଏହି ସିଦ୍ଧାନ୍ତକୁ ସଂପୂର୍ଣ୍ଣ ରୂପେ ଓଡ଼ିଶା ଭୂଖଣ୍ଡ ଉପରେ ଆରୋପ କରାଯାଇ ନପାରେ। ତେଣୁ ପୁରାଣକୁ ନ୍ୟାୟ ମିଳୁ ଅଥବା ଇତିହାସକୁ ଚେତନା ଦୃଷ୍ଟିରୁ ପ୍ରସଙ୍ଗ ସମାନ। ତେଣୁ ଏହିଭଳି ଏକ ଚେତନା ଓଡ଼ିଶା ଭୂଖଣ୍ଡ ପାଇଁ ଯେପରି ପୁରାତନ ସାହିତ୍ୟ କ୍ଷେତ୍ରରେ ମଧ୍ୟ ବେଶ୍ ପ୍ରାଚୀନ। କେବଳ ଓଡ଼ିଆ ସାହିତ୍ୟ ନୁହେଁ ଅନ୍ୟ ସାହିତ୍ୟରେ ମଧ୍ୟ ସାଧାରଣ ମଣିଷର ଗୁରୁତ୍ୱ ବା ଇତିହାସ ରଚନା ମୂଳତଃ ଆରମ୍ଭ ହୋଇଥିଲା

ଆଧୁନିକ ଯୁଗରେ। ଏହାର ଆବିର୍ଭାବ ସ୍ୱରୂପ ଆମେ ଇଂରାଜୀ ରେନେସା କାଳକୁ ଗ୍ରହଣ କରିପାରିବା। ତେବେ ସାହିତ୍ୟରେ ଯାହା ପୁରୁଣା ତାହା ସଂପ୍ରତି ଇତିହାସ ଜନିତ ନୂତନ ପ୍ରସଙ୍ଗ। ଇତିହାସ ନେଇ ସାହିତ୍ୟ ଲେଖା ହେଉଥିଲା ମାତ୍ର ସଂପ୍ରତି ଇତିହାସ ସାହିତ୍ୟ ଦ୍ୱାରା ପ୍ରଭାବିତ ହୋଇଛି। ତେଣୁ ଏହାକୁ ଦୃଷ୍ଟିରେ ରଖି ବିଚାର କଲେ ନିମ୍ନବର୍ଗୀୟ ସିଦ୍ଧାନ୍ତର ଆବିର୍ଭାବ ପୂର୍ବରୁ ଏହାର ସ୍ଥିତି ସାହିତ୍ୟରେ ଥିଲା। ଅନ୍ୟ ଭାବେ କହିଲେ ସାଧାରଣ ମଣିଷର ଇତିହାସ ସାହିତ୍ୟର କଳେବର ମଣ୍ଡନ କରୁଥିଲା। ଦ୍ୱିତୀୟତଃ ଯେତେବେଳେ ଏହି ସିଦ୍ଧାନ୍ତର ଆବିର୍ଭାବ ହେଲା ବା ଅନ୍ୟ ଭାବେ କହିଲେ ଇତିହାସ ସାହିତ୍ୟ ସହିତ ମିଳିତ ହେଲା। ସାହିତ୍ୟିକ ମାନେ ସଚେତନ ଭାବେ ଏହି ଚେତନାକୁ ନିଜର କୃତିରେ ବ୍ୟବହାର କଲେ। ତେବେ ଏହି ପୂର୍ବ ଏବଂ ପର ମଧ୍ୟରେ କିଛି ପାର୍ଥକ୍ୟ ରହିଛି। କାରଣ ଇତିହାସକୁ ନେଇ ସାହିତ୍ୟ ରଚନା କରିବା ଏବଂ ସାହିତ୍ୟ ଦୃଷ୍ଟିରୁ ଇତିହାସକୁ ବିଚାର କରିବା ଦୁଇଟି ଭିନ୍ନ ପ୍ରସଙ୍ଗ। ପ୍ରଥମେ ସାହିତ୍ୟରେ ଇତିହାସ ପ୍ରସଙ୍ଗକୁ ଆଲୋଚନା କରାଯାଇପାରେ।

ଏହି ଦୃଷ୍ଟିକୋଣରୁ ଓଡ଼ିଆ ସାହିତ୍ୟର ପ୍ରତ୍ୟେକଟି ବିଭାଗ ବେଶ୍ ସମୃଦ୍ଧ ଥିବା ଜଣାଯାଏ। ବିଶେଷ କରି ଏ ଦିଗରେ କଥା ସାହିତ୍ୟ ଜନିତ ଗଳ୍ପ ବିଭାଗର ଅବଦାନ ଅତୁଳନୀୟ। କଥା ସାହିତ୍ୟରେ ଏହି ମାର୍ଜିନ୍ ବା ପ୍ରାନ୍ତର ପରମ୍ପରା ଆରମ୍ଭ ହୋଇଥିଲା ବ୍ୟାସକବି ଫକୀରମୋହନ ସେନାପତିଙ୍କର 'ଛ ମାଣ ଆଠଗୁଣ୍ଠ' ଉପନ୍ୟାସରୁ। ଯେଉଁଥିରେ ସମାଜର ପ୍ରତିଟି ସ୍ତରର ମଣିଷକୁ ଔପନ୍ୟାସିକ ଗୁରୁତ୍ୱ ଦେଇଥିଲେ। ପ୍ରତିଟି ସ୍ତରର ମଣିଷର ଚିନ୍ତା, ଚେତନା ଓ ଭାବନାକୁ ଉଲ୍ଲେଖ କରିଥିଲେ। ମାତ୍ର ଏହା ଭିନ୍ନ ପ୍ରସଙ୍ଗ ଯେ, କୃଷକ ଅଥବା ସାଧାରଣ ମଣିଷ ରୂପୀ ନାୟକ ସ୍ଥାନରେ ଜମିଦାର ରୂପୀ ଖଳନାୟକ ପାଠକ ଦୃଷ୍ଟିରେ ବିଶେଷ ଗୁରୁତ୍ୱପୂର୍ଣ୍ଣ ହୋଇଉଠିଛି। ମାର୍ଜିନ୍‌ର ଇତିହାସ ଲେଖିବାପାଇଁ ଔପନ୍ୟାସିକ କେନ୍ଦ୍ରର ସାହାଯ୍ୟ ନେଇଛନ୍ତି। ମାତ୍ର ପାଠକର ମନସ୍ତତ୍ତ୍ୱ ଦିଗରୁ ବିଚାରକଲେ ବୋଧେ କେନ୍ଦ୍ର କେନ୍ଦ୍ରରେ ଏବଂ ମାର୍ଜିନ୍ ମାର୍ଜିନ୍‌ରେ ହିଁ ରହିଯାଇଛି। ଏହିକ୍ରମରେ ବିଚାର କଲେ ଏହାକୁ କେନ୍ଦ୍ରକରି ଉପନ୍ୟାସ ସାହିତ୍ୟର ଏକ ବିରାଟ ଅବଦାନ ସମ୍ମୁଖକୁ ଆସିଥାଏ। ମାତ୍ର ଏହା ଗଳ୍ପ ସାହିତ୍ୟର ଆଲୋଚନା ପ୍ରସଙ୍ଗ ହୋଇଥିବା କାରଣରୁ ଗଳ୍ପରେ ଏହାର ଆବିର୍ଭାବ ସଂପର୍କିତ ଇତିହାସ ଉପରେ ଆଲୋକପାତ କରାଯାଇପାରେ। ଏହି ଦୃଷ୍ଟିକୋଣରୁ ବିଚାରକଲେ ଓଡ଼ିଆ ସାହିତ୍ୟରେ ପ୍ରଥମ ଓଡ଼ିଆ କ୍ଷୁଦ୍ର ଗଳ୍ପ 'ରେବତୀ' ରୁ ହିଁ ଏହି ମାର୍ଜିନ୍ ପରମ୍ପରାର ଆରମ୍ଭ ହୋଇଥିବା ପ୍ରସଙ୍ଗ ବେଶ୍ ଉଲ୍ଲେଖଯୋଗ୍ୟ। ଓଡ଼ିଶା ଏପରିକି ସମଗ୍ର ଭାରତରେ ଯେତେବେଳେ ନାରୀମାନେ ଦ୍ୱିତୀୟ ନାଗରୀକ ରୂପେ ବିବେଚିତ ହେଉଥିଲେ। ସେତେବେଳେ

ଫକୀରମୋହନ ସେନାପତି ଏହି ଦ୍ୱିତୀୟ ନାଗରୀକ ଅଥବା କେନ୍ଦ୍ର ରୂପୀ ସମାଜରେ ମାର୍ଜିନ୍ ବା ପ୍ରାନ୍ତ ରୂପେ ଅତ୍ୟାଚାରିତ ଏବଂ ଅବହେଳିତ ନାରୀମାନଙ୍କର ସ୍ୱର ବନିବାକୁ ଉଦ୍ୟମ କରିଥିଲେ। ସଂପ୍ରତି ନିମ୍ନ ବର୍ଗୀୟ ସିଦ୍ଧନ୍ତରେ ବିଶ୍ୱାସୀ ଆଲୋଚକ ମାନେ ଏହିଭଳି ମାର୍ଜିନ୍‌ର ସ୍ୱର ପ୍ରସଙ୍ଗ ଉତ୍‌ଥାପିତ କରୁଥିବା ବେଳେ ଗାୟତ୍ରୀ ଚକ୍ରବର୍ତ୍ତୀଙ୍କ ଭଳି କେତେକ ସମାଲୋଚକଙ୍କ ଧାରଣା ଯେ, ସମାଜରେ ମାର୍ଜିନ୍ ରୂପେ ପରିଗଣିତ ପ୍ରତିଟି ମଣିଷ ମୂକ ନୁହେଁ । ସେମାନଙ୍କର ମଧ୍ୟ ସ୍ୱର ରହିଛି । ହେଲେ ବିଡମ୍ବନାର ବିଷୟ ଯେ ସେମାନଙ୍କୁ ଶୁଣାଯାଏ ନାହିଁ। "The Subaltern can speak but no one listens to them or they are unheard" (୧୦)ଏହିଭଳି ଏକ ଦୃଷ୍ଟାନ୍ତ ରେବତୀ ଗଳ୍ପରେ ମଧ୍ୟ ଦେଖାଯାଏ। ଯେତେବେଳେ ସେ ନିଜର ଇଚ୍ଛାର ପରିପୂର୍ତ୍ତି ପାଇଁ ମୁହଁ ଖୋଲିଛି। ହେଲେ ଜେଜେମା ରୂପୀ ସମାଜ ତା ସ୍ୱରକୁ ଅବହେଳା କରିବା ସହ ତାକୁ ଦମନ କରିବାପାଇଁ ଉଦ୍ୟମ କରିଛି। "ରେବତୀ ପାଖରେ ବସି ଶୁଣୁଥିଲା। ଦୁଇ ଚିଲାରେ ଘର ଭିତରକୁ ଯାଇ ମାକୁ ଆଉ ଜେଜୀକୁ, "ମୁଁ ପାଠ ପଢିବି; ମୁଁ ପାଠ ପଢିବି" ଖବର ଦେଲା। ମା କହିଲେ ହଉ ହଉ ପଢିବୁ।" ଜେଜୀ କହିଲା, "ପାଠ କଣ ଲୋ ? ମାଇକିନିଆ ଝିଅଟା ପାଠ କଣ ? ରନ୍ଧା ବଢା ଶିଖ, ପିଠାପଣା କରି ଶିଖ, ଝୋଟିଦିଆ ଶିଖ, ଦହି ମୁହାଁ ଶିଖ, ପାଠ କଣ ?" (ଗଳ୍ପ ସ୍ୱଳ୍ପ) ଏହିପରି ଗୋଦାବରୀଶ ମହାପାତ୍ରଙ୍କର 'ଦୁଇଟି ଟଙ୍କା' ଗଳ୍ପରେ ମୁଲିଆର ଉକ୍ତି "ମୁଁ ଚୋର ନୁହେଁ, ମୁଁ ମୂଲିଆ"କୁ ମଧ୍ୟ ବୁର୍ଜୁଆ ରୂପୀ ସମାଜ ଦ୍ୱାରା ଅଶୁଣା କରାଯାଇଛି। ବସନ୍ତ ଶତପଥୀଙ୍କର 'ସାନ୍ଧ୍ୟଭାଷା' ଗଳ୍ପରେ ଆଦିବାସୀ ମଣିଷର ସ୍ୱର ଯାହା ଅବଶ୍ୟ ସମାଜର କେନ୍ଦ୍ରପାଇଁ ଅବାନ୍ତର ତାହାକୁ ପ୍ରତିଫଳିତ କରିଛନ୍ତି । ପ୍ରକୃତିର ପବିତ୍ରତାକୁ ନଷ୍ଟ କରୁଥିବା ସଭ୍ୟ ସମାଜ ବିରୁଦ୍ଧରେ ଆଦିବାସୀ ମଣିଷର ସ୍ୱରକୁ ଗାଳ୍ପିକ କେତେକ ପଂକ୍ତି ମାଧ୍ୟମରେ ଦର୍ଶାଇଛନ୍ତି- "ଆଉ କୁଁ ଠୁ କୁ ଯିବେ ?ଗାନ୍ଧୀ ପାର୍କରେ ସବୁବେଳେ ଭିଡ। ଗାଁ ଗଣ୍ଡା ସହର ପାହାଡ ତ ସବୁ ଖାଇସାରିଲେ ଯଁଠୁକୁ ଯିବେ ମାଡ ଖାଇବେ। ପାହାଡ ତ ସମସ୍ତଙ୍କର। ଯିଏ ଚଢିପାରିଲା ତାର। ଯାହା କହ ବାବୁ ତୁମର ହାଟୁଆ ବାଟୁଆର। ଭଲ ନୋକ ନାଇଁ, ସବ୍ ବଜାରିଆ। କୁକୁର ବିଲେଇ ରକମ ହଉଛ। କୁମ୍ପାନୀ ଜବ୍‌ବର ଟଙ୍କା ଦଉଛ। ଜବ୍‌ବର ଖାଉଛନ୍ ପିଉଛନ୍ ଫୁର୍ତ୍ତି କରୁଛନ୍ ପାହାଡ ଚଢୁଛନ୍। ଆରେ ବାବା ମନ ହେଉଛ ତ ବାହା ହୋଇପଡ କିଏ ମନା କରିବ ? ବଣ ଜଙ୍ଗଲଗା ଯେ ଅସକରା ଅପବିତ୍ର କରିଦେଲା ଆମର ଝିଝିଆଣି ବଣକୁ ଆସ୍‌ତେ ଡରୁଛନ୍। ଆମର ବଙ୍ଗା ବଙ୍ଗା ଯେତେ ଥିଲା ଥର ଭାବି କାନ୍ଥ କରତେ ନେଇଗଲା। ଠାକୁରାଣୀ ଶାଳର ଗଛଗା ବି କାଟିନେଲା। ଧରମ ନାହିଁ, କରମ ନାହିଁ, ମାଆ ଭଉଣୀ କିଛି

ମାନ୍‌ଲା ନାହିଁ ତୁମର। ଯା ବାବୁ , ଅନ୍ଧାର ହୋଇଯିବ, ପଳା ଯା।" (ଗଳ୍ପ ସମଗ୍ର-ପ୍ରଥମ ଭାଗ-ପୃ-୨୨୨) ଅଖିଳ ମୋହନ ପଟ୍ଟନାୟକଙ୍କର 'ଅଭିଶପ୍ତ ଜରାୟୁ' ଗଳ୍ପରେ ମଧ୍ୟ ସ୍ୱଳ୍ପ ବେତନ ପାଉଥିବା ମଣିଷ ଜରାୟୁ ବିହୀନ ନାରୀକୁ ବିବାହ କରିବା ଉଚିତ୍ ଭଳି ସ୍ୱରକୁ ଅବହେଳା କରାଯାଇଛି। ଏହିରୂପେ ପ୍ରତିଭା ରାୟ ମଧ୍ୟ ତାଙ୍କର 'ଅମୋକ୍ଷ' ଗଳ୍ପରେ ବସ୍ତୁ ରୂପେ ବ୍ୟବହୃତ ନାରୀର ସ୍ୱରକୁ ରଢିବାଦୀ ସମାଜର ଶକ୍ତ ପଞ୍ଝା ତଳେ କିପରି ନୀରବ କରିଦିଆଯାଇଛି ତାହାକୁ ଆଲୋଚନା କରିଛନ୍ତି । ଇହକାଳ ଓ ପରକାଳ ନାମରେ ସମାଜ ଏକ ନାରୀଠାରୁ ତାର ସମସ୍ତ କମନା , ବାସନା , ଇଛା ଓ ଅଭିଳାଷା କିପରି ଲୁଣ୍ଠନ କରିନେଇଥାଏ ତାହାକୁ ଗାଳ୍ପିକା ବେଶ୍ ଜୀବନ୍ତ ଭାବେ ପ୍ରତିଫଳିତ କରିଛନ୍ତି । " ପାଟ-ପଠନୀ ରଙ୍ଗ-ବେରଙ୍ଗ ଶାଢିର ମୋହ ଛାଡିଲେ। ଶେଷକୁ ତାଙ୍କୁ ବାରଣ ହୋଲା ମାଛ , ମାଂସ , ପିଆଜ, ରସୁଣ , ପୋଇ, ଲାଉ, କୋବି ଇତ୍ୟାଦି ଅନେକ ପ୍ରିୟ ଖାଦ୍ୟ । ତାଙ୍କୁ ପାଳିବାକୁ ହେଲା ବର୍ଷକ ଚବିଶ ନିର୍ଜଳା ଏକାଦଶୀ XXXX ଉର୍ମିଳ ଘନକୃଷ୍ଣ କେଶରାଶିକୁ ଭୁକୁଟି ବାବାଙ୍କଠୁ ଦୀକ୍ଷା ନେବାପରେ କାଟି ଛୋଟ କରିଦିଆଗଲା XXXX କେଉଁ ଅପ୍ରାଧରେ ସ୍ୱାମୀଶୋକ ଉପରେ ସମାଜର ଏହି କଠୋର ଶାସ୍ତି ବିଧାନ XXXX ମୁଁ ମାଛ ଖାଇବି – ମାଉଁସ ଖାଇବି.....ମୋ ଆତ୍ମା ଡାକୁଛି ଦିଅ-ଦିଅ ....XXXX ଦିଅ ମତେ ପିନ୍ଧାଇ ଶଙ୍ଖା-ସିନ୍ଦୁର ପାଟପଠନୀ...ଗହଣା ଗାଣ୍ଠି, ଯାହା ଛଡେଇ ନେଇଥିଲ ,ଦିନେ, ମୋର କିଛି ଅପ୍ରାଧନଥାଇ । ଶୁଣ ସମସ୍ତେ , ମୋର ଶେଷଇଛା – ମୁଁ ବାହାହେବି ମାଆ ହେବି ... ସଂସାର ସୁଖ ଭୋଗିବି, ଯେଉଁଥିରୁ ବଞ୍ଚିତ କରିଛ ମୋତେ ମିଳିମିଶି ଜଣ ଜଣ କରି" (ମୋକ୍ଷ -ପୃ-୮-୧୭) ଏହିରୂପେ ହଜାର ହଜାର ଦୃଷ୍ଟାନ୍ତ ଓଡ଼ିଆ ଗଳ୍ପରେ ଲକ୍ଷଣୀୟ। ସଂପ୍ରତି ମୂଳ ପ୍ରସଙ୍ଗକୁ ଫେରିଆସି ସମାଜରେ ନିମ୍ନବର୍ଗଙ୍କୁ ଓଡ଼ିଆ ଗାଳ୍ପିକମାନେ କିପରି ତାଙ୍କର ଗଳ୍ପରେ ଚିତ୍ରଣ କରିଛନ୍ତି ସେହି ପ୍ରସଙ୍ଗ ଆଲୋଚନା କରାଯାଇପାରେ। ଏହି କ୍ରମରେ ପୁନଶ୍ଚ ଫକୀରମୋହନ ସେନାପତିଙ୍କ ଗଳ୍ପ ଉପରେ ଆଲୋଚନା କରାଯାଇପାରେ। ଯେଉଁଠି ସେ ପ୍ରଥମ ଥର ପାଇଁ ସାନ୍ତାଳ ଜନଜାତୀ ମାନଙ୍କର ପ୍ରସଙ୍ଗରେ ସଂକ୍ଷିପ୍ତ ସୂଚନା ତାଙ୍କର 'ପାଠୋଇ ବୋହୂ' ଗଳ୍ପ ମାଧ୍ୟମରେ ଦେଇଥିଲେ। "ଗାଁରେ ସାନ୍ତାଳ ଚାଳିଶ କି ପଚାଶ ଘର। ବେପାରୀ ତେଲି ମହାଜନ ଦୋହରା ଘର ଯୋଡାଏ। ରାଜାଙ୍କ ଗଡ ପାଖରୁ ଗାଁ ଟା ଢେର ଦୂର, ଖଜଣା ଅସୁଲ କରିବାପାଇଁ ପିଆଦା ପଇ ଦଳ ବାଘ ଭାଲୁ ଡରରେ ଏକୁଟିଆ ଯିବାକୁ ମଙ୍ଗନ୍ତି ନାହିଁ। ଦୁଇ ତିନି ଜଣ ସାଙ୍ଗ ସୁଙ୍ଗା ହୋଇ ଗଲେ ସାନ୍ତାଳ ଗୁଡିକ ବଣରେ ପଶିଯାଆନ୍ତି। ପିଆଦାମାନେ ଭେଟିପାରନ୍ତି ନାହିଁ। ଦେବାକୁ ମରିବାକୁ କିଏ ସହଜରେ ରାଜି ହୁଏ?

ବଣୁଆ ଗୁଡାକ ଖଜଣା ଗଣ୍ଡାକ ଦେବାକୁ ନାରାଜ, ଟିକିଏ ଟାଣ କଲେ ଗାଁ ଛାଡି ପଳାଇବେ, ନୋହିଲେ ଅମାନିଆ ହୋଇ ଗଣ୍ଡି ଫେରାଇ ଦେବେ। (ଗଳ୍ପ ସ୍ୱଳ୍ପ- ଦ୍ୱିତୀୟ ଭାଗ) ଏହି ପଂକ୍ତିରୁ ସେହି ସମୟରେ ସାନ୍ତାଳ ଜନଜାତିମାନେ ଖଜଣା ଦେଇନପାରି କିପରି ଜାଜାବର ଜୀବନଯାପନ କରୁଥିଲେ ତାହାର ସୂଚନା ଦେଖିବାକୁ ମିଳେ। ଏହିରୂପେ ଫକୀରମୋହନ ସେନାପତି ତାଙ୍କ ଗଳ୍ପରେ ମାର୍ଜିନ୍ ତୁଲ୍ୟ ସାନ୍ତାଳ ଆଦିବାସୀମାନଙ୍କ ପ୍ରସଙ୍ଗ ଉଲ୍ଲେଖ କରିଛନ୍ତି। ମାତ୍ର ଗଳ୍ପ ଦୃଷ୍ଟରୁ ବିଚାର କଲେ ଗଳ୍ପରେ ଏହି ପ୍ରସଙ୍ଗ କିନ୍ତୁ ପ୍ରାନ୍ତ ବା ମାର୍ଜିନ୍ ଭାବେ ଗ୍ରହଣୀୟ । ଅବଶ୍ୟ ପରବର୍ତ୍ତୀ ସମୟରେ ଏହି ଇତିହାସ ଅବହେଳିତ ଜନଜାତି ମାନଙ୍କୁ ନ୍ୟାୟ ମିଳିଛି ଗୋପୀନାଥ ମହାନ୍ତିଙ୍କର 'ସୋପାଂଗାଡା',' ତତ୍ତ୍ୱ', 'ଶିକାର', 'ପାଳଭୂତ', 'ପିମ୍ପୁଡି', 'ତୋ ମୁହାଣୀ' ଏବଂ 'ବାଘେଇ' ଆଦି ଗଳ୍ପ ମାଧ୍ୟମରେ। ଏପରିକି ଗୋଟିଏ ସଂପ୍ରଦାୟ ମଧ୍ୟରୁ ଗୋଟିଏ ଗୋଟିଏ ମଣିଷକୁ ଗୁରୁତ୍ୱ ଦେବାର ଉଦ୍ୟମ ବା ସ୍ୱର ବନିବାକୁ ଉଦ୍ୟମ କରିଛନ୍ତି ଶ୍ରୀଯୁକ୍ତ ମହାନ୍ତି। ଗାଳ୍ପିକ ବସନ୍ତ ଶତପଥି ମଧ୍ୟ ତାଙ୍କର 'ବାଲିଡିହା ବାଘ', 'ଖୁଚୁରା', 'ନେଉଳ ଓ ସାନ୍ତାଳ', 'ଉନ୍ନୟନ', 'ଡବ୍ଲିଂ/ ଦୋହରୀ', 'କାଠ' ଏବଂ 'ବାସନ୍ତୀ' ଆଦି ଗଳ୍ପ ମାଧ୍ୟମରେ ଏହି Subeltern ରୂପୀ ଜନଜାତିଙ୍କର ଇତିହାସ ଲେଖିଛନ୍ତି। ସୁସ୍ମିତା ବାଗଚିଙ୍କର 'ମୁଖ୍ୟ ଚରିତ୍ର', ପ୍ରାଣବନ୍ଧୁ କରଙ୍କର 'ହିରୋ' ଆଦି ଗଳ୍ପ ମଧ୍ୟ ଏହି ଦୃଷ୍ଟିକୋଣରୁ ଉଲ୍ଲେଖଯୋଗ୍ୟ। ଗୋଦାବରୀଶ ମହାପାତ୍ର ତାଙ୍କର 'ଏ ମଣିଷକୁ ପଥର କଲା କିଏ' ଗଳ୍ପରେ କେନ୍ଦ୍ର ତୁଲ୍ୟ ରାଜାକୁ ବାଦ୍ ଦେଇ ସାଧାରଣ ଶ୍ରମିକ ବା ମାର୍ଜିନ୍‌ର କଥା କହିଛନ୍ତି। ଶ୍ରୀଯୁକ୍ତ ମହାପାତ୍ର ତାଙ୍କର 'ମାଗୁଣିର ଶଗଡ' ଗଳ୍ପରେ ମଧ୍ୟ ଏହିଭଳି ଏକ ଚିନ୍ତାଧାରାକୁ ପ୍ରତିଫଳିତ କରିଛନ୍ତି। ଆଦର୍ଶ ଗଢେ ନେତା ସେଥିପାଇଁ ସେ ଇତିହାସରେ ସ୍ଥାନ ପାଏ। ହେଲେ ଆଦର୍ଶକୁ ମାନୁଥିବା ଓ ଆଗେଇ ନେଇଥିବା ସାଧାରଣ ମଣିଷ ଯାହାପାଇଁ ଆଦର୍ଶ ଦୀର୍ଘସ୍ଥାୟୀ ହୁଏ ସେ ହୋଇଯାଏ ଇତିହାସ ପାଇଁ ଅଖୋଜା ଓ ଅଲୋଡା। ଯେପରି ଶ୍ରୀଯୁକ୍ତ ମହାପାତ୍ରଙ୍କର ଗଳ୍ପ ନାୟକ 'ମାଗୁଣି' ହୋଇଛି ଇତିହାସ ପାଇଁ ଅଲୋଡା। ହେଲେ ଏହି ଆଲୋଡା ମଣିଷକୁ ନ୍ୟାୟ ଦେବାପାଇଁ ଉଦ୍ୟମ କରିଛନ୍ତି ଶ୍ରୀଯୁକ୍ତ ମହାପାତ୍ର। ଶ୍ରୀଯୁକ୍ତ ମହାପାତ୍ର କେବଳ ଆଦର୍ଶର ଆବିର୍ଭାବକୁ ଦର୍ଶାଇ ନାହାନ୍ତି। ଏହାର ବିଳୟ ଏବଂ ସେହି ପଥରେ ଚାଲୁଥିବା ଛିଣ୍ଡା କତରା ଉପରେ ପଡି ପଡି ପ୍ରାଣ ହରାଇଥିବା ଏକ ସାଧାରଣ ମଣିଷର ଇତିହାସ ଲେଖିଛନ୍ତି। ଏହିଦୃଷ୍ଟିକୋଣରୁ ଗାଳ୍ପିକଙ୍କର 'ଏ ଜନ୍ମର ତୀର୍ଥକ୍ଷେତ୍ର' ଗଳ୍ପକୁ ମଧ୍ୟ ଆଲୋଚନା କରାଯାଇପାରେ। ରାଜା ଧର୍ମ ଗ୍ରହଣ କରେ ଏବଂ ପ୍ରଜା ଉପରେ ତାହାକୁ ଜୋର୍ ଜବରଦସ୍ତ ସାବ୍ୟସ୍ତ କରେ। ହେଲେ ସାଧାରଣ ଲୋକର ଗ୍ରହଣ ଯୋଗ୍ୟତା

ଓ ତାର ପ୍ରଭାବକୁ ଇତିହାସ ଅବହେଳା କରେ। ଯେପରି ଓଡ଼ିଶା ଇତିହାସରେ ପ୍ରତାପ ରୁଦ୍ର ଦେବଙ୍କ ଗୌଡୀୟ ବୈଷ୍ଣବ ଧର୍ମ ଗ୍ରହଣ ପ୍ରସଙ୍ଗକୁ ଆଲୋଚନା କରାଯାଇପାରେ। ହେଲେ ସର୍ବଦା କେନ୍ଦ୍ରକୁ ଗୁରୁତ୍ୱ ଦେଉଥିବା ଇତିହାସ ଏହି ଧର୍ମର ପ୍ରାନ୍ତ ବା ମାର୍ଜିନ୍ ଉପରେ ଏହାର ପ୍ରଭାବକୁ କେବେ ଗୁରୁତ୍ୱ ଦେଇ ନଥାଏ। ଯାହାକୁ ଶ୍ରୀଯୁକ୍ତ ମହାପାତ୍ର ତାଙ୍କର 'ଅଇଁଠା' ଚରିତ୍ର ମାଧ୍ୟମରେ ନ୍ୟାୟ ଦେବାପାଇଁ ଉଦ୍ୟମ କରିଛନ୍ତି। ଏହିପରି ସଚ୍ଚିଦାନନ୍ଦ ରାଉତରାୟ ମଧ୍ୟ ମାର୍ଜିନ୍ ରୂପୀ ନାରୀର ଇତିହାସ ଲେଖିଛନ୍ତି 'ମଶାଣିର ଫୁଲ' ଗଳ୍ପରେ। ପ୍ରାନ୍ତ ରୂପୀ ନାରୀର ଆତ୍ମହତ୍ୟା ପଛରେ ଲୁଚିଥିବା ଇତିହାସକୁ ଉଦ୍‌ଘାଟନ କରି ଗାଳ୍ପିକ ଲେଖିଛନ୍ତି- "ବାସ୍ତବିକ ଭାରି ଏକୁଟିଆ ସେ, ଖାଲି ଆଜି ନୁହେଁ, ଜୀବନ ସାରା ଧରି ସେ ଇମିତି ଏକାକିନୀ। ଏଇ ନିଛାଟିଆ ଦିହଘଷିଆ, ଏକ ଘରକିଆ ଜୀବନକୁ ବଦଳାଇ ଟିକିଏ ଅନ୍ୟ ପ୍ରକାର କରି ବଂଚିବାର ସ୍ୱାଦ ଅନୁଭବ କରିବାକୁ ଯାଇ ସେ ଆଜି ହୁଏତ ହୋଇଛି ମଶାଣିର ମଡା! ବୋହୂଟିର ପାଉଁଶିଆ ମୁହଁ ଭିତରେ ସେ ଦେଖିପାରିଲା ଅନେକ ବଂଚିବାର କ୍ଷୁଧା। ++++ ସେଇ ଜଳଂତା ପାଉଁଶ ଭିତରେ ଆଖି ବୁଲାଉ ବୁଲାଉ ବିରକ୍ତହୋଇ ଜଗୁ କହିଲା- ଥାଉ ଥାଉ, ଅନ୍ୟକୁ ବିଚାର କରନାଇଁ। ମଣିଷ କଣ ମଣିଷକୁ ଠିକ୍ ବୁଝିପାରେ?" (ମଶାଣିର ଫୁଲ ଓ ଅନ୍ୟାନ୍ୟ ଗଳ୍ପ- ପୃ-୬-୭) ମାଓ, ନକ୍ସଲ ଭଳି ଦଳ ଭିତରେ ଅଣନିଶ୍ୱାସୀ ହୋଇପଡୁଥିବା ସାଧାରଣ ମଣିଷର ଇତିହାସ ଲେଖିଛନ୍ତି ଗାଳ୍ପିକ ଅଖିଳ ମୋହନ ପଟ୍ଟନାୟକ ତାଙ୍କର 'ଓ ଅନ୍ଧଗଳି', 'ଆଷାଢସ୍ୟ ପ୍ରଥମ ଦିବସେ', 'ଗଜଉଦ୍ଧାରଣ' ଏବଂ 'ପକ୍ଷାଘାତ' ଗଳ୍ପରେ। ବିଶେଷ କରି ଗୋଷ୍ଠୀ ଦ୍ୱାରା ବ୍ୟକ୍ତି କିପରି ବିଷୟ (Subject) ଅପେକ୍ଷା ବସ୍ତୁ (Object) ଦୃଷ୍ଟିରୁ ଗ୍ରହଣୀୟ ତାହାକୁ ଗାଳ୍ପିକ ଚମତ୍କାର ଭାବେ ପ୍ରତିଫଳିତ କରିଛନ୍ତି। "ଗୋଷ୍ଠୀ ବ୍ୟକ୍ତି ବିଶେଷର ହିସାବ ରଖେନା। ଗୋଷ୍ଠୀର ଗଣିତରେ ଗୋଟାଏ ସାଧାରଣ ଗୁଣିତକ ବାହାର କରାଯାଏ। ଆଉ ତାହା ହୁଏ ଗୋଷ୍ଠୀର ଆଦର୍ଶ-ଲକ୍ଷ୍ୟ-ଧ୍ରୁବତାରା-ଯାହାକିଛି କୁହ।" (ଅଖିଳାୟନ-ପୃ-୪୧) ଏହିରୂପେ ଚନ୍ଦ୍ରଶେଖର ରଥଙ୍କର 'ଯାତ୍ରୀ', 'ନ ହନ୍ୟତେ', 'ବିକ୍ରିପାଇଁ ଫୁଲମାଳ', 'ଲୁଚକାଳି ଏକ ପିଲାଖେଳ', 'ଏତେ ପାଖରେ ସମୁଦ୍ର', 'ପୁତ୍ରଲାଭ', 'ପୁନରୁଦ୍ଧାର' ଜଗନ୍ନାଥ ପ୍ରସାଦ ଦାସଙ୍କର 'ନିଜତ୍ୱ', 'ସ୍ପର୍ଶ', 'ବୁଢୀଆଣୀ ଜାଲ', 'ଦାୟିତ୍ୱ', 'ଧାରା', 'ମନ୍ତ୍ର' ଶାନ୍ତନୁ କୁମାର ଆଚାର୍ଯ୍ୟଙ୍କର 'ବୃକ୍ଷସାକ୍ଷୀ', 'ମାଇଙ୍କ ମ୍ୟାପ', 'ସର୍ପଜାନ' ଆଦି ଗଳ୍ପକୁ ଏହି ନିମ୍ନବର୍ଗୀୟ ସିଦ୍ଧାନ୍ତ ଦୃଷ୍ଟିରୁ ଆଲୋଚନା କରାଯାଇପାରେ।

ତେବେ ଉପର ବର୍ଣ୍ଣିତ ଏହି ସବୁ ଗଳ୍ପରେ ସଚେତନ ଭାବେ ରଞ୍ଜୀତ୍ ଗୁହାଙ୍କ ଦ୍ୱାରା ସୃଷ୍ଟି ଦର୍ଶନ ନିମ୍ନବର୍ଗୀୟ ସିଦ୍ଧାନ୍ତର ପ୍ରୟୋଗ କରାଯାଇନାହିଁ। ଯଦିଓ ଏଥି

ମଧ୍ୟରୁ କିଛିଟି ଗଳ୍ପ ଏହି ସିଦ୍ଧାନ୍ତର ଆବିର୍ଭାବ ପରେ ରଚିତ ହୋଇଛି। ତଥାପି ଏଥିରେ ସଚେତନ ଭାବେ Subaltern Theory କୁ ବ୍ୟବହାର କରାଯାଇନାହିଁ। କାରଣ ଏହି ସବୁ ଗଳ୍ପ ହେଉଛି ଇତିହାସର ପ୍ରଭାବରେ ସାହିତ୍ୟର ସୃଷ୍ଟି। ମାତ୍ର ନିମ୍ନବର୍ଗୀୟ ସିଦ୍ଧାନ୍ତରେ ସାହିତ୍ୟର ପ୍ରଭାବରେ ଇତିହାସ ରଚନାର ଧାରା ଆସିଲା ଏବଂ ଏହାର ବହୁଳ ପ୍ରଭାବ ସାହିତ୍ୟ ଉପରେ ମଧ୍ୟ ପଡିଲା। ଅର୍ଥାତ୍ ବୃତତ୍ତ ଅର୍ଥରେ କହିଲେ ପୂର୍ବେ ଯେଉଁ ସାହିତ୍ୟ ରଚନା ହୋଇଥିଲା ତାକୁ ପୂର୍ଣ୍ଣ ବିଚାର କରାଗଲା ବା ସାହିତ୍ୟକୁ ନିମ୍ନବର୍ଗ ଦୃଷ୍ଟିରୁ ପାଠ କରାଗଲା। Re read the text but marginalized perspectivର ଅର୍ଥାତ୍ ଜାକ୍ ଡେରିଡାଙ୍କର ବିଘଟନ ବାଦ ତୁଲ୍ୟ ଏଠି ଦେଖିବାର ଦୃଷ୍ଟିଭଙ୍ଗୀ ବଦଳିଲା। କାରଣ ପୂର୍ବେ ମାର୍ଜିନ୍‌ର କଥା କୁହାଯାଇଥିଲେ ବା ନିମ୍ନବର୍ଗକୁ ମୁଖ୍ୟ ଚରିତ୍ର ଭାବେ ଗ୍ରହଣ କରାଯାଉଥିଲେ ମଧ୍ୟ କେଉଁଠି ନା କେଉଁଠି ତାହା Centre ବା କେନ୍ଦ୍ରର ପ୍ରଭାବରେ ମଳିନ ପଡିଯାଉଥିଲା। ତା ଭିତରେ କିଛିଟା ଅଭାବବୋଧ ରହିଯାଇଥିଲା। ଯେଉଁ ଅଭାବକୁ ପୂରଣ କରିବାରେ ସହାୟକ ହେଲା ନିମ୍ନବର୍ଗୀୟ ସିଦ୍ଧାନ୍ତ। ଏହି ପର୍ଯ୍ୟାୟରେ ପୂର୍ବେ ଆଲୋଚିତ ପ୍ରଥମ ଓଡ଼ିଆ କ୍ଷୁଦ୍ର ଗଳ୍ପ 'ରେବତୀ' କଥା ଆଲୋଚନା କରାଯାଇପାରେ। ଗାଳ୍ପିକ ଏଥିରେ ନାରୀ ଶିକ୍ଷା ଓ ନାରୀକୁ ଗୁରୁତ୍ୱ ଦେଇଥିବା ଦୃଷ୍ଟିରୁ ଏହା ନିଶ୍ଚିତ ପ୍ରାନ୍ତ ସଂପର୍କିକ କୃତି। ମାତ୍ର ସଂପ୍ରତି ନାରୀର ସମସ୍ୟାକୁ ଆଉ ଟିକେ ବୃହତ୍ତ ଅର୍ଥରେ ଦେଖାଯାଉଛି। ତେଣୁ ନାରୀ ସଂପ୍ରତି ଆଉ ମାର୍ଜିନ୍ ନୁହେଁ ନାରୀକୁ ବର୍ତ୍ତମାନ Women are dubly in shadow ରୂପେ ବିବେଚନା କରାଯାଉଛି। ଏହି ଦୃଷ୍ଟିକୋଣରୁ ଫକୀରମୋହନ ସେନାପତିଙ୍କର ଅନ୍ୟତମ ଗଳ୍ପ 'ପେଟେଣ୍ଟ ମେଡିସିନ୍' ସଂପର୍କରେ ଆଲୋଚନା କରାଯାଇପାରେ। ଫକୀର ମୋହନ ସେନାପତି ପେଟେଣ୍ଟ ମେଡିସିନ୍‌ରେ ସାଧାରଣ ମଣିଷର କଥା କହିଥିଲେ। ହେଲେ ସେହି ସାଧାରଣ ମଣିଷ ଭିତରେ ଆହୁରି ସାଧାରଣ ମଣିଷର କଥା କହିଛନ୍ତି ମହାପାତ୍ର ନୀଳମଣି ସାହୁ ତାଙ୍କର 'ମୁଁ ମକରା କହୁଛି ହଜୁରେ!' ଗଳ୍ପରେ। ଜମିଦାରର ଇତିହାସ ଭିତରେ ଅବହେଳିତ ଭୃତ୍ୟର ଇତିହାସକୁ ପୂର୍ଣ୍ଣ ଲିଖନ କରିବାର ଉଦ୍ୟମ ଦୃଷ୍ଟିରୁ ଏହା ଏକ ସଫଳ ନିମ୍ନ ବର୍ଗୀୟ ସିଦ୍ଧାନ୍ତ ଯୁକ୍ତ କୃତି। ଫକୀର ମୋହନଙ୍କର ପେଟେଣ୍ଟ ମେଡିସିନ୍ ଏବଂ ଉକ୍ତ କୃତି ମଧ୍ୟରେ ଏକ ବିରାଟ ପାର୍ଥକ୍ୟ ରହିଛି । ତାହା ହେଉଛି ପେଟେଣ୍ଟ ମେଡିସିନ୍‌ରେ କେନ୍ଦ୍ର ବା Centre ଦୃଷ୍ଟିରୁ ପ୍ରାନ୍ତ ବା Margin କୁ ଆଲୋଚନା କରାଯାଇଥିବା ସ୍ଥଳେ ମୁଁ ମକରା କହୁଛି ହଜୁରେ! ଗଳ୍ପରେ ପ୍ରାନ୍ତର ଦୃଷ୍ଟିରୁ ପାଠକୁ ପୂର୍ଣ୍ଣ ପଠନ କରାଯାଇଛି (Re read the text but marginalized perspective) ତେଣୁ ମହାପାତ୍ର ନୀଳମଣି ସାହୁ ପେଟେଣ୍ଟ ମେଡିସିନ୍‌ର ଅବହେଳିତ

ଚରିତ୍ର ମକରାକୁ ନ୍ୟାୟ ଦେବା ସହିତ ଅନେକ କ୍ଷେତ୍ରରେ ଏହି ଚରିତ୍ରର ମାନସିକତାକୁ ପ୍ରତିଫଳିତ କରିଛନ୍ତି ଯାହା ପେଟେଣ୍ଟ ମେଡିସିନ୍ ଗଳ୍ପରେ କେନ୍ଦ୍ରର ପ୍ରଭାବରେ ଅବଦମିତ ହୋଇ ରହିଯାଇଥିଲା। "କିନ୍ତୁ ସେ ଦିନ ସେ ଯେତେବେଳେ ମୋତେ ଚନ୍ଦ୍ରମଣି ବାବୁ ବୋଲି ଭାବି କାନ୍ଦି କାନ୍ଦି ମୋ ପାଦ, ପେଣ୍ଡା, ଜଘଂ, ପେଟ ଛାତି ଆଦିରେ ତାଙ୍କ ହାତ ବୁଲାଇ ଲାଗିଲେ ମୋ ଦେହ ଖାଲି ଥରିଲା। ମୋ ଭିତରେ କିଏ ଗୋଟାଏ ମତେ ସଅଁ ସଅଁ ହୋଇ କଣ ସବୁ କହି ଚାଲିଥାଏ- ମତେଇ ଚାଲିଥାଏ। ଭାରି ଖରାପ କଥା ହଜୁରେ! ସେ କଥା ମତେ ଅନେଇ ମୋ ମୁହଁରେ ଧରିବାକୁ ଭୟ ନାଗୁଛି। ମଣିଷ ଭିତରେ କଣ ଊଣା ଜନ୍ତୁ ଜୁନ୍ତା ମାନେ ଅଛନ୍ତି ହଜୁର? ବାଘ, ଭାଲୁ, ସାପ, କୁମ୍ଭୀରଙ୍କ ଠଉଁ ଆହୁରି ମାରେଣା ଆଜ୍ଞା। ଆମ ମନ ଗୋଟାଏ ଅରଣ୍ୟ ଆଜ୍ଞା! ତା ଭିତରେ କୋଉ ମାରେଣା ପ୍ରାଣୀ ଲୁଚି ବସିଛି ସେ କଥା ତେମେ ଆପଣ ଆମେ କୋଉଠୁ ଜାଣିପାରିବା? ତା ବେଳ ପଡିଲେ- ସେ ବାହାରିପଡି ତୁମଙ୍କୁ ମାଡିକି ଧରି ବସିବେ। ତୁମେ ଆପଣ ତା କବଳରେ ଥାଇ ଥାଉ କାହାକୁ ମାଡି ବସିବ। ଆଜ୍ଞା, ଧର୍ମାଧର୍ମ କୁଆଡେ ହଟିଯିବ।" (ଗଳ୍ପ ସମଗ୍ର- ଦ୍ୱିତୀୟ ଭାଗ- ପୃ- ୭୯୬- ୭୯୭) ଏହା ବ୍ୟତୀତ ଗାଳ୍ପିକ ଏଥିରେ ଅନ୍ୟତମ ମାର୍ଜିନ୍ ଚରିତ୍ର ସୁଲୋଚନା ଦେବୀଙ୍କର ମାନସିକତାକୁ ମଧ୍ୟ ଗୁରୁତ୍ୱ ଦେଇଛନ୍ତି ଯାହା ପେଟେଣ୍ଟ ମେଡିସିନ୍ ଗଳ୍ପରେ କେନ୍ଦ୍ର ତୁଲ୍ୟ ଚନ୍ଦ୍ରମଣୀ ବାବୁଙ୍କର ପ୍ରଭାବରେ ମଳିନ ପଡିଯାଇଥିଲା। ବିଶେଷ କରି ଗାଳ୍ପିକ ସୁଲୋଚନା ଦେବୀଙ୍କର ମୃତ୍ୟୁ ପୂର୍ବର ମାନସିକ ଅବସ୍ଥାକୁ ବେଶ୍ ସିଦ୍ଧହସ୍ତତାର ସହ ପ୍ରତିଫଳିତ କରିଛନ୍ତି। ଏହା ବ୍ୟତୀତ ଇତିହାସ ଦ୍ୱାରା ଅବହେଳିତ ଏପରିକି ଇତିହାସ ପୃଷ୍ଠାରେ ଖଳନାୟକ ଭୂମିକାରେ ଅବତୀର୍ଣ୍ଣ 'ଘନ ଭଞ୍ଜ'ଙ୍କୁ ନ୍ୟାୟ ଦେବା ଉଦ୍ଦେଶ୍ୟରେ ଗାଳ୍ପିକ ଶ୍ରୀଯୁକ୍ତ ସାହୁ ରଚନା କରିଛନ୍ତି 'ସିଦ୍ଧ ଗୁମ୍ଫାର ସମ୍ରାଟ' ଗଳ୍ପ। ଏଠି ଏକ ପ୍ରଶ୍ନ ମନ ଭିତରେ ଆସିପାରେ ଯେ, ଜଣେ ରାଜାଙ୍କୁ ନିମ୍ନବର୍ଗୀୟ ସିଦ୍ଧାନ୍ତରେ କିପରି ଆଲୋଚନା କରାଯାଇପାରିବ? ବୃହତ୍ତ ଅର୍ଥରେ ନିମ୍ନବର୍ଗୀୟ ସିଦ୍ଧାନ୍ତ କୌଣସି ଗୋଟିଏ ଶ୍ରେଣୀକୁ କେନ୍ଦ୍ରକରି ଦଣ୍ଡାୟମାନ ନୁହେଁ। ଏଥିରେ ସେହି ପ୍ରତ୍ୟେକଟି ମଣିଷକୁ ଅନ୍ତର୍ଭୁକ୍ତ କରାଯାଇପାରେ ଯାହାର ସ୍ୱରକୁ ଦମନ କରାଯାଇଛି ଅଥବା ଯିଏ ଇତିହାସ ଦ୍ୱାରା ଅବହେଳିତ ହୋଇଛି। "କାହିଁକି ତା ହେଲେ ଘନ ଭଞ୍ଜ ବିଦ୍ରୋହୀ ହେଲେ? କାହିଁକି ତେବେ ନୀଳକଣ୍ଠଙ୍କୁ ଗାଦିଚ୍ୟୁତ କରିବା ଲାଗି ଏତେ ବଡ ଜଘନ୍ୟ ଷଡଯନ୍ତ୍ରରେ ଲିପ୍ତ ହେଲେ ଘନଭଞ୍ଜ? ଠିକ୍ ଠିକ୍। ଉପେନ୍ଦ୍ରଙ୍କର ମନ ଭିତରେ ଏହି ରହସ୍ୟର ସମାଧାନ ହୋଇଗଲା। ଠିକ୍ ଠିକ୍... ପିତାମହୀ ମଣ୍ଡାଦେବୀଙ୍କର ନାରକୀୟ ବୀଭତ୍ସ ଚକ୍ରାନ୍ତର ଏକ ବିଷମୟ ପ୍ରତିକ୍ରିୟା ଅବଶ୍ୟମ୍ଭାବୀ। ପିତାମହ ଧନଞ୍ଜୟଙ୍କୁ ବିଷଦେଇ

ମାରିବାପରେ ଘୁମୁସର ରାଜବଂଶର ପ୍ରତିଟି ନାରୀ ଆଉ ପୁରୁଷ ରକ୍ତ ଭିତରେ ସଞ୍ଚରି ଯାଇଥିଲା ଅଲକ୍ଷ୍ୟରେ ସେ ବିଷାକ୍ତ ପ୍ରତିକ୍ରିୟାର ପରିଣତି।" (ଗଳ୍ପ ସମଗ୍ର- ଦ୍ୱିତୀୟ ଭାଗ- ପୃ- ୩୮୬) ଗଳ୍ପର ଏହିଭଳି ପଂକ୍ତି ମନସ୍ତତ୍ତ୍ୱ ଦୃଷ୍ଟିରୁ ଉଲ୍ଲେଖଯୋଗ୍ୟ ହେଲେ ହେଁ ପାଠର ପୁର୍ନପଠନ ଓ ସତ୍ୟ ଗଠନ ପ୍ରସଙ୍ଗକୁ ଇଙ୍ଗିତ କରିଥାଏ। ଯେଉଁ ପ୍ରସଙ୍ଗ ଗାୟତ୍ରୀ ଚକ୍ରବର୍ତ୍ତୀ ତାଙ୍କର 'Can the Subaltern Speak ?' ପ୍ରବନ୍ଧର ସତ୍ୟ ନିର୍ମାଣ (Truth Construction) (୧୧) ପର୍ଯ୍ୟାୟରେ ଆଲୋଚନା କରିଛନ୍ତି। ଏଥିରେ ପ୍ରାବନ୍ଧିକା ବାସ୍ତବରେ ସତ୍ୟର ନିର୍ମାଣ କିପରି ହୋଇଥାଏ ଜାଣିବା ପାଇଁ ବିଘଟନ ବାଦର ବ୍ୟବହାର କରିବା ଭଳି ଗାଳ୍ପିକ ଶ୍ରୀଯୁକ୍ତ ସାହୁ ମଧ୍ୟ ସତ୍ୟକୁ ଭାଙ୍ଗି ପ୍ରକୃତ ସତ୍ୟକୁ ଉଦ୍ଧାର କରିବାକୁ ଉଦ୍ୟମ କରିଛନ୍ତି। ଏତଦ୍ ବ୍ୟତୀତ ବଳିଷ୍ଠ ନେତୃତ୍ୱର ପଞ୍ଝାତଳେ ଅବହେଳିତ ସମୁଦାୟର ଅସହାୟତା ବା ନେତୃତ୍ୱ କିପରି ସମୁଦାୟକୁ ଶୋଷଣ କରିଥାଏ ତାହାର ଚିତ୍ରଣ ଦେଖିବାକୁ ମିଳେ'ମର୍କଟର ଆତ୍ମକାହାଣୀ' ଗଳ୍ପରେ। ରାମାୟଣର କାହାଣୀ ଏବଂ ସେଥିରେ ଅସଂଖ୍ୟ ମର୍କଟ ମାନଙ୍କର ବଳିଦାନ ସଂପର୍କିତ ମିଥ୍ ପ୍ରସଙ୍ଗକୁ ଆଧାରକରି ଗାଳ୍ପିକ ଦଳ ଭିତରେ ଅବହେଳିତ ବ୍ୟକ୍ତି ରୂପୀ ନିମ୍ନ ବର୍ଗର ସ୍ୱରକୁ ପ୍ରତିଫଳିତ କରିଛନ୍ତି। ଯାହାକୁ ସାଧାରଣତଃ କେନ୍ଦ୍ରର ପ୍ରଭାବରେ ଦମନ କରିଦିଆ ଯାଇଥାଏ। "ବହୁ ଦୂରରେ ସମୁଦ୍ର! ମୁଁ ଅଛି ସମୁଦ୍ର ଠାରୁ କେତେ ଯୋଜନ ଦୂରରେ! ସେତୁ ବନ୍ଧ ଓ ମୋ ଭିତରେ କୋଟି କୋଟି ଅର୍ବୁଦାର୍ବୁଦ ମର୍କଟ କାର୍ଯ୍ୟରତ। ମହାମହାବୀର ବାନରବୃନ୍ଦ ପାହାଡ ମୁଣ୍ଡିଆମାନ ମୁଣ୍ଡାଇ ଆଗକୁ ଚାଲିଛନ୍ତି। କେହି କେହି ବା ବିଶାଳ ମହୀରୁହମାନଙ୍କୁ ଉତ୍ପାଟିତ କରି ଦୁଇ ହସ୍ତରେ ଉର୍ଦ୍ଧ୍ୱକୁ ଟେକି ଆଗକୁ ମହୋଲ୍ଲାସରେ ମାଡିଚାଲିଛନ୍ତି। ଦୂରରୁ ମୋତେ ଦିଶୁଛି ସତେକି ପାହାଡମାନେ ମର୍କଟମାନଙ୍କୁ ଶାଖାରେ ବସାଇ ଚାଲିଛନ୍ତି XXXX ମାତ୍ର ଶ୍ରୀ ରାମଚନ୍ଦ୍ର କିଏ ଓ ସେ କେଉଁଠାରେ ଅବସ୍ଥାନ କରୁଛନ୍ତି, ତାହା ମୁଁ ଜାଣିନାହିଁ- କି ଦେଖିନାହିଁ। XXXX ଆମ୍ଭମାନଙ୍କ ମଧ୍ୟରୁ ଅନେକ ବୋଧହୁଏ ଏହି କଠିଣ ଶ୍ରମ ଫଳରେ ଏଇଠି ଟଳିପଡିବୁ। ଅନେକ ବୋଧହୁଏ ପ୍ରମତ୍ତ କ୍ଷିପ୍ରଗତି ହେତୁ ପରସ୍ପର ବାହିତ ପ୍ରସ୍ତର ଖଣ୍ଡ ମାନଙ୍କ ସଂଘର୍ଷ ଓ ଚାପ ଫଳରେ ଏଇଠି ପଡି ମରିଯିବେ। ଅନେକ ତ ଏହି ମହାଘୋର ହର୍ଷ ଉଲ୍ଲାସପୂର୍ଣ୍ଣ ରୋଳରବ ଓ ଏହି ମହାଘୋର ଦୁର୍ବୋଧ୍ୟ ଲକ୍ଷ୍ୟ ମହାଉଦ୍ୟମର ବିଭିଷିକା ଦେଖି ହତଚେତନ ହୋଇ ଭୂଇଁ ଉପରେ ଢଳି ପଡିବେ। ମୁଁ ଜାଣେନା ମୋର ମଧ୍ୟ କଣ ପରିଣତି ହେବ। ଆମେ କେବଳ ଏକ ପ୍ରମତ୍ତ ଉଦ୍ୟମ କରୁଛୁ। ଏକ ପ୍ରମତ୍ତ ପ୍ରତ୍ୟବୋଧ କରୁଛୁ। ଆମ କାନ ପାଖରେ ଜୟଶ୍ରୀ ହନୁମାନ ଓ ଜୟ ଶ୍ରୀ ରାମଚନ୍ଦ୍ର ଧ୍ୱନି ଅହରହ ଧ୍ୱନିତ ହେଉଛି। ସେ ଧ୍ୱନି ଭିତରେ ଉଚ୍ଚାଟନର ଶକ୍ତି ଲୁଚି ରହି ଆମକୁ

ତେଜୋଉଛି- ମତାଉଛି। XXXX କାହାନ୍ତି କିଏ ? କେଉଁଠାରେ ? ସେହି ଅଗ୍ରବାଗ ଆଉ କେତେଦୂର ? ମୋର ପରିଶ୍ରାନ୍ତି ଯେତିକି ବଢୁଛି, ସ୍ପୃହା ମଧ୍ୟ ସେତିକି ବଢୁଛି। ସଂଶୟ ଯେତିକି ବଢୁଛି- ପ୍ରତ୍ୟୟ ମଧ୍ୟ ବଢୁଛି ତତୋଧିକ ଆଉ କିଛି ଉପାୟ ନାହିଁ। ମୁଁ ମୋ ମୁଣ୍ଡରୁ ଏ ପଥର ଆଉ ଖସାଇ ପାରିବି ନାହିଁ, ଏ ପଥର ମୋର ମୁଣ୍ଡରେ ଲାଖିଗଲାଣି। ମୋର ହାତ ମଧ୍ୟ ମୋର ମୁଣ୍ଡରେ ଲାଖିଗଲାଣି। ମୋର କ୍ଷୁଦ୍ର ଲାଙ୍ଗୁଳଟି ଭୂଇଁରେ ଘୋଷାଡି ହୋଇ ଛିଡିଗଲାଣି... ମୁଁ ହୁଏତ ଆଉ କିଛି ପଥ ଅଗ୍ରସର ହେଲାପରେ ଏହି ପଥରଟି ଧରି ଏହି ବାଟରେ ଟଳିପଡିବି। ଆଉ ମୋର ଶବ ଉପରେ ମହୋଲ୍ଲାସରେ ମହୋତ୍ସାହରେ ପାହାଡଖଣ୍ଡ ମାନଙ୍କୁ ଧରି ଧାଇଁ ଆସୁଥିବା ବାନର ପୁଙ୍ଗବମାନେ ବଢି ଚାଲିଯିବେ। ମୁଁ ଓ ମୋର କ୍ଷୁଦ୍ର ଟୋଳାଟି ସେମାନଙ୍କ ପାଦ ଚାପରେ ଏଇଠି ପେଷି ହୋଇ ମାଟିରେ କର୍ଦମ ରୂପେ ମିଶିଯିବୁ।" (ଗଳ୍ପ ସମଗ୍ର- ଦ୍ୱିତୀୟ ଭାଗ- ପୃ- ୬୧୬- ୬୧୭) ଏଠି ପ୍ରକୃତରେ ଗାଳ୍ପିକ ରାମାୟଣର କାହାଣୀ ଓ ମାଙ୍କଡର ପ୍ରତୀକ ମାଧ୍ୟମରେ ସଂପ୍ରତି ବିଭିନ୍ନ ଦଳ ଓ ଆଦର୍ଶ ଭିତରେ ବ୍ୟକ୍ତି କିପରି ଅତ୍ୟନ୍ତ ଅବହେଳିତ ତାହାକୁ ଚମତ୍କାର ଭାବେ ପ୍ରତିଫଳିତ କରିଛନ୍ତି। ଏହିରୂପେ ଶ୍ରୀଯୁକ୍ତ ମହାପାତ୍ର ତାଙ୍କର 'କଇଁଚ' ଗଳ୍ପରେ ପୁରାଣ ଚରିତ୍ର ଲକ୍ଷ୍ମଣଙ୍କ ପ୍ରତି ହୋଇଥିବା ଅବିଚାରକୁ ନିମ୍ନବର୍ଗୀୟ ସିଦ୍ଧାନ୍ତ ଦୃଷ୍ଟିରୁ ଆଲୋଚନା କରିବାକୁ ଉଦ୍ୟମ କରିଛନ୍ତି। "ଏ ସଂସାରରେ କିଏ ଭଲା ଦେଖିଛି ? କିଏ ଭଲା ବୁଝିଛି ? କୁଟୀରର ଦ୍ୱାରଦେଶରେ ଜାଗ୍ରତପ୍ରହରୀ ଧନୁଶରଧାରୀ ଭାଇ ଲକ୍ଷ୍ମଣର ସହସ୍ର ବିନିଦ୍ର ରଜନୀର ପ୍ରତୀକ୍ଷାତପ୍ତ ବେଦନାହତ ଉଷ୍ମ ନିଶ୍ୱାସର ଝଡ, ଭାଇ ରାମଚନ୍ଦ୍ରଙ୍କର ପର୍ଣ୍ଣକୁଟୀରକୁ ଥରାଇ ତାଙ୍କର ସୁଖ ନିଦ୍ରାକୁ ବ୍ୟାହତ କରିନାହିଁ। ଜିତେନ୍ଦ୍ରିୟ ବୀରପୁରୁଷ ସର୍ବତ୍ୟାଗୀ ଲକ୍ଷ୍ମଣଙ୍କର ଦର୍ଶନେନ୍ଦ୍ରିୟକୁ ବାଷ୍ପାନ୍ଧ କରି ବହମାନ ଲୋତକର ବନ୍ୟା ରାମଚନ୍ଦ୍ରଙ୍କ ବାହୁର ଉପାଧାନକୁ ଆଦ୍ରକରି ସୀତାଙ୍କର ସୁଖ ସ୍ୱପ୍ନକୁ ଭାଙ୍ଗିପାରିନାହିଁ। କେବେ ଥରେ ଭଲା ରାତିଅଧରେ ନିଦରୁ ଉଠି ହଠାତ୍ କୁଟୀରର ବାହାରକୁ ଆସି ବେଦନାର କରୁଣ ମୂର୍ତ୍ତି ସ୍ୱରୂପ ଉନ୍ନିଦ୍ର ଲକ୍ଷ୍ମଣର ମୁଣ୍ଡରେ ହାତମାରି ରାମଚନ୍ଦ୍ର ସହାନୁଭୂତି କାତର କଣ୍ଠରେ ପଚାରିଛନ୍ତି- "ଲଇଖଣିଆ ! ଶୋଇନାହୁଁ କିରେ ? ଯାରେ ବାବୁ ! ଶୋଇପଡ।" କେବେ ଥରେ ଭଲା ସୀତା ଉଠି ରାତି ଅଧରେ ଭାତୃଭକ୍ତ ଦେବରଟିକୁ ସ୍ନେହ କରୁଣ କଣ୍ଠରେ ପଚାରିଛନ୍ତି "ହଇଓ ଲଇକ୍ଷଣ ! ତୁମେ ସେତିକିବେଳୁ ଏମିତି ବସିଛ ? ଯାଅମ, ଟିକିଏ ଶୋଇପଡ।" (ଗଳ୍ପ ସମଗ୍ର- ପ୍ରଥମ ଭାଗ- ପୃ- ୫୪) ଗଳ୍ପର ଏହିଭଳି ପଂକ୍ତି ଅସ୍ତିତ୍ୱବାଦୀ ଚେତନାକୁ ପ୍ରତିଫଳିତ କରୁଥିଲେ ହେଁ , ନିମ୍ନବର୍ଗୀୟ ସିଦ୍ଧାନ୍ତ ଦୃଷ୍ଟିରୁ ମଧ୍ୟ ଏହା ବେଶ୍ ଉଲ୍ଲେଖଯୋଗ୍ୟ। ଗାଳ୍ପିକଙ୍କର 'କିସ ପୁଣି ଦେଖା ନ ଯାଏ

ବଂଚିଥିଲେ ଜୀବନରେ’ ଗଳ୍ପକୁ ମଧ୍ୟ ଏହି ଦୃଷ୍ଟିରୁ ବିଚାର କରାଯାଇପାରେ। ଏହିପରି ଗାଳ୍ପିକା ପ୍ରତିଭା ରାୟଙ୍କର ‘ନିବେଦନମିଦମ’ ମଧ୍ୟ ଏକ ଅସାଧରଣ କୃତି। ଉକ୍ତ କୃତିରେ କେନ୍ଦ୍ର ତୁଲ୍ୟ ପୁରୁଷ ସମାଜ ଦ୍ୱାରା ଲିଖିତ ଇତିହାସରେ ପ୍ରାନ୍ତ ତୁଲ୍ୟ ଅବହେଳିତ ନାରୀକୁ ନ୍ୟାୟ ଦେବାକୁ ଉଦ୍ୟମ କରାଯାଇଛି। ତେଣୁ ରାଧାନାଥ ରାୟଙ୍କ କେନ୍ଦ୍ର ବା Centre ଦୃଷ୍ଟିରୁ ରଚିତ ‘ଆତ୍ମସ୍ୱିକାରୋକ୍ତି ମୂଳକ ପତ୍ର’କୁ ବିରୋଧ କରି ଗାଳ୍ପିକା ପ୍ରାନ୍ତ ବା Margin ଦୃଷ୍ଟିରୁ ରଚନା କରିଛନ୍ତି ନିବେଦନମିଦମ୍। ଗାଳ୍ପିକା ଏଥିରେ ସତ୍ୟକୁ ଭାଙ୍ଗି ସତ୍ୟର ପୂର୍ଣ୍ଣ ଗଠନ କରିଛନ୍ତି। କବିବର ରାଧାନାଥ ରାୟ ବୃଦ୍ଧବସ୍ଥାରେ ଏପରିକି ୫୩ ବର୍ଷ ବୟସରେ ନିଜର ସଂଯମତା ହରାଇବା ପାଇଁ ଦାୟି କରିଥିଲେ ନଗେନ୍ଦ୍ର ବାଳାଙ୍କୁ ।(୧୨) ତେଣୁ ଶଶରୀରେ ଯେଉଁ କଥା ମାର୍ଜିନ୍ ତୁଲ୍ୟ ନଗେନ୍ଦ୍ର ବାଳା କହିପାରିନାହାନ୍ତି ତାକୁ ପରିପ୍ରକାଶ କରିବାପାଇଁ ବା ଲିଖିର ଇତିହାସକୁ ପୂର୍ଣ୍ଣ ବିଚାର କରିବାପାଇଁ ଗାଳ୍ପିକା ସାହାଯ୍ୟ ନେଇଛନ୍ତି ନଗେନ୍ଦ୍ର ବାଳାଙ୍କ ଅଶରୀରୀ ଆତ୍ମାର। “ଆପଣଙ୍କ ପରି ମୁଁ ଯଦି ମୋର ପାପକୁ ପ୍ରାଚାର କରିଥାଆନ୍ତି ତେବେ ସମାଜ ମତେ ନିଆଁପାଣି ବାସନ୍ଦ କରିଥାନ୍ତା। ନିର୍ଲଜ ଓ କଳଙ୍କିନୀ ଆଖ୍ୟା ଦେଇଥାନ୍ତା। କେହି ଜଣେ ହେଲେ ମୋର ପାପ ପ୍ରକାଶକୁ ସ୍ପଷ୍ଟବାଦିତା ବୋଲି କହିନଥାନ୍ତା, କହିଥାନ୍ତା ଚୋର ମୁହଁ ଟାଣ।++++ ଅଶରୀରୀର ସାକ୍ଷୀ ପ୍ରମାଣ କଣ ଯୋଗ୍ୟ ହୋଇଥାନ୍ତା? ଭୟ ହେଉଥିଲା କି, କାଳେ ଆପଣଙ୍କ କୃତ ପାର୍ବତୀ କାବ୍ୟର କୌଶଲ୍ୟାର ଅଶରୀରୀ ଆତ୍ମା ଭଳି ମୁଁ ଛାୟା ରୂପ ନେଇ ଆପଣଙ୍କର ପତ୍ନୀ ତଥା ମୋର ମାତୃସ୍ଥାନୀୟା, ପରମ ପୂଜନୀୟାଙ୍କ ସମ୍ମୁଖରେ ଉଭାହୋଇ ଆମ ଭିତରେ ଯାହା ଘଟିଯାଇଥିଲା ତାର ବର୍ଣ୍ଣନା କରିବି। ପିତୃ ପ୍ରତିମ ଗୁରୁଙ୍କ ଦ୍ୱାରା ମୋର ଚରିତ୍ର ଭ୍ରଷ୍ଟ ହେଲା ଓ ଆତ୍ମଘାତିନୀ ହେବାକୁ ବାଧ୍ୟ ହେଲି ବୋଲି ପ୍ରକାଶ କରିଦେବି ବୋଲି କଣ ସତକୁ ସତ ଭୟ ପାଇଲେ? ଗଙ୍ଗେଶ୍ୱରଙ୍କ ଦ୍ୱାରା କନ୍ୟା ଭ୍ରଷ୍ଟ କରାଇବାର କାହାଣୀକୁ ଆପଣ ହୁଗୁଳୀରେ ପୁନରାବୃତ୍ତି କଲେ ବୋଲି ମୁଁ କଣ ପୂଣ୍ୟଶୀଳା ନାରୀ ସମ୍ମୁଖରେ ପ୍ରକାଶ କରିପାରିଥାନ୍ତି।” (ନିବେଦନ ମିଦମ୍-ପୃ-୨୧୬-୨୧୭) ଏତଦ୍ ବ୍ୟତୀତ ଗାଳ୍ପିକା ଏଥିରେ ନାରୀକୁ ପ୍ରାନ୍ତର ପ୍ରାନ୍ତ ବା Margin of Margin ଭାବେ ମଧ୍ୟ ଚିତ୍ରଣ କରିଥିବା ଜଣାଯାଏ । ଅର୍ଥାତ୍ ନିମ୍ନବର୍ଗ ବା ଦଳିତ ପର୍ଯ୍ୟାୟରେ ସ୍ଥାନିତ ମଣିଷ ମାନଙ୍କ ମଧ୍ୟରୁ ନାରୀ ନିର୍ଯାତିତ ଦ୍ୱାରା ମଧ୍ୟ ନିର୍ଯ୍ୟାତିତ। ଅର୍ଥାତ୍ ସ୍ପଷ୍ଟ ଭାବେ କହିଲେ ସାମାଜିକ ସ୍ତରରେ ନିର୍ଯ୍ୟାତିକ ପୁରୁଷ ଯେତେବେଳେ ସାମାଜିକ ସ୍ତରରେ ନିର୍ଯ୍ୟାତିତ ନାରୀକୁ ଶୋଷଣ କରେ ସେ କ୍ଷେତ୍ରରେ ନାରୀ ହୁଏ ଦଳିତର ଦଳିତ ବା ଗାୟତ୍ରୀ ଚକ୍ରବର୍ତ୍ତୀଙ୍କ ଭାଷାରେ- Women are dubly in shadow । ଅବଶ୍ୟ ଏହି

ଚିନ୍ତାଧାରାଟି ନାରୀବାଦର ତୃତୀୟ ତରଙ୍ଗ ଦ୍ୱାରା ପ୍ରଭାବିତ ହୋଇଥିବା ଜଣାଯାଏ। ଏହି ଧାରାରେ ଗୌରହରି ଦାସଙ୍କର 'ରେବତୀ' ଗଳ୍ପକୁ ମଧ୍ୟ ଆଲୋଚନା କରାଯାଇପାରେ। ଗୌରହରିଙ୍କର ରେବତୀ ଫକୀର ମୋହନ ସେନାପତିଙ୍କର ରେବତୀ ଭଳି କରଣ ପରିବାରରେ ଜନ୍ମ ନ ହୋଇ ହାଡୀ ପରିବାରରେ ଜନ୍ମ ହୋଇଥିବା କାରଣରୁ ପ୍ରଥମେ ସେ ଲିଙ୍ଗ ଭିତ୍ତିରେ ଏବଂ ଦ୍ୱିତୀୟତଃ ଜାତିଭିତ୍ତିରେ ସମାଜରେ ନିର୍ଯ୍ୟାତିତ ହୋଇଛି। ଯାହା ଫକୀର ମୋହନଙ୍କର ରେବତୀ କ୍ଷେତ୍ରରେ କେବଳ ଲିଙ୍ଗ ଭିତ୍ତିରେ ଦେଖିବାକୁ ମିଳିଛି। ଏତଦ୍ ବ୍ୟତୀତ ଶ୍ରୀଯୁକ୍ତ ଦାସଙ୍କର 'ମିଷ୍ଟର ଡି କେ ଲକ୍ଷ୍ମଣ', 'ରକ୍ତାକ୍ତ ଅଭିଷେକ' ଆଦି ନିମ୍ନ ବର୍ଗର ଇତିହାସ ଦୃଷ୍ଟିରୁ ବେଶ୍ ଉଲ୍ଲେଖଯୋଗ୍ୟ। ଇତିହାସକୁ ପ୍ରାନ୍ତର ଦୃଷ୍ଟିଭଙ୍ଗୀ ଦେଇ ଦେଖିବା ଦୃଷ୍ଟିରୁ ସଦାନନ୍ଦ ତ୍ରିପାଠୀଙ୍କର 'ସତୀ' ଗଳ୍ପ ମଧ୍ୟ ଏକ ଚମତ୍କାର ସୃଷ୍ଟି। ଯେଉଁଥିରେ ଗାଳ୍ପିକ କେନ୍ଦ୍ର ତୁଲ୍ୟ ରାଜା ପୁଅ ଅପେକ୍ଷା ପ୍ରାନ୍ତ ତୁଲ୍ୟ ବୁଢୀ ଅସୁରୁଣୀ ବା ରାକ୍ଷାସର ଚେତନା କୁ ଗୁରୁତ୍ୱ ଦେଇଛନ୍ତି। ଅନ୍ୟ ଭାବେ କହିଲେ Centre ନୁହେଁ Margin ଦୃଷ୍ଟିରୁ ରାକ୍ଷାସର ସଂଜ୍ଞାକୁ ନିରୂପଣ କରିଛନ୍ତି। ଏହି ଦୃଷ୍ଟିକୋଣରୁ ଭୀମ ପୃଷ୍ଟିଙ୍କର କେତେକ ଗଳ୍ପ ମଧ୍ୟ ବିଚାର୍ଯ୍ୟ। ଗୋଟିଏ ସମୟରେ ଓଡ଼ିଶାରେ ଆଦିବାସୀମାନେ ଆମ୍ବଟାକୁଆ ଖାଇ ମୃତ୍ୟୁବରଣ କରୁଥିବା ପ୍ରସଙ୍ଗ ତଥା ଘଟଣାକୁ ନେଇ ରଚିତ ହୋଇଛି ଭୀମ ପୃଷ୍ଟିଙ୍କର 'ଟାକୁଆ' ଗଳ୍ପ। ଯେଉଁ ପ୍ରସଙ୍ଗକୁ ଅବଶ୍ୟ ସରକାରଙ୍କ ଦ୍ୱାରା ବିରୋଧ କରାଯାଇଥିଲା। ଟାକୁଆ ନୁହେଁ , ଆଦିବାସୀ ଅପମୃତ୍ୟୁ ପଛରେ ମେଲେରିଆ ଭଳି ଅନ୍ୟ କାରଣକୁ ଦାୟୀ କରାଯାଇଥିଲା।(୧୩) ତେଣୁ କେନ୍ଦ୍ର ତୁଲ୍ୟ ସରକାର ନୁହେଁ ପ୍ରାନ୍ତ ତୁଲ୍ୟ ଆଦିବାସୀଙ୍କ ଦୃଷ୍ଟିରୁ ଗାଳ୍ପିକ ଏହାର ସତ୍ୟତାକୁ ଚିତ୍ରଣ କରିଛନ୍ତି। ୨୩ ଅଗଷ୍ଟ ୨୦୦୮ କନ୍ଧମାଳରେ ଆରମ୍ଭ ହୋଇଥିବା ଜନହିଂସାରେ ଅବହେଳିତ ଆଦିବାସୀର ଇତିହାସକୁ ଗାଳ୍ପିକ ପୂର୍ଣ୍ଣ ଲିଖନ କରିଛନ୍ତି 'ମାନନୀୟ ଶ୍ରୀଯୁକ୍ତ' ଗଳ୍ପରେ। ଯାହା ମଧ୍ୟ ଦେଇ ପ୍ରାନ୍ତ ରୂପୀ ପରିକ୍ଷିତ ନାୟକ (ଯିଏକି ତାର ପତ୍ନୀ ତଥା ଦୁଇଜଣ ଛୁଆଙ୍କ ସହିତ ଘରଛାଡି ଯାଇଁ ଜଙ୍ଗଲରେ ଲୁଚିଥିଲା। ତାକୁ କୁରାଢିରେ ହାଣି ଦିଆଯାଇଥିଲା ଓ ତା ବେକରେ ସାଇକେଲ ଚେନ୍ ଗୁଡାଇ ଟଣାଯାଇଥିଲା। ତାର ଅଙ୍ଗପ୍ରତ୍ୟଙ୍ଗକୁ ଖଣ୍ଡ ଖଣ୍ଡ କରିଦିଆଯାଇଥିଲା। ଏପରିକି ହତ୍ୟାକାରୀମାନେ ପରିକ୍ଷିତର ଅନ୍ତ ବାହାର କରି ବେକରେ ଗୁଡେଇ ହୋଇଥିଲେ।)(୧୪) ର ଇତିହାସକୁ ଭେଟିହୁଏ। ଏହିପରି 'ଦାସୁରାମ୍ ମାଝି', 'ପାର୍ଟିର ପାଟି, 'ଅନ୍‌ମାନୁଷ'' 'ମାଙ୍କଡ ମଣିଷ','ଅଣ୍ଡାରକ୍ତ', 'ବ୍ଲାକ୍ ମ୍ୟାଜିକ', 'ଶୁଭ ଲାଭ' , 'କିନ୍ନର', 'ସାଇକେଲ', 'କୁହୁକ କଣା,'ଏବେ ଆମେ ଭଲ ଅଛୁ' ଆଦି ଗଳ୍ପରେ ଗାଳ୍ପିକ ବହୁ ଅବହେଳିତ

ନିମ୍ନବର୍ଗ ବା ମାର୍ଜିନ୍ ମାନଙ୍କର ଇତିହାସକୁ ପୁର୍ନଉଦ୍ଧାର କରିଛନ୍ତି । ଏହିରୂପେ ଆଲୋଚନା କଲେ ଓଡ଼ିଆ ଗଳ୍ପ ସାହିତ୍ୟରେ ଏହି ଚେତନାକୁ କେନ୍ଦ୍ରକରି ଯେଉଁ ଗଳ୍ପ ଗୁଡିକର ରଚନା କରାଯାଇଛି ତାର କଳେବର ଏତେ ବୃହତ୍ତ ଯେ ତାକୁ ଏକ ସଂକ୍ଷିପ୍ତ ପ୍ରବନ୍ଧ ଭିତରେ ଆଲୋଚନା କରିବା ଅସମ୍ଭବ ।

ଏତଦ୍ ବ୍ୟତୀତ ନିମ୍ନବର୍ଗୀୟ ସିଦ୍ଧାନ୍ତ ଏକ ଏପରି ଚେତନା ଯାହା ମଧ୍ୟରୁ ବୋଧ ହୁଏ କୌଣସି ବି ଗଳ୍ପ ଏପରିକି ସାହିତ୍ୟକୁ ବାଦ୍ ଦେବା ଅସମ୍ଭବ ଏବଂ ଏହା କେବଳ ଓଡ଼ିଆ ସାହିତ୍ୟ ନୁହେଁ ଅନ୍ୟ ଭାଷା ଭାଷୀ ସାହିତ୍ୟ ପାଇଁ ମଧ୍ୟ ପ୍ରଯୁଜ୍ୟ । କାରଣ ସାହିତ୍ୟ ବ୍ୟକ୍ତିର କଥା କହିଛି, କହୁଛି ଏବଂ କହୁଥିବ । ତେବେ ଏଠାରେ ଏହି ନିମ୍ନ ବର୍ଗ ସିଦ୍ଧାନ୍ତର ଆବିର୍ଭାବର କାରଣ ଇତିହାସ କରିଥିବା କେତେକ ବ୍ୟକ୍ତିଙ୍କ ପ୍ରତି ଅନ୍ୟାୟକୁ ସାହିତ୍ୟ ମାଧ୍ୟମରେ ନ୍ୟାୟ ଦେବା । ତେବେ ଏଠି ଆଉ ଏକ ଗୁରୁତ୍ୱପୂର୍ଣ୍ଣ ପ୍ରସଙ୍ଗ ହେଉଛି ପ୍ରତିଟି ବ୍ୟକ୍ତିକୁ କଣ ନ୍ୟାୟ ଦେବା ସମ୍ଭବ? କାରଣ ଆମେ ଇତିହାସର ଯେତେ ପୂର୍ଣ୍ଣ ଗଠନ କଲେ ମଧ୍ୟ ପାଠକୁ ଯେତେ ବି ମାର୍ଜିନ୍‌ର ଦୃଷ୍ଟିଭଙ୍ଗୀରୁ ପଢିଲେ ବି କେହି ନା କେହି ତ ବଳିପଡିବେ । ତେବେ ସେ କ୍ଷେତ୍ରରେ ବଳିପଡିଥିବା ଲୋକପ୍ରତି କଣ ଅନ୍ୟାୟ ହେବନାହିଁ? ପୁନଶ୍ଚ ଆଉ ଏକ ସମସ୍ୟା ଯେ ଆମେ ନିମ୍ନବର୍ଗ (Subaltern) ବୋଲି କାହାକୁ କହିବା? ଉତ୍ତର ଭାବେ ତେବେ ଆମେ କହିପାରିବା ଯେ ଯେଉଁମାନେ ସମାଜରେ ମାର୍ଜିନ୍ ରୂପେ ଗ୍ରହଣୀୟ । ଯେପରି ଦଳିତ, ଶିଶୁ, ନାରୀ, ଦରିଦ୍ର ଇତ୍ୟାଦୀ ଇତ୍ୟାଦୀ । ତେବେ ଏଠି ଆଉ ଏକ ପ୍ରସଙ୍ଗ ଉଲ୍ଲେଖଯୋଗ୍ୟ ଯେ, Subaltern କହିଲେ ଆମେ ମୂଳତଃ ସେହିମାନଙ୍କୁ ବୁଝାଉ ଯେଉଁମାନଙ୍କର ସ୍ୱର ନାହିଁ ଅଥବା ଯେଉଁ ମାନଙ୍କ ସ୍ୱରକୁ ଦମନ କରିଦିଆଯାଇଛି । ତେବେ ଏହାକୁ କେନ୍ଦ୍ରକରି ଏଠି ଗୋଟିଏ ପ୍ରସଙ୍ଗ ବିଚାର କରାଯାଇପାରେ । ଯଦି ଏକ ନାରୀ ସମାଜ ବିରୁଦ୍ଧରେ ସ୍ୱର ଉତ୍ତୋଳନ କରେ । ଯେପରି ଆଜି ପ୍ରାୟତଃ ଆମେ ନାରୀବାଦର ପ୍ରଭାବରେ ନାରୀମାନଙ୍କ କ୍ଷେତ୍ରରେ ଦେଖିବାକୁ ପାଉ । ଦୃଷ୍ଟାନ୍ତ ସ୍ୱରୂପ ପ୍ରତିଭା ରାୟଙ୍କର 'ରଙ୍ଗ' ଗଳ୍ପକୁ ଆଲୋଚନା କରାଯାଇପାରେ । ଏଥିରେ ଗାଳ୍ପିକା ମନୁବାଦୀ ସମାଜ ଦୃଷ୍ଟିରେ ଦ୍ୱିତୀୟ ନାଗରୀକ ଭାବେ ପରିଗଣିତ ନାରୀର ଆତ୍ମନିର୍ଭରଶୀଳତା, ଆତ୍ମସ୍ୱାଭିମାନ ପ୍ରସଙ୍ଗକୁ ଉତ୍‌ଥାପିତ କରିଛନ୍ତି । ଯୁଗ ଯୁଗ ଧରି ଯେଉଁ ନାରୀ ସମାଜ ଦ୍ୱାରା ଅତ୍ୟାଚାରିତ ହୋଇ ଆତ୍ମହତ୍ୟା କରିଆସୁଥିଲା । ସେହି ନାରୀ କିପରି ନିଜର ଅଧିକାର, ନିଜର ସୁଖ, ପ୍ରେମ ଓ ପ୍ରତାରଣା ପାଇଁ ଲଢିଛି । ତାହାକୁ ଗାଳ୍ପିକା ବେଶ୍ ଜୀବନ୍ତ ଭାବେ ଉକ୍ତ କୃତିରେ ପ୍ରତିଫଳିତ କରିଛନ୍ତି । "ରଙ୍ଗ ପ୍ରେତିନୀ ଭଳି ଦାନ୍ତ କାଢି ଖତେଇ ହେଲାମତି ଜବାବ ଦେଲା-

ପର ଝିଅର ରାଣ୍ଡ ବେଶ, ମରଣ, ଦୁର୍ନାମ, ଚିରାଫଟା ଲୁଗା ତଳର ମାଉଁସ, କୋରଡ ଆଖି ତଳର ଲୁହ ଭାରି ସୁଆଦ ଲାଗେ ତମକୁ ସବୁ। ରଙ୍ଗର ମରଣ ହୋଇଥିଲେ ତମକୁ ବଡ ସୁଖ ମିଳିଥାନ୍ତା ପରା! ଏ ଗାଁରେ ତମେ ମତେ ରାଣ୍ଡକରି ନିରାମିଷ ରଖେଇ ଦେଇଥାନ୍ତ ନା ଅହିଅ କରି କାଚଖଡୁ ରଖେଇ ଦେଇଥାନ୍ତ?" (ମନୁଷ୍ୟର ସ୍ୱର-ପୃ-୧୩୮) କିମ୍ବା ସଂପ୍ରତି ନାରୀ ନିର୍ଯ୍ୟାତନା ପ୍ରତି ଆକ୍ଷେପୋକ୍ତି ସହିତ ଏହା ବିରୁଦ୍ଧରେ ସ୍ୱର ଶୁଣିବାକୁ ମିଳେ ଗାଳ୍ପିକାଙ୍କର 'ନିଆଁ' ଗଳ୍ପରେ। "ଘରଦ୍ୱାର, ବସ୍ ଟ୍ରେନ , ଜଳାଇଲେ ଜେଲ ଅଛି – ସ୍ତ୍ରୀକୁ ଜଳାଇଲେ ଲୋକ ନିରପରାଧ ଖଲାସ ହୋଇଯାଉଛି। ଝିଅଟି ଉତ୍ତେଜିତ ସ୍ୱରରେ ପ୍ରଶ୍ନକଲା ++++ ହଁ ଯିଏ ଜଳେ ତାରି ସବୁ ଦୋଷ ++++ ତେବେ ନିଆଁର କିଛି ଦୋଷ ନାହିଁ? ଝିଅଟି ପ୍ରଶ୍ନକଲା।

ନା ମୁଁ ତେବେ ନିଆଁ ହେବି ମା- ନିଆଁ!" (କଲେଜ ଗପ -ପୃ-୧୧୪) ଏହି ସବୁ କୃତିକୁ ବିବେଚନା କରିବାପରେ ନିଜ ଅଧିକାର ପାଇଁ ସ୍ୱର ଉତ୍ତୋଳିତ କରୁଥିବା ନାରୀ କଣ ନିମ୍ନବର୍ଗ ତାଲିକାରୁ ବାଦ୍ ପଡିଯିବ। ଗୋଦାବରୀଶ ମହାପାତ୍ରଙ୍କର 'ଉନ୍ମୋଚନ' ଗଳ୍ପରେ ଯେତେବେଳେ ଶ୍ରମିକ ନିଜ ଅଧିକାର ପାଇଁ ମୁହଁ ଖୋଲିଛି "ଦେଶର ପ୍ରକୃତ ଅବସ୍ଥା ଜାଣିବାକୁ ମନ୍ତ୍ରୀ ଆସିଥିଲେ। ମୋର ଶିଳ୍ପକଳା ତାହା ହିଁ ତାଙ୍କୁ ଦେଖେଇ ଦେଇଛି। ଏ ଶିଳ୍ପୀ ଗୁରୁଚରଣ କାହାର କେତେ ଛବି ଆଙ୍କିନାହିଁ? କିନ୍ତୁ ଏଭଳି ନିଖୁଣ ଚିତ୍ର କେବେ ଆଙ୍କିନଥିଲା। ମୋତେ କଣ ମୁଣ୍ଡ ଆଙ୍କା ଆସେନାହିଁ? ଆଙ୍କିବି କିପରି? ଆଙ୍କିବାକୁ ମୋ ହାତ ଗଲାନାହିଁ। ସ୍ତ୍ରୀ କହିଲା ତିନି ଓଳି ହେଲା ଚୁଲି ଜଳିନାହିଁ। ସତକରି କହ ତୁମ ହାତ ତୁମ ପାଟିକି ଯାଉଚି କି? ତାହାହେଲେ ମନ୍ତ୍ରୀଙ୍କର ହାତ ଓ ପାଟି ଆଙ୍କିବାର ଅଧିକାର ତୁମର ନାହିଁ। ଯେଉଁଦିନ ତୁମର, ତୁମ ପଡୋଶୀର , ତୁମ ଗାଁ ଲୋକଙ୍କର , ଆଉ ଏ ଅଞ୍ଚଳର ସମସ୍ତଙ୍କ ହାତ ପାଟିକି ଯିବ, ସେହିଦିନ ତୁମେ ଏ ଚିତ୍ର ପୂର୍ଣ୍ଣ କରିବ। ମନ୍ତ୍ରୀ ଆଜି ଏତିକି ଉନ୍ମୋଚନ କରି ଯାଆନ୍ତୁ। ଯେଉଁଦିନ ସେ ତାଙ୍କ କାମ ପୂର୍ଣ୍ଣ କରିବେ ସେହିଦିନ ତୁମେ ତୁମ କାମ ପୂର୍ଣ୍ଣ କରିବ।" ତାକୁ କେଉଁ ପର୍ଯ୍ୟାୟରେ ସ୍ଥାନିତ କରାଯାଇପାରିବ। ତେଣୁ ଏହିଭଳି ଚିନ୍ତାଧାରାକୁ କେନ୍ଦ୍ରକରି ବିଚାର କଲେ ନିମ୍ନବର୍ଗ କାହାକୁ କହିବା ଏବଂ ପ୍ରତିଟି ବ୍ୟକ୍ତିର ଇତିହାସ ଲେଖନ ଭଳି ବକ୍ତବ୍ୟକୁ କେନ୍ଦ୍ରକରି ସମାଲୋଚକଙ୍କ ମଧ୍ୟରେ ଅନେକ ମତ ପାର୍ଥକ୍ୟ ଦେଖିବାକୁ ମିଳେ। ଏଠି ଆଉ ଗୋଟେ ପ୍ରଶ୍ନ ମନରେ ଆସେ ଦିନେ ବ୍ୟକ୍ତି ଈଶ୍ୱରଙ୍କ ଆଧିପତ୍ୟ ଯୋଗୁଁ ନିଜକୁ ଦଳିତ ମନେ କରୁଥିଲା। ହେଲେ ଆଜି ମଣିଷର ଆଧିପତ୍ୟରେ ଈଶ୍ୱରଙ୍କ ସ୍ଥିତି ସଂକଟାପନ୍ନ । ଯେପରି ମାହାପାତ୍ର ନୀଳମଣି ସାହୁଙ୍କର'ଜଗନ୍ନାଥ ସ୍ଥୁଳ ବୃତ୍ତାନ୍ତ' ଗଳ୍ପରେ ଓଡ଼ିଶାର ପ୍ରାଣପିଣ୍ଡ ଓଡ଼ିଆ ଜାତିର ଗର୍ବ ଓ ଗୌରବ ଭାବେ ପ୍ରତୀତ ଜଗନ୍ନାଥ

ବଡ ଦେଉଳ ତ୍ୟାଗ କରି ଆମେରିକାର ସାନ୍‌ଫ୍ରାନ୍‌ସିସ୍କୋ ଚାଲିଯିବା ପ୍ରସଙ୍ଗ (ଯାହା ମଧ୍ୟ ଦଢ଼େ ଅବଶ୍ୟ ଏ ଦେଶର ରାଜନୈତିକ ଅସ୍ଥିରତାକୁ ଭେଟିହୁଏ) କୁ ଆଲୋଚନା କରିଛନ୍ତି। "ବତ୍ସ ହନୁମାନ! ଆମ୍ଭେମାନେ ବର୍ତ୍ତମାନ ଆମେରିକା ଯାଉଛୁ। ସେଠାରେ ସାନ୍‌ଫ୍ରାନସିସ୍କୋ ଠାରେ ଆମ୍ଭ ସକାଶେ ଯେଉଁ ଶ୍ରୀ ମନ୍ଦିର ନିର୍ମିତ ହୋଇଛି ଆମ୍ଭେମାନେ ସେଇଠାରେ ଅବସ୍ଥାନ କରିବୁ। ନାରଦ ଓ ସନକ ସନତାଦି ମୁନିଗଣ ସେଇ ଶ୍ୱେତ ଦ୍ୱୀପରେ ଆମ୍ଭର ଅପେକ୍ଷାରେ ଅଛନ୍ତି। ସେଠାକୁ ଯାଇ ଆମ୍ଭେ ଆଉ ସମସ୍ତଙ୍କ ଲାଗି ସୁବିଧା ଜନକ ବନ୍ଦୋବସ୍ତକରି ନାରଦଙ୍କୁ ଏଠାକୁ ପଠାଇବୁ। ତୁମ୍ଭେ ସ୍ୱୟଂ ଏହି ମନ୍ଦିର ଭିତରେ ଆମ୍ଭକୁ ଆଶ୍ରାକରି ରହିଥିବା ଅନ୍ୟାନ୍ୟ ଦେବାଦେବୀ, ଚଣ୍ଡି ଚାମଣ୍ଡା ଭୂତ ପ୍ରେତାଦି ଓ ପୂଣ୍ୟାତ୍ମାମାନଙ୍କୁ ସ୍ୱୀୟ ସ୍କନ୍ଧରେ ବହନ କରି ସପ୍ତ ସମୁଦ୍ର ପାରହୋଇ ସେଠାରେ ପହୁଁଚିବ। ଆମ୍ଭେ ଏଥର ଶ୍ୱେତ ଦ୍ୱୀପରେ ଅବସ୍ଥାନ କରି ଦିବ୍ୟଲୀଳା ସଂପାଦନା କରିବୁ। ଏ ରାଜ୍ୟର ଅଧିବାସୀମାନେ ତାଙ୍କ ଜନଗଣମାନଙ୍କୁ ନେଇ ଚଳନ୍ତୁ। ଏ ରାଜ୍ୟର ଜନଗଣ, ଜନସେବକ ଓ ଜନନେତାମାନେ କାଲି ସକାଳୁ ଏହି ରତ୍ନସିଂହାସନକୁ କିନ୍ତୁ ଶୂନ୍ୟ ଦେଖିବେ ନାହିଁ। ସେମାନେ ମୋର ଦାରୁବିଗ୍ରହକୁ ନେଇ ଯେପରି ଇଚ୍ଛା ସେପରି କରିବାର କରୁଥାନ୍ତୁ।... ଥାଅ ବତ୍ସ!" (ଗଳ୍ପ ସମଗ୍ର- ଦ୍ୱିତୀୟ ଭାଗ- ପୃ-୨୬୦) ତେବେ ଏହି ଦୃଷ୍ଟିକୋଣରୁ ଆଜି ଈଶ୍ୱରଙ୍କ ଇତିହାସକୁ ଗୁରୁତ୍ୱ ଦେବାର ଆବଶ୍ୟକତା ରହିଛି କି ? ଅବଶ୍ୟ ସଂପ୍ରତି ଆଧୁନିକ ଯୁଗରେ ବିଜ୍ଞାନ ଦୃଷ୍ଟିରୁ ଏହି ପ୍ରସଙ୍ଗ ଅବାନ୍ତର ହୋଇପାରେ। ଏହାଛଡା ପ୍ରକୃତି ଦୃଷ୍ଟିରୁ ବିଚାରକଲେ ବ୍ୟକ୍ତି ଯଦି କେନ୍ଦ୍ର ହେବ ତେବେ ପ୍ରକୃତି ରୂପୀ ଜୀବଜନ୍ତୁ, ବୃକ୍ଷଲତା, ନଦନଦୀ ହେବେ ପ୍ରାନ୍ତ। ତେବେ ଏ କ୍ଷେତ୍ରରେ ପରିସଂସ୍ଥିୟ ସମୀକ୍ଷା ତତ୍ତ୍ୱକୁ ନିମ୍ନବର୍ଗୀୟ ସିଦ୍ଧାନ୍ତ ଦୃଷ୍ଟିରୁ ବିଚାର କରାଯାଇପାରେକି ? ସୃଷ୍ଟିର ଆରମ୍ଭରୁ ଯେପରି ଖାଦ୍ୟ ଓ ଖାଦକର ପରମ୍ପରା ରହିଛି। ସେହିପରି ଶୋଷକ ଓ ଶୋଷିତର ପରମ୍ପରା ଯୁଗଯୁଗରୁ ଚାଲିଆସିଛି। ତେବେ ଏ କ୍ଷେତ୍ରରେ ସମସ୍ତେ ଯଦି ଖାଦ୍ୟ ଅଥବା ଖାଦକ ହେବେ ନଚେତ୍ ଶୋଷକ ଅଥବା ଶୋଷିତ ହେବେ ତେବେ ଯାଇଁ ଆମେ ନିମ୍ନବର୍ଗୀୟ ସିଦ୍ଧାନ୍ତକୁ ଏ କ୍ଷେତ୍ରରେ ପ୍ରୟୋଗ କରିପାରିବା। ତେଣୁ ଏହିଭଳି ଏକ ପ୍ରସଙ୍ଗ ଏକ ଉଚ୍ଚ ଗବେଷଣାର ଅପେକ୍ଷା ରଖେ।

ସଂକେତ ସୂଚୀ

- David Ludden (ed) Reading Subaltern Studies: Critical History, Contested Meaning and the Globalisation of South Asia. Delhi: Permanent Black, 2003.

- D.V. Kurtz, Hegemony: Anthropological Aspects
- D.V. Kurtz, Hegemony: Anthropological Aspects
- Guha, Ranajit (1993). *Subaltern Studies Reader, 1986–1995.* University of Minnesota Press. ISBN 0-8166-2759-2.
- Amin, Shahid. "Approver's Testimony, Judicial Discourse: The Case of Chauri Chaura." Subaltern Studies V. Ed. Ranajit Guha. Delhi: Oxford UP, 1987. 166-202. Print.
- -Race and Racialization: Essential Readings by T. Das Gupta, et al. (eds). Toronto: Canadian Scholars Press. 2007.
- Sharp, Joanne. Geographies of Postcolonialism, chapter 1, On Orientalism. SAGE Publications. 2008.
- Berlant, Lauren. The Queen of America Goes to Washington City: Essays on Sex and
- Citizenship. Duke University Press, 1997, 2005.
- Blackwell, Maylei. Chicana Power: Contested Histories of Feminism in the Chicano
- Movement. University of Texas Press, 2011.
- 9 -" Historian Ranajit Guha Passes Away". *The Wire.* Archived *from the original on 1 May 2023. Retrieved 1 May 2023.*
- 10-Chakrabarty, Dipesh. "Subaltern Studies and Postcolonial Historiography" nepantla: views from south, vol.1, no-1,2000,pp-9-32
- -"Spivak, Gayatri." Encyclopædia Britannica. *Encyclopædia Britannica Ultimate Reference Suite.* Chicago: Encyclopædia Britannica, 2014.
- – http://sarojinisahoo.blogspot.com>...
- - Kernel of a tragedy mango seed poisoning kills three adivasi in an odisha village-Sandeep Sahu-29 aug2018.
- - They don't feel sorry, revisiting kandhamal 10 years after the violence against Christians- Priya Ramani-Aug 26, 2018,6.30A.m.
- Nepantla: Views from South, vol. 1, no. 1, 2000, pp. 9-32.

ସୌନ୍ଦର୍ଯ୍ୟ ଶାସ୍ତ୍ରୀୟ ସାହିତ୍ୟ ସମାଲୋଚକ ପ୍ରଫେସର ଆଦିକନ୍ଦ ସାହୁ

ସାହିତ୍ୟର ଅନ୍ୟାନ୍ୟ ବିଭାଗ ଭଳି ସମାଲୋଚନା ମଧ୍ୟ ଏକ ସୃଷ୍ଟିଶୀଳ ସାହିତ୍ୟ। ସମଗ୍ର ବିଶ୍ୱ ଏପରିକି ଓଡ଼ିଆ ସାହିତ୍ୟରେ ମଧ୍ୟ ଏହାର ପରମ୍ପରା ଅତ୍ୟନ୍ତ ପ୍ରାଚୀନ ଓ ସୁଦୃଢ। ଅନ୍ୟଭାବେ କହିଲେ ଏହା ମନୁଷ୍ୟ ସଭ୍ୟତା ଭଳି ପ୍ରାଚୀନ। ମାତ୍ର ସମୟ ଖଣ୍ଡରେ ବିବର୍ତ୍ତନ ସହ ତାଳଦେଇ ସାହିତ୍ୟ ଓ କଳାକୁ ଦେଖିବା ଓ ଅନୁଭବ କରିବାର ମାନସିକତାରେ ପରିବର୍ତ୍ତନ ଆସିଛି। ଯାହା ଫଳରେ ପ୍ରାଚୀନ ଯୁଗରୁ ଆରମ୍ଭ କରି ଏକବିଂଶ ଶତାବ୍ଦୀର ସାହିତ୍ୟକୁ ଅନୁଧ୍ୟାନ କଲେ ଜଣାଯିବ ଯେ, ଏହା ମଧ୍ୟରେ ସମାଲୋଚନା ଧାରାରେ ଅନେକ ପରିବର୍ତ୍ତନ ଆସିଛି। ଏହି କ୍ରମରେ 'Legislative Criticism'(ନୀତିନିୟମ ଯୁକ୍ତ ସମାଲୋଚନା) ହେଉଛି ପ୍ରଥମ ବିଧିବଦ୍ଧ ସମାଲୋଚନାର ଧାରା। ଯାହାର ନିଦର୍ଶନ ଦେଖିବାକୁ ମିଳେ ଦେଖିବାକୁ ମିଳେ ପ୍ରାଚୀନ ଓ ମଧ୍ୟଯୁଗୀୟ ଓଡ଼ିଆ ସାହିତ୍ୟରେ। ଏହାପରେ କ୍ରମେ ବିବର୍ତ୍ତନ ଧାରାରେ ସମାଲୋଚକଙ୍କର ଦୃଷ୍ଟିଭଙ୍ଗୀଗତ ପରିବର୍ତ୍ତନ ଫଳରେ 'Aesthetic of theoretical criticism'(ସୌନ୍ଦର୍ଯ୍ୟ ତତ୍ତ୍ୱ ସଂପର୍କିତ ତାତ୍ତ୍ୱିକ ସମାଲୋଚନା), 'Judicial criticism'(ନ୍ୟାୟିକ ସମାଲୋଚନା), 'Descriptive Criticism' (ବର୍ଣ୍ଣନାତ୍ମକ ସମାଲୋଚନା), 'Imperessionistic criticism' (ପ୍ରଭାବବାଦୀ ସମାଲୋଚନା), 'Psychological criticism' (ମନୋବୈଜ୍ଞାନିକ ସମାଲୋଚନା), 'Social criticism' (ସାମାଜିକ ସମାଲୋଚନା), 'Archetypal criticism'(ପ୍ରତ୍ନତତ୍ତ୍ୱ ସମାଲୋଚନା) ଭଳି ଅନେକ ସମାଲୋଚନା ଧାରା ଫଳରେ ଓଡ଼ିଆ ସାହିତ୍ୟର ନବକଳେବର ସମ୍ଭବ ହୋଇପାରିଛି।

ଓଡ଼ିଆ ସାହିତ୍ୟର ନବକଳେବର ପାଇଁ ଯେଉଁ ସମାଲୋଚକ ମାନଙ୍କର ଭୂମିକା ରହିଛି ତନ୍ମଧ୍ୟରୁ ଜଣେ ନିଷ୍ଠାବାନ ସମାଲୋଚକ ହେଉଛନ୍ତି ପ୍ରଫେସର ଆଦିକନ୍ଦ ସାହୁ। ଯିଏକି ନିଜ ସମାଲୋଚନା ସାହିତ୍ୟ ମାଧ୍ୟମରେ ଓଡ଼ିଆ ସାହିତ୍ୟକୁ ଏକ ନୂତନ ରୂପରେଖ ପ୍ରଦାନ କରିଛନ୍ତି। ସାହିତ୍ୟକୁ ସେ କେବଳ ଆଞ୍ଚଳିକତା ଦୃଷ୍ଟିରୁ ନୁହେଁ, ଦେଖିଛନ୍ତି ଏକ ବୃହତ୍ତର ଦୃଷ୍ଟିଭଙ୍ଗୀ ଦେଇ। ଏହି ଦୃଷ୍ଟିକୋଣରୁ ତାଙ୍କର 'ଗଦ୍ୟ ଗୌରବ', 'ପଦ୍ୟ ଗୌରବ', 'ସୃଜନ ଗୌରବ', 'ଭାବ ଗୌରବ', 'କଳା ଗୌରବ', 'ଶୃଙ୍ଗାର', 'ସୁଧାସ୍ୱାଦୀ ଗଙ୍ଗାଧର ଓ ଶୂନ୍ୟବାଦୀ ଭୀମଭୋଇ', 'କବିତାର ମୃତ୍ୟୁ ଓ ଅନ୍ୟାନ୍ୟ ନିବନ୍ଧ', 'ମୋ ମନ ପସନ୍ଦର କବି ଓ ଅନ୍ୟାନ୍ୟ ନିବନ୍ଧ', 'ସାହିତ୍ୟ ଓ ସୌନ୍ଦର୍ଯ୍ୟର ପୃଥିବୀ', 'ଆଧୁନିକତା ଓ ଆଧୁନିକସାହିତ୍ୟ', 'ଗଳ୍ପ ଉପନ୍ୟାସର ନବଦିଗନ୍ତ', 'ସୌନ୍ଦର୍ଯ୍ୟ ଓ ସୃଜନ ଦର୍ଶନ', 'ଭାବଜଗତର ନିର୍ମାତାଗଣ', 'କିର୍‌କେଗାର୍ଡ ଓ ସାହିତ୍ୟରେ ଅସ୍ତିତ୍ୱବାଦ' ଆଦି ସମାଲୋଚନା ସାହିତ୍ୟ ତାଙ୍କର ବିଶ୍ୱଦୃଷ୍ଟିର ପରିଚୟ ଦେଇଥାଏ। ଆଧୁନିକ ଓ ଉତ୍ତର ଆଧୁନିକ କାଳର ସମାଲୋଚକ ଭାବେ ସେ ଓଡ଼ିଆ ସମାଲୋଚନା ସାହିତ୍ୟରେ ଏକ ନୂତନ ପ୍ରସ୍ଥ ସ୍ଥାପନ କରିବାରେ ସମର୍ଥ ହୋଇପାରିଛନ୍ତି। ନୂତନ ସମାଲୋଚନା, ନୂତନ ଶବ୍ଦ ଆଦିର ବ୍ୟବହାର ତାଙ୍କ ସାହିତ୍ୟ ସାଧନାର ଅନ୍ୟ ଏକ ଦିଗ। ଏକ ବିହଙ୍ଗାବଲୋକନ କଲାଭଳି ଉପରୁ ଯଦି ଆମେ ଦେଖିବା ବା ଦୂରରୁ ଦେଖିବା ତାହାହେଲେ ପ୍ରଫେସର ସାହୁ ଆଜି ପର୍ଯ୍ୟନ୍ତ ୫୦ ବର୍ଷ ଭିତରେ ଯେଉଁ ସମାଲୋଚନା ପ୍ରସ୍ତୁତ କରିଛନ୍ତି ସେଥିରେ ଗୋଟିଏ କଥା ଅତ୍ୟନ୍ତ ଲକ୍ଷଣୀୟ। ଯଥା ପ୍ରାଚ୍ୟ ଓ ପାଶ୍ଚାତ୍ୟର ଭେଦ ଯଥାସମ୍ଭବ ସେ ମାନିନାହାନ୍ତି। ସେ ପ୍ରାଚ୍ୟକୁ ଯେଭଳି ସାଦରେ ଗ୍ରହଣ କରିଛନ୍ତି ଯେପରି ଅଭିନବ ଗୁପ୍ତ, ଭରତମୁନୀ ଆଦିଙ୍କ ବିଷୟରେ ଯେପରି ଶୁଭଗମନ୍ୟ ସେହିଭଳି ପାଶ୍ଚାତ୍ୟର ସମାଲୋଚକ କଲରିଜ୍, ସିଡ୍‌ନି, ଆର୍‌ନୋଲଡ୍, ୱାଡସ୍‌ୱର୍ଥ, ରସ୍‌କିନ୍, Uò.Gip.Afò@Up, ପାଉଣ୍ଡ, ହୁଇଟ୍‌ମ୍ୟାନ ଏମାନଙ୍କୁ ମଧ୍ୟ ସେ ଖୁବ୍ ଶ୍ରଦ୍ଧାର ସହିତ ସ୍ୱୀକାର କରିଛନ୍ତି। ତାଙ୍କର କୃତିଗୁଡିକ ହେଉଛି ପ୍ରାଚ୍ୟ ଓ ପାଶ୍ଚାତ୍ୟର ଏକ ସୁଖାତ୍ମକ ମିଳନ। ଏହିପରି ବିସ୍ତୀର୍ଣ୍ଣ ଦିଗ୍‌ବଳୟକୁ ସେ ସାହିତ୍ୟ ସମୀକ୍ଷାର ସମତଳ ବା Canvas କରିବା ପ୍ରତି ଆଗ୍ରହୀ ହୋଇଥିବା ଜଣାଯାଏ। ସେ ଭୂଗୋଳର ସୀମାକୁ ଡେଇଁବାକୁ ଉଦ୍ୟମ କରିଛନ୍ତି। ଏହି ଦୃଷ୍ଟିକୋଣରୁ ପ୍ରଫେସର ସାହୁଙ୍କର 'ଭାବ ଗୌରବ' ସମାଲୋଚନା ପୁସ୍ତକଟି ଏକ ଉଲ୍ଲେଖଯୋଗ୍ୟ ସୃଷ୍ଟି। ଏହାର ରଚନାଶୈଳୀ କିନ୍ତୁ କିତାବୀୟ କି ଆବିଧାନିୟ ନୁହେଁ ତାହା ଏକ ବ୍ୟକ୍ତିନିଷ୍ଠ ଶୈଳୀ ବା Personal Essay। ସେ ଯେପରି ହୃଦୟଙ୍ଗମ କରିଛନ୍ତି ତାକୁ ସେହିପରି ଲେଖିଛନ୍ତି। ଏହାସହ ନିଜର ପ୍ରତ୍ୟେକଟି କୃତିରେ ସେ

ମଣିଷର ଅତଳ ଅନ୍ତରୀଣ ପ୍ରସଙ୍ଗକୁ ଉତ୍ଥାପିତ କରିଥିବା ଦୃଷ୍ଟିରୁ ଏବଂ ପ୍ରତ୍ୟେକଟି ଘଟଣାର ଅନ୍ତରାଳକୁ ପ୍ରବେଶ କରିଥିବା ଦୃଷ୍ଟିରୁ ତାଙ୍କ ସମାଲୋଚନା ସାହିତ୍ୟର ଧାରା 'ମାର୍କ୍ସବାଦୀ ଚିନ୍ତନ' (Marxist School Of Thoughts)(୧) ଦ୍ୱାରା ଯେତେ ପ୍ରଭାବିତ ନୁହେଁ ତା ଠୁ ଅଧିକ 'ମନସ୍ତାତ୍ତ୍ୱିକ ଚିନ୍ତନ' (Psychological School Of Thoughts)(୨) ଦ୍ୱାରା ପ୍ରଭାବିତ। କାରଣ ତାଙ୍କର ସମାଲୋଚନାରେ ସାମାଜିକ ବାସ୍ତବତା ଅପେକ୍ଷା ଅଧିକ ଦେଖିବାକୁ ମିଳେ ମଣିଷର ଯୌନ ବାସ୍ତବତା। ଏହି ଦୃଷ୍ଟିକୋଣରୁ ପ୍ରଫେସର ସାହୁଙ୍କର 'ଶୃଙ୍ଗାର' ଏବଂ 'ସୌନ୍ଦର୍ଯ୍ୟ ଓ ସୃଜନ ଦର୍ଶନ' ସମାଲୋଚନା ପୁସ୍ତକ ଦୁଇଟି ବେଶ୍ ଗୁରୁତ୍ୱପୂର୍ଣ୍ଣ। ଚିନ୍ତନଗତ ପାର୍ଥକ୍ୟକୁ ନେଇ ମନସ୍ତାତ୍ତ୍ୱିକ ବିଦ୍ୟାଳୟ (Psychological School) ଟି ବିଭିନ୍ନ ଭାଗରେ ବିଭକ୍ତ ହୋଇଛି। ଏଥି ମଧ୍ୟରୁ ଅଧିକାଂଶ ଚିନ୍ତନର ସଫଳ ପ୍ରୟୋଗ ଦେଖିବାକୁ ମିଳେ ପ୍ରଫେସର ସାହୁଙ୍କର ଆଲୋଚନାରେ। Pre- Scientific Psychology (୩) (ପ୍ରାକ୍-ବୈଜ୍ଞାନିକ ମନସ୍ତତ୍ତ୍ୱ) ର ତିନୋଟି ବିଭାଗ ଯଥା- ଗ୍ରୀକ୍, ମଧ୍ୟ ଏବଂ ଇସ୍‌ଲାମ୍ କାଳ ମଧ୍ୟରୁ ହିପୋକ୍ରେଟସ୍, ପ୍ଲାଟୋ, ଆରିଷ୍ଟୋଟଲ, ପ୍ଲୋଟିନସ୍ ଏବଂ Gip.Uò.@MÁûA^p ଆଦି ଗ୍ରୀକ୍ ଓ ମଧ୍ୟ କାଳର ଦାର୍ଶନିକ ମାନଙ୍କ ଦ୍ୱାରା ପ୍ରଫେସର ସାହୁ ବିଶେଷ ପ୍ରଭାବିତ ହୋଇଥିବା ମନେହୁଏ। କାରଣ ବ୍ୟକ୍ତିର ବ୍ୟକ୍ତିତ୍ୱ ଗଠନରେ ମନସ୍ତତ୍ତ୍ୱର ଭୂମିକାକୁ ଏମାନେ ସ୍ୱୀକାର କରିଛନ୍ତି। ଅବଶ୍ୟ ଏମାନଙ୍କ ମଧ୍ୟରେ କିଛି ମାତ୍ରାରେ ରହିଥିବା ମତ ପାର୍ଥକ୍ୟକୁ ଅସ୍ୱୀକାର କରାଯାଇନପାରେ। ଏହି ସମୟର ଦାର୍ଶନିକ ମାନଙ୍କ ମଧ୍ୟରୁ 'ଗେଲେନ'(Galen) ଙ୍କୁ ପ୍ରଫେସର ସାହୁ ବିଶେଷଭାବେ ସମର୍ଥନ କରିଥିବା ମନେହୁଏ। ପ୍ରାକ୍ ବୈଜ୍ଞାନିକ ମନସ୍ତତ୍ତ୍ୱରେ ଇସ୍‌ଲାମିକ୍ କାଳରେ Al-Kundi, Al-Farabi, Ibr-Sina, Imam- Gzazali ଙ୍କ ଭଳି ଦାର୍ଶନିକମାନେ ମନସ୍ତତ୍ତ୍ୱକୁ ଧର୍ମ ସହିତ ସମନ୍ୱିତ କରିଥିବା ଦୃଷ୍ଟିରୁ ପ୍ରଫେସର ସାହୁ ଏମାନଙ୍କ ଦର୍ଶନକୁ ସମାଲୋଚନା କରିଥିବା ଭଳି ମନେହୁଏ। ଏହାବ୍ୟତୀତ ମନୁଷ୍ୟର ସ୍ୱଭାବକୁ ବର୍ଣ୍ଣନା କରିବାକୁ ଯାଇଁ ପ୍ରଫେସର ସାହୁ ରେନେସା ସମୟର ସନସ୍ତତ୍ତ୍ୱବିତ୍ ଯାହାକୁ ମନସ୍ତତ୍ତ୍ୱର ବୈଜ୍ଞାନିକ କାଳ ମଧ୍ୟ କୁହାଯାଏ। ତାହାକୁ ବହୁମାତ୍ରାରେ ସମର୍ଥନ କରିଛନ୍ତି। ବିଶେଷକରି 'ଚାର୍ଲସ୍ ଡ଼ାରଉଇନ', ଯିଏ 'Theory of evolution' (୪)ସଂପର୍କରେ ମତଦେଇଥିଲେ ଏବଂ 'ପଲ୍ ବ୍ରୋକା' (Paul Broca) ଯିଏ ମସ୍ତିଷ୍କର 'Broca Area' (୫) ସଂପର୍କରେ ମତଦେଇଥିଲେ ଆଦିଙ୍କ ଦ୍ୱାରା ବିଶେଷଭାବେ ପ୍ରଭାବିତ ହୋଇଛନ୍ତି। ମାତ୍ର ଏହି ମନସ୍ତତ୍ତ୍ୱ ବିଭାଗରେ ସଂରଚନାବାଦୀ (Structuralism), ବ୍ୟବହାରିକବାଦୀ (Functionalism) ଏବଂ ସଙ୍ଗଠନବାଦୀ (Associationism)

ଯେଉଁମାନେ ମୂଳତଃ ମଣିଷର ଚେତନମନ ସଂପର୍କରେ ଆଲୋଚନା କରୁଥିଲେ। ଏମାନଙ୍କ ଅପେକ୍ଷା ମଣିଷର ଅବଚେତନ ମନ ସଂପର୍କରେ ମତ ଦେଇଥିବା ସିଗମଣ୍ଡ ଫ୍ରଏଡଙ୍କର ମନୋବିଶ୍ଳେଷଣାତ୍ମକ (Psychoanalysis) (୬,୭)ତତ୍ତ୍ୱ ଦ୍ୱାରା ପ୍ରଫେସର ସାହୁ ବିଶେଷ ପ୍ରଭାବିତ ହୋଇଛନ୍ତି। ଫ୍ରଏଡଙ୍କର Psycho Analytical Theory ବା Psychodynamic Theory ରେ ମଣିଷର ସଚେତନ (Concious) , ଅଚେତନ (Sub-Concious/ Pre-Concious) ଏବଂ ଅବଚେତନ (Un- Concious) ମନ ସଂପର୍କରେ ଯେଉଁ ସୂଚନା ଦେଇଛନ୍ତି। ଏହା ବ୍ୟତୀତ ବ୍ୟକ୍ତିତ୍ୱର ଗଠନ (Structure of personality) ରେ ମଣିଷ ଭିତରର ତିନୋଟି ପ୍ରବୃତ୍ତି ଯଥା- ତତ୍‌କାଳିକ ଆନନ୍ଦ ଜନିତ ସିଦ୍ଧାନ୍ତ (Id/Instant pleasure principle), ବାସ୍ତବତା ଜନିତ ସିଦ୍ଧାନ୍ତ ନା ନୀତି (Ego/ Reality principle) ଏବଂ ନୈତିକତା ଜନିତ ସିଦ୍ଧାନ୍ତ (Super ego/ Morality principle) ଏବଂ ଇଦ୍ ପ୍ରବୃତ୍ତି ଭିତରେ କାୟା ବିସ୍ତାର କରିଥିବା 'Libido'(ଶୃଙ୍ଗାର) ଚେତନାର ଦୁଇଟି ପ୍ରବୃତ୍ତି ଯଥା-ଜୀବନ ବୃତ୍ତି (Eros/Life Instinct) ଏବଂ ମୃତ୍ୟୁ ବୃତ୍ତି (Thanatos/ Death Instinct) ର ସଫଳ ପରୀକ୍ଷଣ ଦେଖିବାକୁ ମିଳେ ସୌନ୍ଦର୍ଯ୍ୟ ଓ ସୃଜନ ଦର୍ଶନ ପୁସ୍ତକରେ ସ୍ଥାନିତ 'ସହଜ ଓ ଶୃଙ୍ଗାର ଦର୍ଶନ' ପ୍ରବନ୍ଧରେ। ଏଥିରେ ପ୍ରଫେସର ସାହୁ ବିଶେଷକରି ଶୃଙ୍ଗାରର 'ଜୀବନବୃତ୍ତିକୁ' ଗୁରୁତ୍ୱ ଦେବାସହ ମନୁଷ୍ୟ ଜୀବନରେ ଏହାର ଆବଶ୍ୟକତାକୁ ଉପଲବ୍ଧି କରିପାରିଛନ୍ତି। "ଶୃଙ୍ଗାର ଏକ ଦୈହିକ ରତି ଉତ୍ତେଜନା କେବଳ ନୁହେଁ ଏହା ପ୍ରଜ୍ଞା, ପ୍ରାଣର ପବିତ୍ର ପୁଲକାନୁଭୂତି, ସୃଜନଶୀଳତା ଓ ସୌନ୍ଦର୍ଯ୍ୟାନୁଭୂତିକୁ ଆହୁରି ଗାଢ ଆଉ ଗଭୀରକରେ। ରସ ଦୃଷ୍ଟିକୁ ଆହୁରି କ୍ରିୟାଶୀଳ କରେ। ଜୀବନକୁ ଆଲୋକ ଓ ଆନନ୍ଦ ଜଗତ ଆଡେ ନେଇଯିବାପାଇଁ ପ୍ରବୋଧିତକରେ। ବୋଧଦୃଷ୍ଟି ଓ ହୃଦୟାବେଗକୁ ଆହୁରି ମାର୍ମିକ ଓ ପରିବ୍ୟାପ୍ତ କରେ।" (ସୌନ୍ଦର୍ଯ୍ୟ ଓ ସୃଜନ ଦର୍ଶନ-ପୃ-୨୩୭) ପ୍ରଫେସର ସାହୁ ଶୃଙ୍ଗାରର ଜୀବନବୃତ୍ତି କୁ ଯେତେ ସମର୍ଥନ କରିଛନ୍ତି ସେତେ 'ମୃତବୃତ୍ତି'କୁ ସେ କରିଥିବା ମନେହୋଇନଥାଏ। ମାତ୍ର କେତେକ କ୍ଷେତ୍ରରେ ମଣିଷ ଭିତରର ଉଦ୍ଦାମତା ମୃତବୃତ୍ତି (Death Instinct) ଭଳି ମନେହୋଇଥିଲେ ହେଁ , ପ୍ରକୃତପକ୍ଷେ ତାହାକୁ ମୃତବୃତ୍ତି ଅପେକ୍ଷା 'କେରିନ୍ ହୋର୍‌ନେ' (Karen Horney) ଙ୍କର 'Hormic Theory' ବା 'Hormic Psychology' (୮) (ମୂଳ ପ୍ରବୃତ୍ତି) କହିବା ଯଥାର୍ଥ ହେବ। କାରଣ ଯାହା ମଣିଷର ମୂଳ ବା ଜନ୍ମଜାତ ପ୍ରବୃତ୍ତି। ମଣିଷର ପ୍ରତ୍ୟେକ କାର୍ଯ୍ୟ ପଛରେ ଯାହାର ପ୍ରଭାବ ରହିଥାଏ; ଯାହାକୁ ଉତ୍ତର ଫ୍ରଏଡୀୟ ମନସ୍ତତ୍ତ୍ୱବିତ୍ 'କାର୍ଲ ଜଙ୍ଗ', 'Collective Unconciousness' (୯)ଏବଂ ପ୍ରକୃତିବାଦୀ କଥାଶିଳ୍ପୀ 'ଏମିଲି

ଜୋଲା' 'ନାନା' (୧୦)ଉପନ୍ୟାସରେ ନଖ ଦାନ୍ତର ବାସ୍ତବତା ବୋଲି କହିଛନ୍ତି। ତାହା ମୃତବୃତ୍ତି ନୁହେଁ। ତେଣୁ ପ୍ରଫେସର ସାହୁ ମଣିଷର ଶୃଙ୍ଗାରକୁ କେନ୍ଦ୍ରକରି ଏହି ଯେଉଁ ଆଦିମତା ପ୍ରସଙ୍ଗ ଉତ୍ଥାପିତ କରିଛନ୍ତି ତାହା ପ୍ରକୃତପକ୍ଷେ 'ଉଇଲିୟମ ମ୍ୟାକଡୋଗଲ', (William Mcdougall) ଙ୍କର An Introduction to Social Psychology (୧୯୦୮)(୧୧) ରେ ବର୍ଣ୍ଣିତ ମଣିଷ ଭିତରର ୧୪ଟି ମୂଳ ପ୍ରବୃତ୍ତି ସଂପର୍କିତ ବର୍ଣ୍ଣନା ଭଳି ମନେହଏ। ସିଗମଣ୍ଡ ଫ୍ରଏଡଙ୍କର Psychodynamic Theory ଅନୁସାରେ ଆମ ଭିତରେ ଏହି ଚେତନାଟି ଥାଏ ଯେ ଦିନେ ନା ଦିନେ ଆମକୁ ମରିବାକୁ ହେବ ଏବଂ ଅବଚେତନ ମନରେ ଆମେ ଚାହୁଁ ମରିବାକୁ। ଫଳରେ ଆମେ ତାକୁ ପରିପ୍ରକାଶ କରିବାପାଇଁ ଅନ୍ୟ ଲୋକଙ୍କର ସହାୟତା ନେଇଥାଉ। ଯେପରି କାହାପ୍ରତି ଆକ୍ରୋଶ ଅଥବା ଆକ୍ରମଣାତ୍ମକ ବ୍ୟବହାରକୁ ଗ୍ରହଣ କରାଯାଇପାରେ। ପ୍ରଫେସର ସାହୁଙ୍କର ମୃତ୍ୟୁଚେତନା ସଂପର୍କିତ ବର୍ଣ୍ଣନାରେ ଏହା ଦେଖିବାକୁ ମିଳେ। କେବଳ ସମାଲୋଚକ ଭାବେ ନୁହେଁ ଜଣେ ଗାଳ୍ପିକ ଭାବେ ମଧ୍ୟ ପ୍ରଫେସର ସାହୁଙ୍କର କେତେକ ଗଳ୍ପରେ ଏହାର ଚମତ୍କାର ପ୍ରୟୋଗ ପରିଲକ୍ଷିତ। ସଂପ୍ରତି ମଣିଷ ଭିତରେ Reaction Formation ବା Reacting in the opposite (ବୀପରିତ ପ୍ରତିକ୍ରିୟା)(୧୨) କିପରି ଅଧିକ କ୍ରିୟାଶୀଳ ହୋଇଉଠିଛି ତାହା ସଂପର୍କରେ ମଧ୍ୟ ସେ ସୂଚନା ଦେଇଛନ୍ତି। ମଧ୍ୟଯୁଗୀୟ ଶୃଙ୍ଗାର ବର୍ଣ୍ଣନା ଏବଂ ଯୌନ ବାସ୍ତବତାକୁ ଅସ୍ୱୀକାର କରିବା ଭିତରେ ଏହି ମାନସିକତାକୁ ଅନୁଭବ କରାଯାଇପାରେ। ପ୍ରଫେସର ସାହୁଙ୍କର ସମାଲୋଚନାରେ ମାନବବାଦୀ ମନୋବିଜ୍ଞାନ (Humanistic Psychology) (୧୩)ସଂପର୍କିତ ପରୀକ୍ଷଣ ମଧ୍ୟ ପରିଲକ୍ଷିତ। ବିଶେଷକରି ସେ କାର୍ଲ ରୋଜର୍ ଙ୍କର 'Self Actualization' (ଆତ୍ମବୋଧ) ତତ୍ତ୍ୱକୁ ସେ ବ୍ୟବହାର କରିଥିବା ମନେହୁଏ। ଏହା ବ୍ୟତୀତ ମଣିଷର ସ୍ୱଭାବକୁ ବର୍ଣ୍ଣନା କରିବାକୁ ଯାଇଁ ସେ ଆବ୍ରାହମ୍ ମାସ୍‌ଲୋ (Abraham Maslow)ଙ୍କର 'Hierarchy of needs' (୧୪) ସଂପର୍କରେ ବିଶେଷ ଆଲୋଚନା କରିଛନ୍ତି। ସେ ଅଧିକରୁ ଅଧିକ ପ୍ରଭାବିତ ହୋଇଛନ୍ତି ଅସ୍ତିତ୍ୱବାଦୀ ଦାର୍ଶନିକ ସୋପେନ୍ ହାୱାର, ଡେସ୍‌ମଣ୍ଡ ମୋରିସ୍ ତଥା ରୋଲେ ମେ ଙ୍କ ଏକାନ୍ତ ଜୀବନ ବାଦୀ ଚିନ୍ତାଧାରା ଦ୍ୱାରା। ଏହା ବ୍ୟତୀତ ପ୍ରଫେସର ସାହୁ ଜଣେ ଅସ୍ତିତ୍ୱବାଦୀ ଦର୍ଶନର ସମର୍ଥକ ଭାବେ ତାଙ୍କ ସମାଲୋଚନା ଗୁଡିକରେ ବହୁମାତ୍ରାରେ ଅସ୍ତିତ୍ୱବାଦୀ ମନସ୍ତତ୍ତ୍ୱର ବ୍ୟବହାର ମଧ୍ୟ ପରିଲକ୍ଷିତ। ଏହି ଦୃଷ୍ଟିକୋଣରୁ ପ୍ରଫେସର ସାହୁଙ୍କର କିର୍‌କେଗାର୍ଡ ଓ ସାହିତ୍ୟରେ ଅସ୍ତିତ୍ୱବାଦ ସମାଲୋଚନା ପୁସ୍ତକଟି ବିଶେଷ ଉଲ୍ଲେଖଯୋଗ୍ୟ। ପ୍ରଥମ ଓ ଦ୍ୱିତୀୟ ବିଶ୍ୱଯୁଦ୍ଧ ପରବର୍ତ୍ତୀ ସମୟରେ ମଣିଷ ଭିତରେ

ନିଜ ପରିଚୟକୁ ନେଇ ସୃଷ୍ଟିହୋଇଥିବା ଦ୍ୱନ୍ଦ୍ୱ ଓ ଏହାର ଫଳସ୍ୱରୂପ କ୍ରିୟାଶୀଳ ଅସ୍ତିତ୍ୱବାଦ, ଭାବାତୀତବାଦ, ଦିଗହରାପିଢି, ଡାଡାବାଦ ଏବଂ ଅତିବାସ୍ତବତାବାଦ ଭଳି ଦର୍ଶନ ଜୀବନ ପ୍ରତି ବିମୁଖ ମଣିଷ ମାନଙ୍କୁ ଜୀବନକୁ କେନ୍ଦ୍ରକରି ଏକ ନୂତନ ଦୃଷ୍ଟିଭଙ୍ଗୀ ପ୍ରଦାନ କରିଥିଲା। ଏହି ସବୁର ମୂଳ କିନ୍ତୁ ଥିଲା ଅସ୍ତିତ୍ୱବାଦୀ ଦର୍ଶନ। ଯାହାର ଗଭୀରତାକୁ ପ୍ରଫେସର ସାହୁ ପ୍ରବେଶ କରିବା ସହ ଏକ ସମାଲୋଚକ ଭାବେ ନିଜସ୍ୱ ଦୃଷ୍ଟିଭଙ୍ଗୀ ମଧ୍ୟ ଦେଇଛନ୍ତି। ମଣିଷ ଭିତରେ ଗୋଟିଏ ସମୟରେ ଏହି ଯେଉଁ ପରିଚୟକୁ ନେଇ ଦ୍ୱନ୍ଦ୍ୱ ସୃଷ୍ଟିହୋଇଥିଲା ତାହା ପଛରେ କେବଳ ପ୍ରଥମ ଓ ଦ୍ୱିତୀୟ ବିଶ୍ୱଯୁଦ୍ଧ ନୁହେଁ କେତେକ କ୍ଷେତ୍ରରେ ମନସ୍ତତ୍ତ୍ୱର ଭୂମିକା ରହିଥିବା ମଧ୍ୟ ଜଣାଯାଏ। ମନସ୍ତତ୍ତ୍ୱବିତ୍ ସିଗମଣ୍ଡ ଫ୍ରଏଡ ଯେପରି 'ମଣିଷ ଶରୀରର ମନୋବୈଜ୍ଞାନିକ ଯୌନତାର ବିକାଶ' (Psycho Sexual Development Of Human Body)(୧୫) ସଂପର୍କିତ ଏକ ସିଦ୍ଧାନ୍ତରେ ମଣିଷର ପାଞ୍ଚଟି ପର୍ଯ୍ୟାୟ ସଂପର୍କରେ ଆଲୋଚନା କରିଛନ୍ତି। ସେହିପରି ଉତ୍ତର- ଫ୍ରଏଡୀୟ ଦୃଷ୍ଟିକୋଣ (Post- Freudian Approach) ର ସମର୍ଥକ ଏରିକ୍ ଏରିକ୍‌ସନ୍ (Eric Erikson) ବିଶ୍ୱାସ କରିଛନ୍ତି ଯେ, ମଣିଷର ବିକାଶ କେବଳ ବାଲ୍ୟବସ୍ଥା ପର୍ଯ୍ୟନ୍ତ ସୀମିତ ରହିନଥାଏ। ଏରିକ୍‌ସନ୍‌ଙ୍କର ବିଶ୍ୱାସ ଥିଲା ଯେ ମନୁଷ୍ୟର ବିକାଶ ଏକ ଜୀବନବ୍ୟାପୀ ପ୍ରକ୍ରିୟା " The development of personality is a lifelong process" । ତେଣୁ ସେ ଏହି ସଂପର୍କରେ ଯେଉଁ ସିଦ୍ଧାନ୍ତ ପ୍ରଦାନ କରିଥିଲେ ତାହାର ନାମ ଥିଲା 'Identity Crisis' (ପରିଚୟକୁ ନେଇ ଦ୍ୱନ୍ଦ୍ୱ) ବା Turning Point (ମୋଡ)(୧୬)। ୧୯୫୦ରେ ପ୍ରକାଶିତ 'Childhood and society' ପୁସ୍ତକରେ ସେ ସମଗ୍ର ମଣିଷ ଜୀବନକୁ ଆଠଟି ଚରଣରେ ବିଭାଜିତ କରିଛନ୍ତି। ଏହାସହ ପ୍ରତ୍ୟେକଟି ଚରଣରେ ଗୋଟିଏ ସକାରତ୍ମକ ଏବଂ ନକାରାତ୍ମକ ଦିଗ ରହିଛି। ଉଦାହରଣ ସ୍ୱରୂପ- ବାଲ୍ୟ ବସ୍ଥାର ପ୍ରଥମ ଚରଣ ଯେପରି 'Trust' (ବିଶ୍ୱାସ) ବନାମ 'Mistrust' (ଅବିଶ୍ୱାସ) । ଏହା ଭିତରୁ ଶିଶୁ ବାଲ୍ୟବସ୍ଥାରୁ ଯେଉଁଟିପାଏ ସେହି ଅନୁସାରେ ସେ ବିକଶିତ ହୋଇଥାଏ। ଏହି ଦିଗରୁ ବିଚାରକଲେ ଯେହେତୁ ପ୍ରଥମ ଓ ଦ୍ୱିତୀୟ ବିଶ୍ୱଯୁଦ୍ଧ କାଳୀନ ପିଢି ପ୍ରାରମ୍ଭରୁ ଜୀବନରେ ନକାରାତ୍ମକ ବା Mistrust କୁ ଭେଟିଛନ୍ତି। ତେଣୁ ତାଙ୍କ ଭିତରେ ପରିଚୟକୁ ନେଇ ଏକ ଦ୍ୱନ୍ଦ୍ୱ ସୃଷ୍ଟିହୋଇଛି। ପ୍ରଫେସର ସାହୁଙ୍କର 'ଆଧୁନିକତା ଓ ଆଧୁନିକତ ସାହିତ୍ୟ' ସମାଲୋଚନା ପୁସ୍ତକରୁ ଏହିଭଳି କିଛି ଦୃଷ୍ଟିଭଙ୍ଗୀର ସମ୍ୟକ୍ ପରିଚୟ ମିଳିଥାଏ। ସେ ଆଧୁନିକତାକୁ ଏକ ଚେତନା ରୂପେ ମନେକରିଛନ୍ତି। ପ୍ରଫେସର ସାହୁଙ୍କ ପାଖରେ ଏହି ଆଧୁନିକତାକୁ କେନ୍ଦ୍ରକରି ଦୃଷ୍ଟିଭଙ୍ଗୀଗତ ଭିନ୍ନତାକୁ ଲକ୍ଷ

କରାଯାଇପାରେ। କାରଣ ତାଙ୍କ ଦୃଷ୍ଟିକୋଣରେ ଜଣେ ବେଶ ପୋଷାକରେ ଆଧୁନିକ ହୋଇନଥାଏ ହୋଇଥାଏ ଚେତନାରେ। ଜଣେ ଆଧୁନିକ ବ୍ୟକ୍ତି ଭାଷା ଭୁଗୋଳ ଦୃଷ୍ଟିରୁ ନିରପେକ୍ଷ ହେବା ସହ ସମଗ୍ର ବିଶ୍ୱ ବ୍ରହ୍ମାଣ୍ଡକୁ ଗ୍ରହଣ କରିବା ଉଚିତ୍। ଏହିଭଳି ଚିନ୍ତନର ପ୍ରତିଫଳନ ଯୋଗୁଁ ପ୍ରଫେସର ସାହୁଙ୍କର ସମାଲୋଚନା ସାହିତ୍ୟ ବେଶ୍ ଉଚ୍ଚକୋଟିର ତୁଳନାତ୍ମକ ଦିଗକୁ ସ୍ପର୍ଶ କରିପାରିଛି। Interdiciplinary, Cross disciplinary ଏବଂ Multi disciplinary ଅର୍ଥାତ୍ ସାହିତ୍ୟ ସହ ସୌନ୍ଦର୍ଯ୍ୟ ତତ୍ତ୍ୱ, ମନସ୍ତତ୍ତ୍ୱ, ଦର୍ଶନଶାସ୍ତ୍ର, ଜୀବବିଜ୍ଞାନ, ଗଣିତ, ସମାଜଶାସ୍ତ୍ର ଆଦି ଅଧ୍ୟୟନ ଫଳରେ ପ୍ରଫେସର ସାହୁଙ୍କର ପ୍ରତ୍ୟେକଟି ଆଲୋଚନା ମଧ୍ୟରେ ରହିଥିବା ତୁଳନାତ୍ମକ ଦିଗକୁ ଅନୁଭବ କରାଯାଇପାରେ। ଏହି ଦୃଷ୍ଟିକୋଣରୁ ତାଙ୍କର 'ମୈଳାଞ୍ଚଳ ସହିତ ଅନ୍ଧଦିଗନ୍ତ', 'ଗୀତାଞ୍ଜଳି ସହ ଅର୍ଘ୍ୟଥାଳି', 'ଛ ମାଣ ଆଠଗୁଣ୍ଠ ଓ ଗୋଦାନ', 'ମାଟିମଟାଳ ଓ ଗଣଦେବତା', 'ଜୀବନାନନ୍ଦ ଦାସଙ୍କ କବିତା ସହ ସଚ୍ଚିଦାନନ୍ଦ ରାଉତରାୟଙ୍କର କବିତା', 'ରମାକାନ୍ତ ରଥଙ୍କର ଶ୍ରୀ ରାଧା ଓ କାମାୟନୀ ସଂପର୍କିତ ତୁଳନା' ଗୋଟିଏ ଗୋଟିଏ ଉଲ୍ଲେଖଯୋଗ୍ୟ ସୃଷ୍ଟି। ଏଠାରେ ଏକ ପ୍ରସଙ୍ଗ ଉପରେ ଗୁରୁତ୍ୱ ଦିଆଯାଇପାରେ ଯେ, ପ୍ରଫେସର ସାହୁ ତୁଳନାତ୍ମକ ସାହିତ୍ୟକୁ କେବଳ ଅଧ୍ୟୟନର ଶାଖା (Branch of study) ଭାବେ ଗ୍ରହଣ କରିନାହାନ୍ତି। ଏହାକୁ ସେ ଆହୁରି ବୃହତ୍ତର ଦୃଷ୍ଟିଭଙ୍ଗୀ ଦେବାପାଇଁ ଏକ ସାଧାରଣ ଜ୍ଞାନ ଭାବେ ମଧ୍ୟ ଗ୍ରହଣ କରିଛନ୍ତି। କାରଣ ଯଦି ଆମେ ଲିଓ ଟଲଷ୍ଟୟଙ୍କର 'War and peace' ଉପନ୍ୟାସକୁ ଭାରତର କୌଣସି ଏକ ଉପନ୍ୟାସ ସହ ତୁଳନା କରିବା ତେବେ ଏହା ମାଧ୍ୟମରେ ଆମେ କେବଳ ସାହିତ୍ୟ ନୁହେଁ ଏହା ମାଧ୍ୟମରେ ଆମେ ଋଷିଆର ଯୁଦ୍ଧ ପରିସ୍ଥିତି ସହ ସାମାଜିକ ଓ ଅର୍ଥନୈତିକ ପରିବେଶକୁ ମଧ୍ୟ ଉପଲବ୍ଧି କରିପାରିବା। ତେଣୁ ଏହି ଦୃଷ୍ଟିକୋଣରୁ ବିବେଚନାକଲେ ବାସ୍ତବିକ ପ୍ରଫେସର ସାହୁଙ୍କର ତୁଳନାତ୍ମକ ଦୃଷ୍ଟିଭଙ୍ଗୀଟି ବେଶ୍ ପ୍ରଣିଧାନଯୋଗ୍ୟ। ସମାଲୋଚକ ଭାବେ ପୁରାତନ ପ୍ରସଙ୍ଗକୁ ନୂତନ ରୂପ ଦେବାରେ ପ୍ରଫେସର ସାହୁ ବେଶ୍ ସିଦ୍ଧହସ୍ତ। ଏହି ଦୃଷ୍ଟିକୋଣରୁ ତାଙ୍କର 'ଗଳ୍ପ ଉପନ୍ୟାସର ନବଦିଗନ୍ତ' ଏକ ଉଲ୍ଲେଖଯୋଗ୍ୟ ସମାଲୋଚନା ସାହିତ୍ୟ। ବହୁ ନୂତନ ପାଶ୍ଚାତ୍ୟ ସାହିତ୍ୟ ତ୍ତ୍ୱ ଗୁଡିକୁ ସେ ଭାରତୀୟ ସାହିତ୍ୟର ଭିତ୍ତିଭୂମି ଉପରେ ପ୍ରତିଷ୍ଠାକରି ପ୍ରମାଣିତ କରିଦେଇଛନ୍ତ ଯେ, କୌଣସି ତତ୍ତ୍ୱ ନୂତନ ଅଥବା ପ୍ରାଚୀନ ନୁହେଁ। ଯେପରି ସାରଳା ଦାସଙ୍କର ମହାଭାରତକୁ ବିବେଚନାକଲେ ସେଥିରେ ମଧ୍ୟ ଆମେ ଅସ୍ତିତ୍ୱବାଦୀ ଚେତନା ଦେଖିବାକୁ ପାଇବା। ଯେପରି କର୍ଣ୍ଣ ଚରିତ୍ରର ଏକାକୀତ୍ୱକୁ ପ୍ରଫେସର ସାହୁ ପ୍ରତିଷ୍ଠିତ କରିଛନ୍ତି। ସେହିପରି ଫକୀରମୋହନ ସେନାପତିଙ୍କର ରାଣ୍ଡୀପୁଅ ଅନନ୍ତାର ଅନନ୍ତା

ଚରିତ୍ରକୁ ବିବେଚନା କରାଯାଇପାରେ। ଏହାକୁ ପ୍ରଫେସର ସାହୁ ଅସ୍ତିତ୍ୱବାଦୀ ଦୃଷ୍ଟିକୋଣରୁ ଦେଖିବାକୁ ଉଦ୍ୟମ କରିଛନ୍ତି। ଯେଉଁ ମନସ୍ତତ୍ତ୍ୱର ଧାରା ଓଡ଼ିଆ ସାହିତ୍ୟରେ 'ମନେମନେ' ଉପନ୍ୟାସ ଠାରୁ ଆରମ୍ଭ ହୋଇଥିଲା। ଟିକେ ପଛକୁ ଫେରି ଚାହିଁଲେ ଫକୀରମୋହନ ସେନାପତିଙ୍କର 'ଛ ମାଣ ଆଠଗୁଣ୍ଠ' ଉପନ୍ୟାସରେ ଏହାର ପ୍ରୟୋଗକୁ ଅନୁଧ୍ୟାନ କରାଯାଇପାରେ। ରାମଚନ୍ଦ୍ର ମଙ୍ଗରାଜ ଶେଷ ସୋପାନରେ ମୃତ୍ୟୁ ଶଯ୍ୟାରେ ପଡିଛନ୍ତି। ନିଜ ଭିତରେ ବହୁଦିନ ଧରି ସଂଚିତ କରି ରଖିଥିବା ଇଦ୍ ପ୍ରବୃତ୍ତି ସଙ୍ଗକୁ ଅନେକ ରହସ୍ୟଘନ ମନୋଭାବକୁ ସେ ନିଜର ଅବଚେତନ ମନ ମଧ୍ୟରେ ଦାବି ରଖିଥିଲେ। ମୃତ୍ୟୁ ଶଯ୍ୟାରେ ସେ ସବୁ ସ୍ୱପ୍ନ ତଥା ଭାବପ୍ରବଣତା ବଶତଃ ବାହାରକୁ ପ୍ରତିଭାତ ହୋଇଛି। ଯାହାକୁ ସିଗମଣ୍ଡ ଫ୍ରଏଡ ତାଙ୍କର 'Interpretation of dreams' (୧୭) ପୁସ୍ତକ ମାଧ୍ୟମରେ ପ୍ରମାଣିତ କରିବାକୁ ଉଦ୍ୟମ କରିଥିଲେ। ଏହିପରି ପ୍ରାଚୀନତାକୁ ନୂତନ ଦୃଷ୍ଟିଭଙ୍ଗୀଦେଇ ଦେଖିବାକୁ ଉଦ୍ୟମ କରିଛନ୍ତି ପ୍ରଫେସର ସାହୁ। ଯାହା ତାଙ୍କ ସମାଲୋଚନାର ଏକ ବିଶେଷ ଦିଗ କହିଲେ ଅତ୍ୟୁକ୍ତି ହେବନାହିଁ। ଜଣଙ୍କର ସମାଲୋଚନା ଗୋଟିଏ ପ୍ରକାର ଏବଂ ସେ ନିଜେ ଅନ୍ୟ ପ୍ରକାର ହେବା ଏକ ପ୍ରହସନ ମନେହୋଇଥାଏ। ମାତ୍ର ପ୍ରଫେସର ସାହୁଙ୍କର ବ୍ୟକ୍ତିତ୍ୱ ଯେପରି ତାଙ୍କର ସମାଲୋଚନା ଶୈଳୀ ଠିକ୍ ସେହିପରି। ମାୟାଧର ମାନସିଂହ ଓ ସୁରେନ୍ଦ୍ର ମହାନ୍ତିଙ୍କ ଭଳି ତାଙ୍କର ରଚନା ଶୈଳୀ ହେଉଛି ବ୍ୟକ୍ତିଗତ ସମାଲୋଚନା ବା Personal Criticism । ନିଜ ରଚନାରେ ସେ ଯେପରି Compound Character (ଯୌଗିକ ଚରିତ୍ର), Anti Drama (ଅଣ ନାଟକ), Anti Story(ଅଣ ଗଳ୍ପ), Anti Hero (ଅଣ ନାୟକ) କୁ ଗୁରୁତ୍ୱ ଦେଇଛନ୍ତି। ସେହିପରି ସମାଲୋଚକ ଭାବେ ସେ କାହାକୁ ଶତପ୍ରତିଶତ ଭଲ ଅଥବା ମନ୍ଦ ବୋଲି କହିନାହାନ୍ତି। କାରଣ ଏହିଭଳି ଚରିତ୍ରଙ୍କୁ ଗଢୁଥିବା ସ୍ରଷ୍ଟାଙ୍କ ବକ୍ତବ୍ୟ ଜଣେ ବ୍ୟକ୍ତ ସଂପୂର୍ଣ୍ଣ ରାମ ଅଥବା ରାବଣ ହୋଇନଥାଏ। ରାମ ଭିତରେ ରାବଣ ଓ ରାବଣ ଭିତରେ ରାମ ନିଶ୍ଚିତ ଭାବେ ଲୁଚି ରହିଥାଏ। ଅବଶ୍ୟ ଏହି ପ୍ରସଙ୍ଗକୁ ମନସ୍ତାତ୍ତ୍ୱିକ ଦିଗରୁ ଫ୍ରଏଡଙ୍କ ସମେତ ଉତ୍ତର ଫ୍ରଏଡୀୟ ମନସ୍ତତ୍ତ୍ୱବିତ୍‌ମାନେ ମଧ୍ୟ ପ୍ରମାଣିତ କରିସାରିଛନ୍ତି। ଏହା ମଧ୍ୟ ପ୍ରଫେସର ସାହୁଙ୍କ ସମାଲୋଚନାର ଆଉ ଏକ ଭିନ୍ନ ଦିଗ। ଏହା ବ୍ୟତୀତ ପାଶ୍ଚାତ୍ୟରେ ଯେଉଁ ସାହିତ୍ୟିକ ଆନ୍ଦୋଳନ ଓ ତ ତ୍ତ୍ୱର ଆବିର୍ଭାବ ହୋଇଛି। ପ୍ରଫେସର ସାହୁ ଜଣେ ମନସ୍ତାତ୍ତ୍ୱିକ ସମାଲୋଚକ (Psychological Critcue) ଭାବେ ଯେପରି ବିଶେଷ ପ୍ରସିଦ୍ଧି ଅର୍ଜନ କରିଛନ୍ତି। ସେହିପରି ସୌନ୍ଦର୍ଯ୍ୟ ତତ୍ତ୍ୱ , ପ୍ରତ୍ନତତ୍ତ୍ୱ, ଅସ୍ତିତ୍ୱବାଦ, ପ୍ରକୃତିବାଦ, ନାରୀବାଦ, ମୃତ୍ୟୁଚେତନା ଆଦି ସଂପର୍କିତ ସମାଲୋଚନା ଉପରେ ଗଭୀର ଅଧ୍ୟୟନ ଓ ଗବେଷଣା

ଫଳରେ ସେ ଓଡ଼ିଆ ସାହିତ୍ୟକୁ ଏକ ନୂତନ ଦୃଷ୍ଟିଭଙ୍ଗୀ ଦେଇ ଦେଖିବାରେ ସମର୍ଥ ହୋଇପାରିଛନ୍ତି। ମନସ୍ତତ୍ତ୍ୱ ପରିଭାଷାର ବହୁଳ ପ୍ରୟୋଗ ତାଙ୍କ ସମାଲୋଚନା ସାହିତ୍ୟରେ ଲକ୍ଷଣୀୟ। ଓଡ଼ିଆ ସାହିତ୍ୟ ଏପରିକି ଭାରତୀୟ ସାହିତ୍ୟରେ ମଧ୍ୟ କେତେକ ସମାଲୋଚକ ଅସ୍ତିତ୍ୱବାଦ (Existentialism) (୧୮)କୁ ଏକ ନକାରାତ୍ମକ ଦର୍ଶନ ଭାବେ ଗ୍ରହଣ କରିଛନ୍ତି। ଯୁଦ୍ଧର ଫଳ ସ୍ୱରୂପ ଯୁଦ୍ଧରେ ଘଟିଥିବା କ୍ଷୟକ୍ଷତିର ଫଳସ୍ୱରୂପ ଲୋକମାନଙ୍କ ମଧ୍ୟରେ ଯେଉଁ ଅସହାୟତା, ଏକାକୀତ୍ୱଭାବ ସୃଷ୍ଟି ହୋଇଥିଲା ତାହାରି ମଧ୍ୟରୁ ହିଁ ଏହି ଅସ୍ତିତ୍ୱବାଦୀ ଆନ୍ଦୋଳନର ଆବିର୍ଭାବ ଘଟିଥିଲା। କାରଣ ଯୁଦ୍ଧ ପୂର୍ବରୁ ମଣିଷ ଅଧିକ ଆଶାବାଦୀ ହେବା ସହିତ ସରଳ ଜୀବନ ଯାପନ କରୁଥିଲା। ଭଗବାନଙ୍କ ପ୍ରତି ବିଶ୍ୱାସ ଓ ନୈତିକତାକୁ ନେଇ ବଞ୍ଚୁଥିଲା। ହେଲେ ଏ ସବୁ ଯେ ଅର୍ଥହୀନ ତାହା ଯୁଦ୍ଧ ମଣିଷକୁ ଜଣାଇଦେଲା। ତେଣୁ ଯୁଦ୍ଧପରେ ଏହି ସବୁ ଆଦର୍ଶ ଉପରେ ମଣିଷର ଆଉ ବିଶ୍ୱାସ ରହିଲାନାହିଁ। ଏହା ସହିତ ନିଜ ଉପରୁ ମଧ୍ୟ ମଣିଷ ଆସ୍ଥା ହରାଇ ବସିଲା। ସେମାନେ କିଏ ? କଣ କରୁଛନ୍ତି ? କାହିଁକି ବଞ୍ଚିଛନ୍ତି ? ଇତ୍ୟାଦି ପ୍ରଶ୍ନ ବା ନିଜର ଅସ୍ତିତ୍ୱ ଉପରେ ମଧ୍ୟ ପ୍ରଶ୍ନବାଚୀ ସୃଷ୍ଟିହେଲା। ଏହିପରି ଭାବେ ଅସ୍ତିତ୍ୱବାଦକୁ ଅଧିକାଂଶ ଆଲୋଚକ ଏକ ଈଶ୍ୱରହୀନ, ନିରାଶବାଦୀ, ଏକାକୀତ୍ୱର ଦର୍ଶନ ଭାବେ ଗ୍ରହଣ କରିଛନ୍ତି। ମାତ୍ର ଯେଉଁ ଆଲୋଚକମାନେ ଅସ୍ତିତ୍ୱବାଦର ଗଭୀରତକୁ ପ୍ରବେଶ କରିପାରିଛନ୍ତି ଅସ୍ତିତ୍ୱବାଦକୁ କେନ୍ଦ୍ରକରି ସେମାନଙ୍କର ଦୃଷ୍ଟିଭଙ୍ଗୀ କିନ୍ତୁ ସଂପୂର୍ଣ୍ଣ ଭିନ୍ନ। ଏହି ଦୃଷ୍ଟିକୋଣରୁ ପ୍ରଫେସର ଆଦିକନ୍ଦ ସାହୁଙ୍କର 'କିର୍‌କେଗାର୍ଡ ଓ ସାହିତ୍ୟରେ ଅସ୍ତିତ୍ୱବାଦ' ଏକ ଉଲ୍ଲେଖଯୋଗ୍ୟ ସମାଲୋଚନା ପୁସ୍ତକ। କାରଣ ଉକ୍ତ କୃତିରେ ପ୍ରଫେସର ସାହୁ ଅସ୍ତିତ୍ୱବାଦକୁ ଏକ ନକାରତ୍ମକ ନୁହେଁ ଏକ ସକାରତ୍ମକ ଦର୍ଶନ ଭାବେ ଗ୍ରହଣ କରିଛନ୍ତି। ପ୍ରକୃତପକ୍ଷେ ଏହି ଅସ୍ତିତ୍ୱବାଦ ହେଉଛିଏକ ଆନନ୍ଦବାଦୀ ଦର୍ଶନ। ଏହାର ପ୍ରଥମ ପ୍ରବକ୍ତା ସେଣ୍ଟ ଅଗଷ୍ଟାଇନଙ୍କ ମତରେ- ମନୁଷ୍ୟ ଏକ କ୍ଷୁଦ୍ର ଜୀବସତ୍ତା ମାତ୍ର ନୁହେଁ। ସେ ଚାହିଁଲେ ବହୁ ବର୍ଷର ପୁରୁଣା ଇତିହାସକୁ ବଦଳାଇ ଦେଇପାରେ। ଯେମିତି ଯୀଶୁଖ୍ରୀଷ୍ଟ, ସକ୍ରେଟିସ୍, ବୁଦ୍ଧ, ଗାନ୍ଧୀ ଆଦି ଇତିହାସ ବଦଳାଇ ଯୁଗପୁରୁଷ ହୋଇଥିଲେ। ଏହି ଅଗଷ୍ଟାଇନଙ୍କ ଠାରୁ ହିଁ ଅସ୍ତିତ୍ୱବାଦୀ ଦର୍ଶନର ପ୍ରାରମ୍ଭ ଘଟିଥିଲା। ଏଥିରେ ଦର୍ଶନର ଯେଉଁ ଅସ୍ତିତ୍ୱ କଥା କୁହାଯାଇଛି ତାହା ହେଉଛି ଚେତନାର ଅସ୍ତିତ୍ୱ। ପ୍ରତ୍ୟେକ ମଣିଷ ଅନ୍ୟ ମଣିଷ ଠାରୁ ଆଖି, କାନ, ନାକ ଭିତ୍ତିରେ ନୁହେଁ ଚେତନା ଭିତ୍ତିରେ ପୃଥକ ହୋଇଥାଏ। ପ୍ରକୃତପକ୍ଷେ ଅସ୍ତିତ୍ୱବାଦୀମାନେ ଏକାକୀତ୍ୱ ଏବଂ ନିଃସଂଗତାକୁ ଅଭିଶାପ ନୁହେଁ ଏକ ଆଶିର୍ବାଦ ଭାବେ ଗ୍ରହଣ କରିବା ସହ ଏକ ବୌଦ୍ଧିକ ବିଳାସ ଭବେ ମଧ୍ୟ ଗ୍ରହଣ କରିଛନ୍ତି। କାରଣ ଯିଏ

ଯୁଗପୁରୁଷ ସେ ନିଃସଂଗତାର ପ୍ରେମିକ ହୋଇଥାଏ। ଏହି ଦୃଷ୍ଟିକୋଣରୁ ପଞ୍ଚସଖା କବି ଭାଗବତକାର ଜଗନ୍ନାଥ ଦାସଙ୍କର ଚେତନାରେ ମଧ୍ୟ ଏହି ଅସ୍ତିତ୍ୱବାଦର ନିଦର୍ଶନ ଉପଲବ୍ଧ। ଦୃଷ୍ଟାନ୍ତ ସ୍ୱରୂପ 'ଭାଗବତ'ରେ ଏକଲା ମଣିଷର କଥା କହିବାକୁ ଯାଇଁ ଜଗନ୍ନାଥ ଦାସଙ୍କ ଭାଗବତରୁ କେତେଧାଡି ଉଦ୍ଧାର କରିଛନ୍ତି।

"ସଂସାରୀ ସଙ୍ଗେ ସଙ୍ଗୀ ହେବ
ଅନ୍ତରେ ନିରଳେ ରହିବ
ତୋଡି ଯେଶନେ ପଙ୍କେ ଥାଇ
ତା ଦେହେ ପଙ୍କ ନ ଲାଗଇ।"

ଏହି ଭିତ୍ତିଭୂମି ଉପରେ ପ୍ରତିଷ୍ଠା କଲେ ଅସ୍ତିତ୍ୱବାଦ ଏକ ଆନନ୍ଦବାଦୀ ଦର୍ଶନ। ଏହାକୁ ପ୍ରଫେସର ସାହୁ ବେଶ୍ ଉପଲବ୍ଧୀ କରିପାରିଛନ୍ତି। ଏହି ଦର୍ଶନରୁ ଆର୍ବିଭୂତ ଅନ୍ୟ ଏକ ଚେତନା ହେଉଛି ଲେଖକର ଆତ୍ମସ୍ୱୀକାରୋକ୍ତି ବା Self Confession ଏହାକୁ ମଧ୍ୟ ପ୍ରଫେସର ସାହୁ ବିପୁଳଭାବେ ସମର୍ଥନ କରିଛନ୍ତି ଏବଂ ଏହାର ନିଦର୍ଶନ ମଧ୍ୟ ତାଙ୍କର ସମାଲୋଚନା ସାହିତ୍ୟର ଛତ୍ରେ ଛତ୍ରେ ଉପଲବ୍ଧ। 'ଆମ ସାହିତ୍ୟରେ କନ୍‌ଫେସନ୍ ଧର୍ମ' ହେଉଛି ଏହାର ଏକ ପ୍ରକୃଷ୍ଟ ଉଦାହରଣ। ଜଣେ ମଣିଷ ସାଧୁ ଅନ୍ତରର ଅଧିକାରୀ, ସଚ୍ଚୋଟ ଏବଂ ନିର୍ଭୀକ ସେତେବେଳେ ହୁଏ ଯେତେବେଳେ ସେ ନିଜର ଦୁର୍ବଳତା , ଦୋଷଗୁଣକୁ ସ୍ୱୀକାର କରିବା ଶିଖିଥାଏ। ଏହାକୁ ଅସ୍ତିତ୍ୱବାଦୀମାନେ ବହୁ ଗୁରୁତ୍ୱ ଦେଇଥିଲେ। ଓଡ଼ିଆ ସାହିତ୍ୟରେ ପ୍ରଗତିବାଦୀ କବି ସଚ୍ଚିଦାନନ୍ଦ ରାଉତରାୟଙ୍କର ଷାଠିଏ ଦଶକ ପରବର୍ତ୍ତୀ ସମୟରେ ରଚିତ କବିତା ଗୁଡିକ ହେଉଛି ଏହିପରି ଆତ୍ମ ସ୍ୱୀକାରୋକ୍ତି ମୂଳକ। ଏହି ଅସ୍ତିତ୍ୱବାଦୀ ଦର୍ଶନଟି ମୁଖ୍ୟତଃ ସାହିତ୍ୟ ମାଧ୍ୟମରେ ପ୍ରଚାରିତ ହୋଇଥିଲା କାରଣ ଏହାଥିଲା ଏକ ଅନୁଭବ ପ୍ରଧାନ ଦର୍ଶନ। ତେଣୁ ଏହାକୁ ଅସ୍ତିତ୍ୱବାଦୀ ଦର୍ଶନ ଅପେକ୍ଷା ଅସ୍ତିତ୍ୱବାଦୀ ଚେତନା ଭାବେ ଅଧିକ ସମର୍ଥନ କରାଯାଏ। ଏହି ଅସ୍ତିତ୍ୱବାଦୀମାନେ ହିଁ ମୃତ୍ୟୁ ପ୍ରସଙ୍ଗ ଉତ୍‌ଥାପିତ କରିଥିଲେ। ଏଥିପାଇଁ ମଧ୍ୟ ଅସ୍ତିତ୍ୱବାଦୀ ଦର୍ଶନକୁ ବହୁ ମାତ୍ରାରେ ସମାଲୋଚନା କରାଯାଇଥିଲା। ଅନେକଙ୍କ ଧାରଣା ଏହି ମୃତ୍ୟୁ ଚେତନାଟି ହେଉଛି ମଣିଷର ଇଦ୍ ପ୍ରବୃତ୍ତି ଭିତରେ କାୟା ବିସ୍ତାର କରିଥିବା ଶୃଙ୍ଗାର(Libido)ର 'ମୃତବୃତ୍ତି' (Death Instinct/Thanatos)। ମନସ୍ତତ୍ତ୍ୱବିତ୍ ଫ୍ରଏଡଙ୍କର ମଧ୍ୟ ଧାରଣା ଥିଲା ଯେ, ଆମ ଭିତରେ ଏହି ଚେତନାଟି ଥାଏ ଯେ ଦିନେ ନା ଦିନେ ଆମକୁ ମରିବାକୁ ହେବ ଏବଂ ଅବଚେତନ ମନରେ ଆମେ ଚାହୁଁ ମରିବାକୁ। ଯେପରି ଆମେରିକୀୟ ନାରୀକବି ସିଲ୍‌ଭିଆ ତାଙ୍କର 'Lady Lazarus' କବିତାରେ ଲେଖିଛନ୍ତି–

" Dying
Is an art, like everything else
I do it exceptionally well
I do it so it feels like hell
I do it so it feels real"(୧୯)

ମାତ୍ର ପ୍ରକୃତ ପକ୍ଷେ ବିବେଚନା କଲେ ମୃତ୍ୟୁ ଚେତନାଟି ଏହିଭଳି ନୁହେଁ। ଏହା ହେଉଛି ଏକ ଜୀବନ ପ୍ରିୟତାର ଚେତନା। ଯିଏ ଜୀବନକୁ ବେଶୀ ଭଲପାଏ ସେହିଁ ମୃତ୍ୟୁକଥା ଅଧିକ କହେ। ତେଣୁ ଅସ୍ତିତ୍ୱବାଦୀଙ୍କର ଦୃଷ୍ଟିକୋଣରୁ ବିବେଚନାକଲେ ଏହା ଏକ ନକାରାତ୍ମକ ଚେତନା ନୁହେଁ ଏକ ସକାରତ୍ମକ ଚେତନା। ମୃତ୍ୟୁକୁ କେନ୍ଦ୍ରକରି ପ୍ରଫେସର ସାହୁଙ୍କର ଦୃଷ୍ଟିଭଙ୍ଗୀଟି ହେଉଛି ଠିକ୍ ଏହିପରି। ତାଙ୍କର ଅସ୍ତିତ୍ୱବାଦ ସଂପର୍କିତ ସମାଲୋଚନା ସାହିତ୍ୟରେ ଏହାର ନିଦର୍ଶନ ମଧ୍ୟ ଲକ୍ଷଣୀୟ। ପ୍ରଫେସର ସାହୁଙ୍କର 'ସୋଫେନ ହାଓ୍ୱାରଙ୍କ ଚିନ୍ତନରେ ସ୍ୱପ୍ନ ଓ ଶୃଙ୍ଗାର' ପ୍ରବନ୍ଧଟି ହେଉଛି ଏହି ଧାରାର ଏକ ପ୍ରବନ୍ଧ।

ମନସ୍ତତ୍ତ୍ୱବିତ୍ ଏରିକ୍ ଫ୍ରୋମ୍ (Eric Fromm) ଙ୍କ ମତରେ ମଣିଷର ସ୍ୱଭାବ ଗୋଟିଏ ସଂସ୍କୃତି ଗଠନ କରିଦେଇଥାଏ। ପ୍ରାଚୀନ କାଳରେ ଚୁପ୍‌ଚାପ୍ ରହିବା ନାରୀମାନଙ୍କର ଏକ ସ୍ୱଭାବ ଥିଲା। ମାତ୍ର ପରେ ଏହି ସ୍ୱଭାବକୁ ନେଇ ଏକ ସଂସ୍କୃତି ଗଠିତ ହୋଇଗଲା ଏବଂ ଏହା ସହିତ ନାରୀମାନଙ୍କୁ ଚୁପ୍ ରହିବାପାଇଁ ବାଧ୍ୟ କରାଯିବା ସହ ଏଥିପାଇଁ କେତେକ ନୀତିନିୟମ ମଧ୍ୟ ଗଢିଉଠିଲା। ଏହାର ପ୍ରତିକ୍ରିୟାରେ ଆଜି ନାରୀବାଦର 'ପ୍ରଥମ ତରଙ୍ଗ' (First wave) ଠାରୁ ଆରମ୍ଭକରି 'ଚତୁର୍ଥ ତରଙ୍ଗ' (Forth Wave) ପର୍ଯ୍ୟନ୍ତ ବିଭିନ୍ନ ଚିନ୍ତନ କ୍ରିୟାଶୀଳ। ପ୍ରଫେସର ସାହୁଙ୍କର ସମାଲୋଚନା ଶୈଳୀକୁ ବିବେଚନାକଲେ ସେ ଯେ ଜଣେ ନାରୀବାଦୀ ସମାଲୋଚକ ଏହାକୁ ନିର୍ଦ୍ୱନ୍ଦ୍ୱରେ ଗ୍ରହଣ କରାଯାଇପାରେ। ମାତ୍ର ଏଠାରେ ଆଉ ଏକ ପ୍ରସଙ୍ଗ ଉପରେ ଗୁରୁତ୍ୱ ଦିଆଯାଇପାରେ ଯେ, ପ୍ରାରମ୍ଭିକ ପର୍ଯ୍ୟାୟରେ ପ୍ରଫେସର ସାହୁ ନାରୀମାନଙ୍କୁ ଏକ ସମୁହ ଦୃଷ୍ଟିରୁ ଗ୍ରହଣ କରିଛନ୍ତି। ଯାହାକୁ ଦ୍ୱିତୀୟ ତରଙ୍ଗର ନାରୀବାଦୀମାନେ 'Sisterhood'(୨୦) ବୋଲି କହୁଥିଲେ। ଏହି ଚିନ୍ତନଟି ଆଧୁନିକ ବା Modern-ism ଚିନ୍ତନ ଦ୍ୱାରା ପ୍ରଭାବିତ। କାରଣ ଆଧୁନିକବାଦୀମାନେ ପ୍ରତ୍ୟେକଟି ଘଟଣା ଓ ଚିନ୍ତନକୁ ସମୁହ ଦୃଷ୍ଟିରୁ ଗ୍ରହଣ କରୁଥିଲେ। ଯେପରି ଏହି ସମୟରେ କ୍ରିୟାଶୀଳ ଶ୍ରମିକଗୋଷ୍ଠୀ Working Class ଙ୍କ କଥା ବିବେଚନା କରାଯାଇପାରେ। ଏହିପରି ପ୍ରଫେସର ସାହୁ ସମଗ୍ର ନାରୀ ଜାତିକୁ ଗୋଟିଏ ବୋଲି ବିବେଚନା କରିବା ସହ

ନାରୀମାନେ ଯେ ସୌନ୍ଦର୍ଯ୍ୟ, କଳା ଓ ଶବ୍ଦ ଜଗତରେ ଅଂଶ ଗ୍ରହଣ କରିନାହାନ୍ତି। ଏହାସହ ଯେଉଁ ସୌନ୍ଦର୍ଯ୍ୟ(Aesthetic), କଳା(Art) ଏବଂ ଶବ୍ଦ(Word) ର ଉତ୍ପତ୍ତି ଘଟିଛି ତାହା ପୁରୁଷର ମାନସିକତାକୁ ନେଇ ସୃଷ୍ଟିହୋଇଛି ବୋଲି ମତ ଦେଇଛନ୍ତି। ପୁରୁଷ ଯେପରି ନାରୀର ସୌନ୍ଦର୍ଯ୍ୟ ଓ ତାର ଅଙ୍ଗ ଲାବଣ୍ୟର ବର୍ଣ୍ଣନା କରିଛି ସେହିପରି ନାରୀ କିନ୍ତୁ କରିନାହିଁ। ପ୍ରଫେସର ସାହୁଙ୍କର ଏହି ଦୃଷ୍ଟିକୋଣ ନାରୀବାଦର ଦ୍ୱିତୀୟ ତରଙ୍ଗ(Second) କୁ ପ୍ରତିଫଳିତ କରିଥାଏ। "ଏସ୍ଥେଟିକସ୍ ଯଦିଓ ଜୀବନର ସବୁକିଛି ନୁହେଁ, ତଥାପି ନାରୀ ତାର ପରିଚର୍ଯ୍ୟା କରୁ। ଶୁଦ୍ଧ ଏସଥେଟିକସ୍ ହିଁ ତାର ନିଜକୁ ବ୍ୟକ୍ତ କରିବାପାଇଁ ପ୍ରୋତ୍ସାହିତ କରିପାରିବ। ତାର ସୃଜନଶୀଳ ଆତ୍ମପ୍ରତ୍ୟୟ ବଢିବ।" (ଅନ୍ତଃପୁରର ଈଶ୍ୱରୀ) ମାତ୍ର ନାରୀବାଦର ତୃତୀୟ ତରଙ୍ଗ(Third Wave) ରେ ବିଶ୍ୱାସୀ ବ୍ୟକ୍ତମାନେ ନାରୀକୁ ଏକ ଗୋଷ୍ଠୀ ନୁହେଁ ଏକ ବ୍ୟକ୍ତବିଶେଷ ଭାବେ ଗ୍ରହଣ କରିଥାଆନ୍ତି। କାରଣ ପ୍ରତ୍ୟେକଟି ନାରୀର ସମସ୍ୟା ସମାନ ନୁହେଁ। ଦ୍ୱିତୀୟ ତରଙ୍ଗର ନାରୀବାଦୀମାନେ ଯେପରି ଆଧୁନିକତାକୁ ସମର୍ଥନ କରୁଥିଲେ ସେହିପରି ତୃତୀୟ ତରଙ୍ଗର ନାରୀବାଦୀମାନେ ଉତ୍ତର ଆଧୁନିକତାକୁ ସମର୍ଥନ କରୁଥିଲେ। କାରଣ ଉତ୍ତର ଆଧୁନିକତା ବିବିଧତା ବା Diversity କୁ ବିଶ୍ୱାସ କରୁଥିଲା। ଏହି ଦୃଷ୍ଟିକୋଣରୁ ବିବେଚନାକଲେ ଯେତେବେଳେ ନାରୀ ସୌନ୍ଦର୍ଯ୍ୟ ଓ କଳା ଜଗତରୁ ଦୂରେଇ ରହୁଥିଲା ସେତେବେଳେ ଅର୍ଥାତ୍ ଉନବିଂଶ ଶତାବ୍ଦୀର ଶେଷ ଭାଗରେ ବା ୧୮୯୯ ମସିହାରେ କେଟ୍ କୋପିନ୍ (Kate Chopin) ନାମକ ଜଣେ ନାରୀ 'The Awakening' (୨୧) ନାମକ ଏକ ଉପନ୍ୟାସ ରଚନା କରିଥିଲେ। କିନ୍ତୁ ଏହି ପୁସ୍ତକଟିକୁ ପାଠାଗାରରେ ସ୍ଥାନ ଦିଆଯାଇନଥିଲା। ଏହି ଉପନ୍ୟାସରେ କିଛି ବିବଦମାନ ପ୍ରସଙ୍ଗ ବର୍ଣ୍ଣିତ ହୋଇଥିଲା ଓ ଏହାକୁ ତତ୍କାଳୀନ ସମାଜରେ ଗ୍ରହଣ କରାଯାଇନଥିଲା। ଏହି ଉପନ୍ୟାସରେ ଲେଖିକା ନାୟିକାର କାମପ୍ରବଣତା ତଥା କାମକୁ ଉପଭୋଗ କରିବା ପ୍ରସଙ୍ଗ ବର୍ଣ୍ଣନା କରିଥିଲେ। ଏହି ଦୃଷ୍ଟିକୋଣରୁ ବିବେଚନାକଲେ ଦୁଇଟି ପ୍ରସଙ୍ଗ ସମ୍ମୁଖକୁ ଆସିଥାଏ। ପ୍ରଥମତଃ ଯେତେବେଳେ ନାରୀ ସୌନ୍ଦର୍ଯ୍ୟ (Aesthetic) ଜଗତରେ ଭାଗ ନେବାକୁ ଚାହିଁଛି ସମାଜ ତାକୁ ସେହି ଅଧିକାରରୁ ବଞ୍ଚିତ କରିଛି। ଦ୍ୱିତୀୟତଃ ପ୍ରତ୍ୟେକଟି ନାରୀର ଚିନ୍ତା ଚେତନା ସମାନ ନୁହେଁ। ଏହିପରି ପ୍ରାରମ୍ଭିକ ପର୍ଯ୍ୟାୟରେ ପ୍ରଫେସର ସାହୁ ନାରୀ ବାଦର ଦ୍ୱିତୀୟ ତରଙ୍ଗରେ ବିଶ୍ୱାସ କରୁଥିଲେ ହେଁ, ଅସ୍ତିତ୍ୱବାଦୀ ଚିନ୍ତନ ଦ୍ୱାରା ପ୍ରଭାବିତ ହେବାପରେ ନାରୀକୁ ଆଉ ଗୋଷ୍ଠୀ ନୁହେଁ ଏକ ବ୍ୟକ୍ତି ଭାବେ ଗ୍ରହଣ କରିଛନ୍ତି। କାରଣ ଉତ୍ତର ଆଧୁନିକ କାଳର ଅସ୍ତିତ୍ୱବାଦୀମାନେ ଗୋଷ୍ଠୀ ନୁହେଁ ବ୍ୟକ୍ତିର ସ୍ୱତନ୍ତ୍ର ଚିନ୍ତା ଓ ଚେତନାଗତ ପ୍ରସଙ୍ଗକୁ ଉତ୍ଥାପିତ କରିଥାଆନ୍ତି। ଏହାର ଦୃଷ୍ଟାନ୍ତ ମିଳିଥାଏ

ପ୍ରଫେସର ସାହୁଙ୍କର ନୀଳଶୈଳର ସରଦେଇ ଏଇ ଅର୍ବାଚିତ ପ୍ରସଙ୍ଗ, ମାଣିକୀ ଗଉଡୁଣୀ, ରେବତୀ, କାଳିଜାଈ ଆଦି ନାରୀମାନଙ୍କୁ ସିଦ୍ଧହସ୍ତତାର ସହ ଗଢିତୋଳିବା ବେଳେ। ଏହା ବ୍ୟତୀତ "ପୁରୁଷ ସମାଜରେ ପ୍ରଭୁ ହେବାପାଇଁ ଜନ୍ମ ହୋଇନାହିଁ କି ନାରୀ ମଧ୍ୟ ଦାସ ହେବାପାଇଁ ଜନ୍ମ ହୋଇନାହିଁ।"(ଅନ୍ତଃପୁରର ଈଶ୍ୱରୀ) ଆଦି ପଂକ୍ତି ଗୁଡିକରୁ ପ୍ରଫେସର ସାହୁଙ୍କର ନାରୀପୁରୁଷକୁ କେନ୍ଦ୍ରକରି ସମାନତା ଦୃଷ୍ଟିଭଙ୍ଗୀରୁ ନାରୀବାଦର ପ୍ରଥମ ତରଙ୍ଗ(First Wave) ର ସୂଚନା ମଧ୍ୟ ମିଳିଥାଏ। ନାରୀବାଦ ହେଉଛି ଏକ ବିରାଟ ବୃକ୍ଷ ସଦୃଶ। ବୃକ୍ଷର ଅନେକ ଶାଖା ଭଳି ଏହି ନାରୀବାଦର ମଧ୍ୟ ଅନେକ ଶାଖା ରହିଛି। Post- Feminism (୨୨) ବା ଉତ୍ତର- ନାରୀବାଦ ହେଉଛି ଏହିଭଳି ଏକ ଶାଖା। ଉତ୍ତର- ନାରୀବାଦ କିନ୍ତୁ Post- Modern Feminism ନୁହେଁ। ଏହା ହେଉଛି Feminism ବିରୋଧି ଏକ ଆନ୍ଦୋଳନ। ଯାହା ମୁଖ୍ୟତଃ ଆମେରିକାର ପୁରୁଷମାନଙ୍କ ଦ୍ୱାରା ପ୍ରଦତ୍ତ ହୋଇଥିଲା। ଏହିମାନଙ୍କ ମତରେ ନାରୀବାଦ ଗୋଟିଏ ଆନ୍ଦୋଳନ ଭାବେ ନିଜ ଲକ୍ଷ ହାସଲ କରିସାରିଛି। ତେଣୁ ସଂପ୍ରତି ଏହି ଆନ୍ଦୋଳନର ଆଉ କିଛି ଆବଶ୍ୟକତା ନାହିଁ ବୋଲି ସେମାନେ ମତବ୍ୟକ୍ତ କରିଥିଲେ। ମନସ୍ତାତ୍ତ୍ୱିକ ଦିଗରୁ ବିଚାରକଲେ ଏହିଭଳି ମତ ଦେଉଥିବା ପୁରୁଷମାନେ ମୁଖ୍ୟତଃ 'Misogyny' (ନାରୀ ବିଦ୍ୱେଷୀ)(୨୩) ହୋଇଥାଇପାରନ୍ତି। ଏହି ସମୟରେ ଜଣେ ଦାର୍ଶନିକ ମତ ଦେଇଥିଲେ- "ନାରୀମାନେ ହେଉଛନ୍ତି ଗୋଟେ ଦ୍ୱାର ଯିଏ ବନ୍ଦ ହୋଇଯାଏ। ସେମାନେ ଗୋଟିଏ 'ାସ ଯାହା ଦୃଢ ହୋଇଯାଏ। ଗୋଟିଏ କୁରାଢି ଯିଏ କେବଳ ଆଘାତ କରେ ଆଉ ଆଘାତ କରେ।" ମାତ୍ର ପ୍ରଫେସର ସାହୁ ସର୍ବଦା ନାରୀ ପୁରୁଷର ସମନ୍ୱୟ ଚାହିଁଛନ୍ତି ବା ଅନ୍ୟ ଭାବେ କହିଲେ 'Sexism' (୨୪) କୁ ବିରୋଧ କରିଛନ୍ତି। ଯେଉଁ ପ୍ରସଙ୍ଗ ସଂପ୍ରତି Camille Paglia ଙ୍କର ପୁସ୍ତକ 'Free women, free men sex. Gender. Feminism' (୨୦୧୭)(୨୫) ରେ ଦେଖିବାକୁ ମିଳେ। ତେଣୁ ନାରୀ ପୁରୁଷର ସମନ୍ୱୟରେ ଏକ ସୁନ୍ଦର ପୃଥିବୀର ପରିକଳ୍ପନା କରିଛନ୍ତି ପ୍ରଫେସର ସାହୁ। "ନାରୀ ପୁରୁଷର ସହାବସ୍ଥାନ ଏ ପୃଥିବୀକୁ ସୁନ୍ଦର ଓ ସର୍ବୋତ୍ତମ ଭାବେ ସୃଜନଶୀଳକରି ରଖିଥିଲା। ନାରୀ ପୁରୁଷର ଏ ସୁନ୍ଦର ମିଳନକୁ ଈଶ୍ୱର କୁଆଡେ ଚାହୁଁନଥିଲେ ବୋଲି ଜଣେ ବଡ ସାରସ୍ୱତ ପୁରୁଷ ଈଶ୍ୱରଙ୍କୁ ଯଥେଚ୍ଛାଚାରୀ ସଇତାନି ବୋଲି ଚିତ୍ରଣ କରିଛନ୍ତି।"(ସୌନ୍ଦର୍ଯ୍ୟ ଓ ସୃଜନ ଦର୍ଶନ-ପୃ-୧୬୦) 'କଟ୍ଟରପନ୍ଥୀ ନାରୀବାଦ' (Radical Feminism) ରୁ ସୃଷ୍ଟି 'ସାଂସ୍କୃତିକ ନାରୀବାଦ' (Cultural Feminism) (୨୬)ର ସଂକେତ ମଧ୍ୟ ପ୍ରଫେସର ସାହୁଙ୍କର ଆଲୋଚନାରେ ଦେଖିବାକୁ ମିଳେ। ନାରୀର ଗୁରୁତ୍ୱ ପୁରୁଷମାନଙ୍କ ଠାରୁ ମଧ୍ୟ ଆହୁରି ଅଧିକ ଏବଂ

ନାରୀ ନିଜର ଗୁରୁତ୍ୱକୁ ଚିହ୍ନିବା ସହ ତାକୁ ବଢ଼ାଇବାପାଇଁ ଉଦ୍ୟମ କରିବା ଉଚିତ୍ ଭଳି ଚିନ୍ତନର ଅନୁରୂପ ପ୍ରତିଫଳନ ମଧ୍ୟ ପ୍ରଫେସର ସାହୁଙ୍କର ସମାଲୋଚନାରେ ଉପଲବ୍ଧ। ଏହା ବ୍ୟତୀତ ପୁରୁଷ ପ୍ରକୃତି ଭଳି ନାରୀ ଉପରେ ମଧ୍ୟ ନିଜର ଆଧିପତ୍ୟ ବିସ୍ତାର କରିବା ଭଳି 'ପାରିବେଶିକ ନାରୀବାଦ' (Eco Feminism) (୨୭) ଚିନ୍ତନକୁ ମଧ୍ୟ ପରିପ୍ରକାଶ କରିଛନ୍ତି। "ନାରୀକୁ ସବୁ ଯୁଗରେ ପୁରୁଷ ଏକ ବିଳାସ ସାମଗ୍ରୀ ଅବା ରତି ସୁଖ ଦାୟିନୀ ଭାବେ ଜ୍ଞାନ କରେ। କାମୁକ ପୁରୁଷ ନାରୀର ଆକାଂକ୍ଷା କହିଲେ କେବଳ ରତି ଆକାଂକ୍ଷାକୁ ହିଁ ବୁଝନ୍ତି। ସେମାନଙ୍କ ଦୃଷ୍ଟିରେ ନାରୀର ଯେମିତି ଅନ୍ୟ କୌଣସି ଅଭିଳାଷ ନାହିଁ କି ଅନ୍ୟ କୌଣସି ପରିଚୟ ବି ନାହିଁ।" (ସୌନ୍ଦର୍ଯ୍ୟ ଓ ସୃଜନ ଦର୍ଶନ-ପୃ- ୧୬୨) ପ୍ରଫେସର ସାହୁ ନାରୀବାଦର ବିଭିନ୍ନ ତରଙ୍ଗ, ଚେତନା ଓ ଚିନ୍ତନ ଆଦିକୁ ବିଭିନ୍ନ ଦୃଷ୍ଟିକୋଣରୁ ଆଲୋଚନା କରିବା ସହ, ଯେହେତୁ ତାଙ୍କର ଆଲୋଚନା ଶୈଳୀ ବ୍ୟକ୍ତିନିଷ୍ଠ ତେଣୁ ସେ ନାରୀବାଦକୁ ନିଜସ୍ୱ ଦୃଷ୍ଟିଭଙ୍ଗୀରେ ମଧ୍ୟ ଆଲୋଚନା କରି ନିଜର ବହୁ ଶାସ୍ତ୍ରଦର୍ଶିତାର ପରିଚୟ ଦେଇଛନ୍ତି। ୟୁରୋପୀୟ ନବଚେତନାକୁ ସେ ବହୁ ଆଗ୍ରହର ସହିତ ଆପଣା ବିଶ୍ୱାସ ଓ ଆପଣା ଉପଲବ୍ଧିକୁ ନେଇଛନ୍ତି।

ପ୍ରଫେସର ସାହୁଙ୍କର ସମାଲୋଚନାର ଅନ୍ୟ ଏକ ବିଶିଷ୍ଟ ଦିଗ ହେଉଛି ମଣିଷର ଜୈବିକ ପ୍ରବୃତ୍ତିସଂପର୍କିତ ବର୍ଣ୍ଣନା। ଏହି ଦୃଷ୍ଟିକୋଣରୁ ତାଙ୍କୁ ଜଣେ ପ୍ରମୁଖ ପ୍ରକୃତିବାଦୀ ସମାଲୋଚକ ଭାବେ ମଧ୍ୟ ବିବେଚନା କରାଯାଇପାରେ। ଧର୍ମ ଏବଂ ଧାର୍ମିକ ସଂସ୍ଥା ମଣିଷର ଜୈବିକ ପ୍ରବୃତ୍ତିକୁ ଯେପରି ଭାବେ ଅସ୍ୱୀକାର କରି ଶୂନ୍ୟଗର୍ଭ କଥା କହିଛନ୍ତି ତାହା ଭୂମି ଉପରେ ନରହି ଶୂନ୍ୟରେ ଉଡିବା ସହ ସମାନ ହୋଇଥାଏ। ପ୍ରଫେସର ସାହୁ ଏହିଭଳି ଭିତ୍ତିହୀନ ପ୍ରସଙ୍ଗର କଟୁ ସମାଲୋଚନା କରିବା ସହ ମଣିଷର ଜୈବିକତା ବା Biology ଯାହା ତାହାର ବାସ୍ତବ ପ୍ରବୃତ୍ତି ତାକୁ ଗୁରୁତ୍ୱ ଦେଇଛନ୍ତି। ପ୍ରକୃତିବାଦୀ 'ଏମିଲି ଜୋଲା' କହିଥିଲେ- ମଣିଷର ଶେଷ ପରିଚୟ ହେଉଛି ତାର ନଖ ଦାନ୍ତର ସ୍ଥିତି। ଆମେ ଯେତେ ଅସ୍ତ୍ର ବ୍ୟବହାର କଲେ ବି ଆମର ଶେଷ ଅସ୍ତ୍ର ହେଉଛି ଆମର ନଖ ଓ ଦାନ୍ତ। ଏହାହିଁ ହେଉଛି ଆମ ଆଦିମ ଜୀବନର ପରିଚୟ। ସେ ମଧ୍ୟ 'ଦେହବାଦ' ପ୍ରସଙ୍ଗ ଉତ୍‌ଥାପିତ କରି କହିଥିଲେ ଆମର ଦେହ ହେଉଛି ଆମର ମୂଳ ପରିଚୟ। ଆମ ଆଦିମତାକୁ ସେହି ଦୃଷ୍ଟିକୋଣରୁ ଆମେ ମନରେ ଯେତିକି ଧରି ରଖିନାହାନ୍ତି ସେତିକି ଧରି ରଖିଛନ୍ତି ଦେହରେ। ମନୁଷ୍ୟ ଏକ ଜନ୍ତୁ ଭଳି । ସେ ଶୃଙ୍ଗାର ଖୋଜେ, ସେ ତୃଷିତ ହୁଏ, ସେ କ୍ଷୁଧାର୍ଥ ହୁଏ, ସେ ନିଦ୍ରା ଯିବାକୁ ବସେ। ତେଣୁ ଜୈବିକ ଧର୍ମ ଦୃଷ୍ଟିରୁ ମନୁଷ୍ୟ ଓ ପଶୁ ଭିନ୍ନ ନୁହେଁ। ଏହି ସାହିତ୍ୟରେ ଆମେ

ବହୁ ଭାବରେ ଆମର ଆଦିମତାକୁ ସ୍ୱୀକାର କରିଛୁ। ସମୟ, ସ୍ଲୋଗାନ୍ ଓ ସଭ୍ୟତା ବଦଳିଛି। ଆମେ ଯେଉଁଠି ଉଲଗ୍ନହୋଇ ବୁଲୁଥିଲେ ସେଠି ପୋଷାକ ପିନ୍ଧିଲେ। ଆମେ କଞ୍ଚା ମାଂସ ଖାଉଥିଲେ ତାକୁ ପୁଣି ସିଝେଇ ଖାଇଲେ। ଆମେ ଆରଣ୍ୟକ ଥିଲେ ଯାହାକୁ ବାଦ୍‌ଦେଇ ଆମେ ସଭ୍ୟ ଜୀବନ ବଞ୍ଚୁଛେ। ମାତ୍ର ଆମର ଦେହ ଧର୍ମରେ ଯେଉଁ ଅପରିବର୍ତ୍ତନୀୟ ଜାନ୍ତବତା ରହିଛି ତାହା ଦ୍ୱାରା ଆମେ ଏବେ ମଧ୍ୟ କବଳିତ। ଆମ ଭିତରେ ଏହି ଆରଣ୍ୟକ ଜୀବନର ଜିନ୍ ଏବେ ମଧ୍ୟ ରହିଛି। ଆମେ ମାଂସ ଖାଇବାକୁ ଭଲ ପାଉଛେ, ବଣକୁ ଗଲେ ଭାରି ଖୁସି ହେଉଛେ। ସାର୍ତ୍ତ ଥରେ କହିଥିଲେ ସ୍ନାନ ସମୟରେ ଆମେ ଉଲଗ୍ନ ହେଉ କାହିଁକିନା ଆମ ଭିତରେ ଆମ ଆଦିମତା ଏବେ ମଧ୍ୟ ବଞ୍ଚିରହିଛି। ମଣିଷ ଭିତରେ ଏହି ଆଦିମ ପ୍ରବୃତ୍ତି ଏବେ ବି ବହୁପୁରୁଷ/ ବହୁନାରୀ (Polygamous) (୨୮)ରୂପେ ଜୀବିତ ରହିଛି। ଏହାକୁ ଓଡ଼ିଆ ସାହିତ୍ୟରେ ନାଟ୍ୟକାର ମନୋରଞ୍ଜନ ଦାସ ତାଙ୍କର 'ଅରଣ୍ୟ 'ସଲ' ନାଟକଟିରେ ବେଶ୍ ଜୀବନ୍ତଭାବେ ପ୍ରତିଫଳିତ କରିଛନ୍ତି। ବଙ୍ଗଳା ଭାଷାରେ ରଚିତ ବୁଦ୍ଧଦେବ ବାସୁଙ୍କର 'ରାତ ଭୋର ବୃଷ୍ଟି' ମଧ୍ୟ ଏହିଭଳି ଏକ ଉପନ୍ୟାସ। ପ୍ରଫେସର ସାହୁ ମଣିଷ ଭିତରେ ଥିବା ଏହି ଜୈବିକ ସତ୍ୟକୁ ବେଶ୍ ନିଖୁଣ ଭାବେ ପ୍ରତିଫଳିତ କରିବା ସହ ଏହାକୁ ବହୁଳ ଭବେ ସ୍ୱୀକାର ମଧ୍ୟ କରିଛନ୍ତି। କାରଣ ଏହି ଜୈବିକ ପ୍ରବୃତ୍ତି Determined by the nature we cannot escape from that and we cannot also change this । ମଣିଷ ଜିନ୍‌ରେ ବଞ୍ଚିରହିଥିବା ଏହି ଆଦିମତାକୁ ଉତ୍ତର-ମନସ୍ତତ୍ତ୍ୱବିତ୍ କାର୍ଲ ଜଙ୍ଗ୍ (Carl Jung) 'Collective Unconciousness' ନାମ ଦେଇଥିଲେ। ପ୍ରଫେସର ସାହୁ ମଣିଷର ଏହି ଆଦିମତାକୁ ବହୁଳଭାବେ ସ୍ୱୀକାର କରିବା ସହ ନିଜର ସମାଲୋଚନା ଗୁଡିକରେ ଏହାର ବାସ୍ତବତାକୁ ବହୁ ନିଖୁଣ ଭାବେ ପ୍ରତିଫଳିତ କରିଛନ୍ତ।

ଏହିଭଳି ପ୍ରଫେସର ସାହୁଙ୍କର ସମାଲୋଚନାରେ ବାରିହୋଇ ପଡିବା ଭଳି ଆଉ ଏକ ପ୍ରମୁଖ ପ୍ରସଙ୍ଗ ହେଉଛି ତାଙ୍କର 'ସୌନ୍ଦର୍ଯ୍ୟ ଭିତ୍ତିକ ଦୃଷ୍ଟିଭଙ୍ଗୀ' ବା Aesthetic Point Of View । ଏହି ସୌନ୍ଦର୍ଯ୍ୟ ତତ୍ତ୍ୱ ହେଉଛି ଉନବିଂଶ ଶତାବ୍ଦୀରେ ଇଉରୋପରେ ଆରମ୍ଭ ହୋଇଥିବା ଏକ କଳାତ୍ମକ ଆନ୍ଦୋଳନ। ଏହାର ପ୍ରମୁଖ ଲକ୍ଷ୍ୟ ଥିଲା କଳାର ସୌନ୍ଦର୍ଯ୍ୟକୁ ଅନୁଧ୍ୟାନ କରିବା। 'l'art – pour l' art' (Art for art sake) (୨୯) କଳା ପାଇଁ କଳା ଥିଲା ଏହି ଆନ୍ଦୋଳନର ବୀଜମନ୍ତ୍ର। ପ୍ରଫେସର ସାହୁ ଏହି ସୌନ୍ଦର୍ଯ୍ୟ ତତ୍ତ୍ୱର ସୁକ୍ଷ୍ମତାକୁ ବେଶ୍ ଉପଲବ୍ଧି କରିପାରିଛନ୍ତି ଏବଂ ଏହାର ନିଦର୍ଶନ ତାଙ୍କର ସମାଲୋଚନା ଗୁଡିକରେ ବେଶ୍ ଲକ୍ଷଣୀୟ। ଏହି ସୌନ୍ଦର୍ଯ୍ୟ

ଦୃଷ୍ଟିକୋଣଟି ଯେତିକି ସାର୍ବଭୌମିକ ନୁହେଁ ସେତିକି ବ୍ୟକ୍ତିଗତ । ଜଣେ ଗୋଟିଏ ଫୁଲର ସୌନ୍ଦର୍ଯ୍ୟକୁ ଯେତେବେଳେ ଦେଖେ ସେତେବେଳେ ସେ କାହାକୁ କହିବାପାଇଁ ତାକୁ ଦେଖିନଥାଏ । ଦେଖିଥାଏ ନିଜର ଆନନ୍ଦ ଏବଂ ଉପଲବ୍ଧୀ ପାଇଁ । ଏହି ସୌନ୍ଦର୍ଯ୍ୟ ଚେତନାଟି ମଧ୍ୟ ଏହିଭଳି ଅତ୍ୟନ୍ତ ବ୍ୟକ୍ତିଗତ । ଜଣେ ସୂକ୍ଷ୍ମତର ଚେତନାର ଅଧିକାରୀ ଓ ଅଧିକାରିଣୀ ନ ହେଲେ ସେ ସୌନ୍ଦର୍ଯ୍ୟ ତତ୍ତ୍ୱକୁ ଚିହ୍ନିପାରିବନି । ଆମ ଭିତରେ ଯେଉଁ ସବୁ ସୋପାନ ରହିଛି ତା ଭିତରେ ସର୍ବୋତ୍ତମ ସୋପାନ ହେଉଛି ଏହି ସୌନ୍ଦର୍ଯ୍ୟ ଚେତନା । ସମଗ୍ର ବିଶ୍ୱରେ ଯେଉଁ ସୌନ୍ଦର୍ଯ୍ୟ ତତ୍ତ୍ୱ ଦଣ୍ଡାୟମାନ ହୋଇଛି ତାର ନିର୍ମାତା ହେଉଛି ପୁରୁଷ ଏବଂ ସେଇଟି ହେଉଛି ନାରୀ କୈନ୍ଦ୍ରିକ । ସୌନ୍ଦର୍ଯ୍ୟ ତତ୍ତ୍ୱର ଗଭୀରତାକୁ ପ୍ରଫେସର ସାହୁ ଯେଭଳି ପ୍ରବେଶ କରିପାରିଛନ୍ତି ଓଡ଼ିଆ ସାହିତ୍ୟରେ ତାହା ବିରଳ କହିଲେ ଅତ୍ୟୁକ୍ତି ହେବନାହିଁ । ଭାରତୀୟ ସୌନ୍ଦର୍ଯ୍ୟ ତତ୍ତ୍ୱର ଦୁଇଟି ପରିଭାଷା ଓଡ଼ିଆ ସାହିତ୍ୟରେ ଦେଖିବାକୁ ମିଳେ । ଗୋଟିଏ ହେଉଛି ସୌନ୍ଦର୍ଯ୍ୟ ତତ୍ତ୍ୱ ଏବଂ ଅନ୍ୟଟି ନନ୍ଦନ ତତ୍ତ୍ୱ । ଭାରତୀୟ ବାଙ୍ଗ୍‌ମୟରେ ଆମେ ସୌନ୍ଦର୍ଯ୍ୟ ସହିତ ଆନନ୍ଦକୁ ସମ୍ମିଳିତ କରିଛୁ । କାରଣ ସୌନ୍ଦର୍ଯ୍ୟ ହିଁ ଆମକୁ ଆନନ୍ଦ ପ୍ରଦାନ କରିଥାଏ । ତେଣୁ ଆନନ୍ଦ ଅନୁଭବରୁ ବିବର୍ଜିତ ହୋଇ ସୌନ୍ଦର୍ଯ୍ୟକୁ ଲେଖିବା ଅସମ୍ଭବ । ପ୍ରଫେସର ସାହୁଙ୍କର ସମାଲୋଚନାର ଏହା ହେଉଛି ଏକ ପ୍ରମୁଖ ଦିଗ ଏବଂ 'ସୌନ୍ଦର୍ଯ୍ୟ ଓ ସୃଜନ ଦର୍ଶନ' ପୁସ୍ତକଟି ଏହି ଦୃଷ୍ଟିକୋଣରୁ ଏକ ଉଲ୍ଲେଖଯୋଗ୍ୟ ସମାଲୋଚନା ପୁସ୍ତକ । ଏଥିରେ ସେ ଆନନ୍ଦ ସହିତ ସୌନ୍ଦର୍ଯ୍ୟକୁ ସମ୍ମିଳିତ କରିଛନ୍ତି ।

ଏହିପରି 'ଭାବଗୌରବ' ପୁସ୍ତକରେ ମଧ୍ୟ ପ୍ରଫେସର ସାହୁ ଲେଖିଛନ୍ତି ଗୋଟିଏ କଳାକାରର ସାମାଜିକ ଏବଂ ନାନ୍ଦନିକ ଦାୟିତ୍ୱ ବିଷୟରେ । ମାତ୍ର ସାମାଜିକ ଦାୟିତ୍ୱ ଠାରୁ ସୌନ୍ଦର୍ଯ୍ୟକୁ ଅଧିକ ଗୁରୁତ୍ୱଦେଇ ସେ କହିଛନ୍ତି ଯେ କେବଳ ସାମାଜିକ ସମସ୍ୟା କହିବା ଦ୍ୱାରା ଯେ ଗୋଟିଏ କଳା କେବଳ କଳାରେ ପରିଣତ ହେବ ସେପରି ନୁହେଁ । କଳାର ସୌନ୍ଦର୍ଯ୍ୟ ତା ଭିତରେ ହିଁ ଲୁଚି ରହିଛି । ତାକୁ ଉପଭୋଗ କରିବାର ମାନସିକତା ଆବଶ୍ୟକ ।

ଏହିପରି ପ୍ରଫେସର ସାହୁଙ୍କ ସମାଲୋଚନାର ଅନ୍ୟ ଏକ ଦିଗ ବା ବିଶେଷତ୍ୱ ହେଉଛି ତାଙ୍କ ଭିତରେ ଥିବା କବି ପ୍ରାଣ । ଯାହା ତାଙ୍କ ସମାଲୋଚନା ଭିତରୁ ବେଶ୍ ବାରିହୋଇପଡେ । ତାଙ୍କର 'କବିତାର ମୃତ୍ୟୁ ଓ ଅନ୍ୟାନ୍ୟ ନିବନ୍ଧ', 'ସାହିତ୍ୟ ଓ ସୌନ୍ଦର୍ଯ୍ୟର ପୃଥିବୀ', 'ଐତିହ୍ୟ ଆଧୁନିକତା', 'ଆଧୁନିକତା ଓ ଆଧୁନିକ ସାହିତ୍ୟ', 'ସୌନ୍ଦର୍ଯ୍ୟ ଓ ସୃଜନ ଦର୍ଶନ' ଆଦି ପୁସ୍ତକରୁ ଏହି କବିତ୍ୱର ପରିଚୟ ଯେପରି ଭାବେ ମିଳେ ସେହିପରି ମିଳେ ଏକ Ultra Modern ବା ଅତ୍ୟାଧୁନିକ ସମାଲୋଚକର

ପରିଚୟ। ମଝିରେ ହୁରି ପଡିଥିଲା ଯେ 'Bad poet are good critic' ଯେଉଁମାନେ ଅକବି ବା ମନ୍ଦକବି ସେହିମାନେ ହିଁ ଭଲ ସମାଲୋଚକ ହୋଇଥାଆନ୍ତି। ପ୍ରଫେସର ସାହୁ ଏହି ବକ୍ତବ୍ୟକୁ ଦୃଢଭାବେ ବିରୋଧ କରି ଜଣେ କବି କିପରି ଜଣେ ସମାଲୋଚକ ହୋଇପାରେ ତାହାର ପ୍ରମାଣ ଦେଇଛନ୍ତି। ଇଂରାଜୀ କବି Uò.Gip.Gfò@Up ଯେତେମାତ୍ରାରେ କବି ସେ ତା ଠାରୁ ବଡ ସମାଲୋଚକ। ଆମ ଓଡ଼ିଶାରେ 'ନୀଳକଣ୍ଠ' ଯେପରି ଜଣେ ବଡ କବି ସେହିପରି ଜଣେ ବଡ ସମାଲୋଚକ। 'ସୁରେନ୍ଦ୍ର ମହାନ୍ତି' ଯେପରି ବଡ କଥାକାର ସେହିପରି ବଡ ସମାଲୋଚକ । ଏହିପରି 'ସୀତାକାନ୍ତ ମହାପାତ୍ର' ଯେପରି କବି ସେହିପରି ଜଣେ ବିଖ୍ୟାତ ସମାଲୋଚକ। ମାୟାଧର ମାନସିଂଙ୍କ ନାମତଃ ସର୍ବାଗ୍ରେ ରହିବ; ଯେମିତି ବଡ କବି ସେମିତି ବଡ ସମାଲୋଚକ। ଏହି ଦୃଷ୍ଟିକୋଣରୁ ପ୍ରଫେସର ସାହୁଙ୍କର ସମାଲୋଚନା ଶୈଳୀକୁ ଅନୁଧ୍ୟାନ କଲେ ତା ଭିତରୁ ଏକ ଛଳଛଳ କବି ପ୍ରାଣକୁ ନିଶ୍ଚିତ ଭାବେ ଅନୁଭବ କରିହେବ। ତାଙ୍କ ମତରେ ସୃଷ୍ଟିଶୀଳ(Creative) ଏବଂ ଗଠନ ମୂଳକ(Constructive) ସାହିତ୍ୟର ସୁଖାତ୍ମକ ମିଳନ ନିହାତି ଆବଶ୍ୟକ। ତେଣୁ କୁହାଯାଇଛି Age of great poetry is age of great criticism । ଗୋଟିଏ ସାହିତ୍ୟ ଯୁଗ ଯେତେବେଳେ ଭାରି କବିତାରେ ବଳିପଡେ ବା ସମୃଦ୍ଧ ହୁଏ ତା ସହିତ ସମାଲୋଚନାରେ ମଧ୍ୟ ସେ ସେହିଭଳି ସମୃଦ୍ଧ ହୋଇଥାଏ। ଏହିପରି ପ୍ରଫେସର ସାହୁଙ୍କ ଭିତରେ ଏକ ଦରଦୀ ଶିଳ୍ପୀପ୍ରାଣଟିଏ ଗୋଟିଏ ସୃଷ୍ଟିଶୀଳ ପ୍ରାଣଟିଏ ମୁଖର ହେଉଛି। ସେ ଆଜି ବେଶ୍ ସୁନ୍ଦର ଗପ ଲେଖିପାରୁଛନ୍ତି ସବୁ ରସିକତା ଦେଇ । ଆଜି ଯାହା କିତାବୀୟ ଅଥବା ଆଭିଧାନିକ ସମାଲୋଚନା ତାହାକୁ ପ୍ରଫେସର ସାହୁ ଅନୁସରଣ କରିନାହାନ୍ତି। ଏହାହିଁ ତାଙ୍କର ବିଶେଷତ୍ୱ। ସମୀକ୍ଷକ ଜଣେ ନିଷ୍ପ୍ରାଣ, ଜଣେ ବେରସିକ ନୁହେଁ। ପ୍ରତ୍ୟେକଟି ଲେଖକ ମଧ୍ୟରେ ଏକ ସଂସ୍କାର ପ୍ରୟାସ ରହିଥାଏ। ଫଳରେ ଅତିଭୌତିକତା ଏବଂ ଅତିକଳ୍ପନାକୁ ପ୍ରଫେସର ସାହୁ ଅପସନ୍ଦ କରିଛନ୍ତି। ଯାହାର ଦୃଢ ପସନ୍ଦ ଓ ଅପସନ୍ଦ ନାହିଁ , ଦୃଢ ପ୍ରତିରୋଧ କ୍ଷମତା ନାହିଁ ତା କଲମ ସେତେବେଶି ଶକ୍ତିଶାଳୀ ହୋଇନଥାଏ। ମୋ ମନପସନ୍ଦର କବିରେ ଏହି ପ୍ରସଙ୍ଗ ଉଦ୍‌ଘୋଷିତ ହୋଇଛି। ନିଜର ରଚନାରେ ସେ କେବେ ଅନ୍ଧବିଶ୍ୱାସ, କୁସଂସ୍କାର, ମିଥ୍ୟା ଭକ୍ତିକତା ଆଦିକୁ ସ୍ୱୀକୃତି ଦେଇନାହାନ୍ତି। ଏହିଭଳି ଗୋଟିଏ ହେତୁବାଦୀ, ସ୍ଥିତିବାଦୀ, ଜୀବନବାଦୀ ଚିନ୍ତାଧାରା ଦ୍ୱାରା ପ୍ରଫେସର ସାହୁ ପ୍ରଭାବିତ ବୋଲି ତାଙ୍କ ଲେଖାରେ ତାର ଅଧିକ ପ୍ରତିଫଳନ ଦେଖିବାକୁ ମିଳେ। ଏହା ହେଉଛି ଏକ Informal Literary Criticism ବା ଅଣଆନୁଷ୍ଠାନିକ ସାହିତ୍ୟ ସମାଲୋଚନା, କେତେଜଣ

ଏହାକୁ Personal Criticism ଆଖ୍ୟା ମଧ୍ୟ ଦେଇଛନ୍ତି। ପ୍ରଫେସର ସାହୁ ଏହି ଅଣଆନୁଷ୍ଠାନିକ ବ୍ୟକ୍ତିନିଷ୍ଠ ସାହିତ୍ୟ ସମାଲୋଚନା ଶୈଳୀକୁ ବେଶ୍ ପସନ୍ଦ କରିଛନ୍ତି। ସେ ନିଜେ ଗୋଟିଏ ବ୍ୟକ୍ତିଗତ ଉତ୍ସାସ ଦେଇ ଲେଖିଛନ୍ତି। ପୂର୍ବର ଯେଉଁ ସମାଲୋଚନା ଶୈଳୀ ଅଛି ତାକୁ ସେ ଅନୁସରଣ କରିନାହାନ୍ତି। ଦୃଷ୍ଟାନ୍ତ ସ୍ୱରୂପ ନାମକରଣରୁ ପ୍ରଫେସର ସାହୁଙ୍କର ସ୍ୱତନ୍ତତା ଏବଂ ନୂତନତା ବେଶ୍ ବାରିହୋଇପଡେ। ଯେପରି 'ପଥଭୁଲା ରାଜହଂସ', 'ବେଦୁଇନ୍ ଦେଶର ବୁଲ୍‌ବୁଲ୍', 'ଏକାଏକା ବାଦ୍‌ଶାହା' ଇତ୍ୟାଦି।

ତେଣୁ ମୋଟ୍ ଉପରେ କହିବାକୁ ଗଲେ ଏକ ବିଧିବଦ୍ଧ ଅଥବା ପାରମ୍ପାରିକ ସମାଲୋଚନା ଧାରାରେ ଏକ ବ୍ୟତିକ୍ରମ ହେଉଛନ୍ତି ପ୍ରଫେସର ସାହୁ। ତେଣୁ ତାଙ୍କୁ ଏକ ଅଣଆନୁଷ୍ଠାନିକ, ବ୍ୟକ୍ତିଗତ ସାହିତ୍ୟ ସମାଲୋଚକ ଭାବେ ଗ୍ରହଣ କରାଯାଇପାରେ। ତାଙ୍କ ସମାଲୋଚନା ବେଶ୍ ନିର୍ଭିକ ହେବା ଫଳରେ ସେ ଯେପରି ପ୍ରସଙ୍ଗ ଓ ଲେଖକଙ୍କୁ ଭଲପାଇଛନ୍ତି ତାହାଙ୍କୁ ତାଙ୍କର ସମାଲୋଚନାରେ ଗୁରୁତ୍ୱ ଦେଇଛନ୍ତି। ତେଣୁ ଗୋଟିଏ ଖୋସାମଦିଆ ପ୍ରବୃତ୍ତି ତାଙ୍କ ଲେଖାରେ ଦେଖିବାକୁ ମିଳିନଥାଏ। ସେ ତାଙ୍କ ଲେଖାରେ କାହାକୁ ଶତ ପ୍ରତିଶତ ଭଲ ଅଥବା ମନ୍ଦ ବୋଲି କହିନାହାନ୍ତି। କାରଣ ମଣିଷ ଭାବେ ବା ମଣିଷର ସ୍ୱରୂପରେ ଗୋଟିଏ ଭଲ ଓ ମନ୍ଦ ପ୍ରବୃତ୍ତି ସର୍ବଦା ମିଶି ରହିଥାଏ। ସମାଲୋଚନାର ଧାରା ଦୃଷ୍ଟିରୁ ବିବେଚନା କଲେ ପ୍ରଫେସର ସାହୁଙ୍କର ସମାଲୋଚନା ଗୁଡିକ ମୁଖ୍ୟତଃ 'ଅର୍ନ୍ତଦୃଷ୍ଟିମୂଳକ' (Introspective Criticism) ଏବଂ ଏହାର ପଛରେ ରହିଛି ପ୍ରଫେସର ସାହୁଙ୍କର ବିଶ୍ୱଦୃଷ୍ଟି। ଆଜିର ଯୁଗରେ ଯେତେବେଳେ ଗୋଟିଏ ବିଶ୍ୱ ଆମର ହାତ ମୁଠାରେ, ଇଣ୍ଟର ନେଟ୍ ଆମର ହାତ ପାହାନ୍ତାରେ, ବିଶ୍ୱ ବ୍ରହ୍ମାଣ୍ଡ ଏକ ପଲ୍ଲୀଗ୍ରାମରେ ପରିଣତ ହୋଇଛି। ସେତେବେଳେ ଯଦି ଆମେ ଏକ ବିଶ୍ୱକୁ ଖୋଜିବାନି। ସେହି ମାନଦଣ୍ଡରେ ଆମ ସାହିତ୍ୟକୁ ମାପିବାନି ତାହାହେଲେ ଆମେ ପଛେଇ ରହିଯିବା। ତେଣୁ ଏହି ବିଶ୍ୱଦୃଷ୍ଟିକୁ ପ୍ରଫେସର ସାହୁ ସର୍ବଦା ଗୁରୁତ୍ୱ ଦେବା ଫଳରେ ତାଙ୍କର ସମାଲୋଚନା ଶୈଳୀ ହୋଇଛି ଅର୍ନ୍ତବିଦ୍ୟାମୂଳକ।

ସଂକେତ ସୂଚୀ

1- ab Fetscher, Iring (1991). "Marxism, Development Of" . In Bottomore, Tom; Harris, Laurence; Kiernan, V.G; Miliband Ralph (eds.). The Dictionary of Marxist Thought (2nd ed.). Blackwell Publishers. P. 347. ISBN 0-631-16481-2.

2- Burger, J. M. (2011). Personality. Belmont, C.A: Wadsworth.
3- https://catalogimages.willy.com.
4- Bowler, Peter J. (2003). Evolution: The History of an Idea (3rd completely rev. And expanded ed.). Barkeley, CA: University of California Press. ISBN 978-0-520-23693-6.
5- http://human- memory.net>brocas.
6- Mitchell, Juliet. 2000. Psychoanalysis and Feminism. A Radical Reassessment of Freudian Psychoanalysis. London: Penguin Books. P. 341.
7- Birnbach, Martin. 1961. Neo- Freudian Social Philosophy. Stanford: Stanford University Press. P.3.
8- https://www.merriam-webster.com.
9- Doyle, D. John (2018). What does it mean to be human? : life, death, personhood and the transhumanist Movement. Cham, Switzerland: Springer.p. 173. ISBN 9783319949505. OCLC 1050448349.
10- Hewitt, Catherine. The Mistress of Paris: the 19th century courtesan who built an empire on a secret. London. ISBN 978-1-78578-003-5. OCLC 924600273.
11- https://thepsychologist.bps.org.uk.
12- ab "Defenses" www.psychpage.com.retrieved 2008-03-11.
13- ab "Humanistic Therapy". CRC Health Group. Web.29 Mar. 2015.
14- "Maslow's Hierarchy of Needs" Simply Psychology.
15- abcde "Freud and the Psychodynamic Perspective . Introduction to Psychology" Courses. lumenlearning.com.retrieved 2020-12-08.
16- Kendra Cherry, Identity Crisis – Theory and Research.
17- "Freud" book, "The Interpretation of Dreams" released 1900". A Science Odyssey. People and Discoveries.

18- Solomon, Robert C. (1974). Existentialism. McGraw-Hill.pp.1-2.
19- https://poets.org>poem>lady- lazarus.
20- ab "Books I An Interview with Robin Morgan" Hybridmagazine.com.retrieved 2015-10-15.
21- Chopin, Kate. The Awakening. New York, NY: Bantam Classic, 1981.
22- Wright, Elizabath, Lacan and Postfeminism (Icon Books, 2000), ISBN 978-1-84046-182-4.
23- Flood, Michael (July 18, 2007). International encyclopedia of man and masculinities. ISBN 978-0-415-33343-6.
24- Witt, Jon (2017). SOC 2018 (5th ed). New York: McGraw- Hill Education. ISBN 9781259702723.
25- Paglia, Camille (March 21, 2017). "Camille Paglia: Women Aren't Free Until Speech Is" TIME. Retrieved March 31, 2017.
26- Alcoff, Linda (1988). " Cultural Feminism versus Post- Structuralism: The Identity Crisis in Feminism Theory". Signs. 13 (3): 405-436.
27- Marchant, Carolyn (2005). "Ecofeminism". Radical Ecology. Routledge. Pp. 193-221.
28- Harper, Douglas (ed). " Polygamy". Online Etmology. Archived from the original on 1 February 2016. Retrieved 1 February 2016.
29- abc "Art for art's sake" (revised ed). Encyclopedia Britannica. [1999] 2015.

ଓଡ଼ିଆ ସାହିତ୍ୟରେ ସାଟାୟାର

ସାଟାୟାର ଅଥବା ବ୍ୟଙ୍ଗ ହେଉଛି ଏହ ବହୁ ପ୍ରସିଦ୍ଧ ସାହିତ୍ୟିକ ଶୈଳୀ। ବହୁ ପ୍ରାଚୀନ କାଳରୁ ସାହିତ୍ୟରେ ଏହାର ବ୍ୟବହାର ପରିଦୃଷ୍ଟ ହୋଇଥାଏ। ସମାଜରେ ଶାସକ ଅଥବା ଅନ୍ୟ କୌଣସି ବ୍ୟକ୍ତିଙ୍କ ଦ୍ୱାରା ହେଉଥିବା ଅବିଚାର ତଥା ଅନ୍ୟାୟକୁ ଯେତେବେଳେ ପ୍ରତ୍ୟକ୍ଷ୍ୟଭାବେ କହିବାକୁ ଲେଖକ ସମର୍ଥ ହୋଇନଥାଏ। ସେତେବେଳେ ସେ ସାଟାୟାର ବା ବ୍ୟଙ୍ଗର ସାହାଯ୍ୟ ନେଇଥାଏ। ଫଳରେ ସାପ ମରିବା ଓ ବାଡି ନ ଭାଙ୍ଗିବା ନ୍ୟାୟରେ ଲେଖକ ନିଜ ଉଦ୍ଦେଶ୍ୟ ପୂରଣ କରିବା ସହ ସମାଲୋଚିତ ହେବାର ଭୟ ମଧ୍ୟ ନ ଥାଏ। ଏଥିରେ ହାସ୍ୟରସ ସହିତ ବ୍ୟଙ୍ଗ ତଥା ଉଗ୍ରତା ମଧ୍ୟ ରହିଥାଏ। ସାଧାରଣତ କାହାକୁ ସମାଲୋଚନା କରିବାପାଇଁ ଏହାର ବ୍ୟବହାର ହୋଇଥାଏ। କୌଣସି ବିଶିଷ୍ଟ ବ୍ୟକ୍ତି, ଶାସକ, ରାଜନେତା ଆଦିଙ୍କ ପାଇଁ ହିଁ ମୁଖ୍ୟତ ଏହି ସାହିତ୍ୟିକ ଶୈଳୀର ବ୍ୟବହାର କରାଯାଇଥାଏ। କାରଣ ଏହି ଧରଣର ବ୍ୟକ୍ତିଙ୍କ ଦ୍ୱାରା ହେଉଥିବା ଅବିଚାରକୁ ପ୍ରତ୍ୟକ୍ଷ୍ୟଭାବେ ସମାଲୋଚନା କରିବା ସମାଲୋଚକର ପକ୍ଷେ ସମ୍ଭବ ହୋଇନଥାଏ। କାବ୍ୟ, କବିତା, ନାଟକ, ଗଳ୍ପ, ଉପନ୍ୟାସ, ସିନେମା, ସଂଗୀତ, ଚିତ୍ରକଳା ଆଦି ପ୍ରତ୍ୟେକ କ୍ଷେତ୍ରରେ ଏହାର ବ୍ୟବହାର ପରିଲକ୍ଷିତ ହୋଇଥାଏ। ଏହି ସାଟାୟାର ବା ବ୍ୟଙ୍ଗ କେବଳ ହାସ୍ୟରସ ଉଦ୍ରେକ କରିନଥାଏ। କେତେକ କ୍ଷେତ୍ରରେ ଏହା ମାଧ୍ୟମରେ ଉଗ୍ରତା ମଧ୍ୟ ପ୍ରତିଫଳିତ ହୋଇଥାଏ। ଜର୍ଜ ଅର୍‌ୱେଲ (George orwell) ଙ୍କ ଦ୍ୱାରା ରଚିତ 'Animal Farm' ହେଉଛି ଏହାର ଏକ ସଫଳ ଉଦାହରଣ। ତେବେ ମନରେ ଏକ ପ୍ରଶ୍ନ ଉତ୍‌ଥାପିତ ହୋଇପାରେ ଯେ, ସାଟାୟାର ବା ବ୍ୟଙ୍ଗ କାହିଁକି ଲେଖାଯାଏ ଅଥବା ପ୍ରୟୋଗ କରାଯାଏ ? ସାଧାରଣତ ସମାଜରେ ହେଉଥିବା ଅବିଚାର ଓ ଅନ୍ୟାୟ ଆଦି ପ୍ରତି ଜନସଚେତନତା ସୃଷ୍ଟି କରିବା ଉଦ୍ଦେଶ୍ୟରେ ଏହାର ପ୍ରୟୋଗ ହୋଇଥାଏ। ମାତ୍ର

କେତେକ କ୍ଷେତ୍ରରେ କୌଣସି ବ୍ୟକ୍ତିଗତ ବିବାଦପାଇଁ ମଧ୍ୟ ଏହାର ବ୍ୟବହାର କରାଯାଇଥାଏ। ପ୍ରାଚୀନ କାଳରୁ ଆରମ୍ଭକରି ଆଜି ପର୍ଯ୍ୟନ୍ତ ଯେଉଁ ବ୍ୟଙ୍ଗର ବ୍ୟବହାର କରାଯାଉଛି ତାହାକୁ ତିନୋଟି ପର୍ଯ୍ୟାୟରେ ବିଭାଜିତ କରାଯାଇପାରେ। ଯଥା- 'ହରେସିଆନ୍ ସାଟାୟାର' Horatian Satire (ରୋମର ବ୍ୟଙ୍ଗବିତ୍ Horace ଙ୍କ ନାମରୁ ଏହି ନାମଟି ଆସିଛି), 'ଜୁଭିନେଲିଆନ୍ ସାଟାୟାର' Juvenalian Satire (ରୋମ୍‌ର ବ୍ୟଙ୍ଗବିତ୍ Juvenal ଙ୍କ ନାମରୁ ଏହି ନାମଟି ଆସିଛି) ଏବଂ ମେନିପିଏନ୍ ସାଟାୟାର Menippean Satire (ଏହି ନାମଟି ଗ୍ରୀକ୍ ବ୍ୟଙ୍ଗକାର Menippus ଙ୍କ ନାମରୁ ଆସିଛି) ସାଧାରଣତ ଏହି ତିନୋଟିଯାକ ସାଟାୟାର ବା ବ୍ୟଙ୍ଗର ଏକଏକ ରୂପ ହେଲେ ମଧ୍ୟ ଏହାର ଶୈଳୀ ମଧ୍ୟରେ ପାର୍ଥକ୍ୟ ପରିଲକ୍ଷିତ ହୋଇଥାଏ।

ପ୍ରଥମ ଶ୍ରେଣୀର ସାଟାୟାର ଯାହାକୁ ହରେସିଆନ୍ ସାଟାୟାର ବା ବ୍ୟଙ୍ଗ କୁହାଯାଏ। ଏଥିରେ ମୁଖ୍ୟତ ହାସ୍ୟାତ୍ମକ ଶୈଳୀରେ ମଣିଷର ଦୋଷ ଦୁର୍ବଳତାକୁ ସମ୍ମୁଖକୁ ଆଣିବାକୁ ଉଦ୍ୟମ କରାଯାଇଥାଏ। ଏହାର ଉଦ୍ଦେଶ୍ୟ ମୁଖ୍ୟତ ପାଠକକୁ ଆନନ୍ଦ ପ୍ରଦାନ କରିବା ହୋଇଥାଏ। 'ଆଲେକ୍‌ଜେଣ୍ଡାର ପୋପ'(Alexander Pope) ଙ୍କ ଦ୍ୱାରା ୧୭୧୨ ମସିହାରେ ପ୍ରକାଶିତ ଏକ ପ୍ରସିଦ୍ଧ କାବ୍ୟ ପୁସ୍ତକ 'The Rape Of The Luck' ହେଉଛି ଏହାର ଏକ ସଫଳ ଉଦାହରଣ। ଏଥିରେ ମଣିଷର ନିର୍ବୁଦ୍ଧିଆପଣ ତଥା ଉଚ୍ଚବର୍ଗର ଇଂରେଜମାନଙ୍କୁ ବ୍ୟଙ୍ଗ କରାଯାଇଛି। ଏହି ଶୈଳୀରେ ଓଡ଼ିଆ ସାହିତ୍ୟରେ ବ୍ୟାସକବି ଫକୀରମୋହନ ସେନାପତିଙ୍କର ନନାଙ୍କ ପାଞ୍ଜି ରଚିତ ହୋଇଥିବା ପରିଲକ୍ଷିତ ହୋଇଥାଏ। ଫକୀରମୋହନ ମଧ୍ୟ ଏଥିରେ ହରେସିଆନ୍ ସାଟାୟାର ଶୈଳୀରେ ହାସ୍ୟରସର ଉଦ୍ରେକ ପାଇଁ ମଣିଷର ନିର୍ବୁଦ୍ଧିଆପଣକୁ ବ୍ୟଙ୍ଗ କରିଛନ୍ତି। ଦୃଷ୍ଟାନ୍ତ ସ୍ୱରୂପ କେତେକ ପଂକ୍ତି ଏଠାରେ ଉଦ୍ଧାର କରାଯାଇପାରେ- ଆଜିକାଲି ହାଟପାଳିକୁ ହାଟପାଳି ଓଡ଼ିଶାକୁ ଢେର ଜ୍ଞାନଫଳ ଆମଦାନୀ ହେଉଅଛି। ମାତ୍ର ଏଗୁଡାକ ଯେ ବିଲାତୀ ଏପେଲ, ବାଦାମ, ଅଙ୍ଗୁର। ତୁମ୍ଭ ଦେଶୀ ଗଛର ଫଳ କାହିଁ ? ବିଦେଶୀ ଫଳ ଗୁଡାକ ଖୁବ୍ ମିଠା, ସତକଥା, ମାତ୍ର ବିଦେଶୀ ଫଳ ଗୁଡାକ ଓଡ଼ିଆ ପେଟରେ ପଚିବ କିଆଁ। ଏତଦ୍ ବ୍ୟତୀତ କାନ୍ତକବି ଲକ୍ଷ୍ମୀକାନ୍ତ ମହାପାତ୍ର ସ୍ୱାଧୀନତା ପରବର୍ତ୍ତୀ ନୈତିକତାହୀନ ପୁଲିସ୍‌କୁ ବ୍ୟଙ୍ଗକରି ଲେଖିଥିବା ଏକ ଲାଳିକା

ରେ ପୁଲିସ ତୋରେ କହିବି କିସ/
ଦିନେ ନ ଦେଖା ତୋ ହୁରୁଡା ନିଶ।

ମଧ୍ୟ ଏହାର ଏକ ସାର୍ଥକ ନିଦର୍ଶନ।

ଏହି ସାଟାୟାରର ଅନ୍ୟ ଏକ ଶୈଳୀ ହେଉଛି ଜୁଭିନେଲିଆନ୍ ସାଟାୟାର।

ଏହା ହରେସିଆନ୍ ସାଟାୟାର ଠାରୁ ସଂପୂର୍ଣ୍ଣଭାବେ ପୃଥକ୍। କାରଣ ଏଥିରେ ହାସ୍ୟରସର ବ୍ୟବହାର ହୋଇନଥାଏ। ତା ସ୍ଥାନରେ ଏଥିରେ ଉଗ୍ରତା ଓ ବ୍ୟଗ୍ରତା ପରିଲକ୍ଷିତ ହୋଇଥାଏ। ଏଥିରେ ସମାଲୋଚକ ଅତ୍ୟନ୍ତ କଡାଭାଷାରେ ବ୍ୟଙ୍ଗ କରିଥାଏ। ଏହା ମୁଖ୍ୟତ ରାଜନେତା ତଥା କୌଣସି ବିଶିଷ୍ଟ ବ୍ୟକ୍ତିଙ୍କୁ ସମାଲୋଚନା କରିବାପାଇଁ ବ୍ୟବହାର ହୋଇଥାଏ। ଏତଦ୍ ବ୍ୟତୀତ ବ୍ୟକ୍ତିଗତ କ୍ରୋଧ ମଧ୍ୟ ଏହାକୁ ମାଧ୍ୟମକରି ପ୍ରତିଫଳିତ ହୋଇଥାଏ। ୧୯୪୫ ମସିହାରେ ରାଜନୀତି ତଥା ରାଜନେତାଙ୍କୁ ବ୍ୟଙ୍ଗକରି ରଚିତ ହୋଇଥିବା ଜର୍ଜ ଅରୱେଲ (George Orwell) ଙ୍କର ଉପନ୍ୟାସ Animal Farm ହେଉଛି ଏହାର ଏକ ସଫଳ ଉଦାହରଣ। ଓଡ଼ିଆ ସାହିତ୍ୟରେ ଏହି ଶୈଳୀରେ ଅନେକ କାବ୍ୟ ରଚିତ ହୋଇଥିବା ପରିଲକ୍ଷିତ ହୋଇଥାଏ। ଦୃଷ୍ଟାନ୍ତ ସ୍ୱରୂପ ରାଧାନାଥ ରାୟ ତାଙ୍କର ଦରବାର କାବ୍ୟରେ ସାମନ୍ତବାଦର ବିକୃତ ରୂପ ଦେଖାଇବାକୁ ଯାଇଁ ଲେଖିଛନ୍ତି-

ଦେଶୀ ହୋଇ ତୁମ୍ଭେ ଆଚରିଲ ନିତି
ନିର୍ମମ ବିଦେଶୀ-ସର୍ବଶୋଷି-ନୀତି
ବାତ୍ସଲ୍ୟ ନବାଞ୍ଛ ପ୍ରଜାଙ୍କର ଚିତ୍ତ
ବିଦେଶୀ-ସଙ୍ଗୀନେ କଲ ତାଙ୍କୁ ଭୀତ

ରାଜଧର୍ମ ହେଲା ପ୍ରଜାଧନ ବୁହା
ମନ୍ତ୍ରୀ ହେଲେ ଖଳ, ଖଣ୍ଟ, କାନକୁହା।

ଏତଦ୍ ବ୍ୟତୀତ ୧୯୩୬ ମସିହାରେ ରଚିତ କାଳନ୍ଦିଚରଣ ପାଣିଗ୍ରାହୀଙ୍କର ଜୟ ଭଗବାନ କବିତାରେ ଯୁଦ୍ଧୋଖୋର ରାଷ୍ଟ୍ରନାୟକ ମାନଙ୍କୁ ବ୍ୟଙ୍ଗକରି ଲେଖିଛନ୍ତି-

ଧଳା ମଣିଷର ଭଗବାନ ଯେହୁ କଳାର ସେ ସଇତାନ୍
ଇଟାଲି ଦେଶର ଭଗବାନ ଖାଏ ଆବିସିନିଆର ପ୍ରାଣ।

ଏତଦ୍ ବ୍ୟତୀତ କାଳନ୍ଦୀଚରଣଙ୍କ ଦ୍ୱାରା ୧୯୩୮ ମସିହାରେ ରଚିତ ଯାଦୁଘର ହେଉଛି ଏହାର ଏକ ସାର୍ଥକ ନିଦର୍ଶନ। ଏଥିରେ କବି ଧର୍ମନାମରେ ବ୍ୟଭିଚାରକୁ ବ୍ୟଙ୍ଗକରି ଲେଖିଛନ୍ତି-

ବୁଦ୍ଧ ଯୀଶୁଙ୍କ ମନ୍ତ୍ର କାହିଁବା କାହିଁ ମହମ୍ମଦ ଖୋଦା,
ସବୁ ଦିଅଁ ଆଜି ବଳି ଲୋଡିଲେଣି ମଣିଷ ହୋଇଛି ବୋଦା
ସକଳ ଧର୍ମ ଯୁକ୍ତି ତରକ ନିୟମକାନୁନ କାଟି,
ଧରିଚି ଧରାକୁ ଜବାବ ଘୋଷୁଚି କମାଣ ବାରୁଦ ଫାଟି

ଆବର ଧରିଚି ରାଜସରକାର ଓକିଲ ବିଚାରପତି
ଆବର ଧନରମାଲିକ, ଏସବୁ ସତ୍ୟର କରାମତି ।

ଯେଉଁ ସ୍ୱାଧୀନତାର ଆଶା ତଥା ସ୍ୱପ୍ନରେ ଦେଶରେ ରକ୍ତର ହୋରି ଖେଳାହୋଇଥିଲା । ସେହି ସ୍ୱାଧୀନତା କେତେ ଅର୍ଥହୀନ । ଯାହାର ଫଳ ସ୍ୱରୂପ ସୃଷ୍ଟି ହୋଇଥିବା ସାମାଜିକ ଅସଙ୍ଗତି, ଅର୍ଥନୈତିକ ଶୋଷଣ ଓ ଶ୍ରମିକ ସମସ୍ୟା ଭଳି ପ୍ରସଙ୍ଗରେ ବିବ୍ରତ ହୋଇ ରାଧାମୋହନ ଗଡନାୟକ ତାଙ୍କର ମରିସୁଦ୍ଧା ସେ ମରିନଥିଲା କବିତାରେ ବ୍ୟଙ୍ଗକରି ଲେଖିଛନ୍ତି-

ଆଖିର ଲୋତକେ / ଛାତିର ରକତେ/ଉର୍ବର କଲା ଯେ ଦେଶତଳ
ସେ ଭୂଇଁରେ ଆଜି/ଯେଇଁ ବୀଜପୋତ/ଦେଖାଯାଉନାହିଁ ଗୋଟିଏ ଫଳ ।

ଏହି ସାଟାୟାରରେ ହାସ୍ୟରସ ଅପେକ୍ଷା ଉଗ୍ରତା ବିଶେଷ ଭାବେ ପରିଲକ୍ଷିତ ହୋଇଥାଏ ।

ଏହିଭଳି ସ୍ୱାଧୀନତା ପରବର୍ତ୍ତୀ ମୋହଭଙ୍ଗକୁ ନେଇ ସାମ୍ୟବାଦୀ କବି ଅନନ୍ତ ପଟ୍ଟନାୟକ ତାଙ୍କର ଆହେ ମହାଗଣକ କବିତାରେ ଲେଖିଛନ୍ତି-

ଶାନ୍ତି ନୁହେଁ! ଦିଲ୍ଲୀ ବାରବାଟୀ ପୁରେ/ ଧଳା କଳା କ୍ଲବ ଘରେ
ମଦ୍ୟପାୟୀ ନୃତ୍ୟ ତଳେ/ ବ୍ୟୁରୋକ୍ରାସି ବୁଟ୍ ବଳେ
ସମୁଧାର-ଅସିଧାର-ରୀତି ହୃଦଫଟାଳି ।

ଅର୍ଥନୈତିକ ବୈଷାମ୍ୟ ତଥା ପୁଞ୍ଜିବାଦୀ ସଭ୍ୟତାର ରଥଚକ ତଳେ ଚାପିହୋଇଯାଇଥିବା ସାଧାରଣ ଲୋକର ଅସହାୟତାକୁ ପ୍ରକାଶ କରିବାକୁ ଯାଇଁ, ମନମୋହନ ମିଶ୍ର ତାଙ୍କର ଚାଉଳ ସମାଚାର କବିତାରେ ଲେଖିଛନ୍ତି-

ମେଘ ତ କଜଳକଳା/ ଚାଉଳ କି ପାଇଁ ନମିଳେ ଭଲା/
ଉପାସେ ଜୀବନ ଗଲା ।
ପାଣିରେ ଯାଏ ଶେଉଳା/ ଟଙ୍କାକୁ ନ ମିଳେ ସେରେ ଚାଉଳ/
ଗୋଲା ତେଣୁ ଆମ ମୂଳ ।

ଏହିଭଳି ଭାବେ ସ୍ୱାଧୀନତା ପରବର୍ତ୍ତୀ ଅର୍ଥନୈତିକ ବୈଷାମ୍ୟର ଦୁର୍ଗତିରୁ ଜନ୍ମ ନେଇଛି ପ୍ରଗତିବାଦୀ କବି ସଚ୍ଚିଦାନନ୍ଦ ରାଉତରାୟଙ୍କର ଆମ ଗାଁ ର ମୁରଲୀଧର ପଣ୍ଡା କବିତା । ଏଥିରେ କବି ସ୍ୱାଧୀନତା ପରବର୍ତ୍ତୀ ସମୟର ଦୁର୍ନିତିକୁ ବ୍ୟଙ୍ଗକରି ଲେଖିଛନ୍ତି-

ଦ୍ୱିଗୁଣ ଦାମେ ଦୋକାନେ ତାଙ୍କ ବିକ୍ରିହୁଏ ତେଲ ।
ପରମିଟ୍‌ଟା ଏକଚାଟିଆ ଦେଶାର୍ଥେ

କେବଳ ଧଳା ଖଦଡଭୂଷିତ ବପୁ କଳାବଜାରେ ଷଣ୍ଢ।

ବଡବଡିଆ, ମନ୍ତ୍ରୀ,ଲାଟ୍ ହୁଅନ୍ତି ଲଣ୍ଡଭଣ୍ଡ।

ଭୋଟବେଳେ ବାବୁଙ୍କ ନାମେ ଥରଇ ଗାଁ ଗଣ୍ଡା/

ଆମ ଦେଶର ମଉଡମଣି ମୁରଲୀଧର ପଣ୍ଡା।

ଦାରିଦ୍ର୍ୟତାର କଷାଘାତରେ ପୀଡିତ ସାଧାରଣ ଲୋକଙ୍କର ଅସହାୟତା ତଥା ପୁଞ୍ଜିପତି ମାନଙ୍କର କାମନା ଓ ଲାଳସାକୁ ମାରୁଆଡି ବ୍ୟବସାୟୀ ର ପ୍ରତୀକ ମାଧ୍ୟମରେ ଜ୍ଞାନିନ୍ଦ୍ର ବର୍ମା ତାଙ୍କର ଏକ ଛୋଟ ସହରର କାହାଣୀ କବିତା ମାଧ୍ୟମରେ ପ୍ରତିଫଳିତ କରିଛନ୍ତି। କାଳନ୍ଦୀଚରଣ ପାଣିଗ୍ରାହୀଙ୍କ କିଏ ଶଳା ଶଇତାନ କବିତା ତୁଲ୍ୟ ଶ୍ରୀ ବର୍ମା ମଧ୍ୟ ଉତ୍କଟ ବ୍ୟଞ୍ଜନାପୂର୍ଣ୍ଣ ଭାଷାରେ ଲେଖିଛନ୍ତି-

ହରେକ୍ କାମରେ ମାରୁଆଡି ଘରେ ଟୋକୀ

ନିରାମିଷାହାରୀ ଜାତିଟା ଏଠାରେ/ ରକ୍ତ-ମାଂସ-ଭୋକୀ

କିନ୍ତୁ ସେଥିରେ ଅଶେଷ ଧର୍ମାଚାର/ ସକଳ କଥାରେ ଅସଲ କଥାର ଠାର...।

ଏତଦ୍ ବ୍ୟତୀତ ବିପ୍ଳବୀ କବି ରବି ସିଂ ଆଜିର ଆଧୁନିକ ସମାଜରେ ଲୋକଙ୍କ ଭିତରେ ଥିବା ଶଠତାକୁ ପ୍ରତିଫଳିତ କରିବାପାଇଁ ଲେଖିଛନ୍ତି-

ଜାଦୁଆ ବିକୁଛି ଜାଦୁର ମଲମ ଦେଖ

ମଦୁଆ ଧରିଛି ନିଶା ନିବାରଣ ବାନା।

ଓଡ଼ିଆ ସାହିତ୍ୟରେ ଏହିପରି ଶହଶହ କବିତାର ନିଦର୍ଶନ ଦେଖିବାକୁ ମିଳେ। ଯେଉଁଥିରେ ଲେଖକର ବ୍ୟଙ୍ଗ ଅଥବା ସାଟାୟାରରେ ହାସ୍ୟ ଅପେକ୍ଷା ଉଗ୍ରତା ଅଧିକ ପ୍ରତିଫଳିତ ହୋଇଛି।

ଏହିପରି ତୃତୀୟ ଶ୍ରେଣୀର ସାଟାୟାର ହେଉଛି ମେନିପିଏନ ସାଟାୟାର। ଏହି ସାଟାୟାରଟି ହେଉଛି ହରେସିଆନ୍ ଓ ଜୁଭିନେଲିଆନ୍ ସାଟାୟାରର ସମ୍ମିଶ୍ରଣ। ଅର୍ଥାତ୍ ଏଥିରେ ଉଭୟ ହାସ୍ୟ ଓ ଉଗ୍ରତା ପ୍ରତିଫଳିତ ହୋଇଥାଏ। ସ୍ୱାଧୀନତା ପରବର୍ତ୍ତୀ ବ୍ୟର୍ଥତା ତଥା ମୋହଭଙ୍ଗକୁ ବ୍ୟଙ୍ଗକରି ରବି ସିଂ ଲେଖିଛନ୍ତି-

ସ୍ୱାଧୀନତା ହାତୀ ଶେଷେ କରିଦେଲା ଫୁସ୍

ବିକଟ ଗନ୍ଧେ ନାସାର ରନ୍ଧ୍ର ଫାଟେ

ମଦଭାଟି ତଳେ ଯୋଜନାର ଫୁଲଫୁଟେ।

ଏତଦ୍ ବ୍ୟତୀତ କବି ତାଙ୍କର ଯାଚ୍ଛାତା କବିତା ସଂକଳନରେ ଗଣତନ୍ତ୍ର ବ୍ୟବସ୍ଥା ପ୍ରତି ତୀବ୍ର ବ୍ୟଙ୍ଗକରି ଲେଖିଛନ୍ତି-

ଆସୁଛି ଶୋରିଷ ତେଲ ଚିନ୍ତାନାହିଁ

କିଣିଥାଅ ଆଳୁ
ହେବ ଯେ ଚମତ୍କାର ଭର୍ତ୍ତା
ନାଗରିକ ଢାଳିବ ବିତ୍ପାରୁ
ତା ସହିତ କଞ୍ଚାଲଙ୍କା ରଖଭାଇ
ବଜାରରୁ କିଣି
ଆସୁଛି ଶୋରିଷ ତେଲ
ଶୁଣାଯାଏ ତାର ପଦଧ୍ୱନୀ।

ଏହିଭଳି ଭାବେ ବିଭିନ୍ନ ପର୍ଯ୍ୟାୟର ବ୍ୟଙ୍ଗାତ୍ମକ ଅଥବା ସାଟାୟାର ଧର୍ମୀ ରଚନା ଓଡ଼ିଆ କବିତାରେ ପରିଲକ୍ଷିତ ହୋଇଥାଏ। ଯାହା ଓଡ଼ିଆ କାବ୍ୟ ଜଗତକୁ ସୁଦୃଢ କରିବ ।ସହ ଓଡ଼ିଆ କବିତାକୁ ଏକ ନୂତନ ରୂପ ପ୍ରଦାନ କରିଛି।

ନୂତନ ସମାଲୋଚନା (New Criticism) ଏବଂ କବିସମ୍ରାଟ ଉପେନ୍ଦ୍ର ଭଞ୍ଜ

ବିଂଶ ଶତାବ୍ଦୀର ମଧ୍ୟଭାଗରେ ଆମେରିକାରେ ନୂତନ ସମାଲୋଚନା ବା New Criticism ନାମକ ଏକ ନୂତନ ତତ୍ତ୍ୱର ଆର୍ବିଭାବ ଘଟିଥିଲା। ଏହି ନୂତନ ସମାଲୋଚନା ନାମଟି ୧୯୪୧ ମସିହାରେ ଜନ୍ କ୍ରୃ ରେନସମ୍(John crowe ransom) ନାମକ ଏକ ଆମେରିକିୟ ସମାଲୋଚକଙ୍କର ପ୍ରବନ୍ଧ ' The New Criticism' ରୁ ଆସିଥିଲା। ତେଣୁ ରେନସମ୍‌ଙ୍କୁ ନୂତନ ସମାଲୋଚନାର ଉଦ୍ଭାବକ ଭାବେ ଗ୍ରହଣ କରାଯାଇଥାଏ। ଏହାର ପ୍ରମୁଖ ଗବେଷକ ଥିଲେ କେମ୍ବ୍ରିଜ୍ ବିଶ୍ୱବିଦ୍ୟାଳୟର ଆଇ.ଏ.ରିଚାର୍ଡ। ସାଧାରଣତ ପାଠକ ଯେତେବେଳେ କୌଣସି ପୁସ୍ତକ ଅଧ୍ୟୟନ କରେ। ହଠାତ୍‌କରି ସେ କେତେବେଳେ ଅତ୍ୟନ୍ତ ଆନନ୍ଦିତ ହୋଇଯାଏ ପୁଣି କେତେବେଳେ ଅତ୍ୟନ୍ତ ଦୁଖୀ। ସେତେବେଳେ ସେ ଭାବିବାକୁ ବାଧ୍ୟ ହୁଏ ଯେ, ଏହା କିପରି କେଉଁ ଶୈଳୀରେ ରଚିତ ହୋଇଛି ଫଳରେ ହଠାତ୍ କରି ଏହା ଖୁସି କରିଦିଏ ପୁଣି ପରମୁହୁର୍ତ୍ତରେ ଦୁଖୀ। ସାଧାରଣତ ଏହା ନିର୍ଭରକରେ ପାଠର ଶୈଳୀ ଉପରେ। ନୂତନ ସମାଲୋଚନାବାଦୀମାନେ ଏଥିପାଇଁ ପାଠ ବା Text ଉପରେ ଅଧିକ ଗୁରୁତ୍ୱ ଦେଉଥିଲେ। ଏଥିରେ Text କୁ ଅତ୍ୟନ୍ତ ସତର୍କତାର ସହ ପାଠ କରାଯାଏ। ବିଶେଷତ କବିତା କ୍ଷେତ୍ରରେ ଏହା ଅଧିକ ଦେଖିବାକୁ ମିଳେ। ସାଧାରଣତ ପ୍ରତ୍ୟକ୍ଷ୍ୟ ଭାବେ ଦେଖିଲେ ଏହି ଆନ୍ଦୋଳନକୁ ସଂପୂର୍ଣ୍ଣ ଭାବେ ନୂତନ ବୋଲି କୁହାଯାଇ ପାରିବ ନାହିଁ। କାରଣ ଉନବିଂଶ ଶତାବ୍ଦୀରେ ଇଉରୋପରେ ଆରମ୍ଭ ହୋଇଥିବା

ଏକ କଳା ଆନ୍ଦୋଳନ ଯାହାକୁ ସୌନ୍ଦର୍ଯ୍ୟ ତତ୍ତ୍ୱ ବା Aestheticism ନାମ ଦିଆଯାଇଥିଲା। ତାହାର ପ୍ରଭାବ ଏହି ନୂତନ ସମାଲୋଚନା ଉପରେ ପଡ଼ିଥିବା ଅନୁଧ୍ୟାନ କରାଯାଇପାରେ। କାରଣ ସୌନ୍ଦର୍ଯ୍ୟ ତତ୍ତ୍ୱରେ ମଧ୍ୟ ଗୋଟିଏ କାବ୍ୟ ପାଠ କଲାବେଳେ ସେଥିରେ କିପରି ଭାଷା, ଶୈଳୀ, ଛନ୍ଦ, ଅଳଙ୍କାର ଆଦିର ବ୍ୟବହାର କରାଯାଇଛି ତାହା ଉପରେ ଦୃଷ୍ଟି ଦିଆଯାଉଥିଲା। ଏହି ତତ୍ତ୍ୱରେ ବିଶ୍ୱାସୀ ଆଲୋଚକଙ୍କର ମତରେ ଏହା ଜରୁରୀ ନୁହେଁ ଯେ କାବ୍ୟରୁ କୌଣସି ନୈତିକ ଆଦର୍ଶ ବା ନୈତିକ ଶିକ୍ଷା ମିଳିବା ଫଳରେ ହିଁ କାବ୍ୟର ଗୁରୁତ୍ୱ ବୃଦ୍ଧିହେବ। କାବ୍ୟର ସୌନ୍ଦର୍ଯ୍ୟ ତାର ନିଜ ଭିତରେ ହିଁ ରହିଛି। ଏଥିପାଇଁ କୌଣସି ବାହ୍ୟ ଉପାଦାନ ଅନାବଶ୍ୟକ। ଏହିଭଳି ଚିନ୍ତାଧାରା ଫଳରେ ଭିକ୍ଟର କଜିନ୍ (Victore Cousin) ୧୮୧୮ ମସିହାରେ ଏକ ସ୍ଲୋଗାନ୍ ଦେଇଥିଲେ ଏବଂ ତାହା ହେଉଛି– 'l' art- pour l' art' (Art For Art Sake) ତେଣୁ ନୂତନ ସମାଲୋଚନା ଉପରେ ଏହି ଆନ୍ଦୋଳନର ସ୍ପଷ୍ଟ ପ୍ରଭାବକୁ ଅସ୍ୱିକାର କରାଯାଇନପାରେ।

ସାଧାରଣ ଭାବେ ଦେଖିବାକୁ ଗଲେ ପ୍ରାଚୀନ ସମାଲୋଚନାର ବିରୋଧରେ ନୂତନ ସମାଲୋଚନାର ଆର୍ବିଭାବ ଘଟିଥିଲା। ପ୍ରାଚୀନ ସମାଲୋଚନାରେ କୌଣସି ବିଷୟକୁ ବିବେଚନା କରିବାପାଇଁ ତାର ଇତିହାସ ଉପରେ ଗୁରୁତ୍ୱ ଦିଆଯାଉଥିଲା। ଯେପରି ସେହି ବିଷୟର ଲେଖକ କିଏ ? ସେ କେଉଁଠି ଜନ୍ମଗ୍ରହଣ କରିଥିଲେ ? ସେ କାହାକୁ ବିବାହ କରିଥିଲେ ? ତାଙ୍କ ପାରିବାରିକ ସ୍ଥିତି କିପରି ଥିଲା ? ସେ କେଉଁ ଶୈଳୀରେ ରଚନା କରୁଥିଲେ ? ଲେଖକଙ୍କ ସମୟରେ ସାମାଜିକ ଓ ସାଂସ୍କୃତିକ ପୃଷ୍ଠଭୂମି କିପରିଥିଲା ? ଏହା ସହିତ ସେତେବେଳେ ଲେଖକଙ୍କର ମାନସିକ ସ୍ଥିତି କିପରି ଥିଲା ? ଏ ସବୁକୁ ଦୃଷ୍ଟିରେ ରଖି ସେତେବେଳେ କୌଉସି କୃତିକୁ ଆଲୋଚନା ବା ବିବେଚନା କରାଯାଉଥିଲା। ମାତ୍ର ନୂତନ ସମାଲୋଚନାରେ ଏହିପରି ଇତିହାସ ଉପରେ ଗୁରୁତ୍ୱ ଦିଆଗଲାନାହିଁ। ଏଥିରେ ମୁଖ୍ୟତ ପାଠ ବା କୌଣସି ବିଷୟର ଗଠନ ଅଥବା Structure ଉପରେ ଗୁରୁତ୍ୱ ଦିଆଯାଏ। ଏହି ଦୃଷ୍ଟିକୋଣରୁ – ଯଦି ଆମେ ଫକୀରମୋହନ ସେନାପତିଙ୍କର ଛମାଣ ଆଠଗୁଣ୍ଠ ଉପନ୍ୟାସକୁ ଅଧ୍ୟୟନ କରୁ। ତେବେ ଆମକୁ ଫକୀରମୋହନଙ୍କ ବିଷୟରେ ତଥା ସେ ସମୟର ସାମାଜିକ ଓ ସାଂସ୍କୃତିକ ସ୍ଥିତି ବିଷୟରେ ଜାଣିବା ଅନାବଶ୍ୟକ। ତେଣୁ ଏହି ନୂତନ ସମାଲୋଚନାରେ ମୁଖ୍ୟ ହେଉଛି ବିଷୟର Structure ବା ସଂରଚନା, ଅଥବା ଗଠନ ଶୈଳୀ। ନୂତନ ସମାଲୋଚକଙ୍କ ମତରେ ଯେତେବେଳେ ଆମେ ଗୋଟିଏ କବିତା ପଢ଼ିବା ପୂର୍ବରୁ ତାର ଇତିହାସ ଓ କବିର ଇତିହାସ ଦେଖୁଛୁ। ସେତେବେଳେ ଆମେ କବିତାକୁ

ଅବହେଳା କରୁଛୁ। କବିତାକୁ ଛାଡି ଆମର ଧ୍ୟାନ ବାହ୍ୟ ଉପାଦାନରେ କେନ୍ଦ୍ରିତ ହେଉଛି। ଏମାନଙ୍କ ମତରେ ପାଠର ବା ବିଷୟର ଗଠନ ଓ ତାର ଅର୍ଥ ପରସ୍ପର ସହିତ ସଂପୃକ୍ତ। ଏହାକୁ ପୃଥକ ଭାବେ ଆଲୋଚନା କରିବା ଅନୁଚିତ୍। ତେଣୁ ଏହି ଯେଉଁ ନୂତନ ସମାଲୋଚକମାନେ ଥିଲେ ସେମାନେ ପାଠରୁ ଲେଖକର ଅଭିବ୍ୟକ୍ତି, ଐତିହାସିକ ଓ ସାଂସ୍କୃତିକ ପୃଷ୍ଠଭୂମି ଏବଂ ପାଠକର ପ୍ରତିକ୍ରିୟା (Reader's Response) କୁ ବାହାର କରିଦେଲା। ସାଧାରଣତଃ ଯୁକ୍ତରାଷ୍ଟ୍ର ଆମେରିକାର ବିଶ୍ୱବିଦ୍ୟାଳୟ ମାନଙ୍କରେ ଯେତେବେଳେ ଏହି ନୂତନ ସମାଲୋଚନା ଆସିଲା ସେତେବେଳେ ଏକ ବିରାଟ ପରିବର୍ତ୍ତନ ଦେଖାଗଲା। ଆମେରିକାର ପୁରୁଣା ଗବେଷକମାନେ ଏହି ତତ୍ତ୍ୱକୁ ବିରୋଧ କରିଥିଲେ। ହେଲେ ପରବର୍ତ୍ତୀ ସମୟରେ ଏହାକୁ ଗ୍ରହଣ କରିନିଆଯାଇଥିଲା। ମାତ୍ର ସଂରଚନାବାଦ ଓ ବିଘଟନବାଦ ଭଳି ସାହିତ୍ୟିକ ଆନ୍ଦୋଳନ ଆରମ୍ଭ ହେବାପରେ ଏହି ନୂତନ ସମାଲୋଚନାର ପ୍ରଭାବ କମିଗଲା। ଏହି ସମାଲୋଚନାକୁ ମଧ୍ୟ ସମାଲୋଚିତ ହେବାକୁ ପଡିଥିଲା। ଅର୍ଥାତ୍ ଏହି New Criticismର ବିରୋଧରେ ଆରମ୍ଭ ହୋଇଥିଲା Reader-Response School of theory (ପାଠକର ପ୍ରତିକ୍ରିୟା)। ଏହାର ପ୍ରମୁଖ କର୍ତ୍ତା ଥିଲେ ଟେରେନ୍ସ ହ୍ୱେକେସ୍। ଏହି ଦର୍ଶନ ସବୁଠାରୁ ଅଧିକ ଗୁରୁତ୍ୱ ଦେଇଥାଏ ପାଠକ ଉପରେ। ଗୋଟିଏ ସାହିତ୍ୟିକ କୃତିକୁ ପଢିବାପରେ ଗୋଟିଏ ପାଠକ କଣ ଅନୁଭୂତି ଓ ଅନୁଭବକଲା। ତାହା ଉପରେ ଏହି ଦର୍ଶନ ଅଧିକ ଗୁରୁତ୍ୱ ଦେଇଥାଏ। ଏହି ଆନ୍ଦୋଳନ ମୁଖ୍ୟତ ୧୯୬୦ ଓ ୭୦ ଦଶକରେ ଆମେରିକା ଏବଂ ଜର୍ମାନ୍‌ରେ ଆରମ୍ଭ ହୋଇଥିଲା। ଏମାନଙ୍କର ମତରେ ସାହିତ୍ୟ ଏକ ପ୍ରଦର୍ଶିତ କଳା। ଏହାକୁ ପ୍ରତ୍ୟେକ ପାଠକ ନିଜ ଅନୁସାରେ ଅନୁଭବକରେ। ଏମାନଙ୍କର ମତରେ ପାଠର କୌଣସି ଗୁରୁତ୍ୱ ନାହିଁ। ଯଦି ଏହାକୁ ଏକ ପାଠକ ପଢି ଅନୁଭବ ନକରେ। ମାତ୍ର ନୂତନ ସମାଲୋଚନା ପାଠ ମଧ୍ୟରୁ ଭାବକୁ ପରିହାର କରି ଯାହାକି ସାହିତ୍ୟର ଏକ ପ୍ରମୁଖ ଚେତନା। ସାହିତ୍ୟକୁ ବିଜ୍ଞାନ ସମ୍ମତ ବା ବିଜ୍ଞାନ ଭଳି ନିରସ କରିବାପାଇଁ ଉଦ୍ୟମ କରୁଛନ୍ତି। ମାତ୍ର ଏ ସବୁ ମନ୍ତବ୍ୟ ସତ୍ତ୍ୱେଗୋଟିଏ ସମୟରେ ଏହା ସାହିତ୍ୟକୁ ବହୁଳ ଭାବେ ପ୍ରଭାବିତ କରିଥିଲା।

ଏହି ଦୃଷ୍ଟିକୋଣରୁ ଓଡ଼ିଆ ସାହିତ୍ୟକୁ ବିବେଚନାକଲେ ସ୍ୱାଧୀନତା ପରବର୍ତ୍ତୀ ସମୟରେ ଓଡ଼ିଆ ସାହିତ୍ୟରେ ଏପରି ବହୁ କାବ୍ୟ ରଚିତ ହୋଇଛି। ଯାହାକୁ ବୁଝିବାକୁ ହେଲେ ପାଠ ଉପରେ ହିଁ ଅଧିକ ଗୁରୁତ୍ୱ ଦେବାକୁ ପଡିଥାଏ। ସେଠି ଲେଖକର ଇତିହାସ ଓ ସମାଜର ସ୍ଥିତି ଖୋଜିବସିଲେ ହତାସ ହେବାକୁ ପଡିବ। କାରଣ ପାଠ ସହିତ ତାର କୌଣସି ବି ସଂପର୍କ ଥିବା ଅନୁଭବ କରିହେବନାହିଁ। ଏହି ଦୃଷ୍ଟିରୁ

ସଚ୍ଚିଦାନନ୍ଦ ରାଉତରାୟଙ୍କର କବିତା ୧୯୬୨ର ଦର୍ପଣ କବିତାକୁ ଆଲୋଚନା କରାଯାଇପାରେ-

"ମାତ୍ର ଟ ୨୦୦୦/-
ବାଦ୍‌ଯିବା ଶଂକା ୧,୫୦୦
ଏକ ଆମ୍ବୁଲାନ୍‌ସ୍‌।"

ଉକ୍ତ ପଂକ୍ତିକୁ ଅନୁଧ୍ୟାନକଲେ ନିଶ୍ଚିତ ଭାବେ ଏହା ପାଠକ ପାଇଁ ଯେ ରଚିତ ହୋଇନାହିଁ ବୋଲି ଧରିବାକୁ ହେବ। ଏଠି କେବଳ କାବ୍ୟର ଗଠନ ହିଁ ପ୍ରମୁଖ। ଏହା ଏକ ନୂତନ ଦର୍ଶନ ହେଲେ ମଧ୍ୟ ଓଡ଼ିଆ ସାହିତ୍ୟରେ ବହୁ ପ୍ରାଚୀନ କାଳରେ ଏହାର ନିଦର୍ଶନ ଦେଖିବାକୁ ମିଳେ କବି ସମ୍ରାଟ ଆସନରେ ଆସିନ୍ନ ଉପେନ୍ଦ୍ର ଭଞ୍ଜଙ୍କର କାବ୍ୟ କବିତାରେ। ଏପରିକି ନୂତନ ସମାଲୋଚନା ଯେଉଁ ସୌନ୍ଦର୍ଯ୍ୟ ତତ୍ତ୍ୱର ପ୍ରଭାବରେ ସୃଷ୍ଟି ହୋଇଥିଲା ତାଠାରୁ ମଧ୍ୟ ଉପେନ୍ଦ୍ରଙ୍କର କାବ୍ୟ କବିତା ଆହୁରି ପ୍ରାଚୀନ। ନୂତନ ସମାଲୋଚନା ବା New Criticism ଯେପରି ଲେଖକର ବା କବିର ଇତିହାସ, ମନସ୍ତତ୍ତ୍ୱ, ସାମାଜିକ ପୃଷ୍ଠଭୂମି, ପାଠକର ପ୍ରତିକ୍ରିୟାକୁ ପରିହାର କରିଥାଏ। ସେହିପରି ଉପେନ୍ଦ୍ର ଭଞ୍ଜଙ୍କର କାବ୍ୟ କବିତା ଏହି ଦୃଷ୍ଟିକୋଣରୁ ଗ୍ରହଣୀୟ। କାରଣ ତାଙ୍କର କାବ୍ୟ ବୁଝିବାକୁ ହେଲେ କବିର ଇତିହାସ, ମନସ୍ତତ୍ତ୍ୱ, ସାମାଜିକ ପୃଷ୍ଠଭୂମି ଓ ପାଠକର ପ୍ରତିକ୍ରିୟା ଯେତେ ଅଧିକ ମନେ ହେବନାହିଁ। ସେଠି ତାଙ୍କର କାବ୍ୟର ଗଠନ ଓ ଶୈଳୀ ପ୍ରମୁଖ ମନେହେବ। ଦୃଷ୍ଟାନ୍ତ ସ୍ୱରୂପ କବିଙ୍କର ୬୪ ଗୋଟି ଶ୍ଳୋକ ମଧ୍ୟରେ ରଚିତ ରାମାୟଣ ଚରିତ ଯାହାକୁ ସୁରେନ୍ଦ୍ର ମହାନ୍ତି ନାମ ଦେଇଥିଲେ କଙ୍କଣ ବନ୍ଧ ରାମାୟଣ ରୁ କିଛି ପଂକ୍ତି ଆଲୋଚନା କରାଯାଇପାରେ-

"କାମା ମାମା ୟାସା ରାମେ
ହାମା ମାରା ଦାରା ଗାସା
ଲାପା ସେନା ପାଶା ସାମା
ୟାନୀକ୍ଷୋମା ଦାୟାଦାରା।"

ଉକ୍ତ କାବ୍ୟକୁ ବୁଝିବାପାଇଁ ଏହାର ଗଠନ, ଶୈଳୀ ଓ ଅର୍ଥ ହିଁ ସାର। ଯାହାକୁ କାବ୍ୟର ଗଠନ ଅଥବା ସଂରଚନା (Structure) କୁହାଯାଏ ଏବଂ ଯାହା ଉପରେ ଗୁରୁତ୍ୱ ଦେଇଥାଆନ୍ତି ନୂତନ ସମାଲୋଚକମାନେ। ଏତଦ୍ ବ୍ୟତୀତ କବିଙ୍କର ପ୍ରେମ ସୁଧାନିଧି କାବ୍ୟ ଯେଉଁଥିରେ କବି ଗୋଟିଏ ମାତ୍ର ବ୍ୟଞ୍ଜନ ବର୍ଣ୍ଣ 'କ' କୁ ନେଇ ରଚନା କରିଥିବା ପଂକ୍ତିକୁ ଆଲୋଚନା କରାଯାଇପାରେ-

"କକୃ କକୃ କୋକୋ କାକ କାକା କକୁ କୃକ

କିକେ କିକ କେକୀ କେକୋ କୀଙ୍କ କକ।"

ଏହି କାବ୍ୟକୁ ବୁଝିବାପାଇଁ କେବଳ କାବ୍ୟ ଉପରେ ହିଁ ଗୁରୁତ୍ୱ ଦେବାକୁ ପଡିବ। ବାହ୍ୟ ଉପାଦାନ ଏହି କାବ୍ୟକୁ ବୁଝିବାପାଇଁ ନିତ୍ୟାନ୍ତ ଅନାବଶ୍ୟକ ମନେ ହୋଇଥାଏ। ଉପେନ୍ଦ୍ର ଭଞ୍ଜଙ୍କର ଶ୍ରେଷ୍ଠ କାବ୍ୟ ଲାବଣ୍ୟବତୀ ମଧ୍ୟ ଏହି ଦୃଷ୍ଟିରୁ ଗ୍ରହଣୀୟ। ଯେତେବେଳେ କବି କହିଛନ୍ତି-

ଅହିମକର ତାପ ନାଶେ ଶୋଭା ସାରସ ଚକ୍ରେ

ଅହିମ-କର ତାପ ନାଶେ ଶୋଭା ସାରସ ଚକ୍ରେ।

ସେତେବେଳେ ଏହି କାବ୍ୟର ଗଠନ, ଶୈଳୀ ଓ ଶବ୍ଦର ଖେଳକୁ ଅନୁଧ୍ୟାନ କଲେ ନିଶ୍ଚିତ ଭାବେ ଆଶ୍ଚର୍ଯ୍ୟ ହେବାକୁ ପଡିବ। ଏତଦ୍ ବ୍ୟତୀତ ଏଥିରେ ଗୋଟିଏ ଶବ୍ଦ 'ଅହିମକର' ଭାଙ୍ଗିଯିବାପରେ ଅନ୍ୟ ଏକ ଅର୍ଥ ପ୍ରକାଶ କରିଛି। ଯାହାକୁ 'ବିଘଟନବାଦ'ର 'ଜାକ୍ ଡେରିଡା' ଭଳି ଆଲୋଚକମାନେ 'DIFFERENCE' (ପାର୍ଥକ୍ୟ) ନାମ ଦେଇଥିଲେ। ତେଣୁ ପ୍ରତ୍ୟକ୍ଷ୍ୟ ଭାବେ କହିବାକୁ ଗଲେ ଉପେନ୍ଦ୍ର ଭଞ୍ଜଙ୍କର କାବ୍ୟ କବିତାର ଶବ୍ଦ ଖେଳ କେବଳ ନୂତନ ସମାଲୋଚନାର ନୁହେଁ । ବିଂଶ ଶତାବ୍ଦୀର ନୂତନ ତତ୍ତ୍ୱ ସଂରଚନବାଦ ଓ ବିଘଟନବାଦର ମଧ୍ୟ ସଫଳ ଉଦାହରଣ।

ଏହି ଶବ୍ଦଖେଳ ଓ ଗଠନର ଶ୍ରେଷ୍ଠ ଉଦାହରଣ ଭାବେ କବିଙ୍କର 'କୋଟୀ ବ୍ରହ୍ମାଣ୍ଡ ସୁନ୍ଦରୀ' କାବ୍ୟକୁ ଆଲୋଚନା କରାଯାଇପାରେ-

"ଅସାର-ସଘନକାଳ ହୋଇ ଉଦୟ

ଅଶିତ- ପରବଳରୁ ଦରଶମୟ।"

ଏହି ଗୋଟିଏ ପଂକ୍ତିରେ ଶବ୍ଦକୁ ଭାଙ୍ଗିବା ଫଳରେ ତିନୋଟି ଋତୁର ବର୍ଣ୍ଣନା ଦେଖିବାକୁ ମିଳେ। 'ଚିନ୍ତା ଦେଶାକ୍ଷ' ରେ ବର୍ଷାକାଳ ହେବାବେଳେ। 'କାଫି କାମୋଦୀ'ରେ ଶୀତ ପୁଣି 'ମାଳବରାଡି'ରେ ଗ୍ରୀଷ୍ମ ଋତୁର ଆର୍ବିଭାବ ହୋଇଛି।

କବିଙ୍କର 'ଚିତ୍ରକାବ୍ୟ ବନ୍ଧୋଦୟ' ଯେଉଁଥିରେ କବି କାବ୍ୟକୁ ଚିତ୍ର ଆକାରରେ ରଚନା କରିଛନ୍ତି। ନୂତନ ସମାଲୋଚନାର ଏହା ହେଉଛି ଏକ ବଳିଷ୍ଠ ନିଦର୍ଶନ। ଏହି କାବ୍ୟରେ ଶବ୍ଦ, ଛନ୍ଦ ଓ ଶୈଳୀ ଉପରେ ଗୁରୁତ୍ୱ ନ ଦେଲେ ଏହି କାବ୍ୟକୁ ଅନୁଧ୍ୟାନ କରିବା ଅସମ୍ଭବ। କବିଙ୍କର 'ଅଟାଳୀବନ୍ଧ' (ପ୍ରଥମଛାନ୍ଦ)ରୁ ଏକ ଦୃଷ୍ଟାନ୍ତ ଦିଆଯାଇପାରେ-

“କ୍ଷ ରି ର

ରୁ ପ କି

ସୁ ନି ମା ଦି ବ୍ୟ

ର ସ କେ ଳ ପୁ ଷ୍କ ର

କ୍ଷ ଷ ଣ୍ଡ ଭ ଦ ବୀ ର ତ କ

ର ବା ଶ ରୁ ବି କି ର

ରେ ଅ ଣ କେ ବୀ

ହ ନ ପ ସ୍ଥା ୟ କ ଶ

ତା ହ ତ ରେ ମ ଗ ଧ ସ ନ୍ଦୋ

ର କ ଶୋ ଭା କା ଦା ର

ଥ୍ୟ ଭା ବ ବି ସ୍ତା

ସ କ ରେ ଭ ଜି ଳେ ତ

ଲେ ର ମ୍ୟ ବ ଶ ଭ ଲ ରି କି

ସ ର ସ ଉ ଚ୍ଛୁ କ ରେ ନା ଦା କ

ହା ଗେ ଟା ର ଲେ ଯ ମ ମ ଫା ର ଉ

ଜ ୟ କୃ ଷ୍ଣ ସୁ ବି ବ୍ୟେ କେ ଶ ଶୁ ତ ରୁ”

(ପୃ-୧୮)

ନୂତନ ସମାଲୋଚନା ବା New Criticism ଯେପରି କାବ୍ୟରେ ରସ ଓ ଭାବ ଆଦିକୁ ଗୁରୁତ୍ୱ ଦିଆଯାଇନଥାଏ। ସେହିପରି ଉପେନ୍ଦ୍ର ଭଞ୍ଜଙ୍କର ଦୃଷ୍ଟିରେ କାବ୍ୟର ଆତ୍ମା ରସ ନଥିଲା। ଥିଲା ଅଭିଧାନ। ଫଳରେ ପାଠକର ସମଗ୍ର ଦୃଷ୍ଟି କାବ୍ୟ ଉପରେ ହିଁ କେନ୍ଦ୍ରିତ ହେଉଥିଲା। ଏହି ଦୃଷ୍ଟିରୁ କବିଙ୍କର ପ୍ରାଥମିକ ରଚନା ‘ବୈଦେହିଶ ବିଳାସ’ ଭଳି ମହାକାବ୍ୟରୁ କେତେକ ରସହୀନ ପଂକ୍ତିକୁ ଆଲୋଚନା କରାଯାଇପାରେ-

“ବକେ ବସିଥିଲା ଧ୍ରୁବ ଉପରେ। ବିଷ୍ଣୁ ପଦକୁ ଭଜିଲା ଉତ୍ତାରେ
ବଳକ୍ଷ ପକ୍ଷକୁ ଅଙ୍ଗରେ ବହି। ବହନ ସେ ତମନାଶନ ବିହି
ବକତା ଏ ଗିରି
ବିଶ୍ରାମ ବାର୍ତ୍ତା କହିବା ସୁନ୍ଦର।”

ତେଣୁ ଏହି ସବୁ ଦୃଷ୍ଟିରୁ ବିବେଚନାକଲେ ବିଂଶ ଶତାବ୍ଦୀର ପ୍ରାରମ୍ଭରେ ସୃଷ୍ଟି ହୋଇଥିବା ଏହି ନୂତନ ସମାଲୋଚନା ତତ୍ତ୍ୱ ଓଡ଼ିଆ ସାହିତ୍ୟ ପାଇଁ ଯେ ପ୍ରାଚୀନ କହିଲେ ଅତ୍ୟୁକ୍ତି ହେବନାହିଁ।

ସଚ୍ଚିଦାନନ୍ଦ ରାଉତରାୟଙ୍କ କବିତାରେ ଆତ୍ମସ୍ୱୀକାରୋକ୍ତି

ଓଡ଼ିଆ ସାହିତ୍ୟ ଜଗତରେ ବାସ୍ତବିକ ସଚ୍ଚିଦାନନ୍ଦ ରାଉତରାୟ ହେଉଛନ୍ତି ଏକ ଅମଳୀନ ପ୍ରତିଭା। ସାହିତ୍ୟର ବିଭିନ୍ନ ବିଭାଗରେ ଲେଖନୀ ଚାଳନାକଲେ ମଧ୍ୟ ବିଶେଷତ କାବ୍ୟ କବିତା ହିଁ ତାଙ୍କୁ ଆଣିଦେଇଛି ଅଶେଷ ଖ୍ୟାତି। କାବ୍ୟ ସାଧନାର ପ୍ରାରମ୍ଭରୁ ଶେଷ ପର୍ଯ୍ୟନ୍ତ ସେ ବହୁ ନୂତନ ପରୀକ୍ଷା ନିରୀକ୍ଷା କରିଛନ୍ତି। ଏହାର ଫଳସ୍ୱରୂପ ତାଙ୍କର ଲେଖନୀ ଯେତେବେଳେ ଦୃଢହୋଇଛି ସେତେବେଳେ ଆମେ ଏହାକୁ ତାଙ୍କର କାବ୍ୟ ସାଧନାର ଉତ୍ତରଣ ପର୍ବଭାବେ ଗ୍ରହଣ କରିଛୁ। ପୁଣି ଯେତେବେଳେ ତାଙ୍କ ଲେଖନୀ ଟିକେ ଶିଥିଳ ପଡିଯାଇଛି ତାହାକୁ ଆମେ ଗ୍ରହଣ କରିଛୁ ତାଙ୍କ କାବ୍ୟ ସାଧନାର ଅବତାରଣ ଭାବେ। ହେଲେ ପ୍ରକୃତପକ୍ଷେ ବିଚାର କଲେ ସମୟକୁ ନେଇ ସାହିତ୍ୟ ରଚିତ ହୋଇଥାଏ। ସମୟ ଅନୁସାରେ ନିଶ୍ଚିତଭାବେ ସାହିତ୍ୟର ସ୍ୱରୂପରେ ପରିବର୍ତ୍ତନ ଘଟିଥାଏ। ଏହି ପରିବର୍ତ୍ତନ କବି ସଚ୍ଚିଦାନନ୍ଦଙ୍କର କ୍ଷେତ୍ରରେ ଆରୋହଣ ଓ ଅବତାରଣ ପର୍ବ ହେବ? ସମୟକୁ ନେଇ ସେ ସାହିତ୍ୟ ସାଧନା କରିଛନ୍ତି ଓ ଏହାର ସଂକେତ କବି ତାଙ୍କର କବିତାର ଜନ୍ମଦିନେ ରେ ମଧ୍ୟ ଦେଇଛନ୍ତି-

କବିତା ମୋ ପ୍ରସାରଣ ଏକ ଓ ବହୁର
ଉଚ୍ଚାରଣ ସବୁ ମଣିଷର।
ପଡିନାହିଁ ଗୋଟିଏ ଛାଂଚରେ
ଯାଇଅଛି ଆଗକୁ ଆଗକୁ ନିଜ ଆବିଷ୍କାରେ।
ଚାଲିନି ସେ ଏକଇ ଗୁଳାରେ।
ଜୀବନର ବିସ୍ତୀର୍ଣ୍ଣ ପ୍ରାଂଗଣେ ବାଜେ ତା ନୂପୁର।

ପ୍ରତି ସୂର୍ଯ୍ୟୋଦୟ ଗଢିଚାଲେ ନୂତନ ଅଧ୍ୟାୟ।
କେବେ ଯଦି ତଂତ୍ରର ନାୟକ ବଜ୍ର ସାଧନାରେ।
କେବେ ସ୍ଥିତିବାଦୀ କନ୍ୟା, ମାର୍ଗ ଓ ସ୍ଥାନୀୟ।
 ନାନା ଚିତ୍ରକଳ୍ପେ, ପ୍ରତୀକର ବିଂବେ
ଦେଖାଦିଏ ସ୍ରୋତସ୍ୱିନୀ, ଧ୍ରୁପଦୀ ସଂଧ୍ୟାରେ।
ସେ ବିଚିତ୍ର ବର୍ଣ୍ଣା, ଜୀବନର ଶତରୂପା, ବହୁଧା ବିସ୍ମୟ

———————————————

ସେ ଯେପରି ମୁକ୍ତିର ଗଂଗୋତ୍ରି
ଯାତ୍ରା ଯାର ମୁକ୍ତିରୁ ମୁକ୍ତିକି,
ସତ୍ୟରୁ ସତ୍ୟକୁ, ଯେଉଁ ସତ୍ୟ ଚିର ଆପେକ୍ଷିକ,
ନିୟତ ବଦଳେ, ନୁହେଁ ସନାତନ।

(କବିତା-୧୯୮୭)

ଗୋଟିଏ ସମୟରେ ଯେତେବେଳେ ମାର୍କସବାଦ ସମଗ୍ର ବିଶ୍ୱକୁ ପ୍ରଭାବିତ କରିଥିଲା। ସେତେବେଳେ କବି ମଧ୍ୟ ମାର୍କସବାଦୀଙ୍କ ତୁଲ୍ୟ ପୁଞ୍ଜିବାଦ ବିରୁଦ୍ଧରେ ରଣହୁଙ୍କାର ଦେଇଛନ୍ତି। ସେତେବେଳେ ତାଙ୍କ ଲେଖନୀ ଅନ୍ୟାୟ ବିରୁଦ୍ଧରେ ଅଗ୍ନି ଉଦ୍‌ଗୀରଣ କରିଛି। ଦୃଷ୍ଟାନ୍ତ ସ୍ୱରୂପ କବିଙ୍କର ବିପ୍ଳବ କବିତାକୁ ଗ୍ରହଣ କରାଯାଇପାରେ-

ମୁଁ ଦେବି ମୋ ବୁକୁ ଚିରି କମାଣର ପାଇଁ
        ତାଜା ଲହୁ ଲିଟର ଲିଟର
ସେଥିରୁ ଗଢିବ ଯେତେ ଗଢ ତୁମ ପୁଞ୍ଜି
    ଗଢ ଗିନି, ଟଙ୍କା ଓ ଡଲାର

————————————

ଏସ୍ୟ କ୍ଷେତ୍ର କରନା ଅଙ୍ଗାର
ବନ୍ଦକର ମଣିଷ ଶିକାର।
ବନ୍ଦ କର। ବନ୍ଦ କର।
ବନ୍ଦ କର।

ପୁଣି ଉତ୍ତର ଆଧୁନିକ କାଳରେ ଯେତେବେଳେ ନୂଆ ନୂଆ ସାହିତ୍ୟିକ ଆନ୍ଦୋଳନ ତଥା ଦର୍ଶନ ଯଥା- ଚିତ୍ରକଳ୍ପ, ପ୍ରତୀକ, ମିଥ୍, ଅତିବାସ୍ତବତାବାଦ, ନୂତନ ସମାଲୋଚନା, ଆତ୍ମ ସ୍ୱୀକାରୋକ୍ତି ଆଦିର ଆବିର୍ଭାବ ଘଟିଛି। ସେତେବେଳେ କବିଙ୍କର ଲେଖାରେ ସେହି ଦର୍ଶନର ପ୍ରତିଫଳନ ଘଟିଛି। ମାର୍କସବାଦ ତୁଲ୍ୟ ଏହି ଦର୍ଶନଗୁଡିକ

ଉଗ୍ର ନୁହେଁ ବୋଲି ଏହି ଦର୍ଶନକୁ ନେଇ ରଚିତ କବିଙ୍କର କବିତାଗୁଡିକୁ ତାଙ୍କର କାବ୍ୟ ସାଧନାର ଅବରୋହଣ ପର୍ବଭାବେ ଗ୍ରହଣ କରିବା ଅନୁଚିତ୍। ଏହି ସମୟରେ ସମଗ୍ର ସମାଜ ଉପରେ ହତାଶ ଓ ନୈରାସ୍ୟର କଳାବାଦଲ ଘୁରିବୁଲୁଥିବା ବେଳେ କବି ବା ଏଥିରୁ ବାଦ୍ ପଡିବେ କିପରି ? ଫଳରେ ତାଙ୍କୁ ମଧ୍ୟ ଏହି ଅସହାୟତା ଗ୍ରାସକରିଛି ଏବଂ ଯାହାର ପ୍ରତିଫଳନ ଘଟିଛି ତାଙ୍କ କାବ୍ୟ କବିତାରେ। ଯାହାକୁ ତାଙ୍କର ଆତ୍ମ ସ୍ୱୀକାରୋକ୍ତିମୂଳକ କାବ୍ୟ ଗୁଡିକରୁ ବେଶ୍ ହୃଦୟଙ୍ଗମ କରିହୁଏ।

ତେଣୁ ଏହି ସ୍ୱୀକାରୋକ୍ତିମୂଳକ କାବ୍ୟ (Confessional poetry) ଅଥବା ଏହି ସାହିତ୍ୟିକ ଆନ୍ଦୋଳନ ସଂପର୍କରେ ଆଲୋଚନା କରିବା ପୂର୍ବରୁ ଏହାର ଇତିହାସ ସଂପର୍କରେ କିଛି ଆଲୋଚନା କରାଯାଇପାରେ। ସାଧାରଣତ ବହୁପୂର୍ବରୁ ଏପରିକି 'ସେକ୍ସପିଅର'ଙ୍କ ସମୟରେ ମଧ୍ୟ ସେକ୍ସପିଅର ନିଜର ଅନୁଭୂତି ଓ ଅଭିବ୍ୟକ୍ତିକୁ ନିଜ କାବ୍ୟରେ ପ୍ରତ୍ୟକ୍ଷ୍ୟ ଓ ପରୋକ୍ଷ୍ୟ ଭାବରେ ଦର୍ଶାଉଥିଲେ। ଏହାଛଡା ରୋମାଣ୍ଟିକ ଯୁଗରେ ମଧ୍ୟ 'ଉଇଲିୟମ ୱାଡସ୍‌ୱର୍ଥ' ଓ 'କଲରିଜ', ନିଜ କାବ୍ୟ କବିତାରେ ନିଜର ବ୍ୟକ୍ତିଗତ ଅଭିବ୍ୟକ୍ତି ଓ ଅନୁଭୂତିକୁ ପ୍ରକାଶ କରୁଥିଲେ। ମାତ୍ର ଆଧୁନିକ ଯୁଗରେ 'Uò.Gip.Gfò@U'þue ଆର୍ବିଭାବ ପରେ ସେ ଏହି ଆତ୍ମ ସ୍ୱୀକାରୋକ୍ତିମୂଳକ ରଚନା ବା ସାହିତ୍ୟରେ ନିଜସ୍ୱ ଅଭିବ୍ୟକ୍ତି ଓ ଅନୁଭୂତିକୁ ପ୍ରକାଶ କରିବାର ପରମ୍ପରାକୁ ବହୁ ତିବ୍ରଭାବେ ବିରୋଧ କରିଥିଲେ। ତାଙ୍କ ମତରେ ସାହିତ୍ୟ ଏକ ସର୍ବଜନୀନ କ୍ଷେତ୍ର ଏଥିରେ ବ୍ୟକ୍ତିଗତ ଯୋଗଦାନ ରହିବା ଅନାବଶ୍ୟକ। ଏଥିରେ ଲେଖକର ନିଜସ୍ୱ ଅଭିବ୍ୟକ୍ତି ରହିବା ନିହାତି ଅସଙ୍ଗତ ଓ ଅଶୋଭନୀୟ। ନିଜର ପ୍ରବନ୍ଧ 'Individual Talent' ରେ ଏଲିଅଟ୍ ଏହି ଅଭିବ୍ୟକ୍ତି କୁ ପ୍ରକାଶ କରିଥିଲେ। ଲେଖକ କେବେହେଲେ ନିଜସ୍ୱ ବ୍ୟକ୍ତିଗତ ଅନୁଭୂତି, ଅଭିବ୍ୟକ୍ତି ଓ ମନସ୍ତତ୍ତ୍ୱକୁ ନିଜ ପାଠକ ସମ୍ମୁଖରେ ଉନ୍ମୋଚିତ କରିବା ଅନୁଚିତ୍। ତେଣୁ ସେ 'Theory of impersonality' କୁ ଉଦ୍ଭାବନ କରିବା ସହ ଏହାକୁ ଆଲୋଚନା ମଧ୍ୟ କରିଥିଲେ। ମାତ୍ର ଉତ୍ତର ଆଧୁନିକକାଳ ଅଥବା ୧୯୫୦ ଓ ୬୦ ଦଶକରେ କିଛି ଲେଖକ ଏଲିଅଟ୍‌ଙ୍କର ଏହି Theory of impersonality ତତ୍ତ୍ୱକୁ ବିରୋଧ କରିଥିଲେ। ଏହା ସହିତ ସେମାନେ ସେକ୍ସପିଅର ଓ ରୋମାଣ୍ଟିକ କବିମାନଙ୍କ ତୁଲ୍ୟ ଆତ୍ମ ସ୍ୱୀକାରୋକ୍ତି ମୂଳକ ସାହିତ୍ୟ ସୃଷ୍ଟି ଆରମ୍ଭ କରିଥିଲେ। ଏପରିକି ସାହିତ୍ୟରେ ସେମାନେ ନିଜର ବ୍ୟକ୍ତିଗତ ଅନୁଭୂତି, ଅଭିଜ୍ଞତା, ମାନସିକ ଚିନ୍ତନ ଏପରିକି ନିଜର ବ୍ୟକ୍ତିଗତ କାମପ୍ରବଣତାକୁ ମଧ୍ୟ ଖୋଲାଖୋଲିଭାବେ ଆଲୋଚନା କରୁଥିଲେ। କେବଳ ଏହି ଦର୍ଶନ ନୁହେଁ ଉତ୍ତର ଆଧୁନିକତା ସେହି ସମସ୍ତ ଦର୍ଶନର ପୂର୍ନ ପ୍ରତିଷ୍ଠା କରିଥିଲା ଯାହାକୁ ଆଧୁନିକତା ବିରୋଧ କରିଥିଲା।

ତେଣୁ ଏହି ଦୃଷ୍ଟିକୋଣରୁ ଆତ୍ମ ସ୍ୱୀକାରୋକ୍ତି ମୂଳକ ସୃଷ୍ଟି ମଧ୍ୟ ଏହାର ଏକ ଉଦାହରଣ। ୧୯୫୯ ମସିହାରେ 'ଲୱେଲ' 'Life studies' ନାମକ ଏକ ପୁସ୍ତକ ରଚନା କରିଥିଲେ । ଏହାର ସମୀକ୍ଷା 'Poetry as confession' ନାମରେ 'ଏମ୍.ଏଲ୍.ରେସନଥଲ'୍ ପ୍ରକାଶ କରିଥିଲେ। ଏହିଥିରୁ ହିଁ ଏହି 'Confession' ବା 'ସ୍ୱୀକାରୋକ୍ତି' ଶବ୍ଦର ପ୍ରାରମ୍ଭ ହୋଇଛି। ଏହା ପରେପରେ ଏହି ଚେତନାଟି ବହୁ ପ୍ରସିଦ୍ଧ ହୋଇଥିଲା ଓ ବହୁ ସାହିତ୍ୟିକ ଏହି ଚେତନା ଦ୍ୱାରା ପ୍ରଭାବିତହୋଇ ନିଜସ୍ୱ ବ୍ୟକ୍ତିଗତ ଅଭିବ୍ୟକ୍ତିକୁ ନିଜର ସାହିତ୍ୟରେ ପ୍ରକାଶ କରିବା ଆରମ୍ଭ କରିଥିଲେ। ଏପରିକି ଏହି ଲେଖକମାନେ ନିଜର ଅତ୍ୟନ୍ତ ଅନ୍ତରଙ୍ଗ ଅଭିବ୍ୟକ୍ତିକୁ ନିଜର ସାହିତ୍ୟରେ ବିଶେଷତ କାବ୍ୟରେ ପ୍ରକାଶ କରିବା ଆରମ୍ଭ କରିଥିଲେ। ଏହି ଧରଣର ଲେଖକମାନଙ୍କ ମଧ୍ୟରେ 'ରୋବଟ୍ ଲୱେଲ'୍, 'ସ୍ୟାଲଭିଆ ପ୍ଲେଥ୍, 'ଏନେ ସେକ୍ସଟନ'୍ ଏବଂ 'ସ୍ନୋଡଗ୍ରାସ' ଆଦି ଥିଲେ ପ୍ରମୁଖ। ଏହି ଆନ୍ଦୋଳନଟି ଆମେରିକାର ବିଶିଷ୍ଟ ସାହିତ୍ୟିକ ଆନ୍ଦୋଳନ ଭାବେ ମଧ୍ୟ ପରିଚିତ ହୋଇଗଲା। ତେଣୁ ଏହି ଧରଣର କବିତା ଗୁଡିକ ମୁଖ୍ୟତ ଲେଖକଙ୍କର ଆତ୍ମ ସ୍ୱୀକାରୋକ୍ତି, ମନସ୍ତାତ୍ତ୍ୱିକ ଚିନ୍ତନ, ଆତ୍ମ ଜୀବନାତ୍ମକ ପ୍ରକୃତି, ଆତ୍ମକଥନ, ଅନ୍ତରଙ୍ଗ ବିଷୟ ଆଦିକୁ ନେଇ ରଚିତ ହେଉଥିଲା। ତେଣୁ ଏହି ସବୁ କବିତାର ଶୈଳୀ ପାରମ୍ପାରିକ କାବ୍ୟ ଶୈଳୀ ଠାରୁ ପୃଥକ ରୂପ ଗ୍ରହଣ କରିଥାଏ। କାରଣ କବି ଯେତେବେଳେ ଅତ୍ୟନ୍ତ ଭାବପ୍ରବଣ ହୋଇଯାଏ ସେ ପାରମ୍ପାରିକତାକୁ ରକ୍ଷା କରିବାରେ ଅସମର୍ଥ ହୁଏ। ଫଳରେ କାବ୍ୟ ଏକ ନୂତନ ରୂପ ଗ୍ରହଣକରେ। ଆମେରିକିୟ କବି 'ସ୍ୟାଲଭିଆ ପ୍ଲେଥ୍'ଙ୍କର 'Daddy' ହେଉଛି ଏହି ସ୍ୱୀକାରୋକ୍ତି ମୂଳକ କବିତାର ଏକ ପ୍ରକୃଷ୍ଟ ଉଦାହରଣ। ଏଥିରେ କବି ନିଜ ମନରେ ନିଜ ପିତାଙ୍କ ପ୍ରତି ଥିବା ଘୃଣାଭାବ ଏହାସହ ପୈତୃକ ସମାଜ ପ୍ରତି ମନରେ ଥିବା ବିଦ୍ରୋହକୁ ଦର୍ଶାଇଛନ୍ତି। ଦୃଷ୍ଟାନ୍ତ ସ୍ୱରୂପ-

" You do not do, you do not do
Any more, black shoe
In which I have lived like a foot
For thirty years, poor and white
Barely daring to breathe or achoo
Daddy , I have had to kill you
You died before I had......"

(ଏବେ ବେଶି ସମୟ ପର୍ଯ୍ୟନ୍ତ ମତେ କଳା ଜୋତା ଭିତରେ ରହିବାକୁ ହେବନାହିଁ

ଏକ ପାଦ ଭଳି। ଏହି କଳା ଜୋତାରେ ମୁଁ ଦୀର୍ଘ ତିରିଶି ବର୍ଷ ଧରି ଅତ୍ୟନ୍ତ ଭୟଭୀତହୋଇ ରହିଆସିଛି। ଏତେ ଭୟଭୀତ ଯେ ମୁଁ ନିଶ୍ୱାସ ନେବା ଓ ଚିତ୍କାର କରିବାକୁ ମଧ୍ୟ ଡରୁଥିଲି। ବାପା ମୁଁ ତୁମକୁ ନିଜେ ହିଁ ମାରିଦେଇଥାଆନ୍ତି। ହେଲେ ମୋ ମାରିବା ପୂର୍ବରୁ ତୁମେ ମରିଗଲ।) ଏହି କାବ୍ୟରେ **'Black shoe'** କବିଙ୍କର ପିତାଙ୍କର ପ୍ରତୀକ ରୂପେ ଚିତ୍ରିତ ଏବଂ ସେହି କଳା ଜୋତା ଭିତରେ ଡରିଡରି ରହୁଥିବା ପାଦ ହେଉଛି କବିଙ୍କର ପ୍ରତୀକ।

ଠିକ୍ ଏହିଭଳିଭାବେ ସଚ୍ଚିଦାନନ୍ଦ ରାଉତରାୟ ତାଙ୍କର ଚନ୍ଦ୍ରବିନ୍ଦୁ କବିତାରେ ସାମାଜରେ ଥିବା କେତେକ ନିନ୍ଦୁକ ଓ ସମାଲୋଚକଙ୍କୁ ଆକ୍ଷେପକରି କହିଛନ୍ତି-

ତମେ ସବୁ କରୁଥାଅ ଯେତେ ହଟଗୋଳ
ମୋତେ ହସ ମାଡେ।
ମୁଁ ରହିଛି ମୋର କେନ୍ଦ୍ରରେ
ମୋତେ ସେଠୁ ପାରିବନି କାଢି
ମୁଁ ରହିଛି ହଁ ରେ ଏବଂ ନାହିଁରେ
ଇତିହାସର ପ୍ରତିଟି ଅକ୍ଷରରେ।

ଏହା ବ୍ୟତୀତ ସ୍ୟାଲଭିଆଙ୍କର ନିଜସ୍ୱ ଯନ୍ତ୍ରଣା, ଦୁଃଖ, ମନସ୍ତାତ୍ତ୍ୱିକ ସ୍ଥିତି, ଆତ୍ମଦ୍ୱନ୍ଦ୍ୱରେ ବିଚଳିତ ହୋଇ ବାରମ୍ବାର ଆତ୍ମହତ୍ୟା କରିବାର ପ୍ରବଣତାକୁ ନେଇ ରଚିତ 'Lady Lazarus' ଏକ ଅତ୍ୟନ୍ତ ଚମତ୍କାର ଆତ୍ମ ସ୍ୱୀକାରୋକ୍ତି ମୂଳକ କାବ୍ୟ। ଏଥିରେ କବି ଲେଖିଛନ୍ତି-

" I have done it again
One year in every ten
I manage it-
A sort of walking miracle, my skin
Bright as a Nazi lampshade,
My right foot
A paper weight
My face a featureless, fine
Jew linen."

(ମୁଁ ସବୁବେଳେ ସବୁବର୍ଷ କରେ ଏବଂ ପ୍ରତି ଦଶବର୍ଷରେ ମୁଁ ଥରେ ନିଶ୍ଚିତଭାବେ କରେ ଏବଂ ମୁଁ କରିହିପାରେ। ଏହାଛଡା ଯେତେବେଳେ ମୁଁ ଚାଲୁଛି ଲାଗୁଛି କୌଣସି

ଚମତ୍କାରୀ ଉପାଦାନ ଚାଲୁଛି । ଏଠାରେ ଚମତ୍କାର ବା Miracle ଶବ୍ଦର ସଂପର୍କ ଏହି କାବ୍ୟର ନାମ ସହିତ ରହିଛି । ସଂପୃକ୍ତ କାବ୍ୟରେ ଥିବା 'Lazarus' ହେଉଛି ଏକ ପୁରାଣ ବର୍ଣ୍ଣିତ ଚରିତ୍ର । ଏହି ଚରିତ୍ରଟି ମୃତ୍ୟୁପରେ ଯିଶୁଖ୍ରୀଷ୍ଟଙ୍କର ଆର୍ଶିବାଦ ଫଳରେ ପୁଣିଥରେ ବଞ୍ଚିଉଠିଥିଲା । ମାତ୍ର Lady lazarus ହେଉଛନ୍ତି ନିଜେ ଲେଖିକା । ଯିଏକି ବାରମ୍ବାର ଆତ୍ମହତ୍ୟା କରିବାର ଉଦ୍ୟମ କଲାପରେ ବି ବଞ୍ଚିଯାଇଛନ୍ତି । ଯାହା ଚମତ୍କାର ଛଡା ଆଉ କଣ ହୋଇପାରେ । ତେଣୁ କବି ଏଠାରେ ନିଜକୁ ଏକ ଚମତ୍କାରୀ ଉପାଦାନ ବୋଲି କହିଛନ୍ତି । 'My skin bright as a Nazi lampshade' ପଂକ୍ତି ଉଲ୍ଲେଖ କଲାବେଳେ କବି ଚାଲିଯାଇଛନ୍ତି ଦ୍ୱିତୀୟ ବିଶ୍ୱଯୁଦ୍ଧ ସମୟକୁ । ଦ୍ୱିତୀୟ ବିଶ୍ୱଯୁଦ୍ଧ ବେଳେ ନାଜିମାନେ ଜୁଏସ ମାନଙ୍କୁ ଅତ୍ୟନ୍ତ ନିର୍ଦ୍ଦୟ ଭାବେ ହତ୍ୟାକରିବା ସହ ତାଙ୍କ ଦେହର ଚମଡାରେ ମଶାଲ ଜଳାଉଥିଲେ । ଏହିଭଳି ଯନ୍ତ୍ରଣା ମଧ୍ୟ କବି ଅନୁଭବ କରିଛନ୍ତି ତେଣୁ ସେ ନିଜ ଦେହର ଚମଡାକୁ Nazi Lampshade ସହିତ ତୁଳନା କରିଛନ୍ତି । ତେଣୁ ମୁଁ ଏହି ଚାପରେ ଯେପରି ଚାପିହୋଇ ମରିଯାଉଛି । ମୋର ମୁହଁରେ କୌଣସି ପରିଚୟନାହିଁ । ଯେପରି ଜୁଏସ୍ ମାନଙ୍କୁ ମାରିଦିଆଯାଇଥିଲା ଓ ତାଙ୍କ ଶବର କୌଣସି ପରିଚୟନଥିଲା । ସେହିଭଳି ମୋର ମଧ୍ୟ କୌଣସି ପରିଚୟନାହିଁ । ଆଉ ଯୀଶୁଖ୍ରୀଷ୍ଟଙ୍କୁ ଯେପରି ଲେନିନ୍ କପଡାରେ ଗୁଡାଯାଇଥିଲା । ମୁଁ ହେଉଛି ସେହିପରି ଏକ ଲେନିନ୍ କପଡା ।)

ଏହିଭଳି ସ୍ୟାଲଭିଆଙ୍କ ସଦୃଶ କବିଙ୍କ ଜୀବନରେ ଆସିଥିବା ଅସହାୟତା, ହତାଶବୋଧ, ଯନ୍ତ୍ରଣା ଓ କ୍ଳାନ୍ତି ଆଦି ତାଙ୍କର ଅବଚେତନ ମନଭିତରୁ ବାହାରକୁ ଉଙ୍କିମାରିଛି । ତେଣୁ କବି ତାଙ୍କର ସ୍ୱଗତ କବିତାରେ କହିଛନ୍ତି-

"ତେଣୁ ମୁଁ ତ ଭଗ୍ନଜାନୁ । ଖସିପଡେ ମୋର ରାଇଫଲ ।
ଉଠାଇ ପାରେନା ଆଉ ଗାଣ୍ଡିବ ଯେ ହାତ ଥରଥର
ହେ ମୋର ଶେଷ ଚିହ୍ନ ! ସଂଗ୍ରାମର ଶୁଭ୍ର କ୍ଷତ ସବୁ
ତୁମେ ମୋତେ ଶାନ୍ତିଦିଅ । ଦିଅ ନିଦ୍ରା
ଟାଣିଦିଅ ତୁମେ ମାୟା ତମ୍ବୁ ।"

ଏତଦ୍ ବ୍ୟତୀତ ଏହି ସଂକଳନର ଶୀତ କବିତାରେ କବି ଲେଖିଛନ୍ତି-

"ମୁଁ ଆଇନାରେ ଦେଖୁଥିଲି ନିଜକୁ/ ରଙ୍ଗଟା ସିଗାରେଟ୍ ପରି
ସାଦା ନ ହେଲେ ବି
ନିହେଁ କିନ୍ତୁ ଯେମିତି ବର୍ମା ଚୁରୁଟ୍ / ଲମ୍ବା ୫.୫ ପୁଟା ୪୦ ଇଞ୍ଚ
ଛାତିର ଓସାର ।

କମର ଓ ତଳିପେଟର/ ବହର ୩୪ ଇଞ୍ଚରୁ ୩୬ ଇଞ୍ଚ
ଭିତରେ।"

ଏହାଛଡା 'ରାଜଜେମା' କବିତାରେ କବିଙ୍କର ଅର୍ନ୍ତଚେତନାକୁ ଛୁଇଁହୁଏ।

"ତୁମେ ମୋର ଛପାବହି ଯେତେବେଳେ ଛୁଁଏ/
ଛୁଁଏଁ ନୂଆ ମଣିଷର ଛାତି
ଏଇ ପୃଥିବୀର ସବୁ ମଣିଷ ଜାତି/ ତାର ପ୍ରତିଟି ଖବର
ରୂପପାଏ କବିତାରେ ମୋର।"

ଏତଦ୍ ବ୍ୟତୀତ ଗୋଟିଏ ସମୟରେ ଏହି କବିର ମନରେ ସୃଷ୍ଟି ହୋଇଥିବା ଅସହାୟତାବୋଧର ପ୍ରମାଣମିଳେ 'ରଙ୍ଗମ', କବିତାରେ। ଯେଉଁଠି କବି କହିଛନ୍ତି-

"ସମୟର ଆଇନାରେ ନିଜକୁ ମୁଁ ଯତେବେଳେ ଚାହେଁ
ସେତିକି ମୁଁ ନିଜଠାରୁ ଦୂରେଦୂରେ ଚାଲିଯାଏ।
ସେ କି ଛାୟା, ସେ କି ରୂପ ? ଅବା ଖାଲି ଗୋଟିଏ ମୁହୁର୍ତ୍ତ
ତୁଷାର ହ୍ରଦର ପକ୍ଷୀ ଉଡୁଉଡୁ ହୋଇଛି ବା ମୂର୍ତ୍ତ/
ବରଫର କାଚେ
ସେହିପରି ଢଳଢଳ ଏକ ବିନ୍ଦୁ ମୁହୁର୍ତ୍ତର ଛାଞ୍ଚେ/
ମୁଁ କି ଅନ୍ତରୀଣ
ସର୍ବାଙ୍ଗ ସତ୍ତାର ଛକେ କ୍ଷଣିକଏ/ କିମ୍ବା ଚିରଦିନ ?"

ଏହି କବି ପୁଣି କେତେବେଳେ ବିଛିନ୍ନତା ଓ ନିସଙ୍ଗତାକୁ ପୁଣି ଗ୍ରହଣ କରିଛନ୍ତି ଏକ ମାନସିକ ବିଳାସ ରୂପେ। ତେଣୁ ସେ କହିଛନ୍ତି-

ମୁଁ ଚାହେଁ କରିବି ଠାବ ଚେତନାରେ ସେ ନିର୍ବାକ
ଧୂସର ବାଲ୍ମୀକ
ମୁଁ ଖୋଜୁଛି ସ୍ଥିର ବିନ୍ଦୁ ଅକ୍ଷାଂଶରେ
ମୁଁ ଏକ ମୃତ୍ୟୁହୀନ ଜରାହୀନ ଗତି।

(କବିତା-୧୯୬୯)

କବି ପୁଣି ଯୁଦ୍ଧ ପରବର୍ତ୍ତୀ ସ୍ୱପ୍ନଭଙ୍ଗକୁ ନେଇ ସାଲତମାମି କବିତାରେ ଲେଖିଛନ୍ତି-

ଧରଣୀର ରାଜପଥେ ଚାଲୁଚାଲୁ ପଥଚାରୀ ମୁହିଁ
ଯେ ବ୍ୟଥା ବାଜିଟି ବୁକେ ମଣିଷର ଅପମାନ ଛୁଇଁ।

ଏତଦ୍ ବ୍ୟତୀତ ପୁଣି କେତେବେଳେ କବି ଅବଚେତନ ମନଭିତରେ ଥିବା କାମନାକୁ ପ୍ରକାଶକରି କହିଛନ୍ତି-

ରାତ୍ରିର ତିମିର ସାଥେ ଭାସିଆସେ ନାରୀଦେହ ଗନ୍ଧ
ଭିତରର ବ୍ୟାଘ୍ର ମୋର ଜିଭ ଚାଟେ, ଭୁଲି ବାଧା, ବନ୍ଧ
ରମଣୀର ଛାୟାଭାସେ ରାତ୍ରିଟୀରେ ଲଭେ ସେ ଆସ୍ୱାଦ
ନାରୀ ମାଂସ, ନାରୀ ଦେହ ଆଘ୍ରାଣରେ ସେ ଲଭେ ଆହ୍ଲାଦ।

କବି ପୁଣି ଭାବପ୍ରବଣତା ବଶତ ନିଜ ଭିତରେ ଥିବା ଆତ୍ମପ୍ରଚାର ଭଳି କେତେକ ଦୁର୍ବଳତାକୁ ପାଠକ ସମ୍ମୁଖରେ ପ୍ରକାଶ କରିଦେଇଛନ୍ତି। କବିଙ୍କ ଭାଷାରେ-

ଲାଗେ ମୋର କେନ୍ଦ୍ରବିନ୍ଦୁ/ ସତେ ଅବା ମୋର ବାହାରେ
ହୋଇଯାଏ ସବୁଠୁଁ ବିଚ୍ଛିନ୍ନ / ବଡ ଏକୁଟିଆ
ବେଳେ ବଙ୍କାଳ କରେ ପୁଣି ନିଜର ପ୍ରଚାର
ଢାଙ୍କିବାକୁ ନିଜର ଶୂନ୍ୟତା / ଯଦିଚ ମୁଁ ସତେ ଦେବାଳିଆ।

(ମୋ ଠାରୁ ମୁଁ ବଡ)

ସାଧାରଣତ ଏହି ଧରଣର କବିତାରେ କବି ନିଜର ବ୍ୟକ୍ତିଗତ ଚିନ୍ତା, ଚେତନା, ଅସହାୟତା ଓ ହତାଶବୋଧ ପ୍ରକାଶକରି ଏକ ନୂତନ କାବ୍ୟ ଶୈଳୀର ସୃଷ୍ଟି କରିଥିଲେ ମଧ୍ୟ । ବେଳେବେଳେ ଏହି ଧରଣର କବିତା ପାଠକ ପାଇଁ ସମସ୍ୟା ସୃଷ୍ଟି କରିଥାଏ। କାରଣ ଯଦି ପାଠକ ଏହି ଧରଣର ଲେଖକଙ୍କୁ ନ ବୁଝେ ବା ତାଙ୍କର ସ୍ଥିତିକୁ ନ ବୁଝେ। ତବେ ତାଙ୍କର ଏହି ଧରଣର ବ୍ୟକ୍ତିଗତ ବା ଆତ୍ମ ସ୍ୱୀକାରୋକ୍ତି ମୂଳକ କବିତା ବୁଝିବା ତା ପାଇଁ କଷ୍ଟକର ହୋଇଯାଏ।

ଶକୁନ୍ତଳା ପଣ୍ଡାଙ୍କ ଗଳ୍ପରେ ଶିଶୁ ଓ କିଶୋର ମନସ୍ତତ୍ତ୍ୱ ଏକ ଅନୁଶୀଳନ

ଓଡ଼ିଆ କଥା ସାହିତ୍ୟ ଜଗତରେ ଯେଉଁ ନାରୀମାନେ ନିଜର ଅମଳିନ ସ୍ୱାକ୍ଷର ଛାଡିଯାଇଛନ୍ତି ସେମାନଙ୍କ ମଧ୍ୟରୁ ଶକୁନ୍ତଳା ପଣ୍ଡା ହେଉଛନ୍ତି ଏକ ସ୍ୱତନ୍ତ୍ର ପରିଚୟ । ଜଣେ କଥାକାର ଭାବେ ସେ ପରିଚୟ ଲାଭ କରିଥିଲେ ହେଁ, ତାଙ୍କ ଗଳ୍ପଗୁଡିକ ଯେ ତାଙ୍କୁ ବିଶେଷ ପ୍ରସିଦ୍ଧି ଆଣିଦେଇଥିଲା କହିବା ଅତ୍ୟୁକ୍ତି ହେବନାହିଁ । ନିଜ ଗଳ୍ପଗୁଡିକରେ ସେ ବିଭିନ୍ନ ପ୍ରସଙ୍ଗକୁ ନେଇ ପରୀକ୍ଷା ନିରୀକ୍ଷା କରିଥିଲେ ହେଁ, କିଛିଟା ପ୍ରସଙ୍ଗ ସେଥି ମଧ୍ୟରୁ ବେଶ୍ ବାରିହୋଇପଡେ । ବିଶେଷ କରି ନାରୀ ସ୍ୱାଧୀନତାକୁ କେନ୍ଦ୍ରକରି ନାରୀବାଦୀ ଚିନ୍ତନ ସହିତ ମଣିଷର ଅର୍ନ୍ତନିହିତ ଚେତନାଟିକୁ ଟିକିନିଖି କରି ସେ ପରୀକ୍ଷା କରିବାପାଇଁ ଉଦ୍ୟମ କରିଛନ୍ତି । ଏକ ନାରୀ ଭାବେ ସେ ନାରୀ ମନସ୍ତତ୍ତ୍ୱକୁ ଯେପରି ସିଦ୍ଧହସ୍ତତାର ସହ ଚିତ୍ରଣ କରିଛନ୍ତି ସେହିପରି ପୁରୁଷ ବିଶେଷକରି ଶିଶୁ ଓ କିଶୋର ମନସ୍ତତ୍ତ୍ୱର ଚମତ୍କାର ପ୍ରତିଫଳନ ତାଙ୍କର ଗଳ୍ପରେ ଲକ୍ଷଣୀୟ । ଏହା ବ୍ୟତୀତ ବ୍ୟକ୍ତି ସ୍ୱାଧୀନତା ଓ ଅସ୍ତିତ୍ୱକୁ କେନ୍ଦ୍ରକରି ତାଙ୍କର ଚିନ୍ତାଧାର ଅସାଧରଣ । ଏହି ଦୃଷ୍ଟିକୋଣରୁ 'ସୂର୍ଯ୍ୟଶିଖା', 'ଅନେକ ଦିନ ପରେ', 'ଅଂଧକାରର ରଂଗ', 'ପକ୍ଷୀ ଉଡିଯା', 'ନିଶୀଥ ସୂର୍ଯ୍ୟ', 'ଜେରୁଜେଲମ୍‌ର ସନ୍ଥ', 'ନିର୍ଜନ ଦ୍ୱିପର ନେପୋଲିୟନ୍', 'ମନିକାର ଘର' ଆଦି ହେଉଛି ତାଙ୍କ ଦ୍ୱାରା ସୃଷ୍ଟି କେତେକ ଉଲ୍ଲେଖଯୋଗ୍ୟ ସଂକଳନ । ଶିଶୁ ମନସ୍ତତ୍ତ୍ୱକୁ ଚିତ୍ରଣ କରିବାକୁ ଯାଇଁ ଗାଳ୍ପିକା ଯେପରି ମନସ୍ତତ୍ତ୍ୱବିତ୍ ସିଗ୍‌ମଣ୍ଡ ଫ୍ରଏଡ, ଉତ୍ତର ମନସ୍ତତ୍ତ୍ୱବିତ୍ ଏରିକ୍ ଏରିକ୍‌ସନ୍, ଜିନ୍ ପିଏଜେ, ଡାଏନା ବାଉମରେଣ୍ଡ ଆଦିଙ୍କ ତତ୍ତ୍ୱର ସାହାଯ୍ୟ ନେଇଛନ୍ତି । ସେହିପରି କିଶୋର ମନସ୍ତତ୍ତ୍ୱକୁ ଚିତ୍ରଣ କରିବାକୁ

ଯାଇଁ ଗାଳ୍ପିକା ଏହିସବୁ ମନସ୍ତତ୍ତ୍ୱବିତ୍ ମାନଙ୍କ ସହିତ ମେସ୍‌ଲୋଙ୍କ ତତ୍ତ୍ୱକୁ ମଧ୍ୟ ଗୁରୁତ୍ୱ ଦେଇଛନ୍ତି ।

ଶିଶୁ ମନସ୍ତତ୍ତ୍ୱ Child Psychology

ଏକ ନାରୀ ଭାବେ ଶିଶୁ ପ୍ରତି ଗାଳ୍ପିକାଙ୍କର ଯେତିକି ବାତ୍ସଲ୍ୟତା ରହିଛି ସେତିକି ରହିଛି ତାର ମନକୁ ବୁଝିବାର ଉଦ୍ୟମ । ଏହି ଦୃଷ୍ଟିକୋଣରୁ ଶିଶୁ ମନସ୍ତତ୍ତ୍ୱକୁ କେନ୍ଦ୍ରକରି ରଚିତ ଗାଳ୍ପିକାଙ୍କର 'ତରଙ୍ଗ' ଏକ ଭିନ୍ନ ସ୍ୱାଦର ସୃଷ୍ଟି । ମନସ୍ତାତ୍ତ୍ୱିକ ଦିଗରୁ ବିଚାରକଲେ ଏହାକୁ ମନସ୍ତତ୍ତ୍ୱବିତ୍ ଏରିକ୍ ଏରିକ୍‌ସନ୍‌ଙ୍କର 'ମନୋ ସାମାଜିକ ସିଦ୍ଧାନ୍ତ' ବା 'Psycho Social Stages of Development' ରେ ମଣିଷର ବିକାଶର ଯେଉଁ ଆଠଟି ଚରଣ ସଂପର୍କରେ ବର୍ଣ୍ଣନା କରାଯାଇଛି । ତା ମଧ୍ୟରୁ ତୃତୀୟ ଚରଣ ଯାହାକୁ 'Initiative' (ପ୍ରାରମ୍ଭ) Vs 'Guilt' (ଅପରାଧ) ବା Later Childhood ନାମ ଦିଆଯାଇଛି ।(୧) ଯେଉଁ ଚରଣଟି ସାଧାରଣତଃ ତିନି ବର୍ଷରୁ ପାଞ୍ଚ ବର୍ଷ ପର୍ଯ୍ୟନ୍ତ ରହିଥାଏ ତାର ଅବତାରଣା ହୋଇଥିବା ମନେହୁଏ । ଏହି ବୟସରେ ଶିଶୁ ନିଜ ଇଚ୍ଛାର ପୋଷାକ, ଖାଦ୍ୟ, ବନ୍ଧୁ ଆଦିଙ୍କୁ ଖୋଜିଥାଏ । ଏହା ସହିତ ଧୂଳି ମାଟିରେ ଖେଳିବାପାଇଁ ତାର ମନ ବିଚଳିତ ହୋଇଥାଏ । ମାତ୍ର ଯଦି ଶିଶୁକୁ ଏସବୁ ଏହି ସମୟରେ ନ ମିଳେ ତେବେ ତାର ବିକାଶ ଘଟିପାରିନଥାଏ । ଯଦି ଏହିଭଳି ବିକାଶ ନ ଘଟେ ତେବେ ତା ମନ ଭିତରେ କେଉଁଠି ନା କେଉଁଠି ଗୋଟିଏ ହୀନଭାବ, ଦୁର୍ବଳତା, ଲଜ୍ୟା ଆଦି ରହିଯାଏ ଯାହା ତାକୁ ସମଗ୍ର ଜୀବନ ପ୍ରଭାବିତ କରେ । "ଦୀପୁ ଆଖି ବୁଜିଦେଲା । ଆଖି ଖୋଲି ଦେଖେ ତ ବାହାର ରାସ୍ତାରେ ମୁହଁ ଦେଖାଇଛନ୍ତି ଦଳେ ପିଲା । ସାଇକେଲ୍‌ରୁ ଓହ୍ଲାଇ ସେଇ ପର୍ଯ୍ୟନ୍ତ ଦୌଡି ଆସିଲା ସେ । କିନ୍ତୁ ଫାଟକ ଖୋଲିବାକୁ ଯାଇଁ ମନ ତାର ବିଷଣ୍ଣ ହୋଇଉଠିଲା । ମାଉସୀ କହେ, ବାହାରକୁ ଏମିତି ଚାହିଁ ରହିବା ଅଭଦ୍ରାମୀ । ଇସ୍ କେତେ ସମୟ ରେଲିଂକୁ ମୁଠେଇ ଧରିଛ ? କେତେ କିଏ ଫାଟକ ଖୋଲି ଆସୁଛନ୍ତି, ବାହାରକୁ ଯାଉଛନ୍ତି । ସେମାନଙ୍କର ଝାଳ, ମଇଳା, ଜୀବାଣୁ ଲାଗିବ ତୁମ ଦେହରେ । ସେ ପିଲାମାନଙ୍କ ହାତରେ ଅଧା ଖଣ୍ଡିଆ ପିଜୁଳି । ଜାମାରେ ବୋତାମ ନାହିଁ । ଗୋଡରେ ଚଟି ଜୋତା ବି ନାହିଁ । ପାଦ ଦିଶୁଚି ଧୂଳିଧୂଷର । କିଛି କ୍ଷଣ ଦୀପୁକୁ ଚାହିଁ ସେମାନେ ଦୌଡି ପଳେଇଗଲେ । ଦୀପୁର ମନ ଧାଇଁଗଲା ସେମାନଙ୍କ ପଛରେ ।"(ଅଧଂକାରର ରଙ୍ଗ-ପୃ-୯୩-୯୪) ଏହା ବ୍ୟତୀତ ପିତା ମାତାଙ୍କ ଭିତରେ ଥିବା ବିଷାକ୍ତ ସଂପର୍କ ଶିଶୁକୁ ମନସ୍ତାତ୍ତ୍ୱିକ ଦିଗରୁ କିପରି ଅସୁସ୍ଥ କରିଦିଏ ତାହାର ନିଦର୍ଶନ ମଧ୍ୟ ଉକ୍ତ କୃତିରୁ ଲକ୍ଷଣୀୟ । "ମା ବାପା କେଡେ ଜୋର୍‌ରେ ପାଟି କରୁଛନ୍ତି ?

ଦୀପୁକୁ ଏମିତି ସମୟରେ ଭାରି ଖରାପ ଲାଗେ । ମାଉସୀ ତାକୁ ଥାପୁଡାଇ ଦେଇ ଶୁଆଇ ଦେଲା । ତାର ଇଚ୍ଛାହେଲା ପଚାରିବ, ମାଉସୀ ବଡମାନେ କଣ କଳି କରନ୍ତି ? ଇସ୍ ବାପା ଖାଲି ମିଛରେ ଏଡେ ପାଟି କରୁଛନ୍ତି ? ଦୀପୁ ବିଛଣାରେ ଉଠିବସିଲା ଭାବିଲା ଦୌଡିଯାଇ ବାପାଙ୍କୁ ମା ପାଖରୁ ଠେଲିଦେବ ଯେ ସେ ତଳେ ପଡିଯିବେ । ଆଉ ପାଟିକରିପାରିବେନି । କିନ୍ତୁ କାହିଁକି କେଜାଣି ଭୟରେ ସେ କାନ୍ଥକୁ ଆଉଜିଗଲା ।+++++ ଦୀପୁ କାହା କଥା ଶୁଣୁନି, ସେ କାହାକୁ ଡରିବ ନାହିଁ, ସେମାନେ ସେମିତି ପାଟି କରୁଥାଆନ୍ତୁ, ଦୌଡନ୍ତୁ ତା ପଛରେ, ତାକୁ ଧରି ପରିବେନି । ସେ ଲୁଚିଯିବ, ତାକୁ ପାଇବେ ନାହିଁ । ଖୋଜୁଥିବେ ସେମିତି ।"(ଅଧଂକାରର ରଙ୍ଗ ପୃ-୯୪-୯୯) **ଶିଶୁ** ଭିତରର ଅନେକ କୌତୁହଳ ଓ ଜିଜ୍ଞାସା ଆଦିକୁ ଆଧାର କରି ରଚିତ ଗାଳ୍ପିକାଙ୍କର 'ପାହାଚ' ଏକ ଭିନ୍ନ ସ୍ୱାଦର ସୃଷ୍ଟି । ଏଥିରେ ଗାଳ୍ପିକା ଅନେକ କ୍ଷେତ୍ରରେ ଶିଶୁକୁ କେନ୍ଦ୍ରକରି ମନସ୍ତତ୍ତ୍ୱବିତ୍ ସିଗମଣ୍ଡ ଫ୍ରଏଡ ପ୍ରଦାନ କରିଥିବା 'ମଣିଷ ଶରୀରର ମନୋବୈଜ୍ଞାନିକ ଯୌନତାର ବିକାଶ' (Psycho sexual development of human body) ସଂପର୍କିତ ସିଦ୍ଧାନ୍ତକୁ ପ୍ରୟୋଗ କରିଥିବା ମନେହୁଏ । ଏହି ସିଦ୍ଧାନ୍ତରେ ଥିବା ପାଞ୍ଚଟି ଅବସ୍ଥା ଯଥା- Oral Stage, Anal Stage, Phillic Stage, Latency Stage ଏବଂ Genetal Stage ମଧ୍ୟରୁ ସଂପୃକ୍ତ ଗଳ୍ପରେ ତୃତୀୟ ଅବସ୍ଥା ଯାହାକୁ 'Phallic Stage' (୨,୩) କୁହାଯାଏ ତାହାର ଅବତାରଣାକୁ ଅନୁଭବ କରିହୁଏ । ଉକ୍ତ କୃତିରେ ବିଶେଷତଃ ଶିଶୁ ଭିତରେ ଥିବା 'Oedipus Complex' କୁ ଗାଳ୍ପିକା ଚିତ୍ରଣ କରିଛନ୍ତି । ଏହି ଅବସ୍ଥାଟି ବିଶେଷତଃ ଶିଶୁ ପୁତ୍ର କ୍ଷେତ୍ରରେ ଦେଖିବାକୁ ମିଳେ । ଯେଉଁଥିରେ ପୁଅ ମା ସହିତ ବହୁ ମାତ୍ରାରେ ସଂପୃକ୍ତ ହୋଇଯିବା ସହ ନିଜ ମା କୁ ବାପା ସହିତ ଦେଖି ଈର୍ଷା କରିବା ସହ ବାପାକୁ ପ୍ରତିଦ୍ୱନ୍ଦୀ ମନେକରିଥାଏ ।(୪) ଗାଳ୍ପିକାଙ୍କର କେତେକ ପଂକ୍ତିରୁ ଏହାର ଦୃଷ୍ଟାନ୍ତ ଦେଖିବାକୁ ମିଳିଥାଏ । "ପାଦ ସ୍ଥିର ହେଲା ରାଜୁର । ନା, ଜମାରୁ ଯିବ ନାହିଁ, ତଥାପି ଅପେକ୍ଷା କରିଥାଏ ଟିକିଏ ବାପା ସେଠାରୁ ପଳାନ୍ତେ କି । ସେ ମା ଙ୍କ ପାଖକୁ ଦୌଡି ଯାଆନ୍ତା । ସେ ଦେଖିଲା, ଝରକା ପାଖଦେଇ ମେଞ୍ଚାଏ ଚନ୍ଦ୍ରାଲୋକ ଠିକ୍ ମା, ବାପାଙ୍କ ଉପରେ ପଡିଛି । ବାପା ତ ବଡ ପିଲା । ସେ କାହିଁକି ମା ପାଖରେ ଇମିତି ଲାଗି କରି ବସିଛନ୍ତି ? ବାଃ ରେ, ହସି ହସି କଣ ଇମିତି ମଜା କଥା କହୁଛନ୍ତି ଯେ ମା ବି ଖୁବ୍ ହସି ପକାଉଛନ୍ତି । ବାପାମାନେ କଣ ହସନ୍ତି ? ? ? ରାଜୁ ଗମ୍ଭୀର ହେଲା । ପୁଣି ଭାବିଲା ବାପାଙ୍କୁ ସେ ଡରିବ କାହିଁକି ? ନା,- ସେ ଦୌଡି ଦୌଡି ଯିବ । ବାପାଙ୍କୁ ଠେଲି ଦେଇ ମା ପାଖରେ ବସିବ । ଓହୋ, ବଡ ପିଲାମାନେ ବସନ୍ତି ନାହିଁ ଖାଲି...." (ସୂର୍ଯ୍ୟଶିଖା-ପୃ-୧୧୮) ଏହା ବ୍ୟତୀତ

ଉକ୍ତ କୃତିରେ କିଛି ମାତ୍ରାରେ ଚତୁର୍ଥ ପର୍ଯ୍ୟାୟ ଯାହାକୁ Latency Stage କୁହାଯାଏ ତାହାର ସୂଚନା ମଧ୍ୟ ଗାଳ୍ପିକା ପ୍ରଦାନ କରିଛନ୍ତି। ବାଲବିକାଶ ମନୋବୈଜ୍ଞାନିକ (Child Development Psychologist) 'ଜିନ୍ ପିଏଜେ' (Jean Piaget) ବାଲ ବିକାଶକୁ କେନ୍ଦ୍ରକରି ଅନେକ ତତ୍ତ୍ୱ ପ୍ରଦାନ କରିଥିଲେ। ଏଥିରେ 'ଡାଏନା ବାଉମରେଣ୍ଡ' (Diana Baumrind) ନାମକ ଏକ ବିକାଶାତ୍ମକ ମନୋବୈଜ୍ଞାନିକ 'ଅଭିଭାବକ ଶୈଳୀ' (Parenting Styles) ନାମକ ଏକ ତ୍ତ୍ୱ ପ୍ରଦାନ କରିଥିଲେ। ଏହାକୁ ମୂଳତଃ ଚାରି ଭାଗ ଯଥା- Authoritative(ଆଧିକାରିକ), Authoritarian, permissive (ଦୟାଳୁ) ଏବଂ Uninvolved/ Neglectful (ଦାୟିତ୍ୱହୀନ) ରେ ବିଭକ୍ତ କରାଯାଇଛି।(୫) ଏହା ହେଉଛି ପିତା ମାତାଙ୍କ ଦ୍ୱାରା ସନ୍ତାନକୁ ପାଳନ କରିବାର ଗୋଟିଏ ଗୋଟିଏ ଶୈଳୀ। ଏହା ମଧ୍ୟରୁ ଚତୁର୍ଥ ଶୈଳୀ ଯାହାକୁ କୁହାଯାଏ ଦାୟିତ୍ୱହୀନ ଲାଳନପାଳନ ଶୈଳୀ ଓ ତାହାର ପ୍ରଭାବ ଶିଶୁ ମନସ୍ତତ୍ତ୍ୱ ଉପରେ କିପରି ଭାବେ ପଡିଥାଏ ତାହାର ଅବତାରଣା ଦେଖିବାକୁ ମିଳେ ଗାଳ୍ପିକାଙ୍କର 'ଅରଣ୍ୟ, ଆକାଶ ଓ ରାସ୍ତା ଖୋଜୁଥିବା ବିକ୍ରମ' ଗଳ୍ପରେ। ଅର୍ଥର ମୋହ ସହିତ ଆତ୍ମସ୍ୱାଭିମାନର ମୋହରେ ପିତା ମାତା ନିଜ ସଂପର୍କକୁ ନଷ୍ଟ କରିଦେବା ସହ ସନ୍ତାନର ଜୀବନକୁ କିପରି ନଷ୍ଟ କରିଦିଅନ୍ତି ତାହାର ଚମତ୍କାର ଚିତ୍ରଣ ଦେଖିବାକୁ ମିଳେ ଉକ୍ତ କୃତିରେ। "ଦିନକୁ ଦିନ ଘରେ ବିଶୃଙ୍ଖଳା। ମାୟା ବ୍ୟସ୍ତ ରହେ ତାର ଟ୍ରେନିଂ, ମିଟିଂ, ପ୍ରମୋଶନ୍ ଇତ୍ୟାଦି ନେଇ। ପାର୍ଥର ଗଢିଉଠିଥିବା ଆଧୁନିକ ଫ୍ୟାକ୍ଟ୍ରି, ଯେ ଉନ୍ନତି ପଥରେ, ଏ ବେଳରେ ସେ ଘର ବୁଝିବ ନା ଭିକିର ପାଠପଢା ବିଷୟ ବୁଝିବ? ପ୍ରାୟ ବିଳମ୍ବରେ ଫେରି ବିରକ୍ତ ହୁଏ ମାୟା, ଏ କିଭଳି ସମ୍ଭବ? ମୁଁ ଭିକିକୁ ପଢେଇବି, ଘର ମ୍ୟାନେଜ୍ କରିବି। ତୁମ ସମସ୍ତଙ୍କ ପାଇଁ ଡିନର୍ ଟେବୁଲ ଆରେଂଜ୍ କରିବି?"(ନିଶୀଥ ସୂର୍ଯ୍ୟ- ପୃ-୨୩-୨୪) ଏତଦ୍ ବ୍ୟତୀତ ଏହିଭଳି ପରିସ୍ଥିତିକୁ କେନ୍ଦ୍ରକରି ଶିଶୁ ମଧ୍ୟରେ ଦେଖାଦେଇଥିବା ମାନସିକ ବିକୃତିର ପ୍ରମାଣ ମଧ୍ୟ ଗଳ୍ପର କେତେକ ପଂକ୍ତିରେ ଲକ୍ଷଣୀୟ। "ହଁ, ଏ ଭିକି! ବିକ୍ରମ। ମୁଁ ପାଟି କରି ଉଠିଲି। ମଣିଷକୁ ନ ଦେଖିପାରିବା ଭଳି ଅନ୍ଧାର ହୋଇନାହିଁ। ମୁଁ ତାକୁ ସ୍ପଷ୍ଟ ଦେଖିପାରୁଛି। କେତେବେଳେ ଚାଲୁଛି ତ କେତେବେଳେ ଦୌଡୁଛି। ମନକୁ ମନ କଥାକହି ହସି ପକାଉଛି। ଏଠି କେହିନାହିଁ, କିଛି ବାଧା ନାହିଁ, ମୁଁ ଦୌଡିବି, ନାଚିବି, ଖେଳିବି, ଯାହା ଖୁସି ତା କରିବି। ସେଇ ଅଦ୍ଭୁତ ବ୍ୟବହାର ହୁଁ, ହାଁ, ଡିଆଁ ଡେଇଁ। ଏଥର ପକ୍ଷୀ ଉଡିବା ଭଳି ହାତ ଖୋଲି ପଡିଆ ମଝିରେ ବଡ ଗୋଲ ଚକର୍ କାଟି ଖୁବ୍ ଜୋର୍‌ରେ ଦୌଡିବାକୁ ଆରମ୍ଭ କରିଛି ଭିକି? ଏ କଣ ହଉଚି ଭିକି? ମାୟା ଚିତ୍କାର କରି ଉଠିଲା। ଅଧିକଦ୍ରୁତ

ଗତିରେ ସେ ଘୁରିବାରେ ଲାଗିଛି। ଆମ କାହାର ସ୍ୱର ତାକୁ ଛୁଇଁ ପାରୁନାହିଁ। ” (ନିଶୀଥ ସୂର୍ଯ୍ୟ-ପୃ-୩୧) ମାତ୍ର ଗାଳ୍ପିକାଙ୍କର ଅନ୍ୟ ଏକ କୃତି 'ଅନିଶ୍‌ର ଉକ୍ତି'ରେ ଉପରଲିଖିତ ଅଭିଭାବକ ଶୈଳୀ (Parenting Styles) ମଧ୍ୟରୁ Authoritative ଏବଂ permissive ଉଭୟ ପ୍ରକାରର ଲାଳନପାଳନ ଶୈଳୀର ବ୍ୟବହାର ହୋଇଥିବା ଦେଖିବାକୁ ମିଳେ। ଏଥିରେ ଶିଶୁ ପିତାମାତାଙ୍କ ଦ୍ୱାରା ସାମାନ୍ୟ ପ୍ରତିବନ୍ଧକର ସମ୍ମୁଖିନ ହୋଇଥିବା ବେଳେ, ଜେଜେମା ପାଖରେ ପ୍ରତିବନ୍ଧକ ହୀନ ଜୀବନ ବଞ୍ଚିଛି। ଫଳରେ ଏହିଭଳି ଲାଳନପାଳନ ଦ୍ୱାରା ଶିଶୁର ମାନସିକ ଓ ବୌଦ୍ଧିକ ବିକାଶ ସମ୍ଭବ ହୋଇପାରିଛି “ଚାଲ ବାପା, ୱାର୍ଲଡ୍ ଆଟ୍‌ଲାସ୍ ଦେଖିବା। ମୁଁ ତୁମକୁ କଣ୍ଟ୍ରି ସବୁ ଦେଖେଇଦେବି। ହେଇ ଦେଖ, ଏ ବେଲ୍‌ଜିଅମ୍। ବ୍ରସେଲ୍‌ସରୁ ଯିବା ସୁଇଜରଲ୍ୟାଣ୍ଡ-ଜେନେଭା। ଫ୍ରାନ୍ସର କଣ୍ଟ୍ରିରୋଡ୍ ଖୁବ୍ ସୁନ୍ଦର ନା ବାପା –ବାପା...।” (ଜେରୁଜେଲମ୍‌ର ସନ୍ଥ-ପୃ-୧୨) ଏହା ବ୍ୟତୀତ ଉକ୍ତ କୃତିକୁ ମନସ୍ତାତ୍ତ୍ୱିକ ଦିଗରୁ ବିଚାରକଲେ ଏହାକୁ ମନସ୍ତତ୍ତ୍ୱବିତ୍ ଏରିକ୍ ଏରିକ୍‌ସନ୍‌ଙ୍କର ମନୋ ସାମାଜିକ ସିଦ୍ଧାନ୍ତ ବା Psycho Social Stages of Development ରେ ମଣିଷର ବିକାଶର ଯେଉଁ ଆଠଟି ଚରଣ ସଂପର୍କରେ ବର୍ଣ୍ଣନା କରାଯାଇଛି। ତା ମଧ୍ୟରୁ ତୃତୀୟ ଚରଣ ଯାହାକୁ Initiative (ପ୍ରାରମ୍ଭ) Vs Guilt (ଅପରାଧ) ବା Later Childhood ନାମ ଦିଆଯାଇଛି । ଯେଉଁ ଚରଣଟି ସାଧାରଣତଃ ତିନି ବର୍ଷରୁ ପାଞ୍ଚ ବର୍ଷ ପର୍ଯ୍ୟନ୍ତ ରହିଥାଏ ତାର ଅବତାରଣା ହୋଇଥିବା ମନେହୁଏ। ଏହି ବୟସରେ ଶିଶୁ ନିଜ ଇଚ୍ଛାର ପୋଷାକ, ଖାଦ୍ୟ, ବନ୍ଧୁ ଆଦିଙ୍କୁ ଖୋଜିଥାଏ। ଏହା ସହିତ ଧୂଳି ମାଟିରେ ଖେଳିବାପାଇଁ ତାର ମନ ବିଚଳିତ ହୋଇଥାଏ। ମାତ୍ର ଯଦି ଶିଶୁକୁ ଏସବୁ ଏହି ସମୟରେ ନ ମିଳେ ତେବେ ତାର ବିକାଶ ଘଟିପାରିନଥାଏ। ଯଦି ଏହିଭଳି ବିକାଶ ନ ଘଟେ ତେବେ ତା ମନ ଭିତରେ କେଉଁଠି ନା କେଉଁଠି ଗୋଟିଏ ହୀନଭାବ, ଦୁର୍ବଳତା, ଲଜ୍ୟା ଆଦି ରହିଯାଏ ଯାହା ତାକୁ ସମଗ୍ର ଜୀବନ ପ୍ରଭାବିତ କରେ। ଗାଳ୍ପିକାଙ୍କର ପୂର୍ବ ଆଲୋଚିତ ତରଙ୍ଗ ଗଳ୍ପରେ ଏହି ଅବସ୍ଥାର ଖରାପ ଦିଗଟି ଦେଖିବାକୁ ମିଳିଥିଲେ ହେଁ, ତାଙ୍କର ଉକ୍ତ କୃତିରେ ଉତ୍ତମ ଲାଳନପାଳନ ଓ ଉପଯୁକ୍ତ ସ୍ୱାଧୀନତା ଯୋଗୁଁ ଏହି ଅବସ୍ଥାରେ ଶିଶୁର ମାନସିକ ବିକାଶ ସ୍ୱରୂପ ଭଲଦିଗଟି ଦେଖିବାକୁ ମିଳିଛି “ଅନିଶ୍ ଶୁଣ୍। ଏଠିକି ଆ। ବାପା ଡାକୁଛନ୍ତି। ଏବେ ଡିନାର୍ ଖାଇବା ପୂର୍ବରୁ ମନ ଇଚ୍ଛା ଦୌଡାଦୌଡି କରି ଖେଳିପାରୁ। ସାଇକଲେ ବି ଚଲା। କେହି କିଛି କହିବେ ନାହିଁ। ଏ...ଏ..ଦୁଇହାତ ଉପରକୁ ଟେକି ଚିତ୍କାର କଲା ଅନିଶ୍।” (ଜେରୁଜେଲମ୍‌ର ସନ୍ଥ-ପୃ-୧୪)

କିଶୋର ମନସ୍ତତ୍ତ୍ୱ Adolescence Psychology

କିଶୋର କହିଲେ ମଣିଷର ସେହି ଅବସ୍ଥାକୁ ବୁଝାଇଥାଏ ଯାହା ମୂଳତଃ ୧୨ ବର୍ଷରୁ ନେଇ ୧୮ ଅଥବା ୨୦ ବର୍ଷ ପର୍ଯ୍ୟନ୍ତ ରହିଥାଏ। ଏହି ଅବସ୍ଥା ସଂପର୍କରେ କିଶୋର ମନୋବିଜ୍ଞାନର ପିତା 'ଷ୍ଟେନଲି ହଲ୍' କହିଛନ୍ତି ଯେ, ଏହି ଅବସ୍ଥାଟି ହେଉଛି ସଂଘର୍ଷ, ମାନସିକ ଅଶାନ୍ତି ଓ ଝଡର ସମୟ। ଏହିପରି ଆମେରିକିୟ ମନୋବୈଜ୍ଞାନିକ 'ରୋଲୋ ମେ' ଯିଏକି ଅସ୍ତିତ୍ୱବାଦୀ ମନୋବିଜ୍ଞାନର ପ୍ରମୁଖ ସମର୍ଥକ ଥିଲେ ଓ ଯିଏ ମନସ୍ତତ୍ତ୍ୱବିତ୍ 'ମେସ୍‌ଲୋ'ଙ୍କ ଦ୍ୱାରା ବହୁମାତ୍ରାରେ ପ୍ରଭାବିତ ଥିଲେ। ସେ ସମଗ୍ର ମଣିଷ ଜୀବନକୁ ସମୁଦାୟ ଚାରୋଟି ଚରଣରେ ବିଭକ୍ତ କରିଥିଲେ। ଦୃଷ୍ଟାନ୍ତ ସ୍ୱରୂପ- 'ସରଳତାର ଚରଣ' (Innocent Stage), 'ବିଦ୍ରୋହୀ ଅବସ୍ଥା' (The Rebel Stage), 'ସାଧାରଣ ଚରଣ' (The Ordinary Stage) ଏବଂ 'ରଚନାତ୍ମକ ଚରଣ' (The Creative Stage) ଏହା ମଧ୍ୟରୁ କିଶୋର ଅବସ୍ଥା କହିଲେ ମୂଳତଃ ବିଦ୍ରୋହୀ ଅବସ୍ଥାକୁ ହିଁ ବୁଝାଇଥାଏ।(୬) ଏହି ଅବସ୍ଥାରେ କିଶୋର ଅବସ୍ଥା ଆଡକୁ ଗତିକରୁଥିବା ଶିଶୁମାନଙ୍କ ଭିତରେ 'ଇଗୋ' ଚରଣର ବିକାଶ ଘଟିବା ଆରମ୍ଭ ହୁଏ। ଫଳରେ ଏହି ଚରଣରେ ତା ଭିତରେ ବିଦ୍ରୋହୀ ଭାବନା ଜାଗ୍ରତ ହୋଇଥାଏ ଏବଂ କୌଣସି ଜିନିଷ ପାଇଁ ତାକୁ ମନାକଲେ ସେ ବିଦ୍ରୋହୀ ହୋଇଉଠେ। ମନସ୍ତତ୍ତ୍ୱବିତ୍ 'ଏରିକ୍ ଏରିକ୍‌ସନ୍'ଙ୍କ ମତରେ ଆମର ବ୍ୟକ୍ତିତ୍ୱ ବାଲ୍ୟକାଳରେ ଅଥବା ମଧ୍ୟ ବୟସରେ ନୁହେଁ ବରଂ ସମଗ୍ର ଜୀବନ ବିକଶିତ ହୋଇଥାଏ। ତେଣୁ ସମଗ୍ର ଜୀବନପାଇଁ ସେ 'ମନୋ ସାମାଜିକ ସିଦ୍ଧାନ୍ତ' (Theory of Psychosocial Development) ନାମକ ଗୋଟିଏ ତତ୍ତ୍ୱ ପ୍ରଦାନ କରିଥିଲେ। ଏଥିରେ ସେ ମଣିଷର ସମଗ୍ର ଜୀବନକୁ ଆଠଟି ଚରଣରେ ବିଭକ୍ତ କରିଥିଲେ। ସେଥି ମଧ୍ୟରୁ କିଶୋର ଅବସ୍ଥା କହିଲେ ମୂଳତଃ ପଞ୍ଚମ ଚରଣ 'ପରିଚୟକୁ ନେଇ ଦ୍ୱନ୍ଦ୍ୱ' (Identity Vs Confusion) (୭) କୁ ବୁଝାଇଥାଏ। ଏରିକ୍‌ସନ୍‌ଙ୍କ ମତରେ ଏହି ସମୟରେ କିଶୋର ଭିତରେ ଆତ୍ମ ପରିଚୟ ସଂପର୍କିତ ବିକାଶ ଘଟିଥାଏ। ସମାଜ, ଦୁନିଆ, ପରିବାର ଆଦିରେ ତାର ସ୍ଥିତି କଣ? ତାର ଆବଶ୍ୟକତା କଣ? ଏହିଭଳି ଅନେକ ପ୍ରଶ୍ନ ତାକୁ ବିଚଳିତ କରେ। ଯଦି ଏହି ବୟସରେ ସେ ନିଜକୁ ଭଲଭାବେ ବୁଝିପାରେ ତେବେ ତାର ଭବିଷ୍ୟତ ସୁଦୃଢ ହୁଏ। ନିଜ ପରିଚୟକୁ ଯଦି ସେ ଭଲଭାବେ ବୁଝେ ତାର ସାମାଜିକ ଓ ପାରିବାରିକ ସ୍ଥିତିରେ ବିକାଶ ଘଟେ। ଯଦି ଏହା ନ ଘଟେ ତେବେ କିଶୋର ଭିତରେ ନିଜର ପରିଚୟକୁ ନେଇ ସଂକା ବା ଦ୍ୱନ୍ଦ୍ୱ ସୃଷ୍ଟି ହୁଏ। ସେ ଅନ୍ୟମାନଙ୍କ ମାନସିକତା ସହିତ ଖାପଖୁଆଇ ଚାଲିପାରେନା। ହେଇପାରେ ଜଣେ

ତାକୁ ଗୋଟିଏ ମୁହୂର୍ତ୍ତ ତ ଅନ୍ୟଜଣେ ଆଉଗୋଟେ ମୁହୂର୍ତ୍ତରେ ଭଲଲାଗେ। ଏହିଭଳି ପରିସ୍ଥିତିରେ ଗତିକରୁଥିବା ଯୁବକ ଅନେକ ସମୟରେ ଜୀବନରେ ଅନେକ ଭୁଲ୍ ପଦକ୍ଷେପ ଗ୍ରହଣ କରିନେଇ ଥାଆନ୍ତି। ଏହିଭଳି ମନସ୍ତାତ୍ତ୍ୱିକ ପରିସ୍ଥିତି ଦେଇ ଗତିକରୁଥିବା ଦେଶର କେତେକ କିଶୋର ମାନଙ୍କର ମାନସିକ ଅବସ୍ଥା ଏପରିକି ପରିଚୟକୁ ନେଇ ଦ୍ୱନ୍ଦ୍ୱ ସହିତ ମନଭିତରେ ସୃଷ୍ଟି ବିପ୍ଳବୀ ପ୍ରବୃତ୍ତିର ନିଦର୍ଶନ ଦେଖିବାକୁ ମିଳେ ଗାଳ୍ପିକାଙ୍କର 'ପ୍ରଭାତ ପ୍ରତୀକ୍ଷାରେ' ଗଳ୍ପରେ। ଗୋଟିଏ ସମୟରେ ମାଓ, ଲେନିନ ଓ ମାର୍କସଙ୍କର ଆଦର୍ଶରେ ଅନୁପ୍ରାଣିତ ହୋଇ ଏକ ଶ୍ରେଣୀହୀନ ସମାଜ ଗଠନ ନିଶାରେ ବିଭୋର ହୋଇପଡିଥିଲେ ଏ ଦେଶର ଯୁବପିଢୀ। ଫଳରେ ୧୯୬୭ ମସିହା ଦାର୍ଜିଲିଂର ଏକ ଛୋଟ ସହର ନକ୍ସଲବାଡୀରେ ଆରମ୍ଭ ହୋଇଥିଲା ସରକାର ବିରୋଧି ଏକ ଆନ୍ଦୋଳନ। ଯାହାକୁ କୁହାଗଲା ନକ୍ସଲ ଆନ୍ଦୋଳନ। ଏହି ସମୟରେ ଦେଶର ମୁକ୍ତି ନାମରେ କିଶୋର ଅବସ୍ଥାଦେଇ ଗତିକରୁଥିବା ଛାତ୍ର ମାନଙ୍କ ମନସ୍ତତ୍ତ୍ୱ ସହିତ ଖେଳିବା ସହିତ ତାଙ୍କୁ କିପରି ପଥଭ୍ରଷ୍ଟ କରିଦିଆ ଯାଇଥିଲା ତାହାର ଚମତ୍କାର ପ୍ରତିଫଳନ ଦେଖିବାକୁ ମିଳେ ଉକ୍ତ କୃତିରେ। ଏହା ବ୍ୟତୀତ ଏକ ନୂତନ ସୂର୍ଯ୍ୟୋଦୟର ଆଶାରେ ବିଭୋର ସଂଗ୍ରାମୀ ଯୁବପିଢୀଙ୍କର ଅସହାୟତା ସହିତ ସ୍ୱପ୍ନଭଙ୍ଗକୁ ଗାଳ୍ପିକା ଏଥିରେ ବେଶ୍ ସିଦ୍ଧହସ୍ତତାର ସହିତ ଚିତ୍ରଣ କରିଛନ୍ତି। ଏହାସହ ଏଥିରେ ମୃତ୍ୟୁପରେ ମଧ୍ୟ ମୃତ ବ୍ୟକ୍ତିର ସତ୍ତା (Para Psychology) ସଂପର୍କିତ ବର୍ଣ୍ଣନା ମଧ୍ୟ ଦେଖିବାକୁ ମିଳେ। ଏହିପରି **ସନ୍ତ୍ରା**ସବାଦୀ ଆନ୍ଦୋଳନର ନିଷ୍ଠୁରତା ଓ ବାସ୍ତବତା ସହିତ ଏହାକୁ କେନ୍ଦ୍ରକରି ସାଧାରଣ ଲୋକଙ୍କର ଅସହାୟତା ଓ କେତେକ କ୍ଷେତ୍ରରେ ଏହା ବିରୁଦ୍ଧରେ ସ୍ୱର ଶୁଣିବାକୁ ମିଳେ ଗାଳ୍ପିକାଙ୍କର 'ଫତିମା ମଞ୍ଜିଲ୍' ଗଳ୍ପରେ। ଏଥିରେ ଅର୍ଥ ଲାଳସା ସାଧାରଣ ମଣିଷକୁ ବିଶେଷକରି ଯୁବଗୋଷ୍ଠୀଙ୍କୁ କିପରି ସନ୍ତ୍ରାସର ବିଭିଷିକାକୁ ଠେଲି ଦେଇଛି ଭଳି ନିଷ୍ଠୁର ବାସ୍ତବତାକୁ ଗାଳ୍ପକା ବେଶ୍ ସିଦ୍ଧହସ୍ତତାର ସହ ପ୍ରତିଫଳିତ କରିଛନ୍ତି। "ସେ କିନ୍ତୁ ଥିଲା ଆଉ ଜଣେ ରିଆଜ୍। ଫାତିମା ଭଳି ଲଡକୀର ଭଲପାଇବା ଦେଖି ପାରୁନଥିଲା। ତାର ଦରକାର ଥିଲା ଅଜସ୍ର ଅର୍ଥ। ରାତା ରାତି ବଡଲୋକ ହେବାର ନିଶା ଘାରିଥିଲା ତାକୁ। ପାଖ ଗାଁରୁ ଟ୍ରକରେ ଚାଲିଯାଉଥିଲେ ମୋ ଭଳି କେତେ କେତେ ପିଲା। ଏ ଦେଶକୁ ଧ୍ୱଂସ କରିବାର ଶପଥ ଦେଇ ସେମାନଙ୍କୁ ଟ୍ରେନିଂ ଦେବାର ଯୋଜନା କରାହୋଇଥିଲା। କାହା ଘରକୁ ଆସୁଥିଲା ଅମାପ ଅର୍ଥ। ମାତ୍ର ଫେରିନଥିଲା ପୁଅ। ତାର ଖବର ବି ମିଳୁ ନଥିଲା। କିଏ ମରିହଜି ଯାଉଥିଲା। ଯେଉଁଠି ଧ୍ୱଂସର ତାଣ୍ଡବରେ ଦେଶର ଧନ ଜୀବନ ଧ୍ୱସ୍ତ, ବିଧ୍ୱସ୍ତ...। ସେ ବି ନିଜକୁ କୁରବାନି ଦେଉଥିଲା ତା ଘରର ଅର୍ଥ ଲାଳସା ପାଇଁ।" (ଗଳ୍ପ ସମଗ୍ର-ପୃ-୭୧୭)

ହିପ୍‌ପୀ ସଂସ୍କୃତି ସହ ବ୍ୟକ୍ତି ସ୍ୱାଧୀନତା କୈନ୍ଦ୍ରିକ ଦର୍ଶନକୁ କେନ୍ଦ୍ରକରି କିଶୋରଙ୍କର ଉଚ୍ଛୃଙ୍ଖଳତା ପ୍ରତି ଆକ୍ଷେପୋକ୍ତି ଦେଖିବାକୁ ମିଳେ ଗାଳ୍ପିକାଙ୍କର 'ପୁଅ ଆସିବ' ଗଳ୍ପରେ। ବେଳେ ବେଳେ ପଙ୍କରୁ ପଦ୍ମ ଫୁଟିବା ଭଳି ପାରିବାରିକ ବିଶୃଙ୍ଖଳା ସତ୍ତ୍ୱେ ଶିଶୁ ଯିଏକି ପରବର୍ତ୍ତୀ ସମୟରେ କିଶୋର ଅବସ୍ଥାରେ ପହଁଚିଥାଏ ତାର ମନସ୍ତତ୍ତ୍ୱ ଉପରେ ତାହା ଖରାପ ପ୍ରଭାବ ପକାଇ ପାରିନଥାଏ। ପରିଚୟକୁ ଓ ସ୍ୱାଧୀନତାକୁ ଖୋଜି ବିଦ୍ରୋହୀ ହେବା ଅପେକ୍ଷା ସେ ବିବେକଶୀଳତାକୁ ଅସ୍ତ୍ର କରିନେଇଥାଏ। "ମା ଘରେ ଥିବାବେଳେ ତୁ ମୋ ଉପରେ ବିରକ୍ତ ହେଉଥିଲୁ। ଏଠାରେ ଏତେ ବଡ ମହାନଗର। କିଛି ଲୁଚା ଛପା ନାହିଁ। ପୁଅ ଝିଅ ସାଙ୍ଗହୋଇ ବୁଲୁଛନ୍ତି। ମନଇଚ୍ଛା ଡ୍ରଗ୍‌ସ ଖାଉଛନ୍ତି- ସ୍ନାକ୍‌ସ, ବ୍ରାଉନ୍‌ସୁଗାର ମାତ୍ରା ଆଉ ଟିକିଏ ବେଶି। ତା ପରେ ପରିମାଣ ବଢି ଚାଲିଛି। ମୁହୂର୍ତ୍ତକର ଆନନ୍ଦରେ ନିଜକୁ ଭୁଲୁଛନ୍ତି ସେମାନେ। ଏ ଭାରାକ୍ରାନ୍ତ ସମୟ, ଏ ଶତାବ୍ଦୀର ସମସ୍ତ କ୍ରୂରତା ସେମାନଙ୍କୁ ସ୍ପର୍ଶ କରିପାରୁନି, ସେମାନେ ଥାଆନ୍ତି ଅନ୍ୟ ଏକ ରାଜ୍ୟରେ। ମୋ ପାଇଁ ବ୍ୟସ୍ତ ହେବୁନାହିଁ। ମୁଁ ଠିକ୍ ଅଛି।++++ ସିଦ୍ଧାର୍ଥର ହାତରେ ବିଦେଶୀ ପାନୀୟର ସେଇ ସୁଦୃଶ ବୋତଲ ଦୁଇଟି। ତାକୁ ଚାହିଁ ସେମିତି ସେ ହସି ଚାଲିଛି। ସେ ହସ ବ୍ୟାପି ଯାଉଛି ଅଣୁ, ପରମାଣୁ, ଏ ସହର, ରାଜ୍ୟ, ଦେଶ, ବିଦେଶ ଅତିକ୍ରମ କରି ବିଶ୍ୱର ସମସ୍ତ ପ୍ରାନ୍ତକୁ। ସେ ଯେପରି ଧିକ୍‌କାର କରୁଛି, ତାଚ୍ଛଲ୍ୟ କରୁଛି ଅଭିଶପ୍ତ, ନିଶାସକ୍ତ ତରୁଣମାନଙ୍କୁ, ବୁଦ୍ଧିହୀନ, କାଣ୍ଡଜ୍ଞାନରହିତ ସମାଜକୁ।" (ଅଂଧକାରର ରଙ୍ଗ- ପୃ-୧୦୧-୧୦୫) ମନସ୍ତତ୍ତ୍ୱର ପିତା ସିଗ୍‌ମଣ୍ଡ ଫ୍ରଏଡ ମଧ୍ୟ 'ମଣିଷ ଶରୀରର ମନୋବୈଜ୍ଞାନିକ ଯୌନତାର ବିକାଶ' (Psycho sexual development of human body) ସଂପର୍କିତ ଏକ ସିଦ୍ଧାନ୍ତରେ ମଣିଷର ବିକାଶର ପାଞ୍ଚଟି ପର୍ଯ୍ୟାୟ ସଂପର୍କରେ ଆଲୋଚନା କରିଛନ୍ତି। ଏହା ମଧ୍ୟରୁ କିଶୋର ଅବସ୍ଥା କହିଲେ ସାଧାରଣତଃ 'Genital Stage' ବା ଚରଣକୁ ବୁଝାଇଥାଏ। ଏହି ସମୟରେ ଏକ ଶିଶୁ କିଶୋର ଅବସ୍ଥାରେ ପହଁଚିଥାଏ। ଫ୍ରଏଡଙ୍କର ମତରେ ଏହି ଅବସ୍ଥାରେ ପୂର୍ବେ ଶିଶୁ ମଧ୍ୟରେ ଯେଉଁଠି ବି କାମୋଦ୍ଦିପକ କ୍ଷେତ୍ର ରହିଥାଏ। ଯେପରି 'Oral Stage' ରେ ଶିଶୁ କୌଣସି ବି ଜିନିଷକୁ ପାଟିରେ ପୁରେଇବାରେ ଆନନ୍ଦ ଅନୁଭବ କରିଥାଏ। ତେଣୁ ତାକୁ ଶିଶୁର Erogenous Zone କୁହାଯାଏ। ଏହାର ପ୍ରଭାବ ବଡ ହେବାପରେ ମଧ୍ୟ ଦେଖାଯାଏ। ଯେପରି ଭୋଜନ ଓ ପାନୀୟର ସ୍ୱାଦ, କାହା ବିରୁଦ୍ଧରେ ଚର୍ଚ୍ଚାକରି କିମ୍ବା କାହାକୁ ଗାଳିଦେଇ ମଧ୍ୟ ମଣିଷ ସେହିପରି ସନ୍ତୁଷ୍ଟି ଲାଭ କରିଥାଏ। ଫ୍ରଏଡଙ୍କ ମତରେ ଏହି Genital ଚରଣରେ ସମସ୍ତ କାମୋଦ୍ଦିପକ କ୍ଷେତ୍ରରୁ କାମ ଆସି କିଶୋରର ଗୁପ୍ତାଙ୍ଗରେ କେନ୍ଦ୍ରିତ ହୋଇଥାଏ। ଏହିଭାବେ ଦେଖିବାକୁ ଗଲେ ଶିଶୁ ଯେଉଁବି ସ୍ଥାନରୁ

ଆନନ୍ଦ ଲାଭ କରୁଥିଲା । ଯେପରି ମାତୃ ସ୍ତନକୁ ଗ୍ରହଣ କରାଯାଇପାରେ ତାହା ପରେ Erotic Zone ରେ ପରିଣତ ହୋଇଯାଏ ।(୮) ସାଧାରଣତଃ ଏହି ଚରଣରେ କିଶୋର ଭିତରେ ସୃଷ୍ଟି ଅତ୍ୟାଧିକ କାମ ପ୍ରବୃତ୍ତି , ମୁହୂର୍ତ୍ତକ ଆନନ୍ଦ ଓ ଉତ୍ତେଜନା ଫଳରେ ସମଗ୍ର ଜୀବନ କିପରି ଅଭିଶପ୍ତ ହୋଇଯାଏ ତାହାର ନିଦର୍ଶନ ଦେଖିବାକୁ ମିଳେ ଗାଳ୍ପିକା ଶକୁନ୍ତଳା ପଣ୍ଡାଙ୍କର 'ବିଦଗ୍ଧ ବସନ୍ତ' ଗଳ୍ପରେ । "ଧୀରେ ଧୀରେ ଆଳାପ । ଅତି ପରିଚିତ ବନ୍ଧୁ ଦୁଇଟି ପରି ସେମାନେ ଏକାଠି ହସିଲେ । ସ୍ୱଳ୍ପ ଆଳାପ ମଧ୍ୟରେ ନିକଟତର ହେଲେ । ପରିୟଡ ନ ସରିବା ଆଗରୁ ଜଣେ ଜଣକୁ ଅପେକ୍ଷାକରି ସାଙ୍ଗମାନଙ୍କ ଦୃଷ୍ଟିର ଅନ୍ତରାଳେ ଘନିଷ୍ଠ ହେବାକୁ ଚେଷ୍ଟାକଲେ । ମାତ୍ର ଅଳ୍ପ କେତୋଟି ଦିନର ପରିଚୟ, ଅଥଚ କେତେ ନିଜର ହୋଇଗଲା ସଳିତା । ଦ୍ୱୈପାୟନର ଛାତିରେ ମୁଣ୍ଡ ରଖି ସୁଖଦିନର ସ୍ୱପ୍ନ ଦେଖୁଥିଲା ସେ । ++++ ସେ ଧିର ପଦକ୍ଷେପରେ ମୋ ଅଳଙ୍କାର ନେଇ ଚାଲିଗଲା । ମୁଁ ହୁଏତ ଆଗାମୀ ଜୀବନର କଳ୍ପନାରେ ଗୁଣୁଗୁଣୁ ଗୀତଗାଇ ଏଇ ଅଳସ ମୁହୂର୍ତ୍ତ ଗୁଡିକୁ ସହଜ କରିବାର ଚେଷ୍ଟା କରୁଥିଲି । ଓଃ, ପରଦିନ ସକାଳେ ଏ କି ବ୍ୟତିକ୍ରମ ! ଦ୍ୱୈପାୟନ ଫେରିନାହିଁ ! ହୋଟେଲ ମାଲିକ ସଙ୍ଗେ ପୋଲିସ । ସେମାନଙ୍କ ହାତରେ ମୋର ଫଟୋ ଆଉ ପୂରା ବିବରଣୀ-" (ସୂର୍ଯ୍ୟଶିଖା-ପୃ-୧୦୮-୧୧୦) ଏହା ବ୍ୟତୀତ ଗାଳ୍ପିକା ଉକ୍ତ କୃତିରେ ଫ୍ରଏଡଙ୍କ ତ୍ୱକୁ କେନ୍ଦ୍ରକରି 'ରକ୍ଷାତ୍ମକ ପ୍ରତିକ୍ରିୟା' ବା 'Defense Mechanism' (୯)ର ସୂଚନା ମଧ୍ୟ ଦେଇଛନ୍ତି । ଫ୍ରଏଡଙ୍କ ମତରେ କିଶୋର ଅବସ୍ଥାରେ ମଣିଷ ମଧ୍ୟରେ ରକ୍ଷାତ୍ମକ ପ୍ରତିକ୍ରିୟା ବା Defense Mechanism ର ବିକାଶ ଘଟିଥାଏ । ଫ୍ରଏଡ ସାଧାରଣତଃ ମଣିଷର ମସ୍ତିଷ୍କକୁ ତିନି ଭାଗ ଯଥା- ଇଦ୍, ଇଗୋ ଓ ସୁପରଇଗୋ ରେ ବିଭକ୍ତ କରିଥିଲେ । ଇଦ୍ ହେଉଛି ମଣିଷର ରାକ୍ଷାସୀ ପ୍ରବୃତ୍ତି ଯାହା ସର୍ବଦା ତତ୍‌କାଳିକ ଆନନ୍ଦ ଚାହିଁଥାଏ । ଅପର ପକ୍ଷରେ ସୁପରଇଗୋ ହେଉଛି ମଣିଷର ଦେବତ୍ୱ ପ୍ରବୃତ୍ତି । ଏହା ମଧ୍ୟରେ ମଣିଷର ସଚେତନ ମନ ହେଉଛି ଇଗୋ ପ୍ରବୃତ୍ତି । ଯାହା ସାମାଜିକ ନୀତିନିୟମକୁ ନେଇ ଚାଲିବା ସହ ଭୁଲ୍ ଠିକ୍ ଭିତରେ ପାର୍ଥକ୍ୟ ବାରିପାରେ । ତେଣୁ ଏହି ରକ୍ଷାତ୍ମକ ପ୍ରତିକ୍ରିୟାର କାମ ହେଉଛି ମଣିଷର ଇଗୋ ପ୍ରବୃତ୍ତିକୁ ସୁରକ୍ଷିତ କରିବା । କିଶୋର ଅବସ୍ଥାରେ ପହଁଚିବା ବେଳକୁ ମଣିଷ ବିଭିନ୍ନ ସାମାଜିକ ନୀତିନିୟମରେ ବାନ୍ଧିହୋଇଯିବା ସହ ସମାଜକୁ ସୁହାଇଲା ଭଳି ବ୍ୟବହାର କରିଥାଏ । ଏହି ସମୟରେ ଶିଶୁ ଅବସ୍ଥା ଭଳି ସେ ତତ୍‌କାଳିକ ଆନନ୍ଦ ପାଇଁ କ୍ରିୟାଶୀଳ ହୋଇପାରିନଥାଏ । ତେଣୁ ଏହି ରକ୍ଷାତ୍ମକ ପ୍ରତିକ୍ରିୟା ମଣିଷର ଇଚ୍ଛାକୁ ସାମାଜିକ ଅନୁସାରେ ପୂରଣ କରିବାରେ ସାହାଯ୍ୟ କରିଥାଏ । ଯାହାକୁ ଫ୍ରଏଡ ନାମ ଦେଇଥିଲେ 'Sublimation'

(ବର୍ଦ୍ଧିତ ହେବାର କ୍ରିୟା)। ସାଧାରଣତଃ ଏହି ପ୍ରକ୍ରିୟାରେ ମଣିଷ ଭିତରେ ବେଳେବେଳେ ଏମିତି ଇଚ୍ଛା ସୃଷ୍ଟିହୁଏ। ଯାହା ଅସାମାଜିକ ହୋଇଥାଏ। ଏହି କ୍ଷେତ୍ରରେ ମଣିଷ ନିଜ ଇଚ୍ଛାକୁ ସାମାଜିକ ପ୍ରକ୍ରିୟାରେ ପୂରଣକରି ଆନନ୍ଦ ଲାଭ କରିଥାଏ।(୧୦) ଯେପରି ଗାଳ୍ପିକାଙ୍କର ବିଦଗ୍ଧ ବସନ୍ତ ଗଳ୍ପର ନାୟିକା 'ସଳିତା' ନିଜ ଭିତରେ ଥିବା ମା ହେବାର କାମନାକୁ ପିତାହୀନ ନିଜ ଗର୍ଭର ସନ୍ତାନ ମଧ୍ୟରେ ପୂରଣ କରିବା ଯାହାକି ସମାଜ ଦୃଷ୍ଟିରେ ଅଗ୍ରହଣୀୟ ତାକୁ ପାଳିତ ସନ୍ତାନ ମାଧ୍ୟମରେ ପୂରଣ କରିବାପାଇଁ ଉଦ୍ୟମ କରିଛି। **ସଂପ୍ର**ତି ଅର୍ଥ ଓ ପ୍ରତିପତ୍ତି ଆଗରେ ପ୍ରତିଭା କିପରି ମଉଳି ପଡୁଛି ତାର ନିଦର୍ଶନ ଦେଖିବାକୁ ମିଳେ 'ଅବ୍ୟକ୍ତ' ଗଳ୍ପରେ। ଏଥିରେ ଆଦର୍ଶକୁ ଅସ୍ତ୍ରକରି ଚାଲୁଥିବା ଯୁବଗୋଷ୍ଠୀଙ୍କର ଅସହାୟତା ସମ୍ମୁଖକୁ ଆସିଥିଲେ ହେଁ, ଏହା ଯେ ପ୍ରକୃତରେ ଛାତ୍ରର ମୂଳ ସଂପତ୍ତି ତାହାକୁ ପ୍ରତିଫଳିତ କରିଛନ୍ତି ଗାଳ୍ପିକା।

ସଂକେତ ସୂଚୀ

- Human development: a psychological, biological, and sociological approach to the life span: "III 3-6 (Play Age) Initiative vs. Guilt Family Purpose".
- Frued and the Psychodynamic Perspective/ Introduction to Psychology Courses.lumenlearning.com.retrieved 2020-12-08.
- Introduction to Sigmund Freud, Module on Psychosexual Development. Cla.purdue. edu. Archived from the original on 2012-12-11. Retrieved 2013-08-01.
- Freud, Sigmund (1989). Gay, Peter (ed). The Freud Reader (1st ed). New York: W.W.Norton. pp. 666-665. ISBN 0393026868. OCLC 19125772.
- Sanvictores T, Mendez MD. Types of Parenting Style and Effects On Children. [Upadeted 2012 Mar 6]. In: StatPearls [Internet]. Treasure Island 9FL) : StatPearls Publishing 2022 Jan .
- Ellis, Albert; Abrams, Mike; Abrams, Lidia (2008-08-14). Personality Theories : Critical Perspectives. SAGA. ISBN 978-1-4522-6472-1.
- Human development: a psychological, biological, and sociological approach to the life span. " IV 7-10 (School Age) Industry vs. Inferiority Neighborhood, School Competence".

- Pastorino, Ellen E; Doyle- Portillo, Susann M. (20120 [2010]. "Genital Stage (p. 466)". What is Psychology? Essentials (2nd ed). Boston: Cengage Learning. ISBN 978-1-11183415-9.
- Utah Psych. " Defense Mechanisms" 2010. Retrieved on 05 October 2013.
- Aneud, Freud, The Ego and the Mechanisms of Defence (Karnac Books, 2011), p.44.

ଗାଳ୍ପିକ ରବି ପଟ୍ଟନାୟକଙ୍କର ମନସ୍ତାତ୍ତ୍ୱିକ ଦୃଷ୍ଟିଭଙ୍ଗୀ ଏକ ଆଲୋଚନା

ସଂପ୍ରତି ଆଧୁନିକ ଓ ଉତ୍ତର ଆଧୁନିକ ଓଡ଼ିଆ କଥା ସାହିତ୍ୟ ବିଶେଷକରି ଗଳ୍ପ ସାହିତ୍ୟ ଜଗତରେ ପ୍ରୟୋଗ ହେଉଥିବା ବିଭିନ୍ନ ଚେତନା ଗୁଡିକ ମଧ୍ୟରେ ମନସ୍ତତ୍ତ୍ୱ ହେଉଛି ଅନ୍ୟତମ। ମନସ୍ତତ୍ତ୍ୱର ଅଧ୍ୟୟନ ୧୮୫୪ ମସିହାରେ ଆରମ୍ଭ ହୋଇଥିବା ସ୍ଥଳେ ସାହିତ୍ୟରେ ଏହାର ପ୍ରୟୋଗ ଆହୁରି ନୂତନ। କାରଣ Knut Hamsunଙ୍କ ଦ୍ୱାରା ୧୮୯୦ ମସିହାରେ ରଚିତ 'Hunger' (୧,୨)ଉପନ୍ୟାସକୁ ବିଶ୍ୱର ପ୍ରଥମ ମନସ୍ତାତ୍ତ୍ୱିକ ଉପନ୍ୟାସର ମାନ୍ୟତା ମିଳିଛି। ଏହି ଦୃଷ୍ଟିକୋଣରୁ ୧୯୨୬ ମସିହାରେ ଓଡ଼ିଆ ସାହିତ୍ୟରେ ମନସ୍ତତ୍ତ୍ୱର ଆବିର୍ଭାବ ପ୍ରସଙ୍ଗକୁ ଆଲୋଚନା କରାଯାଏ। ମାତ୍ର ଟିକେ ଗଭୀରତାର ସହ ଉପଲବ୍ଧି କଲେ 'ପଦ୍ମମାଳୀ', 'ଛ ମାଣ ଆଠଗୁଣ୍ଠ' ଏବଂ 'ରେବତୀ' ଭଳି କୃତିରୁ ମନସ୍ତତ୍ତ୍ୱର ଅନୁସନ୍ଧାନ ଅସମ୍ଭବ ନୁହେଁ। ଏହିପରି ସାହିତ୍ୟ କ୍ଷେତ୍ରରେ ମନସ୍ତତ୍ତ୍ୱ ଏକ ନୂତନ ବିଭାଗ ହେଲେ ମଧ୍ୟ ଏହାର ବିକ୍ଷିପ୍ତତା ନିଶ୍ଚିତ ଗ୍ରହଣୀୟ। ତେଣୁ ଏହି ମନସ୍ତତ୍ତ୍ୱର ପ୍ରତିଟି ବିଭାଗକୁ ବୁଝିବା ସହ କେତେକ ବିଭାଗର ସଫଳ ପରୀକ୍ଷଣ ଦେଖିବାକୁ ମିଳେ ଗାଳ୍ପିକ ରବି ପଟ୍ଟନାୟକଙ୍କର ଗଳ୍ପ ଗୁଡିକରେ। ବିଶେଷ କରି ମନୋବିଶ୍ଳେଷଣ (Psychoanalysis), ଜ୍ଞାନାତ୍ମକ ମନୋବିଜ୍ଞାନ (Cognitive Psychology) , ମାନବତାବାଦୀ ମନୋବିଜ୍ଞାନ (Humanistic Psychology), ବ୍ୟବହାରବାଦ (Behaviorism), ବିଶ୍ଳେଷଣାତ୍ମକ ମନୋବିଜ୍ଞାନ (Analytical Psychology) , ଆଦି ସ୍କୁଲର କେତେକ ପ୍ରମୁଖ ଚିନ୍ତନକୁ ଗାଳ୍ପିକ ତାଙ୍କ ଗଳ୍ପ ଗୁଡିକରେ ପ୍ରୟୋଗ କରିଛନ୍ତି। ଏତଦ୍ ବ୍ୟତୀତ ଶ୍ରୀଯୁକ୍ତ ପଟ୍ଟନାୟକ ଅସ୍ତିତ୍ୱବାଦୀ ଚେତନା ଦ୍ୱାରା ବିଶେଷ ଭାବେ ପ୍ରଭାବିତ ହୋଇଥିବା ଯୋଗୁଁ ଅସ୍ତିତ୍ୱବାଦୀ

ମନସ୍ତତ୍ତ୍ୱ(Existential Psychology) ର ପ୍ରଭାବ ମଧ୍ୟ ତାଙ୍କ ଗଳ୍ପ ଗୁଡିକରେ ଲକ୍ଷଣୀୟ। ଏହି ଦୃଷ୍ଟିରୁ ଶ୍ରୀଯୁକ୍ତ ପଟ୍ଟନାୟକଙ୍କ ଦ୍ୱାରା ରଚିତ ଗଳ୍ପଗୁଡିକ କେତେକ ସଂକଳନ ଯେପରି ଅସାମାଜିକର ଡାଏରୀ(୧୯୬୪), ଅନ୍ଧଗଳିର ଅନ୍ଧକାର(୧୯୭୨), ରାଗତୋଡି(୧୯୭୯), ବହୁରୂପୀ(୧୯୭୯), ହିରଣ୍ୟଗର୍ଭ(୧୯୮୨), ଗଳ୍ପ(୧୯୮୨), ବିଷୁବରେଖା(୧୯୮୩), ରାଜାରାଣୀ(୧୯୮୭), ବନ୍ଧ୍ୟାଗାନ୍ଧାରୀ(୧୯୮୮), ଅମରିଲତା(୧୯୯୦), ବିଚିତ୍ରବର୍ଣ୍ଣା(୧୯୯୧), ଛାୟାପୁତ୍ରର କାଳ(୧୯୯୧) ଆଦିରେ ପ୍ରକାଶିତ।

ଫ୍ରଏଡଙ୍କ ମତରେ ଆମ ଭିତରେ ଏହି ଚେତନାଟି ଥାଏ ଯେ ଦିନେ ନା ଦିନେ ଆମକୁ ମରିବାକୁ ହେବ ଏବଂ ଅବଚେତନ ମନରେ ଆମେ ଚାହୁଁ ମରିବାକୁ। ଫଳରେ ଆମେ ତାକୁ ପରିପ୍ରକାଶ କରିବାପାଇଁ ଅନ୍ୟ ଲୋକଙ୍କର ସହାୟତା ନେଇଥାଉ। ଯେପରି ଅନ୍ୟପ୍ରତି ନିଷ୍କ୍ରିୟ ଆକ୍ରମକ ପ୍ରବୃତ୍ତି ବା Passive Aggressive Tendency (୩)କୁ ଗ୍ରହଣ କରାଯାଇପାରେ। ମଣିଷ ଭିତରର ଏହିଭଳି ଏକ ପ୍ରବୃତ୍ତିର ସୂଚନା ମିଳିଥାଏ ଗାଳ୍ପିକଙ୍କର 'ଈପ୍‌ସା' ଗଳ୍ପରେ। ଏହା ବ୍ୟତୀତ ଗଳ୍ପର କେତେକ ପଂକ୍ତି "ସୁଚିତ୍ରା, ତମେ କେଡେ ସୁନ୍ଦର! ଚିଲଟିଏ ଚକ୍‌କର କାଟୁଛି। ଶିକାରୀ ଲକ୍ଷ ସ୍ଥିର କରୁଛି। ସଁ ଅଁ ଅଁ... 'ଡ୍ 'ଡ୍ 'ଡ୍ .. ଢୋ .. ସୁକ୍- ସୁକ୍ –ସୁଁ – ସୁକ୍- ସୁଁ (ଚିଲ, ଶିକାରୀ ଓ ସୁମନ୍ତର ଆତ୍ମଲିପି) "ପଛେ ପଛେ ଉଡି ଉଡି ଛକି ଛକି ଝାମ୍ପିବାରେ ଯେତେ ଆନନ୍ଦ, ପାରାଟିର ଲହୁରେ ତାର ଆସ୍ୱାଦ ନାହିଁ।" ମଣିଷର ଶୃଙ୍ଗାର ପ୍ରବୃତ୍ତି ଭିତରେ ଥିବା ମୃତବୃତ୍ତି ର ସୂଚନା ଦେଇଥାଏ। ପ୍ରେମ ଯେ ପ୍ରକୃତ ପକ୍ଷେ ଦେହ ସର୍ବସ୍ୱ ତାହାର ସୂଚନା ରହିଛି 'ଦୃଷ୍ଟିକୋଣ' ଗଳ୍ପରେ। ମଣିଷର ଇଦ୍ ପ୍ରବୃତ୍ତି ଭିତରେ କାୟା ବିସ୍ତାର କରିଥିବା କାମ ପ୍ରବୃତ୍ତିକୁ ମଣିଷର ସଚେତନ ମନ ରୂପୀ ଇଗୋ ପ୍ରବୃତ୍ତି କିପରି ପ୍ରେମର ନାମ ଦେଇଥାଏ ତାହାକୁ ଗାଳ୍ପିକ ଉକ୍ତ କୃତିରେ ସମାଲୋଚନା କରିବା ସହ ଏହାର ବାସ୍ତବତାକୁ ପ୍ରତିଫଳିତ କରିବାପାଇଁ ଉଦ୍ୟମ କରିଛନ୍ତି। "ବୁଝିଲ କିଶୋର, ମଣିଷର ସେଇଟା ହିଁ ଏକାନ୍ତ କାମ୍ୟ। ଯେ ନୀତିର ଲଗାମ ଟାଣି ତାର ପ୍ରତ୍ୟେକ ଉତ୍ତେଜନାକୁ ବଶ କରି ରଖେ, ତା ଠାରୁ ମୂର୍ଖ ଆଉ କେହି ନୁହେଁ- ଅବଶ୍ୟ ଏହି ଯୌନ କ୍ଷେତ୍ରରେ। XXX ତମେ ସତ କହିବାକୁ ଡରୁଚ। ନୀତିବାଦର ଆଦର୍ଶ ତଳେ ନିଜର ଅସଲ ମନଟିକୁ ଚାପି ଦେବାକୁ ଚାହିଁଚ।" (ଗଳ୍ପ ସମଗ୍ର- ପ୍ରଥମ ଭାଗ-ପୃ- ୨୬-୨୭) ମଣିଷ ଭିତରର ଏକାକୀତ୍ୱ ଓ ନିଃସଂଗ ଭାବ ଯାହାକୁ ଅବଶ୍ୟ ଗୋଟିଏ ଦିଗରୁ ବ୍ୟକ୍ତିର ସ୍ୱାଭାବିକ ବା ମୂଳ ପ୍ରବୃତ୍ତି ଭାବେ ସାତ୍ରେ ଗ୍ରହଣ କରିଛନ୍ତି। ତାହାର ଅବତାରଣ ସହ ଫ୍ରଏଡଙ୍କ ରକ୍ଷାତ୍ମକ ପ୍ରତିକ୍ରିୟା (Defense Mechanism)

ର Regression (କୌଣସି ମାନସିକ ଅଶାନ୍ତି ଫଳରେ ନିଜ ଅତୀତକୁ ଫେରିଯିବା) ଏବଂ Reaction Formation (ନିଜ ଭିତରର ଘୃଣାକୁ ପ୍ରେମ ରୂପେ ଉପସ୍ଥାପିତ କରିବା ଅର୍ଥାତ୍ ବିପରୀତ ବ୍ୟବହାର କରିବା)(୪,୫,୬) ର ନିଦର୍ଶନ ଦେଖିବାକୁ ମିଳେ 'ନିର୍ଜନ ଦ୍ୱୀପରେ ବିଳାପ' ଗଳ୍ପରେ। ମଣିଷ ଭିତରେ ଥିବା ଜୀବନ ବୃତ୍ତି ଏବଂ ମୃତବୃତ୍ତି ଭିତରର ସଂଘର୍ଷ ଦେଖିବାକୁ ମିଳେ 'ମନର ଆଲୁଅ ଦେହର ଛାଇ' ଗଳ୍ପରେ। ଗାଳ୍ପିକଙ୍କର 'ଅସାମାଜିକର ଡାଏରୀ' ହେଉଛି ଏକ ଅସାଧାରଣ କୃତି। ଏଥିରେ ମଣିଷ ଭିତରେ ଥିବା ଇଦ୍ ଏବଂ ଇଗୋ ପ୍ରବୃତ୍ତି ବା ଅନ୍ୟ ଭାବେ କହିଲେ ମଣିଷ ଭିତରର ରାକ୍ଷାସୀ ଓ ମାନବିକ ପ୍ରବୃତ୍ତି ଭିତରର ସଂଘର୍ଷ ଦେଖିବାକୁ ମିଳେ। ପ୍ରକୃତ ପକ୍ଷେ ସାମାଜିକ ଖୋଳପା ଢାଙ୍କି ବସିଥିବା ପ୍ରତ୍ୟେକଟି ମଣିଷ ଭିତରେ ଏକ ଅସାମାଜିକ ମଣିଷ ଲୁଚି ବସିଥାଏ। ଯିଏକି ସାମାଜିକ ଆହ୍ୱାନ ବା ଇଗୋ ପ୍ରବୃତ୍ତିର ଆହ୍ୱାନକୁ ପ୍ରତ୍ୟାକ୍ଷାନ କରି ନିଜକୁ ପରିପ୍ରକାଶ କରିଥାଏ। "ବିବେକ କହେ – ଚାଲିଯା। ମନ କହେ ଜୀବନକୁ ପୂର୍ଣ୍ଣକରି ଦେଖିନେ। ବିବେକ ପ୍ରତିରୋଧ କରେ ଏ ଭୁଲ୍, ଏ ପାପ, ଏ ଅପରାଧ- ଏ ଦୋଷର ପ୍ରାୟଶ୍ଚିତ ନାହିଁ। ମନ ଦ୍ୱିଗୁଣ ଭାବରେ ଚିତ୍କାର କରି ଉଠେ- ଏ ସଂସାର ମିଥ୍ୟା, ଏ ସମାଜ ମିଥ୍ୟା, ମିଥ୍ୟା ଏ ସଂସାର ବନ୍ଧନ। ଏଠାରେ ଦୋଷ ନାହିଁ, ପାପ ନାହିଁ, ପୂଣ୍ୟ ନାହିଁ। ପାପୀ ହେଉ ବା ପୂଣ୍ୟବାନ ହେଉ, ମାଟିର ଦେହ ଏ ମାଟିରେ ମିଶିବ। ମୃତ୍ୟୁର ପରେ ଜୀବନ ନାହିଁ। ସେଠାରେ ସ୍ୱର୍ଗ ନାହିଁ- ସେଠାରେ ନର୍କ ନାହିଁ। ସବୁ କଳ୍ପନା। ସବୁ ଭ୍ରାନ୍ତି। ତେଣୁ ଯାହାକିଛି ହାତ ପାହାନ୍ତାରେ ସବୁ ଉପଭୋଗ କର। XXX କିଏ ଯେମିତି ମୋତେ ଗୋଟିଏ ଅସମ୍ଭବ ଶକ୍ତି ଦେଇ ଟାଣୁଛି ଆଗକୁ। ଆଉ ପଛରେ ଗୋଟାଏ ଶକ୍ତି ଠିକ୍ ସେଇ ବେଗରେ ମୋତେ ପଛକୁ ଟାଣୁଛି। ଟାଗ ଅଫ୍ ୱାରର ମଧ୍ୟବିନ୍ଦୁ ପରି ମୁଁ ସ୍ଥିର। ଏ ଲଢେଇ ମଣିଷ ଓ ରାକ୍ଷାସ ଭିତରେ। ଭଲ ଓ ମନ୍ଦ ଭିତରେ କିନ୍ତୁ ସବୁ ସମୟରେ ଭଲ କଣ ଜିତେ?" (ଗଳ୍ପ ସମଗ୍ର- ପ୍ରଥମ ଭାଗ- ପୃ-୫୯-୬୧) ପ୍ରକୃତପକ୍ଷେ ମଣିଷର ଅବଚେତନ ମନ ଭିତରେ ଅବଦମିତ ଆଶା ଯାହା ସମାଜ ଦୃଷ୍ଟିରେ ଅସାମାଜିକ ବିବେଚିତ ହୋଇପାରେ। ତାହାର ପ୍ରକାଶିତ ରୂପ ଯାହାକୁ ଆମେ ଆତ୍ମ ସ୍ୱୀକାରୋକ୍ତି ବା Self Confession ବୋଲି ମଧ୍ୟ କହିଥାଉ ତାହା ଦେଖିବାକୁ ମିଳେ ଉକ୍ତ କୃତିରେ। ସେହିପରି ସମାଜ ଓ ସଂସାର ଆଦିଠାରୁ ଉର୍ଦ୍ଧ୍ୱ ଭାବେ ବିବେଚିତ ବ୍ୟକ୍ତି ଏବଂ ତା ଭିତରର ଆତ୍ମସତ୍ତାକୁ ଗୁରୁତ୍ୱ ଦିଆଯିବା ଏବଂ ମୃତ୍ୟୁର ବାସ୍ତବତା ଓ ମୃତ୍ୟୁପ୍ରତି ରହିଥିବା ସକାରାତ୍ମକ ଦୃଷ୍ଟିଭଙ୍ଗୀ ଗାଳ୍ପିକଙ୍କ ମଧ୍ୟରେ ଅସ୍ତିତ୍ୱବାଦକୁ କେନ୍ଦ୍ରକରି ରହିଥିବା ସମର୍ଥନାକୁ ପ୍ରମାଣ କରିଥାଏ। ଏହା ବ୍ୟତୀତ ସାମାଜିକ ଓ ଅସାମାଜିକର ସଂଜ୍ଞା

କିପରି ଅଞ୍ଚଳ, ଧର୍ମ ଓ ଦେଶ ଭିତ୍ତିରେ ପୃଥକ୍ ହୋଇଥାଏ ତାହାର ନିଦର୍ଶନ ମଧ୍ୟ ଉକ୍ତ କୃତିରେ ଲକ୍ଷଣୀୟ। ଏହା ବ୍ୟତୀତ 'ପରକୀୟା' ଗଳ୍ପରେ ମଧ୍ୟ ଗାଳ୍ପିକ ମଣିଷ ଭିତରେ ଥିବା ଇଦ୍ ଏବଂ ଇଗୋର ଦ୍ୱନ୍ଦ୍ୱକୁ ଚିତ୍ରଣ କରିଛନ୍ତି। "ପ୍ରବଳ ଆବେଗରେ ସୁନନ୍ଦାକୁ ଦୁଇ ହାତରେ ଭିଡି ଆଣୁ ଆଣୁ ମୁଁ ସ୍ଥାଣୁ ପାଲଟିଗଲି। ମୋର ଆଖି ଦୁଇଟା ଲାଖି ରହିଲା ତାର ମୁହଁ ଉପରେ। କି ନିଷ୍ପାପ, କି ଶାନ୍ତ, କି ଗଭୀର। ଏକ ଶିଶୁ ପରି ନିଶ୍ଚିନ୍ତରେ ଶୋଇଛି ମୋର ଅସ୍ତିତ୍ୱ ସମ୍ବନ୍ଧରେ ଅଚେତନ ରହି। ମୋର ବାହୁଛାୟା ତଳର ଅଭୟ ଆଶ୍ରାପାଇଁ ନିଶ୍ଚିନ୍ତ ରହି। କିଏ ଯେମିତି ଦୁଇ ହାତରେ ଠେଲି ଫୋପାଡି ଦେଲା ମୋତେ; କିନ୍ତୁ ପ୍ରତିରୋଧପାଇଁ ଯେମିତି ଅଗ୍ନିଶିଖା ଆହୁରି ପ୍ରବଳତର ହୋଇଉଠିଲା। ଦୁଇ ପ୍ରବଳ ଶକ୍ତିର ସାମନ୍ତରିକ କ୍ଷେତ୍ର ଭିତରେ ମୁଁ ବିଧ୍ୱସ୍ତ ହୋଇ ତୃତୀୟ ରାସ୍ତାର ଦେଇ ଛିଟିକି ପଡିଲି କ୍ଷେତ୍ର ବାହାରକୁ ନିଜକୁ ସମ୍ବରଣ କରିବାକୁ ଯାଇ ସେଇ ବାଲୁକା ପ୍ରାନ୍ତର ଭିତରେ ମୁଁ ଦ୍ରୁତ ବେଗରେ ଦଉଡିବାକୁ ଆରମ୍ଭ କଲି ସମୁଦ୍ର ଆଡକୁ। ଦୌଡ, ଦୌଡ। ଏଇ ଗତି ଭିତରେ ନିଃଶେଷ ହୋଇଯାଉ ଏ ଅଗ୍ନିଶିଖା।" (ଗଳ୍ପ ସମଗ୍ର- ପ୍ରଥମ ଭାଗ-ପୃ- ୨୪୬) ଏହା ବ୍ୟତୀତ ଗାଳ୍ପିକ ଉକ୍ତ କୃତିରେ ନିଜେ ନିଜକୁ ଅନୁଧ୍ୟାନ ପୂର୍ବକ ଇଗୋ ପ୍ରବୃତ୍ତିର ଜୟଗାନ କରିବା ସହିତ ସୁପରଇଗୋ ପ୍ରବୃତ୍ତିର ମଧ୍ୟ ପରିଚୟ ପ୍ରଦାନ କରିଛନ୍ତି। ଗୁଜବକୁ କେନ୍ଦ୍ରକରି ମଣିଷ ଭିତରର ରାକ୍ଷାସୀ ପ୍ରବୃତ୍ତିକୁ ପରୀକ୍ଷା କରାଯାଇଛି 'ଆତ୍ମଭୂକ୍' ଗଳ୍ପରେ। ଯୁଗ ଯୁଗରୁ ଏହି ପ୍ରବୃତ୍ତି ଦ୍ୱାରା ଆକ୍ରାନ୍ତ ମଣିଷ କିପରି ନିଜକୁ ନିଜେ ହିଁ ଭକ୍ଷଣ କରିଚାଲିଛି ତାହାକୁ ଚମତ୍କାର ଭାବେ ପ୍ରତିଫଳିତ କରିଛନ୍ତି ଗାଳ୍ପିକ। ସୃଷ୍ଟିର ଆରମ୍ଭରୁ ମଣିଷ ଭିତରର କାମ ପ୍ରବୃତ୍ତି ତାକୁ କିପରି ନିୟନ୍ତ୍ରିତ କରିଆସିଛି ଭଳି ଚିନ୍ତନର ପ୍ରତିଫଳନ ଦେଖିବାକୁ ମିଳେ 'କଡି କୋମଳ' ଗଳ୍ପରେ। ଗାଳ୍ପିକ ଏଥିରେ ଅନେକ କ୍ଷେତ୍ରରେ ଶୃଙ୍ଗାରକୁ କେନ୍ଦ୍ରକରି ଫ୍ରଏଡଙ୍କ ତତ୍ତ୍ୱକୁ ବ୍ୟବହାର କରିଥିବା ମନେହୁଏ। ମଣିଷ ଭିତରେ ଥିବା ଅନନ୍ତ ଅତୃପ୍ତ କାମନା ସଂପର୍କିତ ଚିତ୍ରଣ ଦେଖିବାକୁ ମିଳେ 'ତିନୋଟି ସମକୈନ୍ଦ୍ରିକ ବୃତ୍ତର ଉପପାଦ୍ୟ' ଗଳ୍ପରେ। ମଣିଷର ପଶୁ ପ୍ରବୃତ୍ତି ବେଳେବେଳେ ବିବେକୀ ମନର ଆହ୍ୱାନକୁ ପ୍ରତ୍ୟାକ୍ଷାନକରି କିପରି ନିଜକୁ ପରିପ୍ରକାଶ କରିଥାଏ ତାହାର ଦୃଷ୍ଟାନ୍ତ ଦେଖିବାକୁ ମିଳେ 'କ୍ଷଣ ସଙ୍ଗିନୀ' ଗଳ୍ପରେ। "ନିହାତି ଅପ୍ରତ୍ୟାଶିତ- ଇଚ୍ଛାକୃତ ନୁହେଁ। ଟ୍ରାମ୍ କିମ୍ବା ବସ୍‌ରେ ଗଲାବେଳେ ଦିହକୁ ଦିହ ଘଷି ହୋଇଗଲେ ଯେମିତି ଗୋଟିଏ ଶିହରଣ ଆସେ- ଉତ୍ତେଜନା ବଢେ, ଯେଉଁଟା କେବେହେଲେ ପୂର୍ବ ସ୍ଥିରୀକୃତ ନୁହେଁ। କିନ୍ତୁ ହୋଇଯାଏ ନିଜର ମନର ଅଜାଣତରେ ବି ଘଟଣାଟା ଘଟିଯାଏ। ଏ ଭୁଲ୍‌ଟା ମନର ନୁହେଁ ମାଂସର। ଏଇଟା ବି ଗୋଟାଏ ସେମିତି ଘଟଣା। କ୍ଷଣିକପାଇଁ ବିବେକ

ଭୁଲି ମାଂସର ଉତ୍ତେଜନାର ବଳି ହେବାକୁ ହୁଏ।" (ଗଳ୍ପସମଗ୍ର- ପ୍ରଥମ ଭାଗ-ପୃ-୧୦୨) ବାସ୍ନାକୁ କେନ୍ଦ୍ରକରି ମନ ଭିତରର ଯୌନତା(The science of attraction falling in love through the sense of smell) ଦେଖିବାକୁ ମିଳେ 'ଚମ୍ପାଫୁଲ' ଗଳ୍ପରେ। ଏହାକୁ ବୈଜ୍ଞାନିକ ଦୃଷ୍ଟିକୋଣରୁ ବିଚାରକଲେ ଦୁଇଟି କାରଣ ହେତୁ ଏକ ଉପଯୁକ୍ତ ସାଥି ଖୋଜିବାପାଇଁ ଆମର ନାକ ହେଉଛି ସର୍ବୋତ୍ତମ କମ୍ପାସ୍। ଫେରୋମେନ୍ ଏବଂ ମିଟଚ୍ ଜିନ୍ ଯାହା ଆମ ପ୍ରତିରକ୍ଷା ପ୍ରଣାଳୀର ଏକ ବଡ ଅଂଶ ଗଠନକରେ। ପଶୁ ପ୍ରଜାତିର ଅନେକ ଫେରୋମୋନ ମାଧ୍ୟମରେ ଯୋଗାଯୋଗ କରନ୍ତି। ଏହି ରାସାୟନିକ ଚିହ୍ନଗୁଡିକ ଅଜ୍ଞାତରେ ଏକ ପ୍ରଜାତିର ପୁରୁଷ ଏବଂ ସ୍ତ୍ରୀ ମାନଙ୍କୁ ଯୌନ ଉପଲବ୍ଧତା ପ୍ରଦର୍ଶନ କରିବାରେ ସାହାଯ୍ୟ କରେ। ପଶୁମାନେ ଯେପରି ସମ୍ଭାବ୍ୟ ସାଥିମାନଙ୍କୁ ଚିହ୍ନନ୍ତି। ତାହା ହେଉଛି ଗନ୍ଧର ଭାବନା, ଯାହା ସେମାନଙ୍କୁ ତୁରନ୍ତ ଜାଗ୍ରତ କରେ। ଏହା ମଧ୍ୟ ପ୍ରମାଣିକ ଯେ ପୁରୁଷ ଏବଂ ମହିଳା, ଅଜ୍ଞାତରେ ମଧ୍ୟ ଏହି ପ୍ରାକୃତିକ ଅଭ୍ୟାସରେ ଅଂଶ ଗ୍ରହଣ କରନ୍ତି। ଗୋଟିଏ ଦିଗରେ ନିଜକୁ ବାହାରେ ଦେବତା ଭାବେ ପ୍ରତିଷ୍ଠିତ କରୁଥିବା ମଣିଷର ଅଶୁରୀ ସ୍ୱରୂପ। ଅନ୍ୟ ଦିଗରେ ଇଚ୍ଛା ମୃତ୍ୟୁ (Euthanasia/ Mercy Killing) ପ୍ରତି ସମର୍ଥନା ଦେଖିବାକୁ ମିଳେ ଗାନ୍ଧିକଙ୍କର 'କାରୁଣିକ' ଗଳ୍ପରେ। "ଧୀରେ କେପ୍‌ଟେନ୍, ଧୀରେ। କଣ ଲାଭ ତାର ବଞ୍ଚିରହି ଏ ଦୁନିଆରେ! କଣ ସେ କରିପାରିବ ଗୋଟାଏ ପଙ୍ଗୁ ଅଥର୍ବ ହୋଇ ବାକି ଜୀବନଟାଯାକ ସେ ଖାଲି ଅଶ୍ରୁ ଗଡେଇ କଟେଇବ ସିନା। ତା ଛଡା ତାର ପରିବାରର ଲାଭ ବା କଣ ହେବ? ସେମାନଙ୍କ ପାଇଁ ବି ସେ ହେବ ଗୋଟାଏ ଅଦରକାରୀ ବୋଝ। ସାରା ପରିବାରର ସୁଖଶାନ୍ତି ନଷ୍ଟ ହୋଇଯିବ ତା ଠାରୁ ବରଂ ତାର ଏଇ ଅଜ୍ଞାନ ଅବସ୍ଥାରେ ହିଁ ମୁକ୍ତି ପାଇଯିବା ଭଲ! ଗୋଟାଏ ଇଞ୍ଜେକ୍‌ସନ ମାତ୍ର।" (ଗଳ୍ପସମଗ୍ର- ପ୍ରଥମ ଭାଗ-ପୃ-୧୧୩) ଫ୍ରଏଡଙ୍କ ଦ୍ୱାରା ପ୍ରଦତ୍ତ Psycho sexual stages ର ପାଞ୍ଚଟି ଚରଣ ମଧ୍ୟରୁ ଏହାର ଚତୁର୍ଥ ଚରଣ ଯାହାକୁ Genital Stages (୭,୮)କୁହାଯାଏ ତାହାର ଅବତାରଣା ଦେଖିବାକୁ ମିଳେ ଗାନ୍ଧିକଙ୍କର 'କୋଣାର୍କ' ଗଳ୍ପରେ। ସାଧାରଣତଃ ଏହି ଚରଣରେ ଏକ ଶିଶୁ କିଶୋର ଅବସ୍ଥାରେ ପହଁଚିଥାଏ। ଫ୍ରଏଡଙ୍କ ମତରେ ଏହି ଅବସ୍ଥାରେ ପୂର୍ବେ ଶିଶୁ ମଧ୍ୟରେ ଯେଉଁ ବି କାମୋଦ୍ଦିପକ କ୍ଷେତ୍ର ରହିଥାଏ। ଯେପରି Oral Stage ରେ ଶିଶୁ କୌଣସିବି ଜିନିଷକୁ ପାଟିରେ ପୁରାଇବାରେ ଆନନ୍ଦ ଅନୁଭବ କରିଥାଏ। ତେଣୁ ତାକୁ ଶିଶୁର Erogenous Zone କୁହାଯାଏ। ଏହାର ପ୍ରମାଣ ବଡ ହେବାପରେ ମଧ୍ୟ ଦେଖାଯାଏ। ଯେପରି ଭୋଜନର ଓ ପାନୀୟର ସ୍ୱାଦ, କାହା ବିରୁଦ୍ଧରେ ଚର୍ଚ୍ଚାକରି କିମ୍ବା କାହାକୁ ଗାଳିଦେଇ ମଧ୍ୟ

ମଣିଷ ସେହିପରି ସନ୍ତୁଷ୍ଟି ଲାଭ କରିଥାଏ। ଫ୍ରଏଡଙ୍କ ମତରେ Genital ଚରଣରେ ସମସ୍ତ କାମୋଦ୍ଦିପକ କ୍ଷେତ୍ରରୁ କାମ ଆସି କିଶୋରର ଗୁପ୍ତାଙ୍ଗରେ କେନ୍ଦ୍ରିତ ହୋଇଥାଏ। ଏହିଭାବେ ଦେଖିବାକୁ ଗଲେ ଶିଶୁ ଯେଉଁବି ସ୍ଥାନରୁ ଆନନ୍ଦ ଲାଭ କରୁଥିଲା ଯେପରି ମାତୃ ସ୍ତନକୁ ଗ୍ରହଣ କରାଯାଇପାରେ ତାହା ପରେ Erotic Zone ରେ ପରିଣତ ହୋଇଯାଏ। ଏହିପରି କିଶୋର ମନରେ ଉଲଗ୍ନ ନାରୀ ମୂର୍ତ୍ତି ଓ ତାର ସ୍ତନକୁ କେନ୍ଦ୍ରକରି ସୃଷ୍ଟି କାମନାର ଚିତ୍ରଣ ଦେଖିବାକୁ ମିଳେ ଶ୍ରଯୁକ୍ତ ପଟ୍ଟନାୟକଙ୍କର ଉକ୍ତ କୃତିରେ। "ବଡ ମାଇକିନା ଲଙ୍ଗଳା ହେଲେ ଏମିତି ଦିଶନ୍ତି। ଶୁଭ୍ରା ବି ଲଙ୍ଗଳା ହେଲେ ଏମିତି ଦିଶିବ। ଦେହ, ହାତ, ଛାତି ଠିକ୍ ଏକାପରି ବୋଧେ। ଆଖିରେ ଅନେକ ଆଲୁଅ। ବୁଜି ହୋଇ ଆସୁଛି ଆଖିପତା। ନାଲି ଦିଶୁଛି। ଟକଟକ ନାଲି ଭିତରେ ହସୁଛି କଳାକଳା ଛାଇ। ସେ କଳା ଛାଇଗୁଡାକ ମେଞ୍ଚାଏ ଜେଲିଫିସ୍ ପରି ପ୍ରତିମୁହୂର୍ତ୍ତରେ ଆକାର ବଦଳଉଛନ୍ତି। XXX ଶୋଷ ଲାଗୁଛି ମନାକୁ । ଭୀଷଣ ଶୋଷ। ଶୁଭ୍ରା। ପାଣି ଗିଲାସଟା ଧରି ଆସୁ ଆସୁ ସେ ନାଲି ଭିତରେ କୋଉଠି ହଜି ଯାଉଛି। ପୁଣି ଆସି ଠିକ୍ ପାଖରେ ପହଞ୍ଚିଲା ବେଳକୁ ନାଲି କୁହୁଡିଟା ଫେର ତା ମଝିରେ ରହିଯାଉଛି।" ଗଳ୍ପ ସମଗ୍ର-ପ୍ରଥମ ଭାଗ- ପୃ- ୧୪୧) କ୍ଲେପ୍‌ଟୋମେନିଆ (Kleptomania) ହେଉଛି ମଣିଷ ଭିତରର ଏକ ଏଭଳି ପ୍ରବୃତ୍ତି ଯେଉଁଥିରେ ମଣିଷ ମନରେ କୌଣସି ଏକ ବସ୍ତୁକୁ ଚୋରି କରିବାପାଇଁ ଭୀଷଣ ଇଚ୍ଛା ସୃଷ୍ଟି ହୋଇଥାଏ। ଯାହାକୁ ସେ ଚାହିଁ ମଧ୍ୟ ଅଟକାଇ ପାରିନଥାଏ। ଏଥିରେ ମଣିଷ ଏହିଭଳି ଜିନିଷର ଚୋରି କରିଥାଏ ଯାହା ସାଧାରଣତଃ ମୂଲ୍ୟହୀନ ଅଥବା ଅନାବଶ୍ୟକ ହୋଇଥାଏ। ଏହିଭଳି ମଣିଷ ଭିତରର ଏକ ପ୍ରବୃତ୍ତିକୁ ଗାଳ୍ପିକ ଚିତ୍ରିତ କରିଛନ୍ତି 'କଲମ' ଗଳ୍ପରେ। "ମଞ୍ଜୁଳାର ଇଚ୍ଛା ପ୍ରବଳ ହୋଇ ଉଠିଲା। ସେ ଚୋରି କରିବ। ଚୁପ୍ କରି ସେ କଲମରୁ ଗୋଟାଏ ଉଠେଇ ନେବ। ଧୀରେ ଧୀରେ ପାଖେଇ ଆସି ବେଖାତିର ଭାବରେ କଲମଗୁଡାକ ଖେଳେଇବାକୁ ଆରମ୍ଭକଲା ସେ। ଇସ୍ ତା ଦେହଟା କେମିତି ଥରୁଛି । ଝର ଝର କରି ବୋହିପଡିଲାଣି ଝାଳ। ସେ ନିଜକୁ ସ୍ଥିର ରଖିପାରୁନି। କମ୍ପୁଛି ଉଠେଇ ନବ କି? କେହି ଦେଖୁନି ତ? ଏଇ ତ ସୁଯୋଗ। ନ ହେଲେ ଆଉ ନୁହେଁ! ପ୍ରବଳ କାମନାର ନିଆଁରେ ଆଖିଗୁଡାକ ଝାପ୍‌ସା ହୋଇ ଆସୁଛି। ସାରା ଦେହଟା ଉତ୍ତେଜନାରେ ଟଣ ଟଣ କରି ଉଠୁଛି, ଆଃ କି ଆନନ୍ଦ ଏଇ ଉତ୍ତେଜନାରେ। ଜୀବନର ତାର ପ୍ରଥମ ଅନୁଭବ ଅସହ୍ୟ, ଆଉ ହେବନି। ଦୋହଲିବାକୁ ଆରମ୍ଭକଲାଣି ସେ। ମୁହଁଟା ଲାଲହୋଇ ଉଠିଲାଣି। ଓଠ ପାଖୁଡା ଗୁଡାକ ଠକ୍ ଠକ୍ ଥରିବାକୁ ଲାଗିଲାଣି। ଆଖି ଗୁଡାକ ପୋଡୁଛି। ଲୁହ ଆସିଲାଣି। ତଣ୍ଟିଟା କେମିତି ଅଠା ଅଠା ଲାଗୁଛି। ଆଃ, ଆଉ

ଗୋଟାଏ ମୁହୂର୍ତ୍ତରେ ସେ ମୂର୍ଚ୍ଛା ହୋଇଯିବ ବୋଧେ। ନିଶ୍ୱାସ ବନ୍ଦକରି ସେ ଚଟ୍‌କରି ଉଠେଇନେଲା କଲମଟା। ଭେନିଟି ବେଗ ଓ ହାତ ପାପୁଲି ମଝିରେ କଲମଟା ରଖି ସେ ଫେରିପଡିଲା।" (ଗଳ୍ପ ସମଗ୍ର-ପ୍ରଥମ ଭାଗ-ପୃ- ୧୪୯- ୧୫୦) ବିବର୍ତ୍ତନ ପ୍ରକ୍ରିୟାରେ ବଣ ମଣିଷରୁ ମଣିଷ ବନିବା ଭିତରେ ଅନେକ ପରିବର୍ତ୍ତନ ମଧ୍ୟଦେଇ ଗତିକରିଛି ଏହି ମଣିଷ ଜାତିଟି। ହେଲେ ଏହି ପରିବର୍ତ୍ତନ ମଧ୍ୟରେ ଯଦି ମଣିଷ ଭିତରେ କିଛି ଅପରିବର୍ତ୍ତିତ ରହିଛି ତାହା ହେଉଛି ମଣିଷର ପ୍ରବୃତ୍ତି। ରକ୍ତଗତ ସୂତ୍ରରେ (Genetically) ମଣିଷ ନିଜ ପୂର୍ବପୁରୁଷଙ୍କ ଠାରୁ ପାଇଥିବା ପ୍ରବୃତ୍ତି ଯେପରି ଉଲଗ୍ନତା, ମାଂସଭକ୍ଷଣ, ଏକାଧିକ ଶୃଙ୍ଗାର ସାଥି, ଉଚ୍ଛୃଙ୍ଖଳ ଓ ବନ୍ଧନହୀନ ଜୀବନ ଆଦି ଆଜିବି ମଣିଷ ଭିତରେ ବଞ୍ଚିରହିଛି। ଯାହାକୁ ମଣିଷ ସାମାଜିକ ମୁଖା ଭିତରେ ମାଡିମକଚି ଦମନ କରିବାକୁ ଚେଷ୍ଟାକରେ। ଆଉ ଏହି ଚେଷ୍ଟା ଭିତରେ ସେ ପ୍ରକୃତରେ ନିଜେ ହିଁ ନିଜକୁ କଷ୍ଟ ଦେଇଥାଏ। ତେଣୁ ସଭ୍ୟ ମଣିଷ ଭିତରେ ଲୁଚିବସିଥିବା ଅସଭ୍ୟ ଯିଏକି ପ୍ରକୃତ ମଣିଷ ତାହାର ବାର୍ତ୍ତା ହେଉଛି ଗାଳ୍ପିକଙ୍କର 'ବଣା ବାଟୋଇର ଚମ୍ପୁ' ଗଳ୍ପ। ତେଣୁ ମନସ୍ତତ୍ତ୍ୱ ଦିଗରୁ ବିବେଚନା କଲେ ମଣିଷ ଭିତରର ଇଦ୍ ପ୍ରବୃତ୍ତି ହିଁ ହେଉଛି ମଣିଷର ପ୍ରକୃତ ପ୍ରବୃତ୍ତି। କାରଣ ଏହା ମାତୃଗର୍ଭରୁ ହିଁ ଶିଶୁ ଭିତରେ ରହିଥାଏ। ଯାହା ବୟସ ସହିତ ଇଗୋ ପ୍ରବୃତ୍ତି ଦ୍ୱାରା ନିୟନ୍ତ୍ରିତ ହୋଇଥାଏ। ତେଣୁ ଇଦ୍ ରୂପୀ ମଣିଷର ପ୍ରକୃତ ପ୍ରବୃତ୍ତି ଓ ବାଧା ବନ୍ଧନହୀନ ବା ମୁଖାହୀନ ସ୍ୱାଧୀନ ଜୀବନ ବା ବ୍ୟକ୍ତିର ଅସ୍ତିତ୍ୱ ପ୍ରତି ସମର୍ଥନ ଦେଖିବାକୁ ମିଳେ ଉକ୍ତ କୃତିରେ। "ପଶୁ! ପ୍ରତ୍ୟେକ ମଣିଷ ଗୋଟାଏ ଭାବୁକ ପଶୁ। ଆଉ କିଛି ନୁହେଁ। କେବଳ ଭାବି ଭାବି ସେ କଳ୍ପନା ଭିତରେ ଅନେକ କିଛି ନୁହେଁ। କେବଳ ଭାବି ଭାବି ସେ କଳ୍ପନା ଭିତରେ ଅନେକ କିଛି ସୃଷ୍ଟି କରିଛି; ଯାହାର ମୂଲ୍ୟ କିଛି ନାହିଁ। ପଶୁ କେବଳ ପ୍ରବୃତ୍ତିଗତ ପ୍ରାଣୀ। ସେଥିପାଇଁ ତାର ପ୍ରବୃତ୍ତି ଓ କାମ ଭିତରେ ପାର୍ଥକ୍ୟ ନାହିଁ ଏକ ଅପୂର୍ବ ସମନ୍ୱୟ; କିନ୍ତୁ ମଣିଷର ଚିନ୍ତାଶକ୍ତି, ପ୍ରବୃତ୍ତିଓ ବାସ୍ତବତାର କାର୍ଯ୍ୟ ଏ ସବୁଥିରେ ସବୁବେଳେ ପାର୍ଥକ୍ୟ ରହିଆସିଛି। ସେଥିପାଇଁ ଆମର ଜୀବନ୍ତ ପ୍ରବୃତ୍ତି ଓ ଚିନ୍ତାଶକ୍ତିର ଆଦର୍ଶ ଭିତରେ ଏଇ ଚିରନ୍ତନ ସଂଘର୍ଷ; ମୁଁ ସମସ୍ତଙ୍କୁ ଏକ କରିଦେବାକୁ ଚାହେଁ। ମୋର ପ୍ରବୃତ୍ତି, ମୋର ଚିନ୍ତା ଓ ମୋର କାର୍ଯ୍ୟ କ୍ଷମତା ଏକାବେଳକେ ଗୋଟିଏ ଧାରାରେ ନିୟନ୍ତ୍ରିତ ହେବାକୁ ଚାହେଁ।" (ଗଳ୍ପ ସମଗ୍ର- ପ୍ରଥମ ଭାଗ-ପୃ-୧୭୬-୧୭୭) ଏହା ବ୍ୟତୀତ ଧର୍ମ ଓ ଦର୍ଶନର ଆଢୁଆଳରେ ଆତ୍ମଗୋପନ କରି ମଣିଷ କିପରି ନିଜକୁ ନିଜେ କଷ୍ଟଦେଇଥାଏ। ତାହାର ଚମତ୍କାର ପ୍ରତିଫଳନ ଗଳ୍ପର କେତେକ ପଂକ୍ତିରୁ ଦେଖିବାକୁ ମିଳେ। "ମଣିଷ ଜୀବନରେ ସମସ୍ତ ଇଚ୍ଛାକୁ ଏମିତି ଜୋର ଜବରଦସ୍ତି ଭାଙ୍ଗିଚୁରି ଦେଇ ନିଜକୁ ଅକାରଣେ କଷ୍ଟଦେଇ

ଗୋଟାଏ ଅଜଣା ଆଶାରେ ସାଧନା କରିବାରେ ଯେ କି ଦରକାର ମୁଁ ବୁଝେନା। କାମନାକୁ ବିନାଶକର ତେବେ ଯାଇ ଦୁଃଖର ଶେଷ। ଅଦ୍ଭୁତ ! କାମନାର ବିନାଶ ଏକ ଦୁଃଖ ନୁହେଁ କି ? କାମନାକୁ ବିନାଶ ପାଇଁ ଯେତେ ଦୁଃଖ କଷ୍ଟ ଆମେ ସହ୍ୟକରୁ ହୁଏତ କାମନା ଲାଗି ସେତିକି ଦୁଃଖ ଆମେ ପାଉନା।" (ଗଳ୍ପ ସମଗ୍ର- ପ୍ରଥମ ଭାଗ- ପୃ- ୧୭୭-୧୭୮) ମଣିଷର ହସକୁ କେନ୍ଦ୍ରକରି ଏକ ଦାର୍ଶନିକ ଦୃଷ୍ଟିଭଙ୍ଗୀର ପରିଚୟ ରହିଛି 'ବିଦୁଷକର ନିବେଦନ' ଗଳ୍ପରେ। ଏଥିରେ ଗାଳ୍ପିକ ମଣିଷ ଭିତରେ ଥିବା Sadistic Personality କୁ ଆକ୍ଷେପ କରିବା ସହ ପ୍ରକୃତ ଆନନ୍ଦ ଓ ହସର ସଂଜ୍ଞା ପ୍ରଦାନ କରିବାକୁ ଉଦ୍ୟମ କରିଛନ୍ତି। ପ୍ରତ୍ୟେକଟି ମଣିଷ ଭିତରେ ଲୁଚିବସିଥିବା ରାକ୍ଷାସର ପ୍ରତିଛବି ଦେଖିବାକୁ ମିଳେ 'କବନ୍ଧ' ଗଳ୍ପରେ। ସମୟ ବଡ ବଳବାନ। କାଳର ଗର୍ଭରେ ସବୁ କିଛି ବିଲୁପ୍ତ ହୋଇଯାଏ। ଗୋଟିଏ ସଭ୍ୟତା ଭାଙ୍ଗି ଆଉ ଗୋଟିଏ ସଭ୍ୟତା ଆସେ। ହେଲେ ଏହି ସବୁ ଭଙ୍ଗାଗଢା ଭିତରେ ଯାହା ସ୍ଥିର ଥାଏ ତାହା ହେଉଛି ମନୁଷ୍ୟର ପ୍ରବୃତ୍ତି। ଏହିଭଳି ଏକ ଚିନ୍ତାଧାରାର ପ୍ରତିଫଳନ ଦେଖିବାକୁ ମିଳେ ଗାଳ୍ପିକଙ୍କର 'ଦୀର୍ଘଗଳ୍ପ ଅସତ୍ୟ ସହରରେ'। ସମୟ ଓ ସଭ୍ୟତାର ସ୍ରୋତରେ ଆଗେଇ ଚାଲିଥିବା ମଣିଷର ବାହ୍ୟ ଯେତେ ଆଧୁନିକ ମନଟା ସେତିକି ପ୍ରାଚୀନ। ମଣିଷର ମନ ଓ ଇଚ୍ଛା ଏ ଜାତିଟିର ପ୍ରାରମ୍ଭରେ ଯେପରି ଥିଲା ତାହା ଆଜିବି ଠିକ୍ ସେହିପରି ରହିଛି। ଯାହାକୁ ସେ ଧର୍ମ ଓ ଆଧୁନିକତାର ଦ୍ୱାହୀଦେଇ ଯେତେ ମାରିବାକୁ ଚେଷ୍ଟା କଲେ ବି ତାହା ସବୁବେଳେ ଅକ୍ଷୁର୍ଣ୍ଣ ରହିଥାଏ। ଏତଦ୍ ବ୍ୟତୀତ ଫ୍ରଏଡଙ୍କ ଦ୍ୱାରା ପ୍ରଦତ୍ତ ତତ୍ତ୍ୱ ଯାହାକୁ Defense Machanism କୁହାଯାଏ। ତାହାର ଏକ ଅଂଶ ରୂପେ ବିବେଚିତ Sublimation - ଯେଉଁଥିରେ ବ୍ୟକ୍ତି ନିଜ ଭିତରର ଅସାମାଜିକ ଇଚ୍ଛାକୁ ସାମାଜିକ ଉପାୟରେ ପରିପୂରଣ କରିଥାଏ ତାହାର ପ୍ରତିଫଳନ ଦେଖିବାକୁ ମିଳେ 'ପ୍ରିନ୍ସ ଚାର୍ମିଙ୍ଗ' ଗଳ୍ପରେ। ଜନ୍ମରୁ ମୃତ୍ୟୁ ପର୍ଯ୍ୟନ୍ତ ବିଭିନ୍ନ ପରିସ୍ଥିତିରେ ବି ବଞ୍ଚିବାପାଇଁ ସଂଗ୍ରାମ କରିଚାଲିଥିବା ମଣିଷର କାହାଣୀ ହେଉଛି 'ଚିଲ' ଗଳ୍ପ। ଏଥିରେ ଗାଳ୍ପିକ ସ୍ୱାର୍ଥମୟ ଏହି ସମାଜରେ ନିଃସ୍ୱାର୍ଥପରତାର ଜୟଗାନ କରିବା ସହ କେତେକ କ୍ଷେତ୍ରରେ ଆତ୍ମ ତୃପ୍ତିକୁ କେନ୍ଦ୍ରକରି ମୃତ୍ୟୁ ନିକଟବର୍ତ୍ତୀ ଅନୁଭୂତି ସଂପର୍କରେ ସୂଚନା ଦେଇଥିବା ମନେହୁଏ। "ପୃଥିବୀ ଓ ଆକାଶ ମଝିରେ ଥିବା ଧୂସର ସୀମାନ୍ତକୁ ଅତିକ୍ରମ କରି ଚିଲଟି ଉପରକୁ ଉଠୁଛି। ଉଡିଯାଉଛି ଧୀରେ ଧୀରେ ନୀଳ ଆକାଶ ଭିତରକୁ। ଡେଣାକୁ ସିଧା ରଖି, ମୁହଁକୁ ଉପରକୁ କରି, ନୀଳ ତରଙ୍ଗ କାଟି କାଟି ସେ ଉଡୁଛି ଏକ ମୁହାଁ ହୋଇ ଉପରକୁ ଉପରକୁ କ୍ରମେ କ୍ରମେ ତାର ଆକାର ଛୋଟ ହୋଇ ଆସୁଛି। ଛୋଟରୁ ଛୋଟ ଆହୁରି ଛୋଟ- ତା ପରେ କ୍ଷୀଣ ବିନ୍ଦୁଟିଏ... ତା ପରେ ଆଉ ଚିହ୍ନ

ନାହିଁ।" (ଗଳ୍ପ ସମଗ୍ର- ପ୍ରଥମ ଭାଗ-ପୃ-୫୧୦) ପ୍ରତିଟି ମଣିଷ ଭିତରେ ମାନବିକତା ତୁଲ୍ୟ ଜୀବନବୃତ୍ତି ଅପେକ୍ଷା ପଶୁ ତୁଲ୍ୟ ମୃତ ବୃତ୍ତି କେତେ ସକ୍ରିୟ ତାହାର ଚିତ୍ରଣ ରହିଛି 'କପିଳା ବସ୍ତୁର ପାଗଳ' ଗଳ୍ପରେ। ଏଥିରେ ଗାଳ୍ପିକ ପଶୁତୁଲ୍ୟ ମଣିଷଙ୍କ ଭିତରେ ମଣିଷ ହେବା ଯେ ପାଗଳାମି ଭଳି ଚିନ୍ତନକୁ ବେଶ୍ ସୁନ୍ଦରଭାବେ ପ୍ରତିଫଳିତ କରିବା ସହ ନିଜକୁ ନିଜେ ଅନୁଧ୍ୟାନ କରିବାର ମାନସିକତାକୁ ମଧ୍ୟ ଦର୍ଶାଇଛନ୍ତି। ମଣିଷ ଭିତରର ସାଧୁତା ତୁଲ୍ୟ ସୁପରଇଗୋ ପ୍ରବୃତ୍ତିକୁ ଗାଳ୍ପିକ ଅସ୍ୱିକାର କରିବା ସହ, ଏହାକୁ ଇଦ୍ ବା ରାକ୍ଷାସୀ ପ୍ରବୃତ୍ତିର ଏକ ଭିନ୍ନ ସ୍ୱରୂପ ରୂପେ ଚିତ୍ରଣ କରିଛନ୍ତି 'କାପୁରୁଷ' ଗଳ୍ପରେ। ମାତ୍ର ଏହିଭଳି ଯୁକ୍ତି ଭିତରେ ବି ଦିନେ ନା ଦିନେ ଇଦ୍ ପ୍ରବୃତ୍ତି ଭିତରୁ ସୁପରଇଗୋ ପ୍ରବୃତ୍ତିର ଜନ୍ମ ସମ୍ଭବ ହେବଭଳି ଆଶା ପୋଷଣ। ଗାଳ୍ପିକଙ୍କର ଦୃଢ ଦାର୍ଶନିକ ଚିନ୍ତନର ପରିଚୟ ଦେଇଥାଏ। ସୁରାକୁ ମାଧ୍ୟମ କରି ଗାଳ୍ପିକ ମଣିଷ ଭିତରର ତିନୋଟି ପ୍ରବୃତ୍ତିକୁ ପ୍ରତିଫଳିତ କରିଛବନ୍ତି 'ରାତ୍ରିର ସଙ୍ଗୀତ' ଗଳ୍ପରେ। ମଣିଷ ଭିତରେ ଲୁଚି ବସିଥିବା ତାର ଇଦ୍ ପ୍ରବୃତ୍ତି ବିଶେଷ କରି ମୃତବୃତ୍ତି ଯାହାକୁ ପ୍ରକାରନ୍ତରେ ସେ ଅସ୍ୱିକାର କରି ଆସିଥାଏ। ଯାହାକୁ ଫ୍ରଏଡ ନାମ ଦେଇଥିଲେ Reaction Formation: Reacting in the opposite । ତାହାର ବାହ୍ୟ ପ୍ରତିଫଳନ ବା ଅନ୍ୟଭାବେ କହିଲେ ନିଜ ସହ ନିଜର ଭେଟ ବା ମୂଳ ପ୍ରବୃତ୍ତି ସହିତ ଭେଟ ଦେଖିବାକୁ ମିଳେ 'ଭେଟଣା' ଗଳ୍ପରେ। ଏଥିରେ ଗାଳ୍ପିକ ମଣିଷର ମୂଳ ପ୍ରବୃତ୍ତି ବା ଇଦ୍ ସହିତ ପରବର୍ତ୍ତୀ ସମୟରେ ମଣିଷ ଭିତରେ ବିକାଶଲାଭ କରିଥିବା ସୁପରଇଗୋ ପ୍ରବୃତ୍ତିସଂପର୍କରେ ମଧ୍ୟ ସୂଚନା ଦେଇଛନ୍ତି। ହେଲେ ପ୍ରତି ମଣିଷ ଭିତରେ ଅନୁପାତରେ ବିବେଚନା କରିବାକୁ ଗଲେ ସୁପରଇଗୋ ପ୍ରବୃତ୍ତିର ପ୍ରତିଫଳନ ଯେ ସୂକ୍ଷ୍ମ ତାହାର ଇଙ୍ଗିତ ମଧ୍ୟ ଉକ୍ତ କୃତିରେ ଦେଖିବାକୁ ମିଳେ। "ମାତ୍ର ଶହେ ଫୁଟ୍ ଯାଇଛି କି ନାହିଁ ଦେଖିଲି କାହାର ଗୋଟାଏ ଛାଇ। ମୁଁ ଚମକି ପଡିଲି। ଠିକ୍ ଅବିକଳ ମୋରି ଭଳି ମୁହଁ। ମୋର ଏକ ନକଲ। ଦର୍ପଣରେ ଦେଖିଥିବା ମୋର ପ୍ରତିବିମ୍ବ ପରି ଏକାବେଳକେ ସମାନ। ସେ ମୋତେ ବଲବଲ କରି ଚାହିଁ ରହିଛି ଆଶ୍ଚର୍ଯ୍ୟ ହେଲାପରି। ମୁଁ ତାକୁ ଚାହିଁଛି- ସେ ମୋତେ। ତା ପରେ ସେଇ ମୋର ପ୍ରତିବିମ୍ବ ଜଣକ ମୋ ଆଡକୁ ଚାହିଁ ପଚାରିଲା "ଚିହ୍ନିଛୁ ମୋତେ ? ଦେଖ୍ ଭଲକରି ଦେଖ୍। ମୁଁ ସେଠି କେମିତି ଦାରୁଭୂତମୁରାରି ପରି, ପଥର ପାଚେରୀ ପରି ନିର୍ବାକ୍ ବିସ୍ମୟରେ ଅବାକ୍ ହୋଇ ସ୍ଥାଣୁ ହୋଇ ଖାଲି ନିରୀକ୍ଷଣ କରୁଥାଏ ତାକୁ। କିଛି ସମୟ ଗଲା। ତା ପରେ ଦେଖିଲି ସେଇ ବିମ୍ବଟିର ରଙ୍ଗ ହଠାତ୍ କଳା ପାଲଟିଗଲା। ଆଖି ଯୋଡିକ ହିଂସ୍ର ହୋଇ ଉଠିଲା। ଜଳୁଥାଏ ରଡନିଆଁ ପରି। ଅଦ୍ଭୁତ ଭାବରେ ଗୋଟାଏ ଖଣ୍ଡା ବି କେମିତି ତା ହାତକୁ ଚାଲି ଆସିଥାଏ। ସେ ରେ

ରେ କାର କରି ଗର୍ଜୁଥାଏ। ଖଣ୍ଡା ବୁଲାଉଥାଏ। ସାରା ପୃଥିବୀକୁ ଖେଦି ଯାଉଥାଏ ସେଇ ଖଣ୍ଡାଧରି। କଚ୍ କଚ୍ ହାଣି ପକାଉଥାଏ ମଣିଷ ମାନଙ୍କୁ। ହୋ ହୋ ହୋଇ ହସୁଥାଏ। ଦେହସାରା ନାଲି ନାଲି ରକ୍ତ ଲାଗି ତାକୁ ଦେଖାଯାଉଥାଏ ବିଭତ୍ସ ଅତି ଭୟଙ୍କର। କୁଢେଇ ପକାଉଥାଏ ରାଶି ରାଶି ଧନରତ୍ନ, ମଣିମାଣିକ, ଟଙ୍କା ପଇସା XXXX ଜବରଦସ୍ତି ଉଲଗ୍ନ କରୁଛି ଗୋଟିଏ ସ୍ତ୍ରୀ ଲୋକଟିକୁ। ସ୍ତ୍ରୀ ଲୋକଟି ଛାଟିପିଟି ହେଉଥାଏ। ସେ ତାର ଶାଢି ଶାୟା ଓଟାରି ଲଙ୍ଗଳା କରିଦେଇ ତାର ସ୍ତନକୁ ନଷ୍ଟ କରିଦେଇଥାଏ ତାର ବଳିଷ୍ଠ ପଞ୍ଝାରେ। ସ୍ତ୍ରୀ ଲୋକଟି କାନ୍ଦୁଥାଏ। ମୋର ବିମ୍ବଟି କିନ୍ତୁ ଉତ୍ତେଜନାରେ କ୍ରୋଧରେ ଥରି ଥରି ଅଶ୍ଳୀଳ ଗାଳି ଗୁଲଜ କରି ଚାରିଆଡ କମ୍ପଉଥାଏ। ତା ପରେ ତାକୁ କାମୁଡି, ଆମ୍ପୁଡି ତା ଉପରେ ମାଡିବସିଲା ସେ। ତା ପରେ କିଛି ସମୟପରେ ଉଠି ବସି ଖେଦିଗଲା ଶୂନ୍ୟକୁ। ପୁଣି ଓଟାରି ଆଣିଲା ଆଉ ଗୋଟାଏ ସ୍ତ୍ରୀ ଲୋକକୁ। ପୁଣି ସେଇ ଘଟଣାର ପୁନରାବୃତ୍ତି। XXXX କୁହାଟ ଛାଡୁଥାଏ, ମୋତେ ଦେଖ୍। ଦେଖିଲୁ ମୋତେ ? କେତେ ଦେଖୁଛୁ ? ଦେଖୁଛୁ ତୋ ନିଜକୁ ତ ? XXXX ତାର ହାତ ପାଦ ସମସ୍ତ ଅବୟବ ବଢି ବଢି ସାରା ପଡିଆ, ସାରା ଗାଁ, ସାରା ପୃଥିବୀକୁ ଆଚ୍ଛାଦିତ କରି ଦେଉଥାଏ। ଅଥଚ ତାର ଦେହ ଏତେ ପତଳା, ଏତେ ସୂକ୍ଷ୍ମ ଯେ ଜ୍ୟୋସ୍ନାକିରଣ ବି ତା ଭିତର ଦେଇ ପହଁରି ଜ୍ୟୋସ୍ନା ଦେହରେ, ପବନ ଦେହରେ, ଆକାଶ ଦିହରେ।" (ଗଳ୍ପ ସମଗ୍ର- ଦ୍ୱିତୀୟ ଭାଗ- ପୃ-୨୯୮-୩୦୦)ଗୋଟିଏ ଦିଗରେ ମଣିଷ ଭିତରର ଅସହାୟତାକୁ କେନ୍ଦ୍ରକରି ସୃଷ୍ଟି ଭୀରୁ ପ୍ରବୃତ୍ତି ଓ ଅନ୍ୟ ଦିଗରେ ରାକ୍ଷାସୀ ପ୍ରବୃତ୍ତି ତୁଲ୍ୟ ମୃତବୃତ୍ତି ଦେଖିବାକୁ ମିଳେ 'ଭୀରୁ' ଗଳ୍ପରେ। ମଣିଷର ଅବଚେତନ ମନରେ ମୃତ୍ୟୁକୁ କେନ୍ଦ୍ରକରି ରହିଥିବା ଭୟ ଓ ଏହାର ସ୍ୱାଭାବିକତାକୁ ପ୍ରତିଫଳିତ କରିବାପାଇଁ ଗାଳ୍ପିକ ଆଧ୍ୟାତ୍ମିକତାର ସାହାଯ୍ୟ ନେଇଛନ୍ତି 'ଟାଇମ୍ ବମ୍' ଗଳ୍ପରେ। ଜନ୍ମରୁ ମଣିଷ ଭିତରେ ରହିଥିବା ମୃତବୃତ୍ତି ଯାହା ଅନ୍ୟକୁ ମାରିବାର ଉଦ୍ୟମରେ ବିଫଳ ହୋଇ ନିଜକୁ ମଧ୍ୟ ମାରିପାରେ ଭଳି ଚିନ୍ତନର ପ୍ରତିଫଳନ ଘଟିଛି 'କ୍ରୀତଦାସ' ଗଳ୍ପରେ। "ଆତ୍ମହତ୍ୟା ପ୍ରବୃତ୍ତି ସମସ୍ତଙ୍କ ଠାରେ ସମାନ। ଦୁର୍ବଳ ମଣିଷ ନିଜର ବିଫଳତା ନିମନ୍ତେ ନିଜକୁ ଦାୟିତ୍ୱ ଆଦି ଲଗ୍ନକୁ ଆଜି ପର୍ଯ୍ୟନ୍ତ ସେ ନିଜର ରକ୍ତ ଚାଖିବାକୁ ଏତେ ଉନ୍ମୁଖ କାହିଁକି ? ହୁଏତ ସେଇ ପ୍ରାଗୈତିହାସିକ କାଳରେ ଯେତେବେଳେ ତାର ବଂଶରକ୍ଷା ନିର୍ଭର କରୁଥିଲା ପୃଥିବୀର ଅନ୍ୟ ପ୍ରାଣୀମାନଙ୍କ ସହିତ ପ୍ରତିଯୋଗିତା କରିବାରେ, ସେତେବେଳେ ହୁଏତ ପରିସ୍ଥିତି ଦୃଷ୍ଟିରୁ ସେ ଦଳବାନ୍ଧି ରହୁଥିଲା ଏକା ସାଂଗରେ। କିନ୍ତୁ ତା ପରଠୁ ସେ ନିଜେ ବେଶୀ ଯୁଦ୍ଧ କରିଛି ନିଜ ସାଂଗରେ। ବହିଃ ପ୍ରକୃତି ସହିତ ସଂଗ୍ରାମ ପରେ ସେ ଏବେ ନିଜ ସହିତ ସଂଗ୍ରାମ ଆରମ୍ଭ କରିଛି।

ପୃଥିବୀର ସମସ୍ତ ପ୍ରାଣୀ ଦଳବଦ୍ଧ ହୋଇ ରହନ୍ତି ଓ ନିଜ ଜାତିର ପ୍ରାଣୀମାନଙ୍କ ସହିତ କେବେହେଲେ ଯୁଦ୍ଧ କରନ୍ତି ନାହିଁ। କିନ୍ତୁ ମଣିଷ ହିଁ ଏକମାତ୍ର ପ୍ରାଣୀ କେବଳ ମଣିଷ ସହିତ ହିଁ ଲଢେଇକରେ।" (ଗଳ୍ପ ସମଗ୍ର- ଦ୍ୱିତୀୟ ଭାଗ- ପୃ-୩୭୬) ମନସ୍ତାତ୍ତ୍ୱିକ ଚିନ୍ତାଚେତନା ଦୃଷ୍ଟିରୁ ଗାଳ୍ପିକଙ୍କର 'ଭୂତ' ଏକ ଅସାଧରଣ କୃତି। ଏଥିରେ ଗାଳ୍ପିକ ଭୂତ ରୂପେ ବାହ୍ୟ ଅଶରୀରୀ ନୁହେଁ ମଣିଷ ମନ ଭିତରର ଅଶରୀରୀକୁ ଚିତ୍ରଣ କରିଛନ୍ତି। ପ୍ରକୃତପକ୍ଷେ ଏହି ଅଶରୀରୀ ହେଉଛି ମଣିଷର ଅବଚେତନ ମନ ଭିତରେ କାୟା ବିସ୍ତାର କରିଥିବା ମୃତବୃତ୍ତି "ମନି, ତମେ ମୋତେ କ୍ଷମା କର। ମୁଁ ବୋଧହୁଏ ଭୁଲ କରିଦେଲି। ବୋଧହୁଏ କାହିଁକି, ମୋର ନିଶ୍ଚୟ ଭୁଲ। ସବୁ ଦୋଷ ମୋର ମନି। କିନ୍ତୁ ମୁଁ କଣ କରିପାରିଥାନ୍ତି, ମନି- ତମକୁ ଭଲ ପାଇବାର ମତ୍ତତା ଭିତରେ ମୁଁ ନିଜକୁ ଆୟତ୍ତରେ ରଖିପାରିନଥିଲି। ତମକୁ ଯେତିକି ଯେତିକି ଗଭୀରଭାବେ ଭଲପାଇ ବସୁଥିଲି, ସେତିକି ସେତିକି ତମକୁ ହରେଇବାର ଆଶଙ୍କା ମୋ ଭିତରେ ପ୍ରଗାଢ ହୋଇ ଯାଉଥିଲା। ଏ କେମିତି ଆଶ୍ଚର୍ଯ୍ୟ ମନସ୍ତତ୍ତ୍ୱ କହତ ମନି- ଯାହାକୁ ମଣିଷ ବେଶି ଭଲପାଏ; ତାର ଅମଙ୍ଗଳର ଚିନ୍ତା ତା ମନକୁ ବେଶୀ ଆସେ। ତା ପାଇଁ ଆଶଙ୍କା, ଭୟ ବେଶୀ ହୁଏ। XXXX ସେତିକି ବେଳେ ମୁଁ ଅନୁଭବ କଲି, ଯେମିତି ମୋର ସମସ୍ତ ଜ୍ୱାଳା ଯନ୍ତ୍ରଣା ନିର୍ବାପିତ ହୋଇଯାଇଛି। ମୁଁ ଶାନ୍ତ, ପ୍ରଶମିତ, ଉଦାର। ତମର ଉପସ୍ଥିତିର ଅନୁପସ୍ଥିତିରେ ଯୋଉ ଜ୍ୱାଳା ଓ ଯନ୍ତ୍ରଣା, ତମରି ଅନୁପସ୍ଥିତିର ଉପସ୍ଥିତିରେ ମୁଁ ଯେପରି ପୂର୍ଣ୍ଣ ହୋଇଯାଇଛି। ଜ୍ୱାଳା ଯନ୍ତ୍ରଣା ଅପସରି ଯାଇଛି।" (ଗଳ୍ପ ସମଗ୍ର- ଦ୍ୱିତୀୟ ଭାଗ- ପୃ- ୪୨୧-୪୨୩) ଚେତନ ଓ ଅବଚେତନ ମନ ଭିତରର ସଂଘର୍ଷ ଓ ତା ଭିତରେ ଲଢିଚାଲିଥିବା ମଣିଷର କାହାଣୀ ହେଉଛି 'ସ୍ୱପ୍ନ + କଳ୍ପନା+ ବାସ୍ତବ+ ଜୀବନ' ଗଳ୍ପ।

"କିନ୍ତୁ କଣ କରିବ ବିଚରା ଚିତ୍ରାଙ୍ଗଦା।
ସ୍ୱପ୍ନ ଦେଖିବା ତାର ଆୟତ୍ତରେ ନାହିଁ
କଳ୍ପନା ନ କରିବା ତାର ଇଚ୍ଛାଧୀନ ନୁହେଁ
ବାସ୍ତବତା ବି ତାର ଇଚ୍ଛାଧୀନ ନୁହେଁ।

ନିଜେ ନ ଚାହିଁ ବି ସେ ଏମିତି ସ୍ୱପ୍ନ ଦେଖୁଥିବ- କଳ୍ପନା କରିଥିବ। ବାସ୍ତବତାର ମୁହାମୁହିଁ ହେଉଥିବ।

ଅଣାୟତ୍ତ।

ଆମ ମଣିଷ ଜୀବନର ଇତିହାସ ତ ଏହିପରି । କିଛି ଅଣାୟତ୍ତ ସ୍ୱପ୍ନ। କିଛି ଦୁର୍ବାର କଳ୍ପନା ସବୁ କିଛି ଅଲଘଂନୀର ବାସ୍ତବତା ଏ ସବୁରି ଏକ ଫେଣ୍ଟାଫେଣ୍ଟିର

ନାମ ତ ଜୀବନ।

ସ୍ୱପ୍ନ ଭାଙ୍ଗୁଥିବ।

କଳ୍ପନା ମିଛ ହେଉଥିବ।

ତଥାପି ଜୀବନ ଆହୁରି ସ୍ୱପ୍ନ ଦେଖୁଥିବ- ଆହୁରି କଳ୍ପନା କରୁଥିବା- ନିୟତି ସାଙ୍ଗରେ ଲଢେଇ କରୁଥିବ- ଜୀବନ ଚାଲିଥିବ- ଚାଲିଥିବ- ଚାଲିଥିବ।" (ଗଳ୍ପ ସମଗ୍ର- ଦ୍ୱିତୀୟ ଭାଗ-ପୃ-୫୨୪)

ଉତ୍ତର- ମନସ୍ତତ୍ତ୍ୱ

କେବଳ ଫ୍ରଏଡ ନୁହଁନ୍ତି ଉତ୍ତର- ଫ୍ରଏଡୀୟ ମନସ୍ତତ୍ତ୍ୱର ମଧ୍ୟ ଚମତ୍କାର ପ୍ରୟୋଗ ଶ୍ରୀଯୁକ୍ତ ପଟ୍ଟନାୟକଙ୍କର ଗଳ୍ପ ଗୁଡିକରେ ଲକ୍ଷଣୀୟ। ଗାଳ୍ପିକଙ୍କର 'କେମେଲିଅନ୍' ଏକ ଅସାଧରଣ କୃତି। ଏଥିରେ କେବଳ ମଣିଷର ମନ ନୁହେଁ ତାର ଜୀବନକୁ ମଧ୍ୟ ଏକ ବହୁରୂପୀ ସହ ତୁଳନା କରିଛନ୍ତି ଗାଳ୍ପିକ "ନାଲି ଟୁକୁ ଟୁକୁ ହୋଇ ଉଠିଲାଣି ସୂର୍ଯ୍ୟ କିରଣ। ଉତ୍ତାପ ଧୀରେ ଧୀରେ ମଉଳି ଆସୁଛି। ଶୀତୁଆ ପବନଟା ଆହୁରି ବେଶି ହେମାଳ କରି ପକାଉଛି। ଆଉ ଟିକିଏ ପରେ ଘୋଟି ଆସିବ ସନ୍ଧ୍ୟାର କଳା ଛାଇ – ପୋଛି ଦେଇଯିବ ଏଇ ଚଞ୍ଚଳ ଗତିଶୀଳ ବହୁରୂପୀ ସୂର୍ଯ୍ୟାଲୋକକୁ କାଳିମାର ରଙ୍ଗ ଢାଳିଦେଇ। XXXX ବାସ୍ତବିକ ଭାରି ସୁନ୍ଦର ଏ ଜାଗାଟି। ବସି ବସି ଅନୁଭବ କରିବାକୁ ହୁଏ। ଏଇ ଇଚ୍ଛା କ୍ରମେ ପରିବର୍ତ୍ତନଶୀଳ, ସୂର୍ଯ୍ୟାଲୋକର ବିଭିନ୍ନ ବର୍ଣ୍ଣର ଆଶ୍ଚର୍ଯ୍ୟ ରୂପାନ୍ତର। ମଣିଷର ମନ ସହିତ ଅଦ୍ଭୂତ ସାମଞ୍ଜସ୍ୟ।" (ଗଳ୍ପ ସମଗ୍ର- ପ୍ରଥମ ଭାଗ-ପୃ- ୧୫) **ମନସ୍ତତ୍ତ୍ୱବିତ୍** ଏରିକ୍ ଏରିକ୍ସନ୍ ମଣିଷର ବିକାଶକୁ କେନ୍ଦ୍ରକରି ପ୍ରଦାନ କରିଥିବା Psycho social stages of development ତତ୍ତ୍ୱର Industry Vs Inferiority ଏବଂ Identity Vs Confusion (୯)ଚରଣ ଏବଂ ଏହି ସମୟର ଲାଳନ ପାଳନକୁ କେନ୍ଦ୍ରକରି ଶିଶୁର ମନସ୍ତତ୍ତ୍ୱରେ ସୃଷ୍ଟି ପ୍ରଭାବ କିପରି ଦୀର୍ଘସ୍ଥାୟୀ ହୋଇଥାଏ। ତାହାକୁ ପ୍ରତିଫଳିତ କରିଛନ୍ତି 'ବଦ୍‌ମାସ୍' ଗଳ୍ପରେ। **ମନୁଷ୍ୟର** ଜନ୍ମରୁ ଜନ୍ମ ନେଇଥାଏ ତା ଭିତରର କାମ ପ୍ରବୃତ୍ତି। ଯେଉଁ ମତ ପ୍ରଦାନ କରିଥିଲେ ମନସ୍ତତ୍ତ୍ୱବିତ୍ ଫ୍ରଏଡ। ମାତ୍ର ଉତ୍ତର ମନସ୍ତତ୍ତ୍ୱବିତ୍ କାର୍ଲ ଜଙ୍ଗଙ୍କ ମତରେ ରକ୍ତଗତ ସୂତ୍ରରେ ଏହାର ସଂପର୍କ ରହିଛି ଆମର ପୂର୍ବଜନ୍ମ ସହିତ। ମଣିଷ ସମାଜର ସୃଷ୍ଟିରୁ ଏହା ମଣିଷ ସହିତ ଆଗେଇ ଚାଲିଛି। ଦିନେ ବଣ ଜଙ୍ଗଲରେ ରହୁଥିବା ମଣିଷ ପାଇଁ ଏହା ଯେତେ ସାଧାରଣ ଓ ସ୍ୱାଭାବିକ ଥିଲା। ସମାଜ ଗଢି ନିଜକୁ ନୀତି ନିୟମରେ ବାନ୍ଧିଥିବା ମଣିଷ ପାଇଁ ସେତିକି ଅସ୍ୱାଭାବିକ ହେଲା। ଧର୍ମ, ପୁରାଣର ଦ୍ୱାହି ଦେଇ ମଣିଷ ନିଜ ଭିତରର ଏହି

ଯୌବିକ ପ୍ରବୃତ୍ତିକୁ ଯେତେ ଦମନ କରିବାକୁ ଉଦ୍ୟମ କଲେ ମଧ୍ୟ ଏହାର ମୃତ୍ୟୁ ନାହିଁ। "ତା ପରେ ପୁଣି କେତେବାଟ, କେତେ ଶତାବ୍ଦୀ ପୁଣି ଚାଲିଛି, କିନ୍ତୁ ସବୁବେଳେ ତାର ଦେଖାଯାଇଛି ଅସ୍ପଷ୍ଟ ଭାବରେ ଅନ୍ଧକାରରେ ଆଲୋକରେ ନୁହେଁ। କାରଣ ସେତେବେଳକୁ ସମସ୍ତଙ୍କ ମନ ଭିତରେ ତା ପ୍ରତି ଏକ ଘୃଣା, ଭୟ ଓ ଆଶଙ୍କା ଏକ ଅବଶେସନ ଭରି ରହିଯାଇଥାଏ। ରାଜାଙ୍କର ଆଦେଶ ଦିନର ଆଲୋକରେ ଯେ ଯେଉଁଠି ତାକୁ ଦେଖୁଛି- ବାଡାଅ ହତ୍ୟାକର। ହଜାର ହଜାର ଲୋକଙ୍କର ସଜାଗ୍ରତା ଦୃଷ୍ଟି ବଡ ବଡ ନୀତିର ବାଡିରେ ମାଡଖାଇ ବିଚରା ସାପ ଆଉ କେବେ ବୋଧହୁଏ ଆଲୁଅରେ ବାହାରିବାକୁ ସାହାସ କରିପାରିଲା ନାହିଁ। ତେଣୁ ସେ ଅନ୍ଧକାରରେ ଆତ୍ମଗୋପନ କଲା। କିନ୍ତୁ ମୁଁ ତାକୁ ଆବିଷ୍କାର କରିଛି ପ୍ରତ୍ୟେକ ମଣିଷର ବାଡି ତଳେ, ଖଞ୍ଜା ଭିତରେ, ଗମ୍ଭିରୀ ଭିତରେ, ଅନ୍ଧକାର କୋଣରେ। ଏମିତି ଗୋଟାଏ ଘର ନାହିଁ ଏମିତି ଗୋଟାଏ ଜାଗା ନାହିଁ ଯେଉଁଠି ସେ ନାହିଁ, କିନ୍ତୁ ସେ ଅନ୍ଧକାର ଭିତରେ କେହି ତାର ଖୋଜ ଖବର ରଖିଲେନି। ଅନ୍ଧାରରେ ତାର ଘର ଅନ୍ଧାରରେ ସେ ଆସେ, ଅନ୍ଧକାର ଭିତରେ ସେ ଦଂଶନ କରି ପୁଣି ଅନ୍ଧାର ଭିତରେ ସେ ଲୁଚିଯାଏ। XXXX ଶତ ସହସ୍ର ନୀତିର ନିଗଡ ବନ୍ଧନ ଲକ୍ଷ ଲକ୍ଷ ବିବେକର ପ୍ରହରୀ- ତଥାପି ସାପର ମୃତ୍ୟୁ ନାହିଁ। ସେ ହେଲା ମହା ଶକ୍ତିଶାଳୀ, ଚିର ଅମର ମୃତ୍ୟୁଞ୍ଜୟୀ। ତାରି ଭୟରେ ନଗର, ଗ୍ରାମ ଛାଡି ପଳାୟନ କରିବାରେ ଲାଗିଲି। ଗଭୀର ଜଙ୍ଗଲ ଭିତରେ ଗଢିଲି ଶହଶହ ଆଶ୍ରମମାନ। କେତେ କୃଚ୍ଛ, ସାଧନା, କେତେ ମନ୍ତ୍ର, ନିଜ ପ୍ରତି କେତେ ଅକଥ ଅତ୍ୟାଚାର। ନିଜକୁ ଦୃଢ କରିବାକୁ, ସାପର ସମ୍ମୋହନ ଶକ୍ତିରୁ ନିଜକୁ ମୁକ୍ତ କରିବାକୁ କେତେ ପ୍ରକାର ସାଧନା ଅନାହାରୀ, ଉପବାସ, ଧ୍ୟାନ ଧାରଣା କିନ୍ତୁ ନା, ତା ଠାରୁ ଆଉ ମୁକ୍ତି ନାହିଁ, ମୁକ୍ତିର କେତୋଟି ମୁହୂର୍ତ୍ତ ମାତ୍ର। ପୁଣି ଆଉଥରେ ଫେରି ଆସିବାକୁ ପଡେ ସେଇ ବନ୍ଧନୀ ଭିତରକୁ। ସେ ଠିକ୍ ବନ୍ଦୀର କ୍ଷଣସ୍ଥାୟୀ ମୁକ୍ତିପରି।" (ଗଳ୍ପ ସମଗ୍ର- ପ୍ରଥମ ଭାଗ-ପୃ-୫୨୯-୫୩୦) ତେଣୁ ଯେଉଁଟି ଭଗବାନ କୃତ ତାକୁ ମଣିଷ ଗଢା ସମାଜ ଦ୍ୱାରା ଭାଙ୍ଗିପାରିବା ଅଥବା ଦମନ କରିପାରିବା ଯେ ଅସମ୍ଭବ ତାହାର ବାର୍ତ୍ତା ରହିଛି 'ତକ୍ଷକ' ଗଳ୍ପରେ। ଏହା ବ୍ୟତୀତ ବୈଜ୍ଞାନିକ ଦୃଷ୍ଟିକୋଣରୁ ବା ନିଉଟନଙ୍କର ତୃତୀୟ ନିୟମ (Action Reaction) ଅନୁସାରେ ବିବେଚନା କଲେ ଯେଉଁ ବସ୍ତୁକୁ ଯେତେ ଦବାଯାଏ ସେ ସେତେ ଉପରକୁ ଉତ୍ତୋଳିତ ହୁଏ। ତେଣୁ ମଣିଷ ମଧ୍ୟ ଯଦି ଶୃଙ୍ଗାର ଓ କାମ ପ୍ରବୃତ୍ତିକୁ ସ୍ୱାଭାବିକ ଭାବେ ଗ୍ରହଣ କରିନେବ ସଂପ୍ରତି ଦେଖା ଯାଉଥିବା ଉଚ୍ଛୃଙ୍ଖଳାରୁ ସେ ମୁକ୍ତି ପାଇପାରିବ ଭଳି ଇଙ୍ଗୀତ ମଧ୍ୟ ଉକ୍ତ କୃତିରେ ଲକ୍ଷଣୀୟ। "ଏଥର ମୁଁ ଠିକ୍ କରିଛି। ମୋ ଘର ଅଗଣା ଭିତରେ

ଛାଡିଦେବି ସେଇ ସାପଟିକୁ । ଦୁଧ, କଦଳୀ ଦେଇ ପୋଷା ମନେଇବି । ତାକୁ ସ୍ୱୀକାର କରିନେଇ ଅନ୍ଧାର କୋଠରି ଭିତରୁ ନେଇଆସି ଛାଡିଦେବି ଆଲୁଅର ବନ୍ୟା ଭିତରେ । ହୁଏତ ସେ ପ୍ରଥମେ ଅନ୍ଧ ହୋଇଯିବ ଆଲୋକର ପ୍ଲାବନରେ । ହୁଏତ ପ୍ରତିହିଂସାରେ ଦଂଶନ ବି କରିବ । କିନ୍ତୁ, ସବୁ ମୁଁ ସହିଯିବି କାରଣ ମୁଁ ଜାଣିପାରୁଛି ମୋର ସ୍ନେହ ଆଦର ପାଇଲେ ସେ ଆଉ ହିଂସ୍ର ହୋଇ ରହିପାରିବନି ।" (ଗଳ୍ପ ସମଗ୍ର- ପ୍ରଥମ ଭାଗ- ପୃ- ୫୩୧- ୫୩୨) **ମଣିଷର** କ୍ଷୁଧା ଯେ ତାର ଧର୍ମ, କର୍ମ, ଦିଅଁ ଦେବତାଙ୍କ ଠାରୁ ବଡ ବା ଅନ୍ୟ ଭାବେ କହିଲେ କ୍ଷୁଧା ହିଁ ଶ୍ରେଷ୍ଠ ଈଶ୍ୱର ଏହାର ସୂଚନା ରହିଛି 'ଧର୍ମାନ୍ତର' ଗଳ୍ପରେ । ମନସ୍ତାତ୍ତ୍ୱିକ ଦିଗରୁ ବିଚାର କଲେ ମନସ୍ତତ୍ତ୍ୱବିତ୍ ଆବ୍ରାହମ୍ ମେସ୍‌ଲୋ ତାଙ୍କର Hierarchy of Needs ର ସବୁଠାରୁ ନିମ୍ନ ବିଭାଗ Psysiological Needs (୧୦)ରେ ମଧ୍ୟ ମୂଷା ଉପରେ ପରୀକ୍ଷଣ କରି ପ୍ରମାଣ କରିଛନ୍ତି ଯେ ମନୁଷ୍ୟର ସବୁଠାରୁ ବୃହତ୍ତ ଦୁଇଟି ଆବଶ୍ୟକତା ଯଥା- କ୍ଷୁଧା ଓ ଯୌନ କାମନା ମଧ୍ୟରୁ କ୍ଷୁଧା ହେଉଛି ସବୁଠାରୁ ଅଧିକ ଶକ୍ତିଶାଳୀ କାମନା । ଅବଶ୍ୟ ଏହି ଭଳି ପରୀକ୍ଷଣ ଉପରେ ପରବର୍ତ୍ତୀ ସମୟରେ ପ୍ରଶ୍ନବାଚୀ ସୃଷ୍ଟି ହେବା ସହ ଅସ୍ତିତ୍ୱବାଦୀ ମାନଙ୍କ ଦ୍ୱାରା ଏହାକୁ ବିରୋଧ କରାଯାଇଛି । **ଛଳନାମୟ** ଏହି ପୃଥିବୀରେ ଶୁଦ୍ଧ, ନିର୍ମଳ ଓ ସ୍ୱର୍ଗୀୟ ପ୍ରେମର ଅନୁସନ୍ଧାନ କରିଚାଲିଥିବା ମଣିଷର ଅସହାୟତା ଚିତ୍ରିତ ହୋଇଛି 'ମୁକ୍ତା' ଗଳ୍ପରେ । ଏହି ଅସହାୟ ପ୍ରେମ ପାଗଳ ମଣିଷକୁ ପ୍ରକୃତ ପ୍ରେମର ସନ୍ଧାନ ଦେବାପାଇଁ ଗାଳ୍ପିକ ଏଥିରେ ଆଦିପୁରୁଷଙ୍କର ଆଶ୍ରୟ ଲୋଡିଛନ୍ତି । ମାତ୍ର ପ୍ରକୃତରେ ବିବେଚନା କଲେ ଶୁଦ୍ଧ ଓ ନିର୍ମଳ ପ୍ରେମ ଲୋଡିଥିବା ମଣିଷ କଣ ନିଜେ ତାର ପ୍ରତିଦାନରେ ନିର୍ମଳ ହେବା ସମ୍ଭବ ? କାରଣ ଯେଉଁଠି ସବୁ ମଣିଷ ପ୍ରବୃତ୍ତିରେ ପୋଲିଗମସ୍ । ସେଠି ନିର୍ମଳ ପ୍ରେମର ଆଶା କରୁଥିବା ମଣିଷ ନିଜ ଭିତରର ପ୍ରବୃତ୍ତିକୁ ଅସ୍ୱୀକାର କରିବା କିପରି ସମ୍ଭବ ହେବ । **ମଣିଷ** ଭିତରର ଅନେକ ପ୍ରବୃତ୍ତି କିପରି ରକ୍ତଗତ ବା Genetically ମଣିଷକୁ ମିଳିଥାଏ । ଯାହାକୁ ଉତ୍ତର ମନସ୍ତତ୍ତ୍ୱବିତ୍ କାର୍ଲ ଜଙ୍ଗ୍ Collective Unconciousness ନାମ ଦେଇଥିଲେ । ତାହାର ଚିତ୍ରଣ ଦେଖିବାକୁ ମିଳେ 'ପୂର୍ଣ୍ଣାହୂତି' ଗଳ୍ପରେ । ଏଥିରେ ଗାଳ୍ପିକ ଉଦ୍ଧତ ସାମନ୍ତବାଦକୁ ଧ୍ୱଂସ କରିବାକୁ ଯାଇଁ ଅବଚେତନ ମନ ଉପରେ ଚେତନ ମନର ବିଜୟକୁ ଦର୍ଶାଇଛନ୍ତି । "ଆଜକୁ ବୋଧହୁଏ ୧୨/ ୧୩ ବର୍ଷ ତଳେ ଯୋଉ ଦିନ ତାର ଫିଟ୍‌ସ ହୋଇଥିଲା, ସେଇଦିନ ବୋଧହୁଏ ତାର ଜେଜେଙ୍କୁ ହିଁ ଦେଖିଥିଲା । ତାର ଆଜିକାଲି ଝାପ୍‌ସା ଝାପ୍‌ସା ମନେପଡେ ତାର ଜେଜେ ହିଁ ଯେମିତି ତା ଉପରେ ମାଡିବସି ତାକୁ ଅଣନିଃଶ୍ୱାସୀ କରିପକାଉଥିଲେ । XXXX ସେଇ ବାଘୁଆ ନିଶ, ଲମ୍ବା, ଲମ୍ବା ଦାଢି, ଜ୍ୱଳନ୍ତ ଦୁଇଟା ଚକ୍ ଚକ୍ ତୀବ୍ର ଆଖି

ତା ଛାତି ଉପରେ ସେ ଗୋଡଦେଇ ଛିଡାହୋଇଥିଲେ କେମିତି। ତା ପରେ ଦୁଇ ହାତରେ ତା ବେକକୁ କୁଣ୍ଢାଇଧରି ସେ ଓହଳି ପଡିଥିଲେ ପଛପଟକୁ ଭୀଷଣ ଜୋରରେ ଜାକିଧରି। ତା କାନରେ କଣସବୁ କହୁଥିଲେ ବୋଧେ, ସବୁ ଅସଂଲଗ୍ନ, ଅସ୍ପଷ୍ଟ ମୋତେ ବଞ୍ଚାରେ ଦୁଲୁ, ଏମାନେ ମୋତେ ମାରିପକାଇଲେଣି। ମୋତେ ବଞ୍ଚା, ବଞ୍ଚା। ତୋରି କାନ୍ଧରେ ବସି, ତୋ ପିଠି ପଟରେ ଲାଉ ହୋଇ ମୁଁ ରହିଥିବି। ନ ହେଲେ ଏମାନେ ସବୁ ମୋତେ ଠେଲି ପେଲି ନେଇ ଅନ୍ଧାର ଗୁହା ଆଡକୁ ନେଇଗଲେଣି। ଏଥର ବୋଧହୁଏ ସେଇଠି ମୋ ତଣ୍ଟି ଚିପିଦେବେ। ନାଁ ମୁଁ ତୋତେ ଛାଡିବି ନାହିଁ- ମୋତେ ବଞ୍ଚା XXXX ଯେତେବେଳେ ଉଆସର ଦୋତାଲାଟା ଏକ ପ୍ରଚଣ୍ଡ ଶବ୍ଦକରି ଏକାବେଳକେ ଭୁଷୁଡି ପଡିଲା, କ୍ଷଣକ ପାଇଁ ସ୍ତବ୍ଧ ହୋଇ ରହିଗଲା ଦୁଲୁ। ଆଶ୍ଚର୍ଯ୍ୟ, ତାର କୁଜଟା କେତେବେଳୁ ଖସିପଡି ଚୁରମାର ହୋଇଯାଇଛି। ତା ଭିତରେ ଥିବା ଅନେକ ଲୋକର ଶବ ବିଛାଡି ହୋଇ ପଡିଛି ଚାରିଆଡେ। ସେ ଗୋଟି ଗୋଟି ଚିହ୍ନିପାରିଲା ସେଇମାନଙ୍କୁ। ଆଭିଜାତ୍ୟ, ଅହଂକାର, ଅଭିମାନ, ଦମ୍ଭ, ପୌରୁଷ, ଗର୍ବ, ପରମ୍ପରା, ସଂସ୍କାର, ସମ୍ମାନ, ପ୍ରତିପତ୍ତି, ଐତିହ୍ୟ- ସବୁଗୁଡାକ ବେକଭଙ୍ଗା ଟିକି ଚଢେଇ ପରି ମରିପଡିଛନ୍ତି ତାର ଗୋଡତଳେ। ଆଃ, କୁଜଟା ଯେ ସେଇ ସୁନା 'ରୁଆ, କିଏ ଜାଣିଥିଲା।" (ଗଳ୍ପ ସମଗ୍ର- ଦ୍ୱିତୀୟ ଭାଗ- ପୃ- ୯୪-୧୦୦) **ଏହିପରି** ଜାରାପୁରୁଷ ଗଳ୍ପରେ ମଧ୍ୟ ଏହି ରକ୍ତ ବା ଜିନ୍‌ର ପ୍ରସଙ୍ଗ ଦେଖିବାକୁ ମିଳେ। ପ୍ରକୃତରେ ବିବେଚନା କରିବାକୁ ଗଲେ ଜିନ୍ ମାଧ୍ୟମରେ ମଣିଷ ତାର ପୂର୍ବ ପୁରୁଷ ଠାରୁ ଅନେକ ଗୁଡିଏ ପ୍ରବୃତ୍ତି ଉପହାର ସଦୃଶ ପାଇଥାଏ। ସମୟ ବଦଳେ ଓ ତା ସହିତ ତାଳ ଦେଇ ବଦଳିଯାଏ ବ୍ୟକ୍ତିର ସ୍ୱରୂପ। ମାତ୍ର ରକ୍ତ ଭିତରେ ଲୁଚିରହିଥିବା ପ୍ରବୃତ୍ତି ନିଜକୁ ପରିପ୍ରକାଶ କରିବାପାଇଁ ବାଟ ଖୋଜେ। "ମୁଁ ଭାବୁଥିଲି ଏହାର କାରଣ କଣ? ବୁଝିଲ ଖୋକନ୍, କ୍ଷତ୍ରିୟମାନେ ସବୁ କାଳରେ, ସବୁ ଜାଗାରେ ଏହିପରି। ସେମାନେ କାହାରି ଅଯାଚିତ ଦାନ ଗ୍ରହଣ କରିବାରେ ଯେତେ ଆନନ୍ଦ ପାଆନ୍ତି ନାହିଁ ତା ଠାରୁ ବେଶୀ ପାଆନ୍ତି ବଳପୂର୍ବକ ହରଣ କରି ଆଣିବାରେ। କାରଣ ସେଇ ବଳାତ୍କାର ପଛରେ ରହିଥାଏ ତାଙ୍କର ପୌରୁଷ, ବୀରତ୍ୱ ଓ କ୍ଷତ୍ରିୟତ୍ୱର ଅହଙ୍କାର। ଲଢିକରି କିଛି ପ୍ରାପ୍ତିର ସବୁକିଛି ଥିବା ସତ୍ତ୍ୱେ ବି, ସ୍ୱାମୀଙ୍କୁ ଠକେଇ, ପରିବାର ଆଖିରେ ଧୂଳିଦେଇ, ସମାଜକୁ ଲୁଚି ଲୁଚି ତମରି ପାଖକୁ – ଯାହା ସହିତ ତାହାର ବ୍ୟବହାରିକ ସମ୍ପର୍କ କିଛି ନାହିଁ- ଛୁଟି ଆସୁଛି ଏକ ପ୍ରବଳ ଆକର୍ଷଣରେ। କଳ୍ପନ ।କରି ପାରୁଛ କେତେ ଉତ୍ତେଜନା, କେତେ ଆନନ୍ଦ, କେତେ ବୀରତ୍ୱ- ଏମିତି ଅନ୍ୟଠାରୁ ଛଡାଇ ଆଣିବାରେ। ମୁଁ ବିଂଶ ଶତାବ୍ଦୀର ନପୁଂସକ କ୍ଷତ୍ରିୟ, ଖୋକନ୍- ମୋ ହାତରେ ଖଣ୍ଡା ନାହିଁ, ତେଣୁ

ଏଇଥିରେ ହିଁ ମୁଁ ପାଏ ମୋର ପୂର୍ବପୁରୁଷର ଉତ୍ତେଜନା ଓ ଆନନ୍ଦ।" (ଗଳ୍ପ ସମଗ୍ର- ଦ୍ୱିତୀୟ ଭାଗ- ପୃ-୨୧୫) **ସମୟ,** କାଳ ଓ ପରିସ୍ଥିତି ଏ ଜାତିର ସନ୍ତାନ ମାନଙ୍କୁ ଭୀରୁ ଓ ନପୁଂଶକ କରିଦେଇଛି। ହେଲେ ତାଙ୍କର ପ୍ରତିଟି ରକ୍ତ କଣାରେ ଆଜିବି ପୂର୍ବ ପୁରୁଷଙ୍କର ବୀରତ୍ୱ ଲୁଚିରହିଛି। ଯାହାକୁ କେବଳ ଚିହ୍ନିବା ଓ ଅନୁଭବ କରିବାର ମାନସିକତା ଆବଶ୍ୟକ। ଏହି ସଂକେତ ଦେଖିବାକୁ ମିଳେ 'ସ୍ୱାଧୀନତାର ଶେଷ ସହୀଦ' ଗଳ୍ପରେ। **ମଣିଷ** ଯେତେ ଆଧୁନିକ ହେଲେ ମଧ୍ୟ, ତା ଭିତରର ସଂସ୍କାର ଯାହା ପ୍ରକୃତରେ ରକ୍ତଗତ ସେଥିରୁ ମୁକୁଳି ପାରିବା କଷ୍ଟକର। ପ୍ରାଚ୍ୟ ଓ ପାଶ୍ଚାତ୍ୟ ସଂସ୍କୃତିକୁ କେନ୍ଦ୍ରକରି ଏହିଭଳି ଚିନ୍ତନର ପ୍ରତିଫଳନ ଦେଖିବାକୁ ମିଳେ 'ଶିକୁଳି' ଗଳ୍ପରେ। "ପ୍ରତି ମୁହୁର୍ତ୍ତରେ ଏଇ ଦେଶର କଥାବାର୍ତ୍ତା; ଚାଲିଚଳଣ, ଆଚାର ବ୍ୟବହାର ସହିତ ମୋର ସଂଘର୍ଷ ଲାଗି ରହିଛି। ମୁଁ ଏହାକୁ ପୂର୍ଣ୍ଣ ପ୍ରାଣରେ ଗ୍ରହଣ କରି ପାରୁନାହିଁ କିମ୍ବା ତ୍ୟାଗ ମଧ୍ୟ କରି ପାରୁନାହିଁ। ନିଜ ଦେଶର ସଂସ୍କୃତି, ଆଚାର ବ୍ୟବହାର ପ୍ରତି ମୋରଏଇ ଐକାନ୍ତିକ ଅନୁରାଗ ଏକନିଷ୍ଠ ଭକ୍ତି ଏତେ ଦିନ ଧରି କେଉଁଠି ଲୁଚି ରହିଥିଲା କେଜାଣି? ଏଇ ପଡନ୍ତ ବୟସରେ ସେଇଗୁଡା ବେଶୀ ବେଶୀ ପ୍ରତ୍ୟକ୍ଷ ହେବାରେ ଉଠିଛି। କଣ କରିବି କହତ? ପ୍ରବଳ ଇଚ୍ଛା ହେଉଛି ପଳେଇ ଯିବାକୁ ନିଜ ଦେଶକୁ। କିନ୍ତୁ ଏଇ ଘରଦ୍ୱାର, ସୁଖ ସମ୍ଭୋଗ, ପରିବାର ପଛକୁ ସେମିତି ପ୍ରବଳ ବେଗରେ ଟାଣି ଧରୁଛି ମୋତେ। ମୁଁ ଯେମିତି ଚିରିହୋଇ ଯାଉଛି। ଦୁଇଭାଗ ହୋଇଯାଉଛି। ଅଥଚ ମୁଁ ନିରୁପାୟ- ଏକାବେଳେ ଅସହାୟ। XXXX ମୁଁ ଜାଣେନା ବିବାହ ଆଗରୁ ସାମାଜିକ ଦେହଦାନ ପାପ କି ପୁଣ୍ୟ- କିନ୍ତୁ ଆଜି ମୋର ସାରାଦେହ ମନ ପ୍ରାଣ ବିଦ୍ରୋହ କରି ଉଠୁଛି- ମୋର ରକ୍ତ କଣାରେ ସଂଗୁପ୍ତ ଭାବେ ରହିଥିବା ସଂସ୍କାର ଚିତ୍କାର କରୁଛି- ଏ ଭୁଲ୍, ଏ ଭୁଲ୍- ଏହା ଘୃଣ୍ୟ- ଏହା ନିନ୍ଦନୀୟ- ଏହା ପାପ- ଅଥଚ ଦେଖି ମୁଁ କିଛି କରିପାରୁନି- କିଛି କରିପାରିନି, ପ୍ରତିବାଦ କରିପାରୁନି- ବିବି ବଡ କଷ୍ଟ, ବଡ ଜ୍ୱାଳାରେ? ଏଇଟା କଣ ନିଜସ୍ୱ ସ୍ୱାର୍ଥପାଇଁ ଦେଶାନ୍ତରୀ ହେବାର ଅଭିଶପ୍ତ। ମୁଁ ଜଣେ ଅଭିଶପ୍ତା। ମା ଲୋ ବିବି, ମୋତେ ଇର୍ଷା କରିବୁନି- ମୋତେ ଟିକିଏ ଦୟା କରିବୁ।" (ଗଳ୍ପ ସମଗ୍ର- ଦ୍ୱିତୀୟ ଭାଗ- ପୃ-୩୪୮-୩୪୯) **ଆଧୁନିକତା** ସହ ତାଳ ଦେଇ ଆଗେଇ ଚାଲିଥିବା ମଣିଷର ଅବଚେତନ ମନରେ କାୟା ବିସ୍ତାର କରିଥିବା ପ୍ରାଚୀନ ପରମ୍ପରା। ଅନ୍ୟ ଭାବେ କହିଲେ ମଣିଷ ରକ୍ତଗତ ସୂତ୍ରରେ ପୂର୍ବ ପିଢୀ ଠାରୁ ପାଇଥିବା ଅନେକ ପ୍ରବୃତ୍ତି ଏକ ଦୀର୍ଘ ପ୍ରଭାବ ସୃଷ୍ଟି କରିଥାଏ। ମାତ୍ର ସମୟ ସହ ପରିବର୍ତ୍ତନ ଯେ ସ୍ୱାଗତଯୋଗ୍ୟ ତାହାର ସୂଚନା ରହିଛି 'ନୂଆ ବାଟ' ଗଳ୍ପରେ। **ଯୌନତାକୁ** କେନ୍ଦ୍ରକରି ସମାଜରେ ରହିଥିବା ଭ୍ରାନ୍ତ ଧାରଣାକୁ ଆକ୍ଷେପ

କରିବା ସହ, ଅବଚେତନ ଗତ ଯୌନତାର ଚେତନଗତ ସ୍ୱୀକାରୋକ୍ତିର ଆବଶ୍ୟକତାକୁ ଗାଳ୍ପିକ ପ୍ରତିଫଳିତ କରିଛନ୍ତି 'ସନ୍ଧି' ଗଳ୍ପରେ। ଉକ୍ତ କୃତି ପାଇଁ ଗାଳ୍ପିକ Havelock Ellis ଙ୍କର Psychology of Sex ପୁସ୍ତକ ଦ୍ୱାରା ସାମାନ୍ୟ ପ୍ରଭାବିତ ହୋଇଥିବା ମନେହୁଏ। **ରାଜନୀତି** ଓ ପ୍ରଶାସନର ଛକା ପଞ୍ଝା ଖେଳ ଭିତରେ ସବୁଠାରୁ ଗୁରୁତ୍ୱପୂର୍ଣ୍ଣ ହେଉଛି ମଣିଷର ମୁଖା ବା ବ୍ୟକ୍ତିତ୍ୱ ଆଦିରୂପ (Persona Archytype) । ଯାହାର ମୁଖା ଯେତେ ସୁଦୃଢ ସେ ସେତେ ସଫଳ ଭଳି ପ୍ରସଙ୍ଗକୁ ଗାଳ୍ପିକ ପ୍ରତିଫଳିତ କରିଛନ୍ତି 'ଗ୍ରେଣ୍ଡ ମାଷ୍ଟର' ଗଳ୍ପରେ। **ଏହିପରି** ଅବଚେତନ ମନର ଗଭୀରତା ଏବଂ ଏହାକୁ ଲୁଚାଇବାକୁ ଯାଇଁ ମଧ୍ୟ ମଣିଷ ମୁଖା ଧାରଣ କରିଥାଏ। ଏତଦ୍ ବ୍ୟତୀତ ସମାଜ, ସଂସାର ଓ ପରିବାର ଆଦି ଭିତରେ ରହି ମଧ୍ୟ ପ୍ରତ୍ୟେକ ବ୍ୟକ୍ତି କେତେ ନିଃସଂଗ ତାହାର ସୂଚନା ଦେଖିବାକୁ ମିଳେ ଗାଳ୍ପିକଙ୍କର 'ଅଚିହ୍ନା ମଣିଷ' ଗଳ୍ପରେ। "ଅନେକ ଥର ଇଚ୍ଛା ହୋଇଛି। ପ୍ରବଳ ଭାବରେ ଇଚ୍ଛା ହୋଇଛି, ତାକୁ ଏଇ ସବୁ କଥା କହି ଦେବାକୁ। ଅଥଚ ସୁମିତ୍ରା ପାଖରେ ପହଞ୍ଚିଲା ପରେ ମୁଁ କେମିତି ନୀରବ ହୋଇଯାଏ। ମୁକ ହୋଇଯାଏ। ଖୋଲିବାକୁ ଯାଇ ସଂପୂର୍ଣ୍ଣରୂପେ ନିଜକୁ ଖୋଲି ପାରେନି। ଅଧ ବାଟରୁ ବଂଦ ହୋଇଯାଇଛି କଥାର ଝରଣା। ମୋ ଭିତରୁ କିଏ ଜଣେ କହେ, କହିଯା। ବହିଯା। ନିଃଶେଷ ହୋଇଯାଅ। ଓଠ ସାହାଯ୍ୟରେ ଠେଲି ଠେଲି ହୋଇଆସେ କଥାଗୁଡିକ। ଛାତି ଭିତରେ ରୁଂଧି ହୋଇଯାଏ। କଣ୍ଠନଳୀ ଭିତରେ ଚିପି ହୋଇଯାଏ ଶ୍ୱାସରୁଦ୍ଧ ହୋଇଯାଏ। ଏକା ସାଙ୍ଗରେ ସବୁକଥା ବାହାରେ ନାହିଁ। ମୁହଁ ବନ୍ଦ ହୋଇରହେ। ମୁଖାଟା ଶକ୍ତ ହୋଇଆସେ, ଜୋର କରି ଆଉ ଜଣେ କେହି କଣ୍ଠନଳୀ ଭିତରେ ହାତ ଭର୍ତ୍ତିକରି ଠେସିଦେଇ ଠେଲି ନେଇଯାଏ କଥାଗୁଡିକ, ପୁଣି ପାକସ୍ଥଳୀ ଭିତରକୁ । ସମୁଦ୍ର ଜଳର ଭାସମାନ ବରଫଖଣ୍ଡ ପ୍ରାୟ ଏକ ନବମାଂଶ ଦିଶିଲା ପରି ମୋର ଏକ ନବମାଂଶ ହିଁ, ବୋଧହୁଏ ସମସ୍ତେ ଦେଖିଛନ୍ତି। କିନ୍ତୁ ସେହି ଅଂଶକୁ ମଧ୍ୟ ସଂପୂର୍ଣ୍ଣ ଭାବରେ କେହି ଦେଖିନାହାନ୍ତି। ସମସ୍ତେ ଜାଣିଛନ୍ତି କେବଳ ସେଇ ଏକ ନବମାଂଶରେ ଖଣ୍ଡିତ ଭଗ୍ନାଂଶଟିକୁ। ଅଥଚ ମୁଁ ଲୁଚାଇବାକୁ ଚାହିଁ ନଥିଲି, ଚାହେଁନି କିନ୍ତୁ ସେଇ ଅନ୍ତ୍ମୀୟଟି ଯାହା ପାଖରେ ମୁଁ ନିଃସଂକୋଚ ଉନ୍ମୁକ୍ତ କରିଦେଇ ପାରିବି ତାକୁଇତ ଆଜିଯାଏଁ ଖୋଜି ପାଇଲି ନାହିଁ।" (ଗଳ୍ପ ସମଗ୍ର- ଦ୍ୱିତୀୟ ଭାଗ- ପୃ- ୨୦୦-୨୦୧) ଗଳ୍ପର ଏହିଭଳି ପଂକ୍ତି ଉତ୍ତର ଫ୍ରଏଡୀୟ ଚିନ୍ତାଧାରା ସହିତ ସାମଞ୍ଜସ୍ୟ ରଖୁଥିଲେ ହେଁ, ଏହା ମଧ୍ୟ ଦେଇ କିନ୍ତୁ ଫ୍ରଏଡଙ୍କ ମନୋବିଶ୍ଳେଷଣ (Psychoanalytic) ତତ୍ତ୍ୱର ପ୍ରୟୋଗକୁ ମଧ୍ୟ ଉପଲବ୍ଧି କରିହୁଏ। ଫ୍ରଏଡ ଯେପରି ମଣିଷର ଚେତନ, ଅଚେତନ ଓ ଅବଚେତନ ମନକୁ ବୁଝାଇବା ପାଇଁ ବରଫ ପାହାଡର ଉଦାହରଣ

ଦେଇଥିଲେ । ଗାଳ୍ପିକ ମଧ୍ୟ ଏହିପରି ଦୃଷ୍ଟାନ୍ତ ଦେଇଛନ୍ତି । ମାତ୍ର ଏଠି ଗାଳ୍ପିକଙ୍କର ଚେତନା ଆଉ ଟିକେ ଗଭୀରତାକୁ ପ୍ରବେଶ କରିଥିବା ମନେହୁଏ । ଫ୍ରଏଡଙ୍କ ମତରେ ବରଫ ପାହାଡର ଯେତିକି ଅଂଶ ବାହାରକୁ ଦେଖାଯାଏ ସେତିକି ହେଉଛି ଆମର ଚେତନ ମନ । ଯାହାକୁ ଅନ୍ୟମାନେ ଦେଖିପାରନ୍ତି ଓ ବୁଝିପାରନ୍ତି । ମାତ୍ର ଗାଳ୍ପିକ ଏଥିରେ ଚେତନ ମନକୁ ମଧ୍ୟ ରହସ୍ୟମୟ ରୂପେ ଚିତ୍ରଣ କରିବା ଓ ତାହାକୁ କେନ୍ଦ୍ରକରି ବ୍ୟକ୍ତି ଭିତରର ଅସହାୟତାକୁ ପ୍ରକାଶ କରିବା ପଛରେ ରହିଛି ଅସ୍ତିତ୍ୱବାଦୀ ମନସ୍ତତ୍ତ୍ୱର ପ୍ରଭାବ ।

ସଂକେତ ସୂଚୀ

- The Penguin Dictionary of Literary Terms and Literary Theory Third Edition (1991) J.A. Cuddon, Ed. p. 709.
- A Handbook to Literature Fourth Edition (1980), C. Hugh Holman, Ed., pp. 357–358
- Hall-Flavin, M.D., Daniel K. "What is passive-aggressive behavior? What are some of the signs?". Mayo Clinic. Retrieved 21 November 2020.
- Defense+Mechanisms at the U.S. National Library of Medicine Medical Subject Headings (MeSH)
- Chalquist, Craig. "A Glossary of Freudian Terms" Archived 2018-12-28 at the Wayback Machine 2001. Retrieved on 05 October 2013.
- "Rationalization". *American Psychological Association.*
- *Pastorino, Ellen E.; Doyle-Portillo, Susann M. (2012) [2010].* "Genital Stage (p. 466)". What is Psychology? Essentials *(2nd ed.). Boston:* Cengage Learning. ISBN 978-1-11183415-9.
- "Oedipus complex". Encyclopædia Britannica.
- *Human development: a psychological, biological, and sociological approach to the life span*: "V 11–19 (Adolescence) Identity vs. Identity Confusion Peer Groups Leadership Models Fidelity".
- Deckers, Lambert (2018). *Motivation: Biological, Psychological, and Environmental.* Routledge Press. ISBN 9781138036338.

ମହାପାତ୍ର ନୀଳମଣି ସାହୁଙ୍କର ଗଳ୍ପରେ ଅସ୍ତିତ୍ୱବାଦ

ଓଡ଼ିଆ ଗଳ୍ପ ସାହିତ୍ୟ ଜଗତରେ ହାସ୍ୟ ଓ ବ୍ୟଙ୍ଗ ପାଇଁ ବିଶେଷ ଜଣାଶୁଣା ମହାପାତ୍ର ନୀଳମଣି ସାହୁ ଙ୍କୁ ଟିକେ ଗଭୀରତାର ସହ ଅଧ୍ୟୟନ କଲେ ତାଙ୍କ ହାସ୍ୟ ଓ ବ୍ୟଙ୍ଗ ମଧ୍ୟରେ ଲୁଚିରହିଥିବା ଅଭିନବ ଦୃଷ୍ଟିକୋଣକୁ ଉପଲବ୍ଧି କରିହେବ। ବିଶେଷ କରି ଶ୍ରୀଯୁକ୍ତ ସାହୁଙ୍କର ଇତିହାସକୁ କେନ୍ଦ୍ରକରି ନୂତନ ଦୃଷ୍ଟିଭଙ୍ଗୀ, ମନସ୍ତତ୍ତ୍ୱ ଓ ପାରା ମନସ୍ତତ୍ତ୍ୱର ଗଭୀର ଅଧ୍ୟୟନ, ଦର୍ଶନ ପଛର ଯୁକ୍ତି ଏବଂ ଅସ୍ତିତ୍ୱବାଦୀ ଦୃଷ୍ଟିଭଙ୍ଗୀ ତାଙ୍କ ଗଳ୍ପଗୁଡ଼ିକୁ ସମୃଦ୍ଧ କରିଛି। ଏହି ଦୃଷ୍ଟିକୋଣରୁ ଗାଳ୍ପିକଙ୍କର ପ୍ରେମ ଓ ତ୍ରିଭୁଜ, ମିଛବାଘ, ସୁମିତ୍ରାର ହସ, ବିଷ୍ଣୁମାୟା, ଅନ୍ଧରାତିର ସୂର୍ଯ୍ୟ, ଅନ୍ୟ ରୂପ ରୂପାନ୍ତର, ଆକାଶ ପାତାଳ, ପିଙ୍ଗଳା ସେ ଅନ୍ୟଜଣେ, ସେ କାଳ ପଖାଳ, ଯା ଦେବୀ ମମ ଗୃହେଷୁ, ଅଭିଶପ୍ତ ଗନ୍ଧର୍ବ, ବୃନ୍ଦାବନର ଶେଷଧୂପ, ଲୌକିକ ଅଲୌକିକ, ରାନୁ ଅପାଠାରୁ ପୁଷି ପର୍ଯ୍ୟନ୍ତ, ନିବେଦିତାର ନୈଶ ଅଭିସାର, ପାପ ଓ ମୁକ୍ତି, ବାବା ଡହରାନନ୍ଦଙ୍କ ଅଭିନବ ପ୍ରବଚନମାଳା, ବାଇଧର ବାବୁଙ୍କ ରାଜଯୋଗ ଓ ରାତ୍ରିର ତପସ୍ୟା ଆଦି ସଂକଳନ ଗୁଡିକ ବିଚାର୍ଯ୍ୟ। ଉପରୋକ୍ତ ବିଭିନ୍ନ ଚିନ୍ତନ ତାଙ୍କ ଗଳ୍ପଗୁଡ଼ିକୁ ଏକ ସ୍ୱତନ୍ତ୍ର ସ୍ଥାନ ପ୍ରଦାନ କରିଥିଲେ ହେଁ ଅସ୍ତିତ୍ୱବାଦକୁ କେନ୍ଦ୍ରକରି ଶ୍ରୀଯୁକ୍ତ ସାହୁଙ୍କର ଦୃଷ୍ଟିଭଙ୍ଗୀ ବେଶ୍ ନିଆରା।

ସଂପ୍ରତି ବିଶ୍ୱ ସାହିତ୍ୟରେ ଦେଖା ଦେଇଥିବା ବହୁ ଗୁଡ଼ିଏ ନୂତନ ଚିନ୍ତା ଚେତନା ମଧ୍ୟରେ ଅସ୍ତିତ୍ୱବାଦ ହେଉଛି ଏକ ପ୍ରମୁଖ ଚିନ୍ତନ। ମାତ୍ର ବୃହତ୍ତ ଅର୍ଥରେ କହିବାକୁ ଗଲେ ଅଥବା ବୁଝିବାକୁ ଗଲେ ଅସ୍ତିତ୍ୱବାଦ କୌଣସି 'ବାଦ' ନୁହେଁ। କାରଣ ବାଦ କହିଲେ ଜନ୍ମ ନିଏ ଏକ ସମ୍ପ୍ରଦାୟ। ଯାହା ଅସ୍ତିତ୍ୱବାଦୀ ଚିନ୍ତନ କ୍ଷେତ୍ରରେ ଲକ୍ଷଣୀୟ

ହୋଇନଥାଏ। କାରଣ ଅସ୍ତିତ୍ୱବାଦ କହିଲେ କୌଣସି ଗୋଟିଏ ନିର୍ଦ୍ଦିଷ୍ଟ ଚିନ୍ତାଧାରାକୁ ବୁଝାଇନଥାଏ। ପୁନଶ୍ଚ ଅସ୍ତିତ୍ୱବାଦୀ ଦାର୍ଶନିକ ସମସ୍ତେ ପ୍ରାୟତଃ ଭିନ୍ନ ଭିନ୍ନ ଚିନ୍ତାଧାରା ପ୍ରକାଶ କରିଥାଆନ୍ତି। ତେଣୁ ଏହାର ଗୋଟିଏ ନିର୍ଦ୍ଦିଷ୍ଟ ସ୍କୁଲ ଥିବା ଜଣାଯାଇ ନଥାଏ। ଏହିଭଳି କେତେକ କାରଣରୁ ଆଜି ଅସ୍ତିତ୍ୱବାଦୀ ଚିନ୍ତାଧାରାକୁ କେନ୍ଦ୍ରକରି ଅନେକ ବିବାଦ ଦେଖିବାକୁ ମିଳେ। ଅନେକ ସମାଲୋଚକ ତେଣୁ ଏହାକୁ ଏକ ସକାରାତ୍ମକ ଦର୍ଶନ ଅପେକ୍ଷା ନକାରାତ୍ମକ ଦର୍ଶନ ଭାବେ ପ୍ରତିଫଳିତ କରିଥାଆନ୍ତି। କେତେକ ପୁଣି ଏହାକୁ ଏକ 'କଟ୍ଟରପନ୍ଥୀ ବ୍ୟକ୍ତିବାଦ' ତ କେତେକ 'ନିରାଶାବଦୀ ଦର୍ଶନ' ବୋଲି କହିଥାଆନ୍ତି। ସାଧାରଣତଃ ଏହାକୁ ଏକ ନକାରାତ୍ମକ ଦର୍ଶନ ଭାବେ ଗ୍ରହଣ କରାଯିବା ପଛରେ କେତେକ କାରଣ ଥିବା ଜଣାଯାଏ। ପ୍ରଥମତଃ ଏହା ଏକ ନୂତନ ଦର୍ଶନ। ବିଂଶ ଶତାବ୍ଦୀର ଦ୍ୱିତୀୟ ଅଥବା ତୃତୀୟ ଦଶକ ଅର୍ଥାତ୍ ୧୯୪୦/୧୯୫୦ ମଧ୍ୟରେ ଏହି ଦର୍ଶନର ଆର୍ବିଭାବ ଘଟିଛି।(୧,୨,୩) ତେଣୁ ଏହାର ପ୍ରତ୍ୟେକଟି ପକ୍ଷକୁ ବୁଝିବା ସମୟ ସାପେକ୍ଷ। ତେଣୁ ଅଧିକାଂଶ କେବଳ ଏହାର ଗୋଟିଏ ଦିଗକୁ ପରଖି ନିଜର ମତ ପ୍ରକାଶ କରିଥାଆନ୍ତି। ଦ୍ୱିତୀୟତଃ ଅସ୍ତିତ୍ୱବାଦୀ ମାନଙ୍କର ମୃତ୍ୟୁ ପ୍ରତି ସକାରାତ୍ମକ ଦୃଷ୍ଟିଭଙ୍ଗୀ ବା Death Reality (୪)ଭଳି ଚିନ୍ତନ ଏହି ଦର୍ଶନକୁ ନକାରାତ୍ମକରେ ପରିଣତ କରିଛି। ତୃତୀୟତଃ ଦର୍ଶନ ସର୍ବଦା ସାହିତ୍ୟକୁ ପ୍ରଭାବିତ କରିଥାଏ। ଅନ୍ୟ ଭାବେ କହିଲେ ଦର୍ଶନର ଆବିର୍ଭାବ ହେବାପରେ ସାହିତ୍ୟରେ ତାର ପ୍ରୟୋଗ ହୋଇଥାଏ। ମାତ୍ର ଅସ୍ତିତ୍ୱବାଦ ହେଉଛି ଏକ ଏପରି ଦର୍ଶନ ଯାହାର ସାହିତ୍ୟିକ ରୂପ ପରେ ଦର୍ଶନ ହୋଇଛି ଏବଂ ବିକଶିତ ହେବାପରେ ଏହା ପୁଣି ସାହିତ୍ୟକୁ ପ୍ରଭାବିତ କରିଛି। ଏହିଭଳି ବିଭିନ୍ନ କାରଣକୁ ବାଦ୍ ଦେଇ ଯଦି ଏହି ଦର୍ଶନର ଗଭୀରତାକୁ ପ୍ରବେଶ କରାଯାଏ ତେବେ ଏହି ଦର୍ଶନର ସକାରାତ୍ମକ ଦିଗଟିକୁ ଜାଣିବା ସମ୍ଭବ ହୋଇପାରିବ। ସାଧାରଣତଃ ଏହି ଦର୍ଶନର ଆବିର୍ଭାବ ମୂଳରେ ଥିଲା ହେଗେଲଙ୍କର ବ୍ରହ୍ମବାଦ (Absolute Idealism) ଏବଂ ଅତ୍ୟନ୍ତ ବୁଦ୍ଧିବାଦ। ଗୋଟିଏ ସମୟରେ ହେଗେଲଙ୍କର ଦର୍ଶନ ଫଳରେ ମଣିଷର ସମସ୍ତ ସ୍ୱତନ୍ତ୍ରତା ନଷ୍ଟ ହୋଇଗଲା। ମଣିଷ ହେଉଛି ଭଗବାନ ହାତର କ୍ରୀଡାନକ ବୋଲି ପ୍ରମାଣ କଲେ ହେଗେଲ୍। ହେଗେଲଙ୍କର ଏହି ଦର୍ଶନକୁ କୁହାଗଲା 'Panlogism' ସେ ଉକ୍ତି ପ୍ରଦାନ କଲେ ଯେ- "The universe is the act or realization of logos, and therefore logic and ontology are the same study".(୫) Logic ପରମ ସତ୍ୟ ଏବଂ ମଣିଷ ଯିଏକି Emotion ସେ ହେଉଛି Logic ହାତର ଖେଳନା। ସେ ମଣିଷର ସବୁ ସ୍ୱତନ୍ତ୍ରତା ନଷ୍ଟ କରିଦେଲେ। ଏହାଦ୍ୱାରା ସମଗ୍ର ୟୁରୋପରେ ଦେଖାଦେଲା ଏକ ବିଦ୍ରୋହ ଯାହାକୁ

କୁହାଗଲା 'Romantic Reaction Against Hegel' ଏବଂ ଏହାରି ମାଧ୍ୟମରେ ହେଗେଲଙ୍କର ସିଦ୍ଧାନ୍ତକୁ ଭାଙ୍ଗିବାକୁ ଉଦ୍ୟମ କରାଗଲା। ଏହି ପ୍ରତିକ୍ରିୟାରୁ ସୃଷ୍ଟି ବିଭିନ୍ନ ଦର୍ଶନ ମଧ୍ୟରୁ ଅସ୍ତିତ୍ୱବାଦ ହେଉଛି ଏକ ପ୍ରମୁଖ ଦର୍ଶନ। ସମଗ୍ର ବିଶ୍ୱରେ ସୃଷ୍ଟି ଶହ ଶହ ଦର୍ଶନ ମଧ୍ୟରୁ ବଞ୍ଚିତ ଓ ଅବହେଳିତ ବ୍ୟକ୍ତି ଏବଂ ବ୍ୟକ୍ତିର ବ୍ୟକ୍ତିତ୍ୱ ବା ବ୍ୟକ୍ତିସତ୍ତାକୁ କେନ୍ଦ୍ରକରି ଗଢିଉଠିଥିଲା ଏହି ଦର୍ଶନ। ମଣିଷ ମୁକ୍ତ ସେ କାହାର ଦାସ ନୁହେଁ। ମଣିଷ ଯେଉଁଦିନ ଏହି କଥାକୁ ଅନୁଭବ କରିବ ସେହିଦିନ ମଣିଷ ଜାତିର କଲ୍ୟାଣ ସାଧନ ହେବ। ଏପରିକି ଅସ୍ତିତ୍ୱବାଦୀ ସାତ୍ରେ କହିଛନ୍ତି- "Man is condemned to be free" (୬) ସ୍ୱାଧୀନତା ମଣିଷର ଭାଗ୍ୟ। ତେଣୁ Existence precedes essence ଅସ୍ତିତ୍ୱ ପ୍ରଥମେ ସାର ପରେ। ଯାହା ଜଡ ତାହାର ସାର ବା ତତ୍ତ୍ୱ ପ୍ରଥମେ ଆସେ ଏବଂ ଅସ୍ତିତ୍ୱ ପରେ ଆସେ। ମାତ୍ର ମନୁଷ୍ୟ କ୍ଷେତ୍ରରେ ଏପରି ହୁଏନି। ମଣିଷ ପ୍ରଥମେ ଅସ୍ତିତ୍ୱବାନ ହୁଏ ଓ ପରେ ସାର ଆସେ ଅର୍ଥାତ୍ ମଣିଷ ନିଜେ ସ୍ଥିରକରେ ସେ କିଏ ଏବଂ ସେ କଣ କରିବ। ତେଣୁ ଏହି ଦର୍ଶନ ବ୍ୟକ୍ତିର ଅସ୍ତିତ୍ୱ, ସ୍ୱାଧୀନତା ଓ ସ୍ୱତନ୍ତ୍ର ଚିନ୍ତନକୁ ଗୁରୁତ୍ୱ ଦେଇଥାଏ। ମଣିଷ ଗୋଟିଏ ଜାତି । ମାତ୍ର ବ୍ୟକ୍ତି ଏକ ସ୍ୱତନ୍ତ୍ର ସତ୍ତା। ତେଣୁ ମଣିଷ ପାଇଁ କୌଣସି ସାର୍ବଭୌମିକ ନିୟମ ବନା ଯାଇପାରିବ ନାହିଁ (There is no universal law for human behaviour) । ତେଣୁ ଆରିଷ୍ଟୋଟଲଙ୍କର-'Man is rational animal' ଏବଂ ରଷୋଙ୍କର 'Man is a political animal' ଭଳି ମତ ଏ କ୍ଷେତ୍ରରେ ଅଗ୍ରହଣୀୟ। ଏହିରୂପେ ଅସ୍ତିତ୍ୱବାଦୀମାନେ ପ୍ରତ୍ୟେକଟି ବ୍ୟକ୍ତିର ଇଚ୍ଛା, ବିଚିତ୍ରତା, ବ୍ୟକ୍ତିଗତ ବିଭିନ୍ନତାକୁ ଗୁରୁତ୍ୱ ଦେବା ସହ ବ୍ୟକ୍ତିକୁ ନ୍ୟୁନ କରୁଥିବା ପ୍ରତ୍ୟେକଟି ଉପାଦାନ ଏପରିକି ବିଜ୍ଞାନକୁ ମଧ୍ୟ ବିରୋଧ କରିଥିଲେ। ବୃହତ ଅର୍ଥରେ କହିବାକୁ ଗଲେ ଅସ୍ତିତ୍ୱବାଦୀମାନେ ବିଶେଷ କରି ବିଜ୍ଞାନବାଦ ବା Scientism କୁ ବିରୋଧ କରୁଥିଲେ। ଅସ୍ତିତ୍ୱବାଦୀଙ୍କ ମତରେ ମନୁଷ୍ୟ ବ୍ୟକ୍ତିତ୍ୱର ବିକାଶ ପାଇଁ, ବିକାଶରେ ସ୍ୱାଧୀନତା ପାଇଁ ଓ ବଞ୍ଚିବାରେ ଦାସତ୍ୱର ଭାର ଲଘୁ କରିବାପାଇଁ ବିଜ୍ଞାନର ଉଦ୍ଭାବନ କରିଥିଲା। ମନୁଷ୍ୟ ପ୍ରକୃତିର ବିପୁଳ ଶକ୍ତିକୁ ବିଜୟ କରିବାକୁ ଚାହିଁଥିଲା ନିଜର ସ୍ୱାଧୀନତା ପାଇଁ, କିନ୍ତୁ ଏହି ବିଜ୍ଞାନ ମଣିଷର ଦାସ ହେବା ସ୍ଥଳେ ମଣିଷକୁ କରିଛି ଦାସ। ତେଣୁ ଅସ୍ତିତ୍ୱବାଦୀମାନଙ୍କ ମତରେ ମଣିଷ ପାଇଁ ଏକ ନୂତନ ବିଜ୍ଞାନର ଆବଶ୍ୟକତା ରହିଛି। ଯେଉଁଠି ବିଜ୍ଞାନ ନୁହେଁ ମଣିଷର ଅସ୍ତିତ୍ୱ ବଜାୟ ରହିବ। ପୁନଶ୍ଚ ମନୁଷ୍ୟର ବ୍ୟବହାର ଅଥବା ପ୍ରବୃତ୍ତିକୁ ବୁଝିବାପାଇଁ ମନସ୍ତତ୍ତ୍ୱବିତ୍‌ମାନେ ଯେପରି ପଶୁର ସାହାଯ୍ୟ ନେଇଛନ୍ତି । ବିଶେଷ କରି ମୂଷା ଓ କୁକୁଡା ଭଳି ପ୍ରାଣୀଙ୍କ ଉପରେ ପରୀକ୍ଷଣ କରି ମନସ୍ତତ୍ତ୍ୱବିତ୍ ମେସ୍‌ଲୋ

ପ୍ରଦାନ କରିଥିବା ସିଦ୍ଧାନ୍ତ 'Hierarchy of needs' ରେ ମଣିଷର ପାଞ୍ଚଟି ଆବଶ୍ୟକତାର ପର୍ଯ୍ୟାୟ Psychological needs (ମନସ୍ତାତ୍ତ୍ୱିକ ଆବଶ୍ୟକତା) Safety needs (ସୁରକ୍ଷିତ ଆବଶ୍ୟକତା) Love and belonging (ପ୍ରେମ ଓ ସଂବନ୍ଧ), Esteem (କିର୍ତ୍ତୀ) , (Self- Actualization (ଆତ୍ମବୋଧ), (୭)କୁ ମଧ୍ୟ ଅସ୍ତିତ୍ୱବାଦୀମାନେ ବିରୋଧ କରିଛନ୍ତି। କାରଣ ବୃହତ୍ତ ଦୃଷ୍ଟିରୁ ଆଲୋଚନା କଲେ ପ୍ରଥମତଃ ମଣିଷ ଓ ପଶୁ ମଧ୍ୟରେ ଅନେକ ପାର୍ଥକ୍ୟ ରହିଛି। ମଣିଷ ନିଜ ପରିବେଶ ଓ ପରିସ୍ଥିତି ଅନୁରୂପ ବ୍ୟବହାର କରିଥାଏ। ଯାହାକି ପଶୁ କ୍ଷେତ୍ରରେ ଲକ୍ଷଣୀୟ ହୋଇନଥାଏ। ଦ୍ୱିତୀୟତଃ ଯଦିବି ମଣିଷକୁ କେନ୍ଦ୍ରକରି କୌଣସି ପରୀକ୍ଷଣ କରାଯାଏ ତା ମାଧ୍ୟମରେ କିନ୍ତୁ ପ୍ରତ୍ୟେକଟି ବ୍ୟକ୍ତିକୁ କଳିପାରିବା ଅସମ୍ଭବ। ଅନ୍ୟଭାବେ କହିଲେ ଗୋଟିଏ ପରୀକ୍ଷଣକୁ ପ୍ରତିଟି ବ୍ୟକ୍ତି ଉପରେ ଆରୋପ କରିବା ସମ୍ଭବ ନୁହେଁ। ଏହି ଭଳି ବୈଚିତ୍ରରେ ପରିପୂର୍ଣ୍ଣ ମଣିଷକୁ କିନ୍ତୁ ଏତେ କାଳ ପର୍ଯ୍ୟନ୍ତ କୌଣସି ଦର୍ଶନରେ ଗୁରୁତ୍ୱ ନ ଦେବା ବାସ୍ତବିକ ଆଶ୍ଚର୍ଯ୍ୟର ପ୍ରସଙ୍ଗ। ଏହା ପାଇଁ କିନ୍ତୁ ପ୍ରକୃତରେ ବିଚାର କରିବାକୁ ଗଲେ ଆଉ କେହି ନୁହେଁ ବ୍ୟକ୍ତି ନିଜେ ହିଁ ଦାୟୀ। ମଣିଷ ନିଜ ଭୁଲ୍ ଓ ଦୁର୍ବଳତାକୁ ଲୁଚାଇବାପାଇଁ ଯେଉଁ ଉପାଦାନ ସୃଷ୍ଟିକଲା ତାହାର ନାମ ଦେଲା ଈଶ୍ୱର। ତେଣୁ ବ୍ୟକ୍ତିକୁ ଆତ୍ମନିର୍ଭରଶୀଳ କରିବାପାଇଁ ଅସ୍ତିତ୍ୱବାଦୀମାନେ ଏହି ଈଶ୍ୱରକୁ ମାରିବା ପ୍ରସଙ୍ଗ ଉତ୍ଥାପିତ କରିଥିଲେ। ଯାହାପାଇଁ ବିଶେଷ କରି ଏହି ଦର୍ଶନକୁ ବିରୋଧ କରାଯିବା ସହ ଏହାକୁ ଏକ ନକାରାତ୍ମକ ଦର୍ଶନ ପର୍ଯ୍ୟାୟରେ ସ୍ଥାନିତ କରାଗଲା। ମାତ୍ର ବାସ୍ତବରେ କିରକେଗାର୍ଡଙ୍କ ଭଳି ଅସ୍ତିତ୍ୱବାଦୀଙ୍କର ଏହି ମୃତ ଭଗବାନ ମନ ଭିତରର ବା ବିଶ୍ୱାସର ଭଗବାନ ନୁହେଁ। ଏହା ହେଉଛି ଧର୍ମ ସଂସ୍ଥା ଦ୍ୱାରା ବ୍ୟକ୍ତିକୁ ପଙ୍ଗୁ କରିବାପାଇଁ ଏବଂ ବ୍ୟକ୍ତି ନିଜେ ଭୁଲ୍ କରି ଆତ୍ମଗୋପନ କରିବା ପାଇଁ ସୃଷ୍ଟି କରିଥିବା ଭଗବାନ। ଏହା ବ୍ୟତୀତ ଅସ୍ତିତ୍ୱବାଦୀଙ୍କୁ ବିରୋଧ କରାଯିବାର ଆଉ ଏକ ବିରାଟ କାରଣ ହେଉଛି ମୃତ୍ୟୁପ୍ରତି ସେମାନଙ୍କର ସକାରତ୍ମକ ଦୃଷ୍ଟିଭଙ୍ଗୀ ବା ମୃତ୍ୟୁ ହିଁ ବାସ୍ତବ ସତ୍ୟ ଭଳି ମତ। ଏହି ଦୃଷ୍ଟିକୋଣରୁ କିନ୍ତୁ ଅସ୍ତିତ୍ୱବାଦୀମାନଙ୍କୁ ନୂତନ ବୋଲି କୁହାଯାଇ ନ ପାରେ। କାରଣ ଏହାର ଦୃଷ୍ଟାନ୍ତ ଆମର ପୁରଣ ଗ୍ରନ୍ଥମାନଙ୍କରେ ପୂର୍ବରୁ ଦେଖିବାକୁ ମିଳେ। ଦୃଷ୍ଟାନ୍ତ ସ୍ୱରୂପ 'କଠୋପନିଷେଦ'ରେ ବର୍ଣ୍ଣିତ ଯମ ଓ ନଚିକେତା ସମ୍ବାଦ ଉପରେ ସାମାନ୍ୟ ଆଲୋଚନା କରାଯାଇପାରେ।(୮,୯) କେବଳ ମୃତ୍ୟୁ ନୁହେଁ ବ୍ୟକ୍ତିର ବ୍ୟକ୍ତିତ୍ୱ ଓ ଅସ୍ତିତ୍ୱକୁ କେନ୍ଦ୍ରକରି କେତେକ ଅସ୍ତିତ୍ୱବାଦୀ ପ୍ରଦାନ କରିଥିବା ମତର ନିଦର୍ଶନ ମଧ୍ୟ ଏଥିରେ ଲକ୍ଷଣୀୟ। ଯମରାଜ ନଚିକେତାଙ୍କୁ ପ୍ରଦାନ କରିଥିବା ଚାରୋଟି ବରଦାନ ମଧ୍ୟରୁ ତୃତୀୟ ବରଦାନରେ ନଚିକେତା ଜମଙ୍କୁ ଜନ୍ମ ଓ ମୃତ୍ୟୁର

ରହସ୍ୟ ସଂପର୍କରେ ପ୍ରଶ୍ନ କରିଥିଲେ। ଏହି ପ୍ରଶ୍ନ ଶୁଣି ଜମ ଉତ୍ତର ଦେଇଥିଲେ ଯେ, ଏହି ପ୍ରଶ୍ନ ଦେବତା ମାନଙ୍କ ପାଇଁ ମଧ୍ୟ ଦୁର୍ଲଭ ତେଣୁ ତୁମେ ଏହା ବଦଳରେ ଅନ୍ୟ କିଛି ବର ମାଗିପାର। ଏପରିକି ଯମରାଜ ନଚିକେତାଙ୍କୁ ବହୁ ଶ୍ରେଷ୍ଠ ଜିନିଷର ଲୋଭ ମଧ୍ୟ ଦେଇଥିଲେ। ହେଲେ ନଚିକେତା ନିଜ ପ୍ରଶ୍ନରେ ଅଟଳ ରହିବାରୁ ଯମରାଜଙ୍କୁ ଏହି ରହସ୍ୟ ନଚିକେତାଙ୍କୁ କହିବାକୁ ପଡିଥିଲା। ଯମରାଜ କହିଥିଲେ ଜୀବାତ୍ମାର ବିକାଶର ଚାରୋଟି ଅବସ୍ଥା ରହିଛି। ଯଥା ହଂସ, ବସୁ, ହୋତା ଏବଂ ଅତିଥି। ଯେତେବେଳେ ଜୀବାତ୍ମାର ଉତ୍ତୋରତ୍ତର ବିକାଶ ଘଟେ ସେତେବେଳେ ସେ ଏହି ଅବସ୍ଥା ମଧ୍ୟଦେଇ ଗତିକରେ। ଜୀବାତ୍ମା 'ହଂସ' ଭଳି ଜୀବନ ଅତିବାହିତ କରିବା ଉଚିତ୍ । ଅର୍ଥାତ୍ ହଂସ ଭଳି ପାଣିରେ ରହି ମଧ୍ୟ ନ ଭିଜିବା ବା ଅନ୍ୟ ଭାବେ କହିଲେ ଜୀବାତ୍ମା ସଂସାରରେ ରହି ମଧ୍ୟ ସଂସାରରେ ଲିପ୍ତ ନ ହେବା ଜୀବାତ୍ମାର ପ୍ରଥମ ବିକଶିତ ଅବସ୍ଥା। ଅସ୍ତିତ୍ୱବାଦୀମାନେ ମଧ୍ୟ ସଂସାର, ପରିବାର ଆଦି ଅପେକ୍ଷା ନିଜର ଅସ୍ତିତ୍ୱକୁ ଗୁରୁତ୍ୱ ଦେଇଥାଆନ୍ତି ଏବଂ ସଂସାରରେ ରହି ମଧ୍ୟ ନିଜ ଭିତରେ ହିଁ ଲିପ୍ତ ରହିବାରେ ବିଶ୍ୱାସୀ। 'ବସୁ' ଅବସ୍ଥାରେ ମଣିଷ ନିଜ ସହ ଅନ୍ୟର କଲ୍ୟାଣ ମଧ୍ୟ କରିଥାଏ। ଏହି ଦୃଷ୍ଟିକୋଣରୁ ବିଚାର କଲେ ପ୍ରକୃତ ଅସ୍ତିତ୍ୱବାନ ମଣିଷ ନିଜ ସହ ସଂସାର ବିଷୟରେ ମଧ୍ୟ ଚିନ୍ତା କରିଥାଏ। ଯଦି ସେ ସଂସାରର ଦାୟିତ୍ୱ ନିଏ ତେବେ ସେ ସଂସାରର ମଙ୍ଗଳ ପାଇଁ ଯେପରି ନିଜକୁ ସାବାସି ଦିଏ ସେହିପରି କୌଣସି ବିପର୍ଯ୍ୟୟ ପାଇଁ ମଧ୍ୟ ନିଜକୁ ହିଁ ଦାୟିକରେ। ହାଇଡଗାର ଓ ତାଙ୍କ ଦର୍ଶନରେ ବିଶ୍ୱାସ କରୁଥିବା ଅସ୍ତିତ୍ୱବାଦୀମାନେ ଏହିଭଳି ମତକୁ ସ୍ୱୀକାର କରିଥାଆନ୍ତି। 'ହୋତା' କହିଲେ ଯଜ୍ଞରେ ଆହୁତି ଦେବାକୁ ବୁଝାଏ। ଯେପରି ଯଜ୍ଞରେ ଆହୁତି ଦିଆଯାଏ ସେହିପରି ମଣିଷ ଯେତେବେଳେ ନିଜକୁ ସମାଜପାଇଁ ଅର୍ପଣ କରେ ସେତେବେଳେ ସେହି ଅବସ୍ଥାକୁ ହୋତା ଅବସ୍ଥା କୁହାଯାଏ। ଏହିରୂପେ ଜେନ୍- ପଲ୍ ସାତ୍ରେ ଭଳି କେତେକ ଅସ୍ତିତ୍ୱବାଦୀ ଅସ୍ତିତ୍ୱବାଦକୁ ମାନବବାଦ ସହିତ ସଂପର୍କିତ କରିଥିବାରୁ ଅସ୍ତିତ୍ୱବାଦୀମାନେ ମଧ୍ୟ ସମାଜ କଲ୍ୟାଣ କଥା କହିଥାଆନ୍ତି। 'ଅତିଥି' ଅବସ୍ଥା କହିଲେ ସେହି ଅବସ୍ଥାକୁ ବୁଝାଏ। ଯେଉଁ ଅବସ୍ଥାରେ ଜୀବାତ୍ମା ଶରୀରକୁ ଅତିଥି ବା କ୍ଷଣସ୍ଥାୟୀ ବୋଲି ମନେକରେ। ଏହିରୂପେ ଅସ୍ତିତ୍ୱବାଦୀମାନେ ମଧ୍ୟ ମୃତ୍ୟୁର ବାସ୍ତବତାକୁ ସ୍ୱୀକାର କରିଥାଆନ୍ତି। ପ୍ରକୃତରେ ବିଚାର କରିବାକୁ ଗଲେ ଜୀବନକୁ ବେଶି ଭଲ ପାଉଥିବା ମଣିଷଟି ହିଁ ମୃତ୍ୟୁକୁ ଭଲ ପାଇପାରେ। ଏପରିକି ଆଧୁନିକ ଜୀବନ ମଣିଷ ଠାରୁ ଯାହା ଛଡେଇ ନିଏ ମୃତ୍ୟୁ ତାକୁ ପୂର୍ଣ୍ଣ କରିଦିଏ। ଜମରାଜଙ୍କର ଉପଦେଶ ଅନୁସାରେ ଏହିପରି ଚାରୋଟି ଅବସ୍ଥା ମଧ୍ୟଦେଇ ଗତିକରୁଥିବା ବ୍ୟକ୍ତି ଜନ୍ମ ଓ ମୃତ୍ୟୁର ଚକ୍ରରୁ ମୁକ୍ତି

ପାଇଥାଏ। ତେଣୁ ଏହି ଦୃଷ୍ଟିକୋଣରୁ ବିଚାରକଲେ ମୃତ୍ୟୁକୁ କେନ୍ଦ୍ରକରି ଅସ୍ତିତ୍ୱବାଦୀ ମାନଙ୍କର ଉଦାର ଦୃଷ୍ଟିଭଙ୍ଗୀକୁ ଏକ ନକାରାତ୍ମକ ଦର୍ଶନ ରୂପେ ବିବେଚନା କରାଯାଇ ନପାରେ। ବିଶେଷ କରି ପ୍ରାଚ୍ୟ ପୃଷ୍ଠଭୂମିରୁ ଏହା ଯେତେ ପୁରାତନ ସେତେ ସକାରାତ୍ମକ ବୋଲି ମନେହୁଏ। ଏହିରୂପେ ଅସ୍ତିତ୍ୱବାଦର କେତେକ ଚିନ୍ତାଧାରକୁ କେନ୍ଦ୍ରକରି ଗାଳ୍ପିକ ମହାପାତ୍ର ନୀଳମଣି ସାହୁ ରଚନା କରିଛନ୍ତି ଗଳ୍ପ। ଅବଶ୍ୟ ଗାଳ୍ପିକ କେତେକ କ୍ଷେତ୍ରରେ ଏହି ଅସ୍ତିତ୍ୱବାଦକୁ ଏକ ସକାରାତ୍ମକ ଦର୍ଶନ ରୂପେ ଚିତ୍ରଣ କରିଥିବା ସ୍ଥଳେ କେତେକ କ୍ଷେତ୍ରରେ ଏହାକୁ ଏକ ନକାରାତ୍ମକ ଦର୍ଶନ ରୂପେ ମଧ୍ୟ ଚିତ୍ରଣ କରିଛନ୍ତି।

ପାପ, ପୂଣ୍ୟ, ନୀତି ଓ ଅନୀତି ଭଳି ଭାବନାରେ ଘାଣ୍ଟି ହେଉଥିବା ମଣିଷର ଅସହାୟତା ଚିତ୍ରିତ ହୋଇଛି 'ମୂର୍ଚ୍ଛିତ ବିଷାଦ' ଗଳ୍ପରେ। ମାତ୍ର ଏ ସବୁ ଉର୍ଦ୍ଧ୍ୱରେ ଯେ କେବଳ ଏକମାତ୍ର ସତ୍ତା ରହିଛି ଏବଂ ତାହା ହେଉଛି ବ୍ୟକ୍ତିସତ୍ତା ଭଳି ଚିନ୍ତାଧାରାକୁ ଗାଳ୍ପିକ ଉକ୍ତ କୃତିରେ ପ୍ରତିଫଳିତ କରିଛନ୍ତି। ଏହା ମଧ୍ୟ ଦେଇ ଗାଳ୍ପିକଙ୍କର ହେଗେଲ୍‌ଙ୍କ ଦର୍ଶନ ପ୍ରତି ରହିଥିବା ବିରୋଧାଭାଷକୁ ସ୍ପଷ୍ଟ ଅନୁଭବ କରିହୁଏ। **ଯୁଦ୍ଧ ପରବର୍ତ୍ତୀ** ମଣିଷର ଅସହାୟତା ଓ ନିଜକୁ ତଥା ନିଜ ସ୍ଥିତିକୁ ଅନୁସନ୍ଧାନ କରିବାର ମାନସିକତା। ଏହା ବ୍ୟତୀତ ନିଜକୁ ଜାରଜ ମନେକରି ଏକ ଭଗବାନ ବିହୀନ ବିଶ୍ୱରେ ନିଜର ଆବଶ୍ୟକତାକୁ ଅନୁସନ୍ଧାନ କରିବାର ଚିନ୍ତନକୁ ଗାଳ୍ପିକ ଚମତ୍କାର ଭାବେ ପ୍ରତିଫଳିତ କରିଛନ୍ତି 'ଇତି ଉକ୍ତିଂ ଜାରଜେର' ଗଳ୍ପରେ। ଅସ୍ତିତ୍ୱବାଦୀମାନଙ୍କ ତୁଲ୍ୟ ଗାଳ୍ପିକ ଏକ ଭଗବାନ ବିହୀନ ବିଶ୍ୱରେ ମଣିଷର ଅସହାୟତାକୁ ପ୍ରତିଫଳିତ କରିବାକୁ ଯାଇଁ ଲେଖିଛନ୍ତି- "ସେ କହିଲେ ମୁଁ ଜଗତର ପିତା। ମୁଁ ଚିଡିଗଲି। କହିଲି – ମୁଁ ସେ ଫିସାଦୀରେ ପଡିବି ନାହିଁ। ମୁଁ କିଏ ? ଜଗତ କିଏ ? ଜଗତ ସଙ୍ଗେ ମୋର କି ଯାଏ ଆସେ ? ଜଗତ ରହିଲେ କେତେ ? ଗଲେ କେତେ ? ତୁମେ ମୋତେ ଭଲ ଦିଶୁଛ। ବାପା ପ୍ରାୟ ଦିଶୁଛ। ତୁମ୍ଭର ପୁତ୍ର ହେଲେ ମୁଁ ଆଉ ଗୋଲ ମରିଚ ଚୋବାଇବି ନାହିଁ। ନିଜ ଇଚ୍ଛାରେ ଚାଲିବି ନାହିଁ, ତୁମରି ଇଚ୍ଛାରେ ଚାଲିବି। ତୁମେ ଯଦି କହିବ- ଫାଲ୍‌କନ୍! ମୁଁ ଆସିବା ଯାଏ ଜାହାଜର ଏଇ ଅଂଶରେ ଠିଆ ହୋଇଥା, ମୁଁ ନ କହିଲେ ଏଠୁ ପାଦେ ବି ଘୁଞ୍ଚିବୁ ନାହିଁ- ତା ହେଲେ ଦେଖିବ ମୁଁ ସେଇଠି ଠିଆ ହୋଇଥିବି। ତା ପରେ ତୁମେ ମତେ ସେଠି ଛାଡି ତୁମର ଜଗତ କାର୍ଯ୍ୟ ବୁଝିବା ଲାଗି ଚାଲିଯିବ- ସେଇଠୁ ଜାହାଜରେ ଲାଗିବ ନିଆଁ ମୋ ପାଖକୁ ନିଆଁ ଚମକି ଆସିବ। କ୍ରମେ ଲହ ଲହ ଜିଭମାନ ବଢେଇ ନିଆଁ ମୋତେ ଚାଟି ଦେବାକୁ ମାଡିଆସିବ। ମୁଁ ଡରିଯିବି- ଅତର୍କ୍କରେ ଚିତ୍କାର କରିଉଠିବି ବାପା, ବାପା, ମୋ ଚାରିପଟେ ନିଆଁ ଲାଗିଗଲାଣି। ମତେ ଅନୁମତି ଦିଅ। ମୁଁ ଏଠୁ ପଳାଇ ଯାଏ। ତୁମେ କିନ୍ତୁ ଜଗତର ଆଉ କୋଉ

କଣରେ ଗୋଟାଏ ବେଧ ଛୁଆର ବଣ ବାଉଳା ମେଣ୍ଢାଛୁଆର ଦାୟିତ୍ୱ ତୁଲାଉଥିବ। ମୋ ବିପଦ କଥା ଜାଣିପାରିବନି। ତୁମେ ଜାଣିପାରିନି ଯେ, ତୁମର ପ୍ରାଣର ପୁତ୍ର ଆଜ୍ଞାଧୀନ ଫାଲ୍‌କନ୍ ଆରକ୍ଷ ଭାବେ ଜାହାଜ ଉପରେ ପୋଡି ମରିଯାଉଛି ପଳେ ପଳେ- ଆଉ ତୁମକୁ ଡାକୁଛି ବାପା ବାପା ବିକଳରେ।" (ଗଳ୍ପ ସମଗ୍ର- ପ୍ରଥମ ଭାଗ- ପୃ- ୨୯୯) **ନିଉଟନଙ୍କର** ତୃତୀୟ ନିୟମ (Action Reaction) (୧)ବସ୍ତୁକୁ ଯେତେ ଦବାଯାଏ ସେ ସେତେ ଉର୍ଦ୍ଧକୁ ଉତ୍ତୋଳିତ ହୁଏ। ଏହି ତୃତୀୟ ନିୟମକୁ ମଣିଷର ଚେତନା ଉପରେ ମଧ୍ୟ ପ୍ରୟୋଗ କରାଯାଇପାରେ। ମଣିଷ ନିଜକୁ ଅଥବା ନିଜର ସ୍ୱାଭାବିକତାକୁ ବା ମୂଳପ୍ରବୃତ୍ତିକୁ ଯେତିକି ଚାପିବାକୁ ଚେଷ୍ଟାକରେ ତାହା ସେତିକି ଉପରକୁ ଉଠିବା ତୁଲ୍ୟ ବାହାରକୁ ବାହାରିବାପାଇଁ ବାଟ ଉଣ୍ଢେ। "ମାତ୍ର ଦେହ ଭିତରେ ଛୋଟ କଣ୍ଟାଟିଏ ଭଳି କେଉଁଠି ଲୁଚି ରହିଛି ମନ ବୋଲି ଯେଉଁ ପଦାର୍ଥ, ସେ ବେଳେ ବେଳେ ଫୋଡି ହୋଇଯାଏ- ବିଦ୍ରୋହ କଲାଭଳି ସଁ ସଁ ହୁଏ – ମୁକ୍ତି ଲାଗି ସେ ପାଗଳ ହୋଇଉଠେ। ମନର ଏଇ ମୁକ୍ତି ନିଶା ଶେଷରେ ଆତ୍ମାକୁ ବି ଧରେ- ଆଉ ଆଶ୍ଚର୍ଯ୍ୟ ଭାବେ ଭୟଙ୍କର ଏହି ସହଯୋଗ ମନର ଓ ଆତ୍ମାର। ସାରଥିର ମୁକ୍ତି- ଉନ୍ମାଦନାରେ ରଥୀର ମୁକ୍ତି- ଉନ୍ମାଦନା ଯେତେବେଳେ ମିଶି ଏକାକାର ହୋଇଯାଏ, ସେତେବେଳେ ରଥ କି ଆଉ ସମ୍ଭଳା ପଡେ ? ପଥର ସୀମାକୁ ଟପି ସେ ଅପଥରେ ଧାଏଁ। ନୁହେଁ କି।" (ଗଳ୍ପ ସମଗ୍ର- ପ୍ରଥମ ଭାଗ- ପୃ- ୩୧୩) ତେଣୁ ମଣିଷ ନିଜକୁ ବା ନିଜର ସ୍ୱାଭାବିକତାକୁ ସର୍ବଦା ଗ୍ରହଣ କରିବା ଉଚିତ୍ ଭଳି ଅସ୍ତିତ୍ୱବାଦୀ ଚିନ୍ତାଧାରାର ପ୍ରତିଫଳନ ଘଟିଛି 'ବହ୍ନାରମ୍ଭେ' ଗଳ୍ପରେ। ଏତଦ୍ ବ୍ୟତୀତ ଗାଳ୍ପିକ ଏଥିରେ ସମାଜର ମେରୁଦଣ୍ଡ ନାମରେ ନିଜର ସୁଖ ଓ ସ୍ୱାଭାବିକତାକୁ ଅବହେଳା କରୁଥିବା ଶିକ୍ଷକ ଗୋଷ୍ଠୀଙ୍କ ଅସହାୟତା ଓ ଏହା ପଛରେ ଥିବା ସମାଜର ସ୍ୱାର୍ଥକୁ ବେଶ୍ ଚମତ୍କାର ଭାବେ ପ୍ରତିଫଳିତ କରିଛନ୍ତି। **ମୃତ୍ୟୁର** ଭୟରେ ଜୀବନକୁ ଉପଭୋଗ କରିବାକୁ ଭୁଲି ଯାଇଥିବା ମଣିଷ ମାନଙ୍କ ପ୍ରତି ଏକ ବାର୍ତ୍ତା ହେଉଛି ଗାଳ୍ପିକଙ୍କର 'ଜୀବନ ବାବୁଙ୍କ ଜୀବନ ଦର୍ଶନ' ଗଳ୍ପ। ଏତଦ୍ ବ୍ୟତୀତ ଜୀବନର ପ୍ରକୃତ ଆନନ୍ଦ ନିଜ ଦେଶ ପାଇଁ ନିଜକୁ ଉତ୍ସର୍ଗ କରିଦେବାରେ ରହିଛି ଭଳି ଚିନ୍ତାଧାରାର ପ୍ରତିଫଳନ ମଧ୍ୟ ଉକ୍ତ କୃତିରେ ଦେଖିବାକୁ ମିଳେ। **ପାପ, ପୂଣ୍ୟ,** ଧର୍ମ, ଅଧର୍ମ, ସ୍ୱର୍ଗ ଓ ନର୍କର ପାଚେରୀ ମଣିଷର ସାଧାରଣ ଓ ସରଳ ଜୀବନକୁ ଦୁର୍ବୋଧ୍ୟ କରିଦେଇଛି। ଫଳରେ ଇହଲୋକରେ ଏକ ସୁନ୍ଦର ଦେହ ଓ ଆତ୍ମାକୁ ଧାରଣ କରି ଜନ୍ମ ଲାଭ କରିଥିବା ମଣିଷ ପରଲୋକର କାମନାରେ ନିଜ ମୂଳ ପ୍ରବୃତ୍ତିକୁ ଦମନ କରି ନିଜକୁ କଷ୍ଟ ଦେଇଚାଲିଛି। ତେଣୁ ପୁରାଣର ମିଥ୍ ପିଙ୍ଗଳା ସାହାଯ୍ୟରେ

ପରଲୋକ ବିଳାସୀ ମଣିଷ ମାନଙ୍କୁ ଇହଲୋକ ବା ଅନ୍ୟ ଭାବେ କହିଲେ ନିଜ ସହ ପରିଚିତ କରାଇବା ଉଦ୍ଦେଶ୍ୟରେ ଗାଳ୍ପିକ ରଚନା କରିଛନ୍ତି 'ପିଙ୍ଗଳା ସେ - ଅନ୍ୟ ଜଣେ!' ଗଳ୍ପ। ପୁରାଣର ପିଙ୍ଗଳା ପାଇଁ ପରଲୋକର କାମନା ଓ ବାସ୍ତବତା ସତ୍ୟ ହୋଇପାରେ, ମାତ୍ର ଆଜିର ପିଙ୍ଗଳା ପାଇଁ ଇହଲୋକ ବା ଏହି ଧରାପୃଷ୍ଠ ହିଁ ବାସ୍ତବ। ତେଣୁ ଯାହା ହାତ ପାହାନ୍ତାରେ ନାହିଁ ତାର ପରିକଳ୍ପନାରେ ପାଇଥିବା ଏକ ସୁନ୍ଦର ସୁସ୍ଥ ଜୀବନକୁ କ୍ଷୟ କରିବା ଏକ ମୁର୍ଖାମି ଭଳି ବାର୍ତ୍ତାକୁ ଗାଳ୍ପିକ ଚମତ୍କାର ଭାବେ ଉକ୍ତ କୃତିରେ ପ୍ରତିଫଳିତ କରିଛନ୍ତି। ଏତଦ୍ ବ୍ୟତୀତ ଏକ ଅସ୍ତିତ୍ୱବାଦୀ ତୁଲ୍ୟ ଗାଳ୍ପିକ ଈଶ୍ୱରଙ୍କ ଅସ୍ତିତ୍ୱକୁ କେନ୍ଦ୍ରକରି ନିଜକୁ ଅସ୍ତିତ୍ୱହୀନ କରିଦେଇଥିବା ମଣିଷମାନଙ୍କୁ ନିଜ ସହ ପରିଚିତ କରାଇବା ଉଦ୍ଦେଶ୍ୟରେ ଲେଖିଛନ୍ତି- "ଅଦ୍ଭୂତ ଚରିତ୍ର ଏମାନେ। ବିଷ୍ଣୁଦେବ ଯେମିତି ଦୁର୍ବୋଧ୍ୟ, ତାଙ୍କର ଭକ୍ତମାନେ ତଦ୍ରୂପ ଦୁର୍ବୋଧ୍ୟ, ଆଉ ତାଙ୍କ ବିଧାନ ମଧ୍ୟ ତତୋଧିକ ବିଚିତ୍ର। ଗୋଟିଏ ସନ୍ନ୍ୟାସୀ ଯିବ ନରକକୁ - ଆଉ, ଗୋଟାଏ ବେଶ୍ୟା ଯିବ ସ୍ୱର୍ଗକୁ । ସେ ପୁଣି କହୁଛି- ଯିବ ନାହିଁ। ସେହି ପାପୀ ସନ୍ନ୍ୟାସୀ ସାଙ୍ଗରେ ରହି ନରକରେ ପଡି ଘାଣ୍ଟିହେବ। କଣ ଏବେ ଆମେ ଏଥିରେ କରିବା- ଆମକୁ ଆଉ କିଛି ବୁଦ୍ଧି ଦିଶୁନାହିଁ। ଯାହା କହନ୍ତି ନାହିଁ ନରମାୟା ନାରାୟଣଙ୍କୁ ବି ଅଗୋଚର। ଆରେ ବାବୁ , ଅଗୋଚର ତ- ତା ହେଲେ କାହିଁକି ମିଛେ ମିଛେ ଆଉ ସେମାନଙ୍କ କଥାରେ ମୁଣ୍ଡ ଖେଳାଉଛ? ଇହଲୋକ ପରଲୋକ ଏ ଦୁଇଟା ସମ୍ପୂର୍ଣ୍ଣ ଅଲଗା- ଆମେ ଖାଲି ମିଛରେ ସେମାନଙ୍କ କଥାରେ ମୁଣ୍ଡ ପୁରାଉଥାଇଁ ସିନା! XXXX ମୁକ୍ତି, ମୁକ୍ତି, ମୁକ୍ତି ... ମୁକ୍ତି, ମୁକ୍ତି, ମୁକ୍ତି, ମୁକ୍ତି, ମୁକ୍ତି- କିନ୍ତୁ ମୁକ୍ତି କାହାଠାରୁ? ଅନୁରାଗରୁ ମୁକ୍ତି ନା ବୈରାଗ୍ୟରୁ ମୁକ୍ତି? ନା ସ୍ୱୟଂ ଈଶ୍ୱରଙ୍କ ପାଖରୁ???" (ଗଳ୍ପ ସମଗ୍ର- ପ୍ରଥମ ଭାଗ- ପୃ- ୬୩୩- ୬୩୪) **ଓଡ଼ିଶାର** ପ୍ରାଣପିଣ୍ଡ ଓଡ଼ିଆ ଜାତିର ଗର୍ବ ଓ ଗୌରବ ଭାବେ ପ୍ରତୀତ ଜଗନ୍ନାଥ ବଡ ଦେଉଳ ତ୍ୟାଗ କରି ଆମେରିକାର ସାନ୍‌ଫ୍ରାନ୍‌ସିସ୍କୋ ଚାଲିଯିବା। ଏହି ଭଳି ପ୍ରସଙ୍ଗ ମଧ୍ୟଦେଇ ଦେଶରେ ଚାଲିଥିବା ରାଜନୀତି, ଅରାଜକତା, ଉଭୟ ଜନ ସାଧାରଣ ଓ ରାଜନେତାଙ୍କ ସ୍ୱାର୍ଥ, ନିଜର ପତିତ ଓ ମାଦଳାମୀକୁ ଜଗନ୍ନାଥଙ୍କ ଉପରେ ଆରୋପିତ କରିବା ଏବଂ ସର୍ବଶେଷରେ ଏହାକୁ କେନ୍ଦ୍ରକରି ଏହି ଜାତିର ଅବଶ୍ୟମ୍ଭାବୀ ଅଦ୍ଧପତନକୁ ଗାଳ୍ପିକ ଚିତ୍ରିତ କରିଛନ୍ତି 'ଜଗନ୍ନାଥ ସ୍ଥୁଳ ବୃତ୍ତାନ୍ତଂ' ଗଳ୍ପରେ। **ପ୍ରତ୍ୟେକଟି** ମଣିଷକୁ ଗୋଟିଏ ମାପଦଣ୍ଡ ଉପରେ ରଖି ବିବେଚନା କରିବା ବାସ୍ତବିକ ଅନୁଚିତ୍। କାରଣ ଅଜ୍ଞାନୀଙ୍କ ଭିତରେ ଜ୍ଞାନୀ ଓ ଜ୍ଞାନୀଙ୍କ ଭିତରେ ଲୁଚିବସିଥିବା ଅଜ୍ଞାନୀ ଜନିତ ସମ୍ଭାବନାକୁ ଏଡାଇ ଦିଆଯାଇ ନପାରେ। ତେଣୁ ବ୍ୟକ୍ତିକୁ କେନ୍ଦ୍ରକରି କୌଣସି ସିଦ୍ଧାନ୍ତକୁ ସଂପୂର୍ଣ୍ଣ ଭାବେ ଗ୍ରହଣ

କରିନେବା ଅନୁଚିତ୍। ଏହିଭଳି ଏକ ଅସ୍ତିତ୍ୱବାଦୀ ଚିନ୍ତାଧାରାକୁ ଗାଳ୍ପିକ ପ୍ରତିଫଳିତ କରିଛନ୍ତି 'ଅନ୍ଧ ଦେଶକୁ ଗଲି ଦର୍ପଣ ବିକି' ଗଳ୍ପରେ। **ଜନ୍ମ ମୃତ୍ୟୁ** ଜନିତ କାଳଚକ୍ରରେ ପଡି ଯୁଗ ଯୁଗରୁ ଛଟପଟ ହୋଇ ଆସୁଥିବା ମଣିଷ ମାନଙ୍କ ପକ୍ଷରୁ ଗାଳ୍ପିକ ମୁକ୍ତି ପାଇଁ ପ୍ରାର୍ଥନା କରିଛନ୍ତି 'ଖେଳୁଆଡ ବୁଦ୍ଧି ଛାଡ ହେ ପ୍ରଭୁ!' ଗଳ୍ପରେ। **ମଣିଷର** ଜନ୍ମ ଓ ଜୀବନ ଏକ ମୂଲ୍ୟବାନ ସମ୍ପଦ। ତେଣୁ ଜୀବନକୁ କେନ୍ଦ୍ରକରି ନକାରାତ୍ମକ ଦୃଷ୍ଟିଭଙ୍ଗୀକୁ ତ୍ୟାଗ କରିବା ସହ। ଜୀବନ ପ୍ରତି ଏକ ସକାରାତ୍ମକ ଦୃଷ୍ଟିଭଙ୍ଗୀକୁ ଗାଳ୍ପିକ ଚିତ୍ରିତ କରିଛନ୍ତି 'ଯାତ୍ରା- ସଙ୍ଗୀତ' ଗଳ୍ପରେ। **ଭାଗ୍ୟ ବଡ** ନା ଭାଗ୍ୟ ଗଢୁଥିବା ଈଶ୍ୱର ବଡ ? ଯେଉଁ ଭଗବାନ ବିଧାନ ଗଢନ୍ତି ସେ ପୁଣି ବିଧାନକୁ ପରିବର୍ତ୍ତନ କରିଦେଇପାରନ୍ତି। ପୁରାଣ ପ୍ରସଙ୍ଗର ସହାୟତାରେ ଗାଳ୍ପିକ ଏହିଭଳି ଏକ ଚିନ୍ତାଧାରାକୁ ପ୍ରକାଶ କରିଛନ୍ତି 'ଭାଗ୍ୟ ନା ଈଶ୍ୱର' ଗଳ୍ପରେ। **ସମାଜ, ସଂସାର** ଓ ପରିବାରର ଭିତରେ ରହି ମଧ୍ୟ ପ୍ରତ୍ୟେକଟି ମଣିଷ କେତେ ନିଃସଂଗ ତାହାକୁ ଗାଳ୍ପିକ ଚିତ୍ରିତ କରିଛନ୍ତି 'କାଠର କଣ୍ଢେଇ' ଗଳ୍ପରେ। ପ୍ରକୃତରେ ବିବେଚନା କରିବାକୁ ଗଲେ ଏଠି ମଣିଷର ନିଃସଂଗତା ହିଁ ହେଉଛି ନିରାଟ ସତ୍ୟ। ମଣିଷର ଏହି ନିଃସଂଗତାକୁ ଦୂର କରିବାପାଇଁ ଯେଉଁମାନେ ଆସିଛନ୍ତି ସେମାନେ ହୁଏତ କାଠର କଣ୍ଢେଇ ଭଳି ତାକୁ ନଚେଇଛନ୍ତି। ଅଥବା ନିଜର ନିଃସଂଗତାକୁ ଦୂର କରିବାପାଇଁ ନିଜେ ବ୍ୟକ୍ତିଟି ଅନ୍ୟ ଆଗରେ ନାଚିଛି। ତେଣୁ ମୋଟ୍ ଉପରେ କହିବାକୁ ଗଲେ କାଠକଣ୍ଢେଇକୁ ନଚେଇବା ଯାହା ସେ ନିଜେ ନାଚିବା ମଧ୍ୟ ତାହା। ତେଣୁ ଏହି ଦୃଷ୍ଟିକୋଣରୁ ବିବେଚନା କଲେ ଆଜି ପ୍ରତ୍ୟେକଟି ମଣିଷ ହେଉଛି ଗୋଟିଏ ଗୋଟିଏ କାଠ କଣ୍ଢେଇ।

ସଂକେତ ସୂଚୀ

- Macquarrie, John (1972). Existentialism. New York: Penguin. pp. 14–15.
- Solomon, Robert C. (1974). Existentialism. McGraw-Hill. pp. 1–2.
- Jump up to:a b c d e f Crowell, Steven (October 2010). "Existentialism". Stanford Encyclopedia of Philosophy
- The company Zare, Mehdi. Being in the mirror (Introduction to perspective thinking about death Heidegger's ontology and its application). J. Philos., No. 42. 2010.

- https://www.cambridge.org/core/journals/modern-intellectual-history
- Singer, Daniel (5 June 2000). "Sartre's Roads to Freedom". The Nation. Archived from the original
- on 2 June 2008. Retrieved 9 May 2009..
- Freitas, Frances Anne; Leonard, Lora J. (January 2011).
- "Maslow's hierarchy of needs and student academic success". Teaching and Learning in Nursing. (1): 9–13. doi:10.1016/j.teln.2010.07.004. ISSN 1557-3087.
- These are two eyes, two ears, two nostrils, one mouth, two organs of evacuation/excretion, navel, and Brahmarandhram - the aperture at the top of head through which Atman links with Cosmic Self. See Paul Deussen, Sixty Upanishads of the Veda, Volume 1, Motilal Banarsidass, ISBN 978-8120814684, page 293
- Jump up to:a b c d WD Whitney, Translation of the Katha-Upanishad, Transactions of the American Philological Association, Vol. 21, pages 107-108

BLACK EAGLE BOOKS

www.blackeaglebooks.org
info@blackeaglebooks.org

Black Eagle Books, an independent publisher, was founded as a nonprofit organization in April, 2019. It is our mission to connect and engage the Indian diaspora and the world at large with the best of works of world literature published on a collaborative platform, with special emphasis on foregrounding Contemporary Classics and New Writing.

www.ingramcontent.com/pod-product-compliance
Lightning Source LLC
Chambersburg PA
CBHW060610080526
44585CB00013B/765
* 9 7 8 1 6 4 5 6 0 6 2 1 5 *